PRÉCIS ÉLÉMENTAIRE

DE

DROIT INTERNATIONAL

PUBLIC

DES PROGRÈS DE LA SCIENCE

DROIT POSITIF CONTEMPORAIN

À L'USAGE

DES ÉTUDIANTS DES FACULTÉS DE DROIT

75

E
8ᵛ
ſ6ſ

PRÉCIS ÉLÉMENTAIRE

DE

DROIT INTERNATIONAL

PUBLIC

IMPRIMERIE
CONTANT-LAGUERRE

LVX · VITAM

BAR · LE · DUC

PRÉCIS ÉLÉMENTAIRE

DE

DROIT INTERNATIONAL

PUBLIC

MIS AU COURANT DES PROGRÈS DE LA SCIENCE
ET DU DROIT POSITIF CONTEMPORAIN

A L'USAGE

DES ÉTUDIANTS DES FACULTÉS DE DROIT

ET DES ASPIRANTS AUX FONCTIONS DIPLOMATIQUES ET CONSULAIRES

PAR

GEORGES BRY

Professeur à la Faculté de droit d'Aix

TROISIÈME ÉDITION

REVUE ET CORRIGÉE

PARIS

LIBRAIRIE DE LA SOCIÉTÉ DU RECUEIL GÉNÉRAL DES LOIS ET DES ARRÊTS
ET DU JOURNAL DU PALAIS

Ancienne Maison L. LAROSE et FORCEL
22, *rue Soufflot,* 22

L. LAROSE, Directeur de la Librairie

1896

PRÉFACE.

L'étude du droit international public s'impose tout d'abord à ceux qui, dans la carrière diplomatique, sont appelés à devenir les agents des rapports internationaux, et à participer ainsi à la direction de la politique extérieure. Mais le marin, le militaire, l'administrateur, le magistrat et même le simple citoyen ont intérêt à connaître les principes essentiels qui président aux relations des peuples, et déterminent les droits et les devoirs des États. Il est utile de ne pas ignorer les grandes questions internationales que l'on traite journellement dans la presse, les Parlements et les Congrès.

Ce *Précis élémentaire* n'a pour but, ni de présenter toutes les controverses, ni d'approfondir toutes les questions qui se rattachent au droit international public. Dans ses quatre parties, relatives *aux personnes du droit international, aux choses, aux rapports internationaux et aux conflits des États,* je n'ai voulu que poser les principes de la science, rappeler les grands faits de l'histoire, et en indiquer les résultats nécessaires et immédiats. J'ai essayé, avant tout, en suivant la méthode qui m'a paru la plus simple et la plus saisissante, de mettre en relief les doctrines acceptées par le consentement universel des peuples, les décisions principales consacrées par la jurisprudence des divers pays, et l'expression des vœux émis dans les Congrès, par les jurisconsultes et les publicistes les plus éminents, qui contribuent ainsi au développement de l'idée du droit et au progrès des relations internationales.

Les *indications bibliographiques* permettront de rechercher, dans les anciens ouvrages et dans ceux des auteurs contemporains, les origines et les diverses phases d'une idée ou d'une théorie, les luttes qu'elles ont dû subir avant de triompher, et les améliorations dont elles sont encore susceptibles.

L'étude de la pratique et des lois positives ne m'a fait oublier, en effet, ni les principes rationnels, ni cet idéal auquel l'esprit peut aspirer, sans se perdre dans les rêves de l'utopie, et dont le but est de placer le droit au-dessus de la force, la liberté et la justice au-dessus de l'égoïsme et de l'ambition des États. Car je dirai, en empruntant cette belle pensée d'un auteur, que « ce « n'est pas à cette école du laisser-faire et du laisser- « passer moral qu'il faut élever notre jeunesse, si nous « voulons qu'elle vive et qu'elle agisse [1] ! »

Aix, 29 juin 1895.

[1] Louis Liard, *Universités et Facultés,* p. 156.

PRÉCIS ÉLÉMENTAIRE

DE

DROIT INTERNATIONAL PUBLIC.

INTRODUCTION.

Notions générales et préliminaires[1].

I.

IDÉE FONDAMENTALE ET DÉFINITION.

L'idée première et élémentaire de tout droit découle de la nature même de l'homme, de ses rapports avec ses sembla-bles et avec les choses créées.

Libre, intelligent et sociable, l'homme peut choisir et com-prendre ce qui est utile ou nécessaire à ses intérêts ou à son bonheur, et il ne trouve que dans la société le moyen de satis-

[1] Henry Wheaton, *Histoire du progrès du droit des gens en Europe et en Amérique, depuis la paix de Westphalie jusqu'à nos jours*, 2 vol., 5e édit., 1866. — Laurent, *Etudes sur l'histoire de l'humanité, ou histoire du droit des gens et des relations internationales*, 18 vol. 1851-1870. — Ch. de Martens, *Causes célèbres du droit des gens*. — Pierantoni, *Storia del diritto internazionale nel XIX secolo*, 1876. — Putter, *Beiträge zur Völkerrechtsges-chichte* (documents pour l'histoire du droit des gens). — Holtzendorf et Rivier, *Introduction au droit des gens*. — Louis Renault, *Introduction à l'étude du droit international*. — Chauveau, *Le droit des gens, Introduction*, 1892. — Brusa, *Idea fondamentale del diritto, e del diritto internazionale in specie*, 1872. — Ernest Nys, *Le dr. intern. devant l'histoire, Rev. de dr. int.*, Bruxelles, t. XXVI, p. 254; *les origines du dr. int.*, 1894.

faire aux exigences de sa vie matérielle comme de sa vie morale, et de donner à toutes ses facultés le développement qu'elles comportent.

Dans ses rapports avec ses semblables, il a des droits à invoquer et des droits à respecter; car sa liberté est limitée par celle des autres, et il ne peut garantir le respect de la sienne qu'en lui donnant pour base l'idée juste et salutaire de la réciprocité.

Dans ses rapports avec les choses, l'homme voit qu'elles lui sont inférieures; il ne reconnaît en elles aucun des nobles attributs qui le distinguent, et en se les appropriant, il les marque d'un caractère propre, qui les rend inviolables et sacrées pour les autres hommes.

La loi naturelle et la loi positive s'unissent pour reconnaître et assurer à toute personne la libre possession de ses droits originaires ou acquis. La loi naturelle grave dans la conscience des règles qui sont le type idéal de la justice suprème auquel le législateur doit conformer ses décisions, et tout homme, sa conduite. La loi positive sanctionne, d'une contrainte matérielle, les préceptes qui constituent le droit national public ou privé d'un peuple.

Or, les États obéissent aux mêmes besoins et aux mêmes règles de conduite que les individus qui les composent. L'isolement n'est plus aujourd'hui la condition qu'ils ambitionnent, et les frontières doivent s'abaisser devant le nombre des relations que facilitent de plus en plus les progrès de la science moderne. Ces rapports multiples ont pour base première cette loi naturelle et instinctive antérieure aux États, aux Codes, aux tribunaux, et qui ne peut échapper à la conscience des peuples. Les principes protecteurs des droits de la personne et de la propriété ne sont pas seulement la loi de l'individu ou d'une nation, mais deviennent la loi de l'humanité. Et peu à peu, des usages s'établissent, un droit de coutume se forme sous l'empire d'une conviction unanime et d'intérêts communs, se manifeste par des traités, et prend le caractère d'une loi vivante et positive.

Tel est le *fondement* du droit international, *jus inter gentes,* comme l'ont appelé Zouch, d'Aguesseau et Bentham, répudiant l'ancienne expression de droit des gens, dont le terme implique une idée plus vague et moins complète.

Ce droit puise sa force en lui-même; car il ne trouve pas de *sanction* ici-bas dans une autorité supérieure. La violence, au service des ambitions et des haines, a trop souvent encore raison du droit; mais elle prépare, malgré la gloire stérile qu'elle peut un instant procurer, des châtiments et des revers dont se ressentent les générations futures. Le mot de Schiller est toujours vrai : « L'histoire de l'humanité en est le tribunal. »

Tous les États se voient menacés lorsque l'un deux est la victime d'une injustice; l'intérêt commun les rallie pour sauvegarder la cause du droit ou maintenir l'équilibre des États. L'opinion publique, alimentée chaque jour davantage par les mille voix de la presse et de la tribune, se charge également de venger ou de déjouer les tentatives criminelles et prépare des solutions justes et impartiales.

Le droit international peut être violé ou méconnu, sacrifié aux intérêts ou aux passions; mais il n'en existe pas moins comme le principe des relations entre les peuples, et il trouve sa sanction dans les représailles et les déchéances que subissent tôt ou tard ceux qui méprisent les lois internationales. La guerre sera sans doute son recours suprême, mais si l'arbitrage international pouvait entrer de plus en plus dans les mœurs des États, les solutions violentes, qui sont loin d'assurer toujours le triomphe du droit, seraient évitées pour le bien général de l'humanité. Et les nations, en confiant à un tiers la décision du conflit, ne seraient plus désormais juges dans leur propre cause.

Je puis maintenant, après avoir constaté l'*existence* et la *sanction* du droit international, résumer et préciser les idées aperçues jusqu'ici dans les définitions suivantes.

1° Le *droit international public* est l'ensemble des règles, émanées de la raison naturelle, consacrées par les coutumes et les traités, et qui fixent les rapports mutuels des États dans un intérêt général et public;

2° Ce droit est *naturel* ou *positif* : *naturel*, si l'on envisage les principes nécessaires et immuables que le sentiment universel indique aux peuples comme aux individus, c'est l'idéal vers lequel on doit tendre, c'est le *droit de la nature et des gens* dans son acception générale et théorique : *positif*, s'il est fondé sur les usages reçus entre nations, et constituant ainsi un droit *coutumier* ou *non écrit*, ou sur les traités, formant dès lors un droit *conventionnel* ou *écrit*. Ce droit positif est variable ; il suit, dans sa marche progressive, le développement de la vie internationale des États ;

3° Il existe dans un *intérêt général et public*, et il faut se garder de le confondre avec le droit *international privé* qui comprend l'ensemble des règles relatives aux conflits entre États, à l'occasion des intérêts privés. Mais dès que l'État intervient comme puissance publique dans l'intérêt collectif de la société, la présence d'un particulier dans la cause ne peut enlever au droit international public son caractère propre et distinctif. C'est ainsi qu'il doit comprendre les conflits de lois criminelles qui, tout en ayant pour but d'infliger un châtiment au coupable, protègent et garantissent avant tout l'ordre social contre les attentats qui menacent son existence.

II.

SOURCES DU DROIT INTERNATIONAL PUBLIC.

Les définitions qui précèdent ont déjà fait entrevoir les sources de ce droit ; mais il faut, par un examen plus précis et plus complet, déterminer leur place respective, et leur influence sur la formation et le caractère du droit international.

Le droit des gens naturel trouve sa source dans la raison et la conscience, indiquant les principes de justice qui règlent la conduite des hommes. Mais si cette source première et fondamentale doit inspirer le droit positif, elle n'a pas de valeur pratique immédiate, et l'on ne peut remonter jusqu'à elle qu'à défaut de traités ou d'usages résultant du CONSENTEMENT DES ÉTATS.

Telle est l'unique et vraie source du droit positif international, puisque les États, n'ayant pas de législateur au-dessus d'eux, ne subissent d'autres lois que celles qui émanent de leur volonté expresse ou tacite. L'ordre du développement rationnel se trouve donc interverti, et en fait, sous le rapport obligatoire, les sources du droit positif peuvent se résumer dans les deux grandes classes suivantes :

A. *Sources principales et directes*, comprenant : 1° LES TRAITÉS ; 2° LES USAGES.

B. *Sources accessoires et indirectes*, comprenant : 1° LA LÉGISLATION ET LA JURISPRUDENCE DES ÉTATS ; 2° LA DOCTRINE DES AUTEURS.

A. *Sources principales et directes :* 1° LES TRAITÉS[1]. — Ce mot désigne, dans un sens large, tout accord entre deux ou plusieurs États. J'indiquerai plus loin les différents termes que le langage diplomatique donne aux traités internationaux, les divisions qu'ils comportent, leurs caractères et leurs effets propres. Je me borne à constater ici l'importance de cette source du droit, la première par le lien qu'elle impose aux parties contractantes ;

2° LES USAGES. — Ils se réfèrent à des faits anciens et souvent répétés, et reposent sur une convention tacite entre les États. Cette coutume internationale constitue la base la plus stable d'un droit qui n'est pas codifié. On peut même dire qu'elle

---

[1] RECUEILS DE TRAITÉS. — *Recueils généraux :* Jean du Mont, *Corps universel diplomatique du droit des gens* (Recueil des traités conclus depuis Charlemagne (800), jusqu'en 1731, avec les suppléments de Barbeyrac et Jean Rousset). — Wenck, *Le corps du droit des gens le plus moderne* (Traités de 1735 à 1772). — Georges-Frédéric de Martens, *Recueil des principaux traités d'alliances, de paix, etc.,* depuis 1761. Publication continuée par Ch. de Martens, Murhard, Samwer, Hopf et, depuis 1885, par Stoerk. — Ch. de Martens et de Cussy, *Recueil manuel et pratique des traités,* depuis 1760, continué par Geffcken. — D'Hauterive et de Cussy, *Recueil des traités de commerce et de navigation.* — *Archives diplomatiques* (Recueil mensuel de diplomatie et d'histoire de 1861 à 1876, repris en 1883, par Louis Renault). — *Staats Archiv.* (en Allemagne, depuis 1861). — Tétot, *Répertoire des traités* de 1648 à 1866, indiquant la place que chacun d'eux occupe dans les diverses collections. — RECUEILS SPÉCIAUX. *France :* De Clercq. Autres pays : *Amérique latine,* Calvo; *Angleterre,* Hertslet; *Autriche,* Neumann, Angeberg; *Belgique,* Garcia de la Véga; *Espagne,* Del Cantillo; *États-Unis,* Elliot, Bancroft-Davis; *Italie,* Luigi Palma: *Prusse,* Rohrscheid; *Russie,* Fr. de Martens; *Turquie,* de Testa.

trouve, pour sa formation, des éléments dans toutes les autres sources du droit international. Les mêmes principes souvent appliqués finissent toujours par être reçus comme l'expression de la volonté commune. L'histoire des guerres, des traités de paix et des négociations de toute nature, les papiers d'État, la correspondance diplomatique sont autant de documents précieux pour la constatation des usages internationaux.

B. *Sources accessoires et indirectes* : 1º La législation et la jurisprudence des États. — Ni les jugements d'un tribunal, ni les lois d'un État ne peuvent étendre leur empire au delà du pays où ils sont rendus ou promulgués. Les autres peuples ne les accepteront que s'ils y trouvent des décisions équitables, basées sur les principes du droit des gens, et dignes d'être adoptées par l'usage commun des nations[1]. Un État peut, par exemple, donner des instructions sur la conduite de ses armées en temps de guerre, fixer la représentation du pays à l'étranger, l'autorité chargée de déclarer la guerre, de faire la paix ; il peut rendre des ordonnances sur les prises maritimes, et ses tribunaux seront appelés à juger les différends qu'elles peuvent soulever.

Les tribunaux mixtes, composés d'arbitres choisis par deux États, exercent, sur la formation du droit international, une influence plus décisive que les tribunaux locaux, inspirés souvent par des sentiments peu juridiques et portés à favoriser la nation à laquelle ils appartiennent. On peut remarquer d'ailleurs que ces *Commissions arbitrales* empruntent au traité même qui les investit du droit de juger une force toute spéciale, et que leurs décisions s'imposent aux Puissances qui se sont engagées à s'y soumettre ;

2º La doctrine des auteurs. — L'autorité des publicistes ne peut exercer par elle-même une influence décisive, malgré le prestige du nom ou l'unanimité des décisions. Les écrivains ne sont jamais, comme on l'a fort bien dit, « que les témoins

---

[1] La *déclaration de Paris*, du 16 avril 1856, a été la conséquence des ordonnances rendues par la France et l'Angleterre, au début de la guerre de Crimée.

des sentiments et des usages des nations civilisées [1]. » Mais il n'en est pas moins vrai que la science du droit ne puisse largement profiter des travaux des jurisconsultes, soit que les pouvoirs publics les appellent à donner des consultations sur des points douteux [2], soit qu'ils indiquent dans leurs ouvrages le résultat des progrès réalisés dans les idées et dans les mœurs, en les faisant ainsi passer dans la pratique des peuples. Leurs écrits remplacent le *Code de droit international*, dont nous ne pouvons pas de longtemps encore espérer voir la réalisation.

Ce mouvement scientifique s'est développé rapidement dans ces dernières années et, sous son influence, des sociétés se fondent, des Congrès se réunissent, des revues et des journaux sont créés dans le but de propager les principes du droit international, de favoriser leurs progrès, et de contribuer au triomphe des idées de paix et de justice qui doivent présider aux rapports des nations.

III.

DOMAINE DU DROIT INTERNATIONAL PUBLIC.

Tous ces moyens, mis au service de la pensée humaine, servent puissamment à étendre le domaine de ce droit.

Il est d'ailleurs universel, en tant qu'on l'envisage sous le caractère de droit des gens naturel, conforme aux principes de justice et d'humanité. Les nations civilisées l'ont trop souvent oublié dans leurs rapports avec les tribus sauvages et les peuples barbares.

Mais en fait, le droit international, considéré surtout sous son aspect de droit positif et pratique, a été, pendant longtemps, limité aux États chrétiens unis par la communauté des

[1] Wheaton, *Élém. de dr. intern.*, t. I, p. 25.
[2] C'est le rôle que remplissent les conseillers de la couronne en Angleterre, le comité du contentieux près du ministère des affaires étrangères, en France et en Italie.

idées et des mœurs. Depuis la paix de Westphalie (24 octobre 1648), les États protestants sont, sur ce point, assimilés aux Puissances catholiques. La sainte Alliance, formée le 26 septembre 1815, exprime encore l'idée qu'un lien de droit n'existe qu'entre les nations chrétiennes.

Cette restriction explique le titre de *droit public européen*, que des auteurs donnent parfois encore à leurs ouvrages. Ce titre n'a jamais répondu d'ailleurs à une idée entièrement exacte, et ne peut servir qu'à indiquer le *lieu de naissance* du droit international public. Trop large dans un sens, puisque la Turquie se trouvait en dehors de ce droit, il était trop restreint d'autre part, puisque les États d'Amérique, depuis longtemps déjà, participent au droit de l'Europe. Jusqu'au traité de Kutchuck-Kaïnardji (21 juillet 1774), la Porte ne concluait pas des traités de paix, mais seulement des trèves. Il y eut toutefois de nombreuses conventions entre les Puissances chrétiennes et la Turquie; mais c'est seulement le 30 mars 1856 que, par l'article 7 du traité de Paris, la Sublime Porte a été admise, d'une façon générale, à profiter des « avantages du droit public et du concert européen. »

Ce nom de droit public européen n'est plus désormais trop large; mais il devient chaque jour trop restreint, par suite des développements donnés aux rapports internationaux. Les traités conclus par les États de l'Europe avec la Perse, la Chine, le Japon, Siam, Zanzibar, montrent les progrès remarquables de la civilisation occidentale en Orient. L'acte général du 26 février 1885, signé à Berlin par les grandes Puissances, à la suite de la *conférence du Congo*, vient d'appliquer aux peuples de l'Afrique centrale les principes du droit international moderne. Sans doute, le but premier de la conférence est de faciliter à toutes les nations l'abord de l'intérieur de l'Afrique; mais en s'engageant à concourir à la suppression de l'esclavage et surtout de la traite des noirs, en appliquant aux peuples africains les principes de justice et de respect pour tous les droits de la personne, l'assemblée de Berlin montre qu'elle n'entend pas les exclure de la communauté du droit des gens.

L'Acte général de la *Conférence de Bruxelles* du 2 juillet 1890 montre également les États contractants animés de la ferme volonté d'assurer au continent Africain les bienfaits de la paix et de la civilisation.

Malgré cette tendance à se généraliser, un droit international commun, tacite et permanent, n'existera jamais qu'entre nations, dont le niveau moral et la culture intellectuelle sont identiques. Avec des peuples encore sauvages ou à demi civilisés, on ne peut établir que des rapports basés sur une réciprocité conventionnelle.

J'ajoute qu'il y aura toujours, dans le droit international, des règles particulières, admises entre États dont les institutions se ressemblent, ou commandées par de simples considérations personnelles formant la courtoisie des États, *comitas gentium*, et qui ne peuvent créer aucun droit pour les autres nations.

La *politique extérieure* ou *diplomatie*, qui consiste dans l'art de diriger les affaires étrangères d'un État, doit prévoir et connaître ce qui est nécessaire au bien et à la dignité d'un peuple. Le droit international, sans se confondre avec elle, lui prête son appui en l'éclairant de la lumière de ses principes. Une politique honnête et morale ne doit pas s'en écarter; mais elle peut, en retour, contribuer à faire pénétrer dans le domaine du droit des règles utiles à la grandeur et au développement des États. Toutes les branches des sciences politiques se prêtent d'ailleurs un mutuel secours, puisqu'elles contiennent l'ensemble des principes nécessaires à la conduite des affaires publiques entre États. Cette vérité apparaîtra mieux encore dans une esquisse rapide des origines et des progrès successifs du droit international public.

Mais je dois, avant d'aborder ce sujet, constater que le droit international, malgré l'étendue de son domaine, ne doit jamais s'immiscer dans les affaires intérieures des États. La théorie de l'intervention nous permettra de préciser cette règle dans ses caractères et ses effets, avec les développements qu'elle comporte.

1*

IV.

ORIGINE ET PROGRÈS SUCCESSIFS DU DROIT INTERNATIONAL PUBLIC.

Deux conditions sont essentielles à la formation et au développement du droit international public : 1° le rapprochement des États ; 2° leur indépendance.

A l'origine, la guerre est le seul moyen qui puisse établir des relations entre les peuples. Plus tard, le commerce prend naissance et se développe, sous l'influence de circonstances multiples. Les Césars qui se disaient maîtres du monde, proclament déjà que la loi Rhodienne, première source des lois maritimes, est la souveraine des mers[1]. Mais le trafic des temps primitifs n'est rien en comparaison du commerce des temps modernes, agrandi par les découvertes géographiques, et facilité par les inventions admirables de la science.

L'indépendance des États suppose une égalité de droits respectifs, avec une autonomie distincte, excluant toute idée de domination universelle.

Nous allons voir rapidement, en suivant le cours des siècles, la naissance et le développement du droit international public.

Quatre grandes époques peuvent en marquer les étapes principales : l'antiquité, le moyen âge, les temps modernes, les temps contemporains.

I. L'ANTIQUITÉ. — Le principe, qui préside aux rapports des peuples anciens, repose sur la division de l'humanité en races dominantes, et en races esclaves. *C'est la négation de l'unité humaine.* « La guerre éternelle aux Barbares » en était la conséquence naturelle ; et la Grèce, la nation la plus civilisée des temps anciens, avait adopté cette maxime comm e

---

[1] *Ego quidem sum mundi dominus, lex autem maris.* L. 9, *Dig.*, XIV. 2.

base de ses relations avec les étrangers, tout en reconnaissant des rapports juridiques permanents entre les diverses
peuplades qui la composaient. Platon ne reconnaissait entre
les Grecs et les Barbares, ni lien de droit, ni devoirs d'humanité; mais il conseille aux Grecs, dans leurs rapports
réciproques, la justice et la bienveillance. C'est pour se
conformer à cette idée que le conseil des Amphictyons faisait
respecter quelques principes de droit public, dans les rapports mutuels des différents États de la Grèce, et que les
sujets d'un État jouissaient sur le territoire de l'autre, sous la
condition de réciprocité, de certains avantages : protection de
leurs intérêts sous le patronage des *proxénes*, franchise des
douanes (*atélie*), sauvegarde pour les personnes et les biens
en cas de guerre (*asylie*), et même concession des droits
politiques (*isopolitie*).

Il y a cependant, entre les peuples de l'antiquité, des
usages communs en ce qui concerne le mode de recevoir
les ambassadeurs, de faire la guerre, de conclure les traités.
L'idée religieuse impose le devoir d'hospitalité et le droit
d'asile; mais il n'existe ni obligation formelle, ni communauté de droit vis-à-vis des étrangers, dont on ne respecte
même pas l'existence, et à qui l'on concède la servitude
comme une faveur. Aristote conseille à Alexandre le Grand
de réduire les Barbares en esclavage, et Solon, l'un des sept
sages de la Grèce, encourage les associations qui se forment
pour piller les marchands étrangers. Sparte et Athènes n'ont
connu que le droit du plus fort[1].

Les romains n'avaient pas un principe différent. *Adversus
hostem æterna auctoritas*, disait la loi des XII Tables : l'étranger n'a pas de droit. A défaut d'un traité, qui n'a d'ailleurs
que le caractère d'une trève, il n'existe pas d'obligations
réciproques entre les Romains et les autres peuples. Le
droit fécial, dont on a si souvent exagéré la portée, n'était que
l'ensemble des formalités et des règles relatives aux déclarations de guerre et à la conclusion des traités. Il nous présente ce principe, qu'une guerre ne peut être juste, que si

[1] Platon, *Rep.* 470. C. Ch. Tissot, *Des proxénies grecques...*

elle est précédée d'une demande en réparation, et est régulièrement déclarée. Mais ce n'était qu'une pure formalité, et le collège des Féciaux ne servait qu'à donner la consécration légale aux guerres les plus injustes : *legitime injurias faciendo* [1].

La philosophie stoïcienne inspire cependant aux Romains le sentiment de l'équité naturelle et de l'unité du genre humain. C'est alors que Sénèque [2] put dire : nulle part, l'homme n'est étranger, sa vraie patrie est l'univers. Sous cette influence, le droit s'épure et s'adoucit, et bientôt, avec l'aide des préteurs et des grands jurisconsultes, il se modifie de telle sorte, qu'il devient une science, digne de faire l'admiration de la postérité et de mériter le nom de raison écrite.

Toutefois, le droit des gens de Rome, *jus gentium*, n'a rien de commun avec notre droit international public. Il embrasse, dans un sens large, les règles qui existaient chez les peuples contemporains et, dans son sens pratique, les institutions que les Romains appliquaient aux étrangers comme aux citoyens.

Mais, à aucune époque, Rome n'a souffert d'États rivaux à côté d'elle; rien ne peut mieux résumer les principes de ses relations internationales que ce mot de Marius à Mithridate : « Roi, essaie de devenir plus puissant que les Romains, ou fais sans murmurer ce qu'ils te commandent [3]. » Le pillage du monde, à la fin de la République, aboutit à l'unité de l'empire, unité grandiose et providentielle qui va permettre au christianisme de se répandre au milieu des peuples rassemblés sous une même domination.

Les peuples de l'antiquité ne sortent donc de leur isolement que pour devenir les sujets d'un empire universel; dans de telles conditions, il n'y a pas de droit international.

II. Le moyen age. — Avec le christianisme, un principe

---

[1] Lactance, *Divin. Inst.*, VI, 9. — Weiss, *Le droit fétial et les Féciaux à Rome.*

[2] *Epist.* 102. *De vita beata,* c. 20. *De otio sapient.* 21. *De benef.*, VII, 19. — Chauveau, *Le droit des gens dans les rapports de Rome avec les peuples de l'Antiquité.*

[3] Plutarque, *Mar.*, ch. 31.

nouveau qui va servir de base à un droit international réel, apparaît et se développe : c'est l'*unité de la nature humaine*. Le régime féodal, qui succède à l'invasion des Barbares et au morcellement de l'empire romain, nous présente la variété la plus étrange, avec ses lois et ses coutumes diverses et sa multitude de petits États[1]. Mais il existe un lien puissant entre les membres de ces différents peuples : c'est la religion, c'est le culte d'un seul Dieu substitué aux divinités innombrables du paganisme.

Il y a, malgré les divisions politiques et sociales de l'époque, malgré des guerres sans cesse renouvelées, le germe de relations plus justes et plus équitables dans le dogme de la fraternité chrétienne. L'étranger méprisé par l'antiquité n'est plus entièrement exclu de la communauté du droit, et le lien religieux permet d'établir, entre les peuples, des rapports qui sont basés déjà sur des usages que l'on pourra bientôt appeler « *les lois coutumières de l'Europe chrétienne*[2]. »

Une foule de causes vont tendre, d'ailleurs, au rapprochement social. Les croisades contribuent à mettre en relation les États chrétiens, et vont préparer l'extension de la société internationale, en ouvrant aux nations occidentales les contrées d'Orient que l'islamisme leur avait fermées. Le commerce maritime se développe; la lettre de change et l'institution consulaire prennent naissance, et l'on peut dire que le droit commercial trouve, à cette époque, ses premiers fondements. Les lois de la chevalerie font passer dans les mœurs des règles qui élèvent le sentiment de l'honneur et du devoir. Le droit romain, qui, parmi les gloires de l'ancienne Rome, survit seul à la ruine de l'empire, continue, pendant le moyen âge, à former une partie intégrante de la législation européenne. Et, lorsqu'il y eut avec l'école de Bologne une renaissance de la science juridique, il forme la loi interna-

---

[1] C'est ce défaut apparent d'unité qui a fait qualifier l'époque du moyen âge d'*anarchie féodale*. Condorcet, *Tableau des progrès de l'esprit humain*, p. 152.

[2] Suarez, *de Legibus ac Deo legislatore*.

tionale du monde civilisé. Le droit canonique vient, à son
tour, apporter l'influence de son autorité pour réprimer les
désordres de la société pendant le moyen âge. L'Église catholique se constitue le défenseur du droit contre l'oppression
féodale, et use de son pouvoir spirituel pour adoucir les
mœurs, et empêcher les cruautés qui déshonoraient la société de l'époque. Elle fait ses efforts pour faire prévaloir la
trève de Dieu, la suppression de la piraterie; et, dans bien
des cas, les Papes préviennent les conflits en offrant aux
souverains leur médiation. Les conciles généraux étaient souvent alors de véritables Congrès européens où se tranchaient
les différends des États chrétiens.

Telles sont les causes qui amènent le rapprochement des
peuples au moyen âge, et forment les premiers principes
d'un droit commun que l'on peut considérer comme l'origine
lointaine de notre droit international moderne.

III. Les temps modernes. — Le principe de l'unité humaine,
posé par le christianisme, ne disparaît pas; mais une idée
nouvelle se fait jour et devient la base des rapports internationaux. Les États rejettent la suprématie politique de l'Église,
et placent leur indépendance sous la garantie collective des
autres États. C'est le *principe de l'équilibre européen*, dont
la portée fut immense, mais qui donna lieu à de grands et
nombreux abus.

L'époque de la Renaissance sert de transition entre le
moyen âge et les temps modernes. Les chefs-d'œuvre de l'antiquité, dans toutes les branches de l'activité humaine, science,
art, littérature, séduisent alors les esprits. La découverte de
l'imprimerie, l'invention de la poudre et la transformation
des armées, l'abolition des guerres privées, les grandes découvertes des pays lointains, les progrès du commerce, la protection acccordée aux ambassades permanentes, tout présage
une vie nouvelle pour les nations appelées à multiplier ainsi
leurs rapports. Le droit romain, dont la connaissance se pro-
page de plus en plus, aide puissamment à constituer le pouvoir central de l'État. L'œuvre du moyen âge est donc brisée; les petites souverainetés féodales disparaissent dans l'u-

nité de la monarchie, le pouvoir politique et absolu des Papes paraît inconciliable avec l'indépendance des nations, et le saint empire romain, que la papauté combattit et soutint tour à tour, perd bientôt sa puissance et n'est plus qu'un vain symbole de l'unité ancienne.

C'est à ce moment que l'art politique, égoïste et sans scrupule sur le choix des moyens, et dont *le Prince* de Machiavel est la triste expression, apparaît et trouve, en se développant, un accès facile dans les conseils des souverains.

Le principe de l'équilibre européen fut une réaction contre cette politique hypocrite et envahissante. Il suscite la plupart des conflits politiques du xvie siècle, et sert à prévenir ou à réprimer les tentatives de monarchie universelle. La paix de Westphalie en 1648, d'Utrecht en 1713, et celle de Paris, suivie du Congrès de Vienne, en 1815, sont les principaux faits historiques qui en manifestent l'application[1].

Le *Congrès de Westphalie*, 24 octobre 1648, proclame les règles du nouveau droit public européen : la liberté religieuse, en admettant aux mêmes droits dans la société des peuples, les confessions catholique, luthérienne et calviniste; la liberté politique, en consacrant, avec l'abaissement de la maison d'Autriche, l'indépendance et l'égalité des États.

La France doit subir à son tour les *traités d'Utrecht* et de *Rastadt* (11 avril 1713, 6 février 1715), qui terminent la sanglante guerre de la succession d'Espagne, et arrêtent les projets ambitieux de Louis XIV. Le mot *d'équilibre* apparaît pour la première fois dans ces traités : *ad formandam stabiliendamque pacem ac tranquillitatem christiani orbis justo potentiæ equilibrio.*

Pendant que la politique des souverains multiplie les guerres pour assurer l'équilibre des forces, la science du droit des gens, qui avait eu déjà ses représentants en Espagne et en Italie, entre dans une phase brillante et acquiert une influence légitime avec Grotius, qui donne aux doctrines de ses précurseurs la force et l'unité, en les appuyant sur les maximes

---

[1] Ch. Giraud, *Le traité d'Utrecht.*

du christianisme et les leçons de l'histoire. Son œuvre fut à cette époque continuée par un grand nombre de publicistes, parmi lesquels je ne veux citer que Puffendorf, Wolf et Vattel.

Mais les principes de justice, qui doivent être la base du droit international, ne purent empêcher, ni les guerres maritimes, suscitées par le désir d'accaparer le monopole commercial, ni les guerres continentales, dont le prétexte est le maintien de l'équilibre, mais qui ne servent qu'à satisfaire les convoitises et l'ambition des monarques. Ce fut sous cette influence que se fit le partage de la Pologne, commencé en 1772 (traité du 15 juillet), et qui restera dans l'histoire, pour rappeler l'un des attentats les plus odieux commis contre le droit des gens.

Le xviiie siècle s'éteint au milieu des réformes de la Révolution française qui, en proclamant, sur la ruine des anciens privilèges, l'égalité civile, donne au peuple le principe même de son unité sociale. Elle abolit en même temps les dispositions vexatoires que les lois de l'ancien régime contenaient à l'égard des étrangers. L'Assemblée nationale voulut confier à l'un de ses membres le soin de rédiger une déclaration du droit des gens. Un projet en vingt et un articles fut plus tard présenté à la Convention qui refusa de l'admettre. Les guerres de la Révolution et de l'Empire, avec les bouleversements qu'elles apportaient dans les États de l'Europe, n'étaient pas d'ailleurs de nature à faire prévaloir des principes nouveaux de conciliation. Et lorsque la coalition européenne eut triomphé du génie de Napoléon, ce fut encore le principe de l'équilibre qui devint la règle dominante dans les contrats formés par les Puissances.

Le *traité de Paris*, du 30 mai 1814, servit de base aux mesures définitives adoptées par le *Congrès de Vienne*, les 19 mars, 11 juin 1815, et que confirma le second traité de Paris, du 20 novembre 1815. Après avoir déterminé les possessions territoriales des États et institué la Confédération germanique, le Congrès résolut plusieurs questions importantes de droit international, telles que : l'abolition de la traite des noirs, la libre navigation des fleuves traversant plusieurs pays, la fixa-

tion du rang des agents diplomatiques[1]. Quelque temps après,
les souverains de l'Autriche, de la Prusse et de la Russie voulurent, pour assurer la force et la stabilité de leurs conventions, les placer sous la garantie des principes de justice, de
charité et de paix enseignés par la religion chrétienne.

Ce fut l'origine du traité de la sainte Alliance, signé à
Paris, le 26 septembre 1815, et qui revêtit sa portée pratique,
le 20 novembre de la même année, lorsque les grandes Puissances conclurent une nouvelle alliance, qualifiée de *perpétuelle*, et constituèrent un aréopage politique qui, sous le nom
de *Pentarchie*, s'arrogea le droit d'intervenir dans les affaires
intérieures de chaque État. Ce principe fut accepté, trois ans
plus tard, par la France que le Congrès d'Aix-la-Chapelle du
15 novembre 1818 venait de faire rentrer dans le concert européen. Le but des contractants était de prévenir les troubles
et de garantir le maintien des gouvernements monarchiques.
La politique d'intervention devint un principe de droit consacré par les traités de Troppau (1820) et de Leybach (1821);
mais l'alliance perpétuelle ne fut pas de longue durée. Déjà
l'Angleterre, au Congrès de Vérone, en 1822, protesta contre
une immixtion qui viole la souveraineté et l'indépendance des
États. Les nations ne voulurent pas accepter cette intervention
dictatoriale des Puissances, et les révolutions de 1830 et de
1848 montrèrent combien les garanties de l'alliance perpétuelle étaient vaines et inefficaces[2].

IV. LES TEMPS CONTEMPORAINS. — Sans détruire les anciennes règles basées sur l'utilité commune, le temps apporte des
idées nouvelles, parfois vagues et indécises, ne s'appuyant ni
sur un *criterium* certain, ni sur un droit défini, mais que
l'intérêt et la passion font entrer peu à peu dans le domaine
des faits.

Le *principe des nationalités* nous présente ce caractère.
Né dans ce siècle en Allemagne à la suite des conquêtes de

[1] Capefigue. *Le congrès de Vienne.* — Angeberg, *Le congrès de Vienne
et les traités de 1815.*
[2] Chateaubriand, *Le congrès de Vérone.* — Wheaton, *Hist.*, t. II, p. 200.

Napoléon, il a séduit bien des intelligences, suscité bien des
enthousiasmes; mais son application qui fut, dans certains
cas, juste et légitime, n'a fait que donner souvent un prétexte
aux spoliations et aux abus de la force.

La Grèce fut la première à lutter avec héroïsme pour s'affranchir de la domination ottomane. Les grandes Puissances
contraignirent le Sultan à signer, en 1829, le traité d'Andrinople qui reconnut les droits nationaux de la Grèce, et lui
permit de se constituer en État indépendant.

Dix ans plus tard, le traité de Londres reconnut le nouveau
royaume de Belgique, séparé définitivement d'avec la Hollande, et dont la neutralité perpétuelle était garantie[1].

Il y avait, dans ces deux cas, pour justifier les revendications nationales, une différence profonde de religion, de coutumes et de mœurs, entre des provinces soumises à une même
Puissance, et une volonté commune mise à l'épreuve par une
résistance énergique.

L'un des traités les plus importants de notre époque con-
temporaine, au point de vue des progrès du droit international, est *le traité qui fut signé à Paris le 30 mars* 1856, à la
suite de la guerre de Crimée. Il proclame quelques règles
fondamentales de droit international maritime, décrète l'abolition de la course, la liberté de la navigation du Danube, et
celle du commerce de la mer Noire, et, dans ce but, impose
à la Russie de ne plus y entretenir de flottes de guerre. Cette
dernière disposition fut modifiée par la convention signée le
13 mars 1871, à la suite de la conférence de Londres. Le
traité de Paris rejette en outre l'intervention d'un État dans
les affaires intérieures des autres Puissances, et conseille en
cas de dissentiment de recourir à la médiation pacifique,
avant d'en appeler à la force des armes.

Le *Congrès de Paris* garantissait encore l'intégrité du territoire ottoman; mais, en 1878, après la guerre entre la
Russie et la Turquie, le Congrès de Berlin (13 juillet), en

---

[1] Le premier traité, signé le 15 novembre 1831, ne fut accepté par le
roi de Hollande que le 19 avril 1839. Désormais, « la Belgique forme un
État indépendant et perpétuellement neutre, art. 7. » De Clercq, t. IV,
p. 46 et suiv.

revisant le traité de paix de San-Stefano du 3 mars de la
même année, apportait des modifications profondes à la constitution politique de la presqu'île des Balkans. La Roumanie
et la Serbie cessent d'être sous la suzeraineté du sultan; l'indépendance du Monténégro est définitivement reconnue; la
Bulgarie est constituée en principauté indépendante et tributaire, et la Roumélie orientale jouit d'une autonomie administrative, sous l'autorité politique et militaire de la Porte; enfin,
les provinces de Bosnie et d'Herzégovine sont occupées et
administrées par l'Autriche. Par une convention spéciale du
4 juin 1878, l'île de Chypre a été occupée par l'Angleterre[1].

Le traité de Paris ne pouvait pas empêcher ces résultats
prévus depuis longtemps, et qui doivent se compléter un
jour, sous l'influence de la politique des nationalités. Mais les
idées qu'il a émises sur d'autres points resteront comme la
base d'un progrès réel dans le droit international. La France,
qui peut se glorifier de la part qu'elle y a prise, voulut encore ajouter aux principes du droit public moderne la règle
d'après laquelle les cessions de territoire ne peuvent avoir
lieu sans le consentement des populations. C'était reconnaître
les droits de la volonté humaine et refuser aux gouvernements le pouvoir de disposer des peuples par voie d'annexion
ou de conquête. Ce principe, dont on comprend l'application
en temps de paix, alors qu'il s'agit de confirmer, par un vote,
une cession justifiée déjà par une communauté de mœurs et
d'intérêts, ne peut avoir, en temps de guerre, la même importance pratique. Le consentement donné sous la pression du
vainqueur n'offre aucune garantie de sincérité, et l'on ne demande pas un vote que l'on sait d'avance devoir être défavorable. C'est ainsi que la Prusse s'est bien gardée, malgré le
traité qui l'y obligeait, de consulter les populations danoises
dont elle venait de conquérir le territoire.

L'Allemagne voulut, en effet, à l'exemple de l'Italie, porter
sur le terrain des faits le principe des nationalités, en décla-

---

[1] Angeberg, *Le traité de Paris du 30 mars 1856, et les conférences de
Londres de 1871.* — Arthur Desjardins, *Le congrès de Paris de 1856 et la
jurisprudence internationale,* 1884.

rant, en 1864, la guerre au Danemark, pour lui arracher les
duchés de Schleswig-Holstein, où l'élément germanique
domine plus ou moins exclusivement. Peu après, la Prusse
victorieuse de l'Autriche dans les plaines de Sadowa acquérait
par le traité de Prague, du 23 août 1866, un vaste accroissement de territoire, et une influence prépondérante dans
l'Europe centrale. Et pendant la guerre franco-allemande, en
1870, la Confédération germanique était remplacée par l'empire d'Allemagne, sous la direction suprême du roi de Prusse
qui, par le traité de Francfort, le 10 mai 1871, s'annexait
l'Alsace, et une partie de la Lorraine. L'Allemagne ne s'est
agrandie que par la violence; et la politique ne s'est servie du
principe des nationalités que pour s'en faire une arme contre
le droit.

J'apprécierai plus tard ce principe; je n'ai voulu, dans cette
rapide esquisse historique, qu'en donner uniquement les
principaux résultats.

Or, si l'on s'arrête devant les faits qui se sont accomplis
depuis trente ans, on hésite à reconnaître un progrès réel
dans le droit international public moderne.

Les massacres dont les champs de bataille de l'Europe et
de l'Amérique ont été les témoins, les mesures iniques prises
par les généraux prussiens en 1870, les actes de férocité
commis pendant la dernière guerre turco-russe ne diffèrent
en rien des horreurs que nous présentaient les guerres des
siècles précédents. L'intervention dans les affaires intérieures
des petits États, les annexions violentes de territoire, sont
chaque jour pratiquées. L'ambition des Puissances a renversé
l'équilibre politique et bouleversé les idées de l'Europe.
Toutes les richesses des nations sont sacrifiées au profit d'armements formidables, et le militarisme tend à abaisser le niveau égalitaire sur tout ce qui constitue la grandeur morale
et intellectuelle d'un pays, au risque de faire reculer la civilisation. Le désarmement est à l'ordre du jour dans les sociétés de la paix ou dans les conférence des publicistes. Mais tout
le monde comprend qu'il est impossible d'en espérer la réalisation dans l'état actuel de l'Europe.

On ne peut oublier en présence de ces faits ce passage du

discours que prononçait Washington, le 30 avril 1789, en prenant possession de la présidence du sénat américain : « Il « y a ici-bas un lien indissoluble entre les pures maximes « d'une politique humaine et magnanime et les solides récom- « penses du bien-être et de la prospérité des peuples. »

Si nous portons maintenant nos regards vers les conquêtes pacifiques dues à la solidarité des intérêts communs, nous aurons un spectacle plus consolant et une confiance plus grande dans les *progrès du droit international*. Les dernières entraves apportées à la liberté de la navigation sont suppri- mées, les relations commerciales s'étendent de plus en plus, des traités sont conclus avec les pays de l'extrême Orient, et l'on y institue des légations permanentes. Les conventions internationales relatives aux postes et aux télégraphes, à l'u- nification du système métrique, à l'union monétaire, au droit de propriété littéraire, artistique et industrielle, à l'extradi- tion, à la police sanitaire, aux transports, montrent le mou- vement naturel qui s'opère pour resserrer les liens des divers membres de la famille humaine.

La convention de Genève, la déclaration de Saint-Péters- bourg relative aux balles explosibles et la conférence de Bruxelles sur les lois de la guerre prouvent le désir de tempé- rer des maux que l'on ne peut empêcher.

L'arbitrage international a été appliqué, comme nous le verrons plus loin, dans des circonstances solennelles; et pour éviter l'incertitude dans les principes qui fixent les rapports des États, on essaie d'arriver à une codification du droit in- ternational.

Les *États de l'Amérique centrale* sont entrés résolument dans cette voie. Par les traités de Guatemala, 16 février 1887, et de Costa-Rica, 24 novembre 1888, ils ont pris des mesu- res pour assurer le maintien de la paix et se sont engagés à soumettre à un *Tribunal arbitral* les difficultés qui pourraient les diviser. Un congrès, réuni à Montévidéo, le 28 août 1888, aboutit à la signature de traités relatifs à l'établissement d'un droit commun sur les principales matières du droit interna- tional privé. De plus, par le traité de San-Salvador du 15 octobre 1889, certains États de l'Amérique centrale ont formé entre eux une véritable confédération[1]. J'ajoute que, le 28 avril 1890, dix-sept Républiques du nord, du centre et du sud signèrent à Washington, un *traité d'arbitrage permanent*, résultat d'une conférence antérieure due à l'impulsion des États-Unis. Pour marquer l'importance d'un traité, qui plaçait des millions d'hommes dans un état juridique de paix perpétuelle, les plénipotentiaires ne voulurent apporter leur adhésion qu'en le signant avec des plumes d'or.

La lutte contre l'esclavage remporte chaque jour des triomphes décisifs. Les lois intérieures des pays civilisés punissent ceux qui font le commerce des esclaves, et la plupart des États qui reconnaissaient encore l'esclavage l'ont successivement aboli. La conférence de Berlin, en 1885, renouvelle le principe proclamé déjà au Congrès de Vienne, en 1815, et relatif à la suppression de la traite des noirs, en imposant aux Puissances, qui exerceraient des droits de souveraineté dans l'Afrique centrale, le devoir de mettre fin à ce commerce et de punir ceux qui s'en occupent.

Une loi du 16 décembre 1889, sanctionnée par le Sultan, prohibe la traite des noirs, et un décret du bey de Tunis, du mois de mai 1890, rappelle que l'esclavage est aboli dans la Régence.

Enfin, une conférence antiesclavagiste s'est réunie à Bruxelles, le 18 novembre 1889, sur l'initiative du roi des Belges, pour aviser aux moyens de réprimer l'odieux trafic des noirs. L'Acte général, issu de ses délibérations, signé par les représentants des Puissances, le 2 juillet 1890, et entré en vigueur le 2 avril 1892, est l'effort le plus sérieux qui aura été accompli pour engager une lutte décisive contre l'infâme commerce, qui, au dire de Livingstone et de Cameron, faisait, il y a quelques années, un demi-million de victimes par an. M. Jules Simon écrivait naguère, dans un article inspiré par la croisade antiesclavagiste de l'éminent archevêque d'Alger, le cardinal Lavigerie : « La question est de savoir si nous préférons nos guerres impies à cette guerre bénie de Dieu et

---

[1] *Revue sud-américaine*, vol. VIII, p. 422, Paris, 15 déc. 1889. — Fiore, *Dr. int. codifié*, premier Appendice, p. 568.

des hommes. » La conférence de Bruxelles vient de répondre à cette question, en faisant une œuvre admirable, et en déclarant la guerre sainte au profit de l'émancipation des races africaines.

Nous retrouvons, en terminant cet aperçu historique, le principe de l'unité de la nature humaine comme base des progrès qui doivent s'accomplir dans les relations entre les peuples. Les idées d'équilibre et la théorie des nationalités ont produit souvent des résultats iniques, parce que les intérêts égoïstes de la politique ont fait méconnaître les droits permanents de l'humanité.

Le philosophe de Genève était bien inspiré le jour où il écrivit ces mots : « L'amour du genre humain n'est autre « chose en nous que l'amour de la justice. »

Je n'ajouterai qu'un mot. Il ne faut pas que l'idée de la patrie soit étouffée sous un cosmopolitisme exagéré, et que les intérêts et la grandeur d'une nation soient sacrifiés aux rêveries des utopistes.

V.

DOCTRINE ET LITTÉRATURE DU DROIT INTERNATIONAL PUBLIC.

Les progrès du droit international sont dus en grande partie aux auteurs qui, à toute époque, ont su formuler les principes de la science, ou préparer, par la critique juridique, des solutions que la coutume devait sanctionner.

Nous ne trouvons pas dans l'antiquité de traités complets sur le droit international.

Au moyen âge, les jurisconsultes de l'école de Bologne qui étaient souvent pris comme arbitres dans les conflits entre les princes, résolvaient les questions litigieuses à l'aide des textes du droit romain et du droit canonique. On rencontre à la même époque, dans le magnifique ouvrage dû au génie de saint Thomas d'Aquin, des règles qui sont les vraies bases du droit des gens.

Mais la science du droit international, qui n'avait pas encore eu le temps de s'établir, fut, à l'époque de la Renaissance, entravée par l'art politique dont Machiavel devint, avec son traité du *Prince*, l'interprète et le représentant. Sa doctrine repose entièrement sur l'utilité qui suffit, en dehors de toute idée juste et morale, pour légitimer les actions humaines.

Les théologiens et les jurisconsultes de XVIe siècle, qui furent les *précurseurs de Grotius*, opposèrent à ce système de politique égoïste les principes du droit qui doivent présider aux rapports mutuels des États. Je puis citer, parmi les théologiens, Suarez, Vittoria, Soto, Ayala; parmi les jurisconsultes, Pierino Bello et Albéric Gentile.

Mais tous ces auteurs n'ont traité que des questions particulières, et il appartenait à *Grotius*, dont le véritable nom est Hugues de Groot (1583-1645), de présenter, dans son droit de la guerre et de la paix, une doctrine générale, et de donner à la science du droit international son caractère propre et distinctif. Il a surtout voulu constater les usages admis par le consentement mutuel des peuples, et qui, peu à peu, constituent le droit des gens positif et volontaire. Il arrive ainsi à ériger en droit les faits généraux qu'il constate, à légitimer, par exemple, l'esclavage qui est encore à cette époque pratiqué chez tous les peuples. Sans méconnaître d'ailleurs la distinction entre le droit naturel et le droit volontaire, il oublie d'en indiquer le rapport nécessaire; et le fondement indécis de sa doctrine ouvre la voie aux écoles diverses qui se forment après lui dans la suite des temps.

L'école *idéaliste* a pour chef Samuel de Puffendorf (1631-1694) qui considère les principes de justice et de la loi morale comme le fondement unique des rapports internationaux.

L'école *positiviste* qui n'admet que le droit fondé sur les traités et les usages, et ne reconnaît pas le droit naturel comme une source juridique obligatoire par elle-même, a eu parmi ses nombreux adhérents : au XVIIe siècle, Samuel Rachel, Leibnitz; au XVIIIe siècle de Bynkershoëck, de Réal, Moser, Georges-Frédéric de Martens et, plus tard, tous ceux qui, au début du XIXe siècle, avaient accepté, sous l'influence des idées philosophiques de Kant, de reconnaître la volonté positive comme l'unique source du droit.

Une troisième *école mixte* arrive à combiner les principes admis par les deux écoles précédentes. Elle place, en première ligne, la loi positive, pour lui donner la force obligatoire, mais ne rejette pas les règles du droit naturel qu'elle admet comme source subsidiaire. Richard Zouch, qui fit prévaloir l'expression de *jus inter gentes*, donna cette double base au droit international ; mais c'est surtout avec Wolf et Vattel que cette école acquit toute son importance.

L'école *utilitaire* a aussi ses représentants avec Montesquieu et Bentham, qui présentent l'intérêt des États comme principe du droit international. Sans doute la politique doit, pour répondre au véritable but des sociétés humaines, avoir en vue l'utilité générale de l'État ; mais le droit apprécie l'acte utile, au point de vue de l'honnêteté et de la morale, pour le reconnaître et le sanctionner.

Les publicistes les plus récents acceptent la loi positive comme source première du droit international, mais se réservent de l'apprécier, au point de vue de la justice absolue, au moyen de la raison naturelle et de la critique scientifique. « En matière de droit des gens, il y a deux questions à poser : la première et la plus importante est de savoir quelle est l'entente actuelle ou la pratique des nations, autrement on a une doctrine flottante et sans autorité ; en second lieu, il faut rechercher par quels motifs rationels et moraux cette pratique peut être expliquée ou défendue, autrement on se sépare de la vérité et du droit et on est réduit à un pur fait[1]. »

Je viens de résumer, dans ce premier aperçu, les *doctrines* qui ont essayé, à différentes époques, de donner, à la science du droit international, son caractère distinctif ; mais il importe d'indiquer, dans une *Revue bibliographique*[2], les ouvrages des auteurs anciens ou modernes que l'on pourra consulter pour compléter les notions de notre précis élémentaire.

AUTEURS DES XVᵉ, XVIᵉ ET XVIIᵉ SIÈCLES. — FRANCISCO VITTORIA (1480-1546) : *Relectiones theologicæ*, 1° *De Indis*, 2° *De*

[1] Woolsey, *Intr. to the study of the int. Law*, § 15.
[2] Alphonse Rivier, *Note sur la littérature du droit des gens avant la publication du jus belli ac pacis de Grotius; Histoire littéraire des systèmes*

jure belli. — DOMINIQUE SOTO (1494-1560) : *De justitia et jure.*
— BALTHAZAR DE AYALA (1548-1584) : *De jure et officiis belli.*
— FRANCISCO SUAREZ (1548-1617) : *De legibus ac Deo legisla-*
tore. — PIERINO BELLO : *De re militari et bello* (1558). —
ALBÉRIC GENTILE (1551-1608) : *De jure belli* (1583); *De lega-*
tionibus (1589). — HUGO GROTIUS (1583-1545) : *Mare liberum,*
et surtout *De jure belli et pacis*, ouvrage qui valut à son au-
teur le titre de fondateur de la science du droit international ;
M. Pradier-Fodéré en a fait une traduction française en 1867.
— SELDEN (1584-1654) : *Mare clausum*, réponse à Grotius ;
De jure naturali et gentium secundum disciplinam Ebræo-
rum. — HOBBES (1588-1679) : *Elementa philosophica de cive.*
— ZOUCH (1590-1660) : *Juris et judicii fecialis, sive juris*
inter gentes et quæstionum de eodem explicatio. — WICQUE-
FORT (1598-1682) : *L'ambassadeur et ses fonctions.* — SAMUEL
RACHEL (1628-1691) : *De jure naturæ et gentium.* — SAMUEL
DE PUFFENDORF (1631-1694) : *De jure naturæ et gentium*, ou-
vrage résumé plus tard dans un autre livre sous le titre : *De*
officiis hominis et civis; Elementa jurisprudentiæ universalis.
— JOACHIM ZENTGROF : *De origine, veritate et obligatione juris*
gentium (1678). — LEIBNITZ (1646-1716) : *Codex juris gen-*
tium diplomaticus.

AUTEURS DU XVIIIe SIÈCLE. — CHRÉTIEN THOMASIUS (1655-
1728): *Institutionum Jurisprudentiæ divinæ libri III. Fun-*
damenta juris naturæ et gentium ex sensu communi deducta.
— DE BYNKERSHOECK (1673-1743) : *De dominio maris ; De foro*
legatorum; Quæstiones juris publici. — BARBEYRAC (1674-
1744) : *Histoire des anciens traités.* — WOLFF (1679-1754) :
Jus naturæ; Jus gentium. — HEINECCIUS (1681-1741) : *Ele-*
menta juris naturæ et gentium; De navibus ob vecturam ve-
titarum mercium commissis. — BURLAMAQUI (1694-1748) :

et des méthodes du droit des gens depuis Grotius (4e partie de l'introduction du droit des gens de Holtzendorf). — Omptéda, *Litteratur des ge-*
sammten, sowohl natürlichen als positiven Völkerrechts (littérature du droit
des gens naturel ou positif) 1785, ouvrage continué par de Kamptz, 1817.
— Consultez encore les indications bibliographiques de Calvo et de F. de
Martens dans leurs *Traités de dr. intern..* de Wheaton dans son *Hist. du*
dr. des gens, et celles des *Revues de droit international public.*

Principes du droit de la nature ou des gens. — FRÉDÉRIC GLUFEY : *Vernunft und Völkerrecht* (Droit de la raison et des gens, 1723). — GASPARD DE RÉAL (1682-1752) : *La science du gouvernement.* — EMERIC DE VATTEL' (1714-1767) : *Le droit des gens, ou principes de la loi naturelle appliqués aux nations et aux souverains.* M. Pradier-Fodéré en a donné une édition nouvelle en 1863. — MOSER (1701-1785) : *Principes sur le droit des gens en temps de paix et en temps de guerre.* — MABLY (abbé de) (1709-1785) : *Droit public de l'Europe fondé sur les traités.* — MARTIN HUBNER (1724-1795) : *Traité de la saisie des bâtiments neutres.* — LAMPREDI (1761-1836) : *Juris naturæ et gentium theoremata*, commerce des peuples neutres en temps de guerre. — NEYRON : *Principes du droit des gens* (1783); *De vi fæderum inter gentes* (1778). — GUNTHER : *Le droit des gens européen en temps de paix* (1787). — AZUNI (1760-1827) : *Système universel des principes du droit maritime de l'Europe.* — ROBERT PLUMMER WARD : *Histoire du droit des gens en Europe depuis les temps des Grecs et des Romains jusqu'à l'époque de Grotius* (1795). — GÉRARD DE RAYNEVAL (1736-1812) : *Institutions du droit de la nature et des gens.* — GEORGES-FRÉDÉRIC DE MARTENS (1756-1821) : *Précis du droit des gens moderne de l'Europe*, publié en français en 1788, en allemand en 1796, annoté par Pinheiro-Ferreira, dont les idées sont complètement différentes de celles de Martens, réédité en 1864 par Ch. Vergé.

AUTEURS DU XIXᵉ SIÈCLE AYANT TRAITÉ LE DROIT INTERNATIONAL DANS SON ENSEMBLE. — J'indiquerai les principaux ouvrages spéciaux à l'occasion de chaque matière.

Allemands. — KLÜBER : *Droit des gens moderne de l'Europe* (1819), nouvelles éditions françaises annotées par M. Ott, en 1861 et en 1874. — G. SCHMALZ : *Le droit des gens européen* (1817). — FRÉDÉRIC SAALFELD : *Manuel du droit des gens positif* (1833). — BULMERINCQ : *Théorie, pratique et codification du droit des gens* (1874); *Völkerrecht oder Internationales Recht* (1884). — HARTMANN : *Institutionen der Völkerrechts* (1878). — DE DOMIN-PETRUSHEVEEZ : *Précis d'un Code de droit international* (1861). — DE NEUMANN : *Éléments* *du droit des gens moderne* (1877, 3ᵉ édit.), traduction française de Riedmatten (1886). — HEFFTER (1796-1880) : *Le droit international de l'Europe*, traduction française de Bergson, 4ᵉ édit., avec notes de Geffcken (1883). — BLUNTSCHLI (1808-1881) : *Droit des gens moderne des États civilisés*, sous forme d'articles de Code suivis de notes; traduction française de M. Lardy, sous ce titre : *Le droit international codifié* (4ᵉ édit. franç., 1886). — HOLTZENDORF : *Handbuch des Völkerrechts*, 4 vol. (1885-1889); *Éléments de droit international public*, trad. franç. de M. Zographos (1891).

Américains. — KENT : *Commentaries on international Law* (1826), édition revisée par Abdy, professeur à l'Université de Cambridge, en 1868 et en 1878. — HENRY WHEATON : *Éléments de droit international public*, publiés en anglais (1836) et en français (1848), 2 vol.; nouvelles éditions nombreuses et traductions en chinois, en japonais, etc. — LAWRENCE : *Commentaires sur les éléments et sur l'histoire des progrès du droit des gens de Wheaton* (1868-1873). — GARDNER : *Institutes of international Law* (1860). — WOOLSEY : *Introduction à l'étude du droit international* (4ᵉ édit., 1875); malgré son titre, c'est un véritable manuel, contenant les principes les plus importants du droit des gens. — HALLECK : *International Law, or rules regulating the intercourse of states in peace or War* (Le droit international ou règles relatives aux rapports des États dans la paix et dans la guerre, 1861). — DUDLEY-FIELD : *Projet d'un Code de droit international*, trad. franç. de Alb. Rolin (1881). — FRANCIS WHARTON : *Digeste du droit international des États-Unis ; Exposé général du droit des gens dans ses Commentaries on Law*.

Anglais. — WILDMAN : *Institutes of international Law* (1849). — POLSON : *Principles of the Law of nations* (1854). — SIR EDWARD CREASY : *First platform of intern. Law* (1876). — FERGUSON : *Manual of intern. Law for the use of navies, Colonies and consulates* (1884). — HALL : *Intern. Law* (1890, 3ᵉ édit.). — LORIMER, *Principes de droit international*, trad. franç. de Nys (1884). — SIR ROBERT PHILLIMORE : *Commentaries upon intern. Law*, 4 vol. (1874). — SIR TRAVERS-TWISS :

Le droit des nations considérées comme communautés poli-
tiques indépendantes (2ᵉ édit. franç., 1889).

Belges. — Arntz : *Programme d'un cours de droit des gens*
1882. — Rivier : *Programme d'un cours de droit des gens;*
Lehrbuch des Völkerrecht, 1889.

Danois. — Bornemann : *Forelœsingar over den positiven*
Volkeret, 1866.

Espagnols, Hispano-américains. — Riquelme : *Elementos*
de derecho international español, 1849. — Pando : *Elem. de*
derecho intern., 1852. — Bello : *Principios de derecho*
intern., 1864. — Lopez Sanchez : *Elem. de derecho intern.,*
1868. — Olivart : *Manual de derecho intern. publico y pri-*
vato, 1886; *Tratado y notas de derecho intern. publico,*
1887. — Alcorta : *Tratado de der. intern.,* 1878. — Calvo :
Le droit intern. théorique et pratique, 4ᵉ édit., 1888; *Manuel*
de droit intern. public et privé, 1882; *Dictionnaire de droit*
intern. public et privé. — D. Luis Gestoso y Acosta : *Curso*
de derecho international publico, 1894.

Français. — Funck-Brentano et Sorel : *Précis du droit*
des gens, 1877. — Pradier-Fodéré : *Traité de droit intern.*
public européen et américain, 7 vol., 1885-1896. — Alfred
Chrétien : *Principes de droit intern. public,* 1893. — Despagnet : *Cours de droit intern. public,* 1894. — Piédelièvre :
Précis de droit intern. public, 2 vol., 1895. — Bonfils,
Manuel de droit intern. public, 1894.

Italiens. — Ferrero Gola : *Corso di diritto internazionale*
pubblico, privato e maritimo, 1866. — Del Bon : *Institu-*
tioni di diritto pubblico intern., 1868. — Carnazza Amari :
Elementi di diritto pubblico intern., 1867; *Traité de droit in-*
tern. publ. en temps de paix, trad. franç. de Montanari-Revest,
2 vol., 1882. — Pierantoni : *Trattato di diritto intern.,*
1881. — Macri : *Theorica del diritto intern.,* 1882. — Con-
tuzzi : *Diritto intern. publico,* 1889. — Casanova : *Lezioni*
di dir. publ. intern., 1875. — Mancini : *Diritto intern.,*
1873. — Sandona : *Trattato di diritto intern. moderno,*
1876. — Pasquale Fiore : *Nouveau droit intern. public,* tra-

duct. franç. de Charles Antoine, 1885; *Le droit international codifié*, traduct. franç. de Chrétien, 1890.

Grecs. — SARIPOULOS : Τὰ τῶν εθνῶν ἐν ειρήνη και εν πολεμω νομιμα (Droit des gens pendant la paix et pendant la guerre, 2 vol., 1860).

Portugais. — PINHEIRO-PERREIRA : *Cours de droit public interne et externe*, 1830. — PAIVA : *Elementos do doreito das gentes*, 1857.

Russes. — FRÉDÉRIC DE MARTENS : *Traité de droit international*, traduct. franç. de Alfred Leo, 1883-1887. — BEZOBRAZOF, *Principes du droit des gens*, 1839.

Turcs. — HASSAN FEHMI-PACHA : *Telkhis Houkouk duwell* (Précis de droit international publié en langue turque).

PÉRIODIQUES. — *Revue de droit international et de législation comparée*, publiée à Gand en 1869. (L'*Institut*, fondé dans cette même ville en 1873, dans le but de favoriser les progrès de la science, donne dans son *Annuaire*, avec le compte-rendu de ses travaux l'exposé des faits les plus importants relatifs à l'histoire du droit public, les textes des traités et une bibliographie du droit international. L'*Association pour la réforme et la codification du droit des gens*, fondée en 1873 à Bruxelles, fait chaque année un rapport donnant un compte-rendu sommaire des discussions qui ont lieu dans les réunions annuelles). — *Revue générale de droit international public*, publiée à Paris en 1894, par MM. Antoine Pillet, professeur de droit intern. à l'Université de Grenoble et Paul Fauchille. — *Revue de droit public et de la science politique*, fondée à Paris en 1894 par M. Ferdinand Larnaude, professeur de droit public général à l'Université de Paris. — *Journal de droit international privé*, fondé à Paris en 1874, sous la direction de M. Clunet. — *Zeitschrift für internationales privat und Strafrecht* (Revue de dr. int. pénal et privé) publiée à Erlangen, depuis 1891, par M. Ferdinand Böhm.

LIVRE I.

LES PERSONNES DU DROIT INTERNATIONAL.

LES ÉTATS [1].

Les États sont les personnes juridiques et les sujets immédiats du droit international. Les souverains et les ministres publics, qui représentent l'État, les simples particuliers eux-mêmes, ont des droits que les lois internationales garantissent et protègent ; mais ils ne peuvent pas prétendre à une véritable personnalité internationale. C'est donc l'État qu'il faut étudier tout d'abord, dans ses caractères et ses divisions, dans ses origines et ses transformations, sous le rapport des droits primitifs et absolus nécessaires à son existence et à son développement, et avec les restrictions que ces droits comportent.

CHAPITRE 1.

Caractères et divisions des États.

L'État est une société d'hommes indépendants, établie d'une façon permanente sur un territoire fixe et déterminé, avec un gouvernement autonome chargé de la diriger vers un but commun. Cette définition indique par elle-même les caractères de l'État et les conditions nécessaires à son existence.

[1] Bluntschli, *Théorie générale de l'État*, traduit par de Riedmatten, 1877.

I.

CARACTÈRES DE L'ÉTAT.

1º Il faut *une société d'hommes indépendants*. Il est inutile de rechercher combien de personnes sont nécessaires pour constituer une société politique. Dès que l'État existe par lui-même dans son indépendance, le petit nombre des membres qui le composent n'est pas une raison suffisante pour lui refuser le caractère de la personnalité. La principauté de Monaco peut être sur ce point assimilée au plus grand empire. En se plaçant, il est vrai, sur le terrain des faits, on peut dire que les petits États cessent souvent d'exister le jour où des États plus puissants n'ont plus d'intérêt à les maintenir, et nous savons que la politique moderne n'a que trop de tendance aux grandes agglomérations;

2º Cette société est *établie d'une façon permanente sur un territoire fixe et déterminé*. On ne peut donner le nom d'État aux hordes sauvages dont la vie nomade répugne à toute idée de fixité sur un territoire, bien qu'on puisse conclure avec elles des traités internationaux.

Il ne faut même pas reconnaître le caractère d'État à ces puissantes associations commerciales, qui, comme autrefois la *Ligue Hanséatique*, avaient une existence politique et presque souveraine, mais qui ne formaient pas un corps distinct sur un territoire déterminé. La Ligue Hanséatique, qui prit naissance en 1241 par le traité formé entre Hambourg et Lubeck, compta jusqu'à quatre-vingts villes au temps de sa plus grande prospérité. Elle faisait la guerre dans l'intérêt des cités qui la composaient et pouvait s'établir dans les pays étrangers en vertu de traités et de privilèges. Elle disparut en 1630. Malgré l'esprit de monopole qui l'animait, elle a contribué puissamment au progrès de la marine marchande et au développement du commerce et de l'industrie.

Ce second caractère, qui exige pour chaque État un territoire déterminé, implique l'idée de la diversité des États, sans laquelle on ne peut pas d'ailleurs concevoir l'existence d'un droit international. L'État universel est une pure utopie, contraire à la nature des choses, et qui ne peut exister sans provoquer la révolte ou la dissolution. L'histoire suffit à le démontrer par les exemples d'Alexandre, des Césars, de Charlemagne et de Napoléon. L'idée de voir la terre entière, soumise aux mêmes lois, échangeant dans la paix ses pensées et ses produits, peut en effet, séduire certains esprits. Mais on ne peut soumettre à une direction uniforme les variétés prodigieuses du génie de l'homme, et les développements naturels de toutes les volontés humaines ;

3° L'État exige un *gouvernement autonome chargé de diriger la société vers un but commun*. Ce but est la satisfaction des intérêts moraux et matériels d'un peuple, la protection de sa liberté, et en général de tous les droits inhérents à sa nature et nécessaires à son bonheur. Ce but doit être licite ; une association de pirates ou de malfaiteurs, si nombreuse qu'elle soit, et quelque forme qu'elle se donne, ne peut réclamer l'application de la loi internationale et se trouve en dehors du droit commun. La forme du gouvernement est indifférente, pourvu que l'autorité soit régulièrement constituée et puisse imposer sa direction à la société. L'anarchie, en brisant le lien d'obéissance politique qui soumet les gouvernés à l'autorité légale, trouble momentanément la vie de l'État, mais sans porter atteinte à la continuité de son existence tant qu'on peut prévoir une prochaine réorganisation.

Les *sociétés*, qui existent sous l'autorité et le contrôle de l'État, ne constituent pas, malgré la puissance qu'elles peuvent acquérir, de véritables personnes internationales. La *Compagnie des Indes*, fondée en 1560, tout en ayant les pouvoirs souverains de la guerre et de la paix, tenait ses droits de la *charte* du gouvernement anglais. Elle fut abolie en 1858, à la suite de l'insurrection des Cipayes. Il ne faudrait pas davantage reconnaître le caractère de personnes internationales aux *grandes compagnies actuelles du Niger*, *du Sud-Africain*, qui tiennent leurs droits de décrets ou de chartes de l'État.

Les *Églises* reconnues par les États ne sont pas des personnes internationales, et les privilèges qu'on peut leur accorder relèvent du droit constitutionnel. L'*Église catholique* n'est pas un État proprement dit ; mais elle jouit, dans la personne du *Souverain-Pontife*, de droits internationaux, dont nous indiquerons plus loin le caractère et l'étendue.

Les États, dont je viens de préciser les caractères, peuvent revêtir différentes formes ; mais il faut, avant d'en aborder l'étude et afin de mieux en comprendre la portée, poser le principe de la souveraineté internationale de l'État.

SOUVERAINETÉ INTERNATIONALE DE L'ÉTAT. — Les éléments constitutifs de la personnalité internationale viennent de nous montrer l'État muni d'un pouvoir régulièrement constitué et indépendant. Or, ce pouvoir suprême, c'est la souveraineté. On peut l'envisager sous deux aspects :

1° La souveraineté *intérieure* ou *nationale* consiste dans le droit de faire des lois librement, et d'assurer la marche et le progrès de la société politique. Le peuple, en qui elle réside, en délègue l'exercice en vertu des lois fondamentales de chaque pays. Ce mot de souveraineté, que l'usage consacre, n'implique pas, d'ailleurs, l'idée d'un pouvoir absolu ; ni un chef d'État, ni une majorité de représentants ne peuvent violer les droits primordiaux de la conscience et de la liberté individuelle. La loi naturelle est au-dessus des législateurs, et les décisions qui la violent ne sont que des ordres, émanés de la force, et que la force seule fait respecter ;

2° La souveraineté *extérieure* ou *internationale* est le droit d'indépendance de l'État comme société politique vis-à-vis des autres États.

Influence des modifications dans la forme du gouvernement. — Le caractère de cette souveraineté internationale ne varie pas suivant la forme *monarchique* ou *républicaine* de chaque gouvernement. Les faits même violents qui peuvent modifier la constitution intérieure d'un État n'en changent pas la personnalité juridique.

L'État subsiste avec les droits et les obligations déjà nés sous un gouvernement antérieur. Il n'y aurait plus de sécurité dans les transactions internationales, si la chute d'un gouvernement faisait disparaître les obligations antérieures. La *personnalité de l'État* n'est pas changée et, l'on peut dire avec Bynkershoek : *Forma civitatis mutata, non mutatur ipse populus, eadem ubique res publica est.*

Les *dettes publiques* doivent être reconnues par *tout gouvernement* qui prend la succession d'un pouvoir précédent, sans s'occuper de la légalité qui avait présidé à son investiture. L'emprunt Morgan contracté à Londres, en 1871, par le gouvernement de la défense nationale, fut reconnu par la République française. Les engagements, contractés par un gouvernement même usurpateur en possession paisible du pouvoir, peuvent donc créer une dette régulière qui s'impose aux gouvernements qui lui succèdent. Il n'en serait pas ainsi des obligations consenties, dans un pays en proie à la guerre civile, par l'un des partis qui se disputent le pouvoir, alors qu'il n'a jamais eu la possession incontestée de la puissance publique. C'est en se basant sur cette raison que la couronne de Portugal a refusé de reconnaître les droits des souscripteurs de l'emprunt contracté par l'*Infant Dom Miguel*, en 1832. Mais on a fait remarquer, avec raison, que Dom Miguel avait été le seul souverain du Portugal depuis 1828 jusqu'en 1833 et que le gouvernement postérieur de Dom Pedro avait même reconnu certains emprunts émis par son prédécesseur, et profité des fonds provenant de l'emprunt qu'il ne voulait pas reconnaître. Il n'y avait, dans ce cas, ni deux pouvoirs armés l'un contre l'autre, ni un gouvernement repoussant un *chef d'insurgés* dont on aurait pu dans la suite méconnaître les engagements. Et d'ailleurs, il faut admettre, même dans cette dernière hypothèse, que le gouvernement vainqueur devrait payer les sommes venant d'un emprunt dont il s'est enrichi; il y a là une action *de in rem verso* qui existe en droit international public comme en droit civil[1].

[1] Alglave et Louis Renault, *La personnalité de l'État en matière d'emprunt. Le gouvernement portugais et l'emprunt de 1832*, 1880. — Becker,

Les *traités*, qui se réfèrent aux intérêts de l'État, sont maintenus, malgré les changements apportés à la constitution d'un pays. Il n'y a que ceux qui se rattachent à la forme d'un gouvernement ou à la protection d'une dynastie, qui disparaissent avec les causes qui les avaient fait naître. Les auteurs désignent habituellement les premiers sous le nom de traités *réels,* et réservent aux seconds la qualification de traités *personnels.*

Les *torts* ou *actes de violence* commis par un gouvernement même illégitime à l'égard d'un autre État, ou des sujets de cet État, engagent la *responsabilité du gouvernement postérieur.* Les traités de 1814 et de 1815 ont appliqué ce principe à la France qui dut également, par une convention du 1ᵉʳ juillet 1831, s'engager à payer vingt-cinq millions aux États-Unis, pour réparer des préjudices causés à des citoyens de ces États, au temps de l'empire.

L'État reste donc lié, pour le passé, *malgré le changement survenu dans l'exercice de sa souveraineté;* mais que faut-il dire de ses rapports futurs avec les autres États? Le gouvernement de fait qui, après une révolution, se trouve en pleine possession du droit de souveraineté, impose sa direction à tous les citoyens de l'État, mais au point de vue international, il n'en est ainsi qu'à partir du jour où les puissances étrangères ont *reconnu le nouveau gouvernement.* Les chances de stabilité du nouvel ordre de choses ou la ratification légale donnée à une situation provisoire, peuvent hâter cette reconnaissance. C'est ainsi que le gouvernement républicain de 1870 n'a été reconnu par toutes les Puissances, qu'après l'élection de l'Assemblée nationale et la nomination de M. Thiers, comme chef du pouvoir exécutif. Les États sont d'ailleurs plus disposés à donner leur adhésion à une forme de gouvernement semblable à celle qu'ils ont admise pour eux-mêmes. La Suisse et les États-Unis avaient, en effet, reconnu dès l'origine le gouvernement de la défense nationale.

Emprunt d'État étranger en France, 1874. — *Rev. de dr. int.*, Bruxelles, t. XII, p. 653.

II.

DIVISIONS DES ÉTATS.

La souveraineté internationale de l'État repose donc sur un pouvoir régulièrement constitué et reconnu, et qui assure l'indépendance de la société politique vis-à-vis des autres Puissances.

En théorie, tout État devrait être complètement souverain, afin de remplir librement sa mission sans dépendre d'une Puissance supérieure. Le mot de souveraineté exclut toute idée de domination étrangère.

Si l'on interroge les faits, on voit qu'en général l'*État est entièrement souverain;* mais cette souveraineté n'a pas toujours et partout le même caractère; l'indépendance ne s'exerce pas avec une égale latitude. Il faut voir les différentes formes que nous présente l'État moderne.

Je puis en tracer quatre grandes divisions : l'*État simple*, l'*État composé*, l'*État mi-souverain*, l'*État perpétuellement neutre*. Il faut en déterminer les caractères et les applications. L'examen de *certains cas particuliers* terminera cette étude.

A. L'ÉTAT SIMPLE est celui qui, formant un tout indivisible, jouit à l'intérieur comme à l'extérieur d'une souveraineté complète et permanente. La *France* et l'*Espagne* nous présentent ce caractère.

B. L'ÉTAT COMPOSÉ suppose la réunion plus ou moins entière et durable de deux ou plusieurs États sous un gouvernement commun. Il présente des aspects différents dont les nuances sont délicates et difficiles à saisir : 1º l'union personnelle; 2º l'union réelle; 3º l'union incorporée; 4º la confédération d'États; 5º l'État fédéral; 6º l'empire fédéral.

a) L'*Union personnelle* rassemble deux États sous la puissance du même prince, mais, d'un façon accidentelle, pour la durée de la dynastie commune ou même d'un ordre de succession déterminé.

CARACTÈRES. — Cette union présente les deux caractères suivants : 1° elle est temporaire, et lorsqu'en vertu du pacte d'union le lien se dissout, chacun des peuples naguère unis reprend le pouvoir souverain ; 2° elle n'entraîne pas la confusion de la personnalité internationale des deux États et laisse leurs intérêts complètement séparés. Ils ont une représentation diplomatique particulière à l'étranger et n'ont de commun que la personne du souverain.

APPLICATIONS DANS LE PASSÉ. — Un exemple saisissant de cette union nous était donné par le lien qui a existé entre l'*Angleterre* et le *Hanovre* pendant plus d'un siècle, de 1714 à 1838, lorsque les princes de la maison de Hanovre furent appelés au trône d'Angleterre. A l'avènement de la reine Victoria l'union se rompit. L'Angleterre préférait dans l'ordre successoral les femmes de la ligne directe et régnante aux mâles de la ligne collatérale : le Hanovre n'appelait les femmes au trône qu'à défaut de mâles dans toutes les lignes.

Une union personnelle qui a également cessé d'exister est celle qui liait la principauté de *Neufchâtel* à la *Prusse*. Depuis 1857, cette principauté est définitivement incorporée à la Suisse.

Il existait encore une union de cette nature entre la *Hollande* et le *Grand Duché de Luxembourg*, en vertu de l'Acte final du Congrès de Vienne de 1815. Mais l'union personnelle qui liait la Hollande et le Luxembourg a été brisée le 23 novembre 1890, à la mort de Guillaume III, roi de Hollande. Sa fille, la princesse Wilhelmine, lui succède comme reine de Hollande, et le gouvernement du Grand Duché de Luxembourg est confié au plus proche parent mâle, le duc de Nassau, en vertu de la loi Salique, et du pacte de famille de 1783 conclu entre les différentes branches de la maison d'Orange-Nassau, et qui établissait que les femmes ne seraient aptes à succéder qu'après extinction des mâles dans toutes les branches de la famille.

Depuis 1867, le Luxembourg, qui faisait autrefois partie de la confédération germanique, n'a plus aucun rapport poli-

tique avec l'Allemagne, et sa neutralité perpétuelle a été
garantie. Toutefois, par son régime douanier (*Zollverein*),
et par l'exploitation de sa principale ligne de chemin de fer,
il dépend encore de l'Allemagne, au point de vue économique.

APPLICATION ACTUELLE. — Le 30 avril 1885, les Chambres
belges autorisaient le roi Léopold à devenir le chef de l'*État
indépendant du Congo*, fondé en Afrique par l'association internationale du Congo et qui venait d'être reconnu par les
Puissances signataires du traité de Berlin. Une *union personnelle existe entre cet État et la Belgique*, sous le sceptre du roi
des Belges. Ce dernier manifestait, dès le 2 août 1889, l'intention de léguer à la Belgique, après sa mort, tous ses droits
de souveraineté sur le Congo. Le cabinet belge proposait, de
son côté, à la législature, en 1895, la reprise immédiate du
territoire africain, et une convention provisoire signée, le 9
janvier 1895, avec le représentant de l'État indépendant règle
les conditions de cette reprise. Si les chambres ratifiaient cette
convention, il n'y aurait plus d'application actuelle de l'union
personnelle des États; le Congo deviendrait une colonie belge,
mais cette reprise paraît ajournée pour le moment.

b) L'*union réelle* rassemble deux ou plusieurs États sous
la puissance d'un même souverain pour un temps indéfini.

CARACTÈRES. — 1° Cette union est permanente : 2° elle
donne aux États réunis sous le même chef une personnalité
unique et des intérêts communs, au point de vue de la souveraineté extérieure, à l'exception des rapports purement
économiques. Mais elle laisse à chaque État ses lois propres
et ses institutions politiques distinctes. En un mot, à l'intérieur, il y a plusieurs États, il n'y en a qu'un seul dans les
rapports internationaux.

APPLICATION DANS LE PASSÉ. — Il existait une réunion réelle
entre la *Russie* et la *Pologne*, en vertu de l'Acte final du
Congrès de Vienne, art. 1er. Après l'insurrection de 1830,
l'empereur Nicolas déclara la Pologne *partie intégrante* de
l'empire; une certaine indépendance administrative lui fut
pourtant conservée, mais elle ne survécut pas au soulèvement
de 1862 et la Pologne fut réduite désormais à l'état de province russe.

APPLICATIONS ACTUELLES. — Le premier exemple d'union réelle nous est donné par la *Suède* et la *Norvège* dont la souveraineté internationale, depuis 1815, est représentée par un seul roi, mais dont les lois et l'administration peuvent être différentes. La prétention du *Storthing norvégien* à entretenir des agents particuliers à l'étranger, en dehors des consuls suédois, est une source de conflits entre les deux royaumes scandinaves, dont l'union pourrait avant longtemps se trouver ainsi compromise.

La monarchie *austro-hongroise*, actuellement régie par la Constitution de 1867, nous offre un second exemple d'union réelle. Le souverain est empereur d'Autriche et roi de Hongrie. Il absorbe en lui la souveraineté extérieure de l'état; mais il y a deux Parlements distincts, l'un à Vienne, l'autre à Buda-Pesth, réunis tous les deux par une délégation qui forme un Parlement commun.

c) L'*union incorporée* est la fusion complète de plusieurs royaumes en un seul État. Il n'y a pour tous qu'une souveraineté extérieure même pour les intérêts d'ordre économique. Et, de plus, les institutions politiques intérieures sont identiques pour les différents pays qui composent cet État. Il n'y a que certaines lois particulières et une administration spéciale qui peuvent encore subsister.

La *Grande-Bretagne* offre l'exemple d'une union incorporée, depuis que les Parlements d'Écosse (1707) et d'Irlande (1800) sont supprimés et réunis au Parlement d'Angleterre. Le *home rule* présenté par M. Gladstone avait pour but de créer une législature irlandaise et de traiter l'Irlande sur un pied d'égalité avec l'Angleterre comme la Hongrie, dans l'empire dualiste, est traitée sur un pied d'égalité avec l'Autriche. Le *bill* rejeté le 8 juin 1886 a été représenté en 1893.

d) La *confédération d'États* est une association politique permanente de divers États.

Elle présente une situation complexe, résultant de ce qu'il y a, dans ce cas, deux souverainetés internationales indépendantes : 1° celle du corps fédéral formé par les représentants de chaque État pour s'occuper des intérêts communs ; 2° celle de chaque État particulier, qui n'est pas absorbé dans un pouvoir central distinct, et qui conserve son autonomie et son indépendance, au point de vue des relations intérieures et extérieures.

Les décisions de la diète fédérale ne s'imposent donc pas à chaque État avant que celui-ci ne les ait promulguées en vertu de son autorité propre. Chacune de ces souverainetés peut avoir, dans sa sphère, des relations diplomatiques séparées avec les Puissances étrangères.

La confédération d'États fait naître, dans la personne du corps fédéral, un État nouveau, mais sans enlever aux États confédérés leur existence juridique internationale. C'était la situation de la *Confédération Suisse* avant 1848, et de la *Confédération Germanique* avant 1866.

e) L'*État fédéral*, au contraire, est un État central, indépendant et complet, ayant ses organes propres et distincts, et qui absorbe, au point de vue international, tous les États particuliers qui cessent d'être individuellement souverains.

Caractères. — Ils résultent déjà de la définition que je viens de donner; je veux uniquement les préciser davantage : 1° Dans l'État fédéral, le pouvoir central a seul la souveraineté extérieure, le droit de conclure des traités de paix, d'alliance et de commerce, et d'entretenir une représentation diplomatique près des Puissances étrangères; 2° Les États confédérés ont leurs institutions propres, à la condition de respecter les prescriptions de la constitution fédérale; mais ils n'ont directement aucune relation extérieure avec les autorités étrangères, si ce n'est sur des objets concernant l'économie politique, les rapports de voisinage et de police.

Applications. — Les *États-Unis* d'Amérique, depuis l'Acte d'union de 1787, offrent le premier exemple moderne de l'État fédéral. La souveraineté de l'Union américaine est exercée par le Président, chef du pouvoir exécutif, et par le Congrès, composé du Sénat et de la Chambre des représentants, et dans lequel réside le pouvoir législatif. Le droit de conclure les traités appartient d'ailleurs exclusivement au Président et au Sénat. Chacun des États particuliers de l'Union peut avoir une constitution spéciale, pourvu qu'elle soit républicaine;

mais il n'a pas le droit d'intervenir dans les relations internationales; son indépendance se trouve absorbée sous ce rapport
par la souveraineté unique du pouvoir fédéral.

La *Suisse* a depuis 1848 imité l'exemple des États-Unis,
bien qu'elle conserve encore, en fait, le titre de confédération. Elle forme un État fédéral dont le pouvoir exécutif est
confié à un conseil central qui représente seul, dans les relations extérieures, pour les questions d'ordre politique et d'intérêts généraux, tous les cantons de la Suisse. Le Président
de la Confédération est l'un des membres du conseil central
et est élu par l'Assemblée fédérale.

La *Confédération Argentine* présente également le caractère
d'un État fédéral. Au-dessus des provinces ayant leur constitution propre, se trouve le gouvernement central, composé
du Président et du Congrès, et qui représente la nation argentine dans ses relations internationales.

L'État fédéral, tel qu'il nous est présenté dans les exemples qui précèdent, suppose une égalité parfaite entre les différents États confédérés. Si chacun d'eux n'a pas une indépendance internationale distincte, on peut dire cependant que
tous participent, d'une façon identique, par l'intermédiaire
de leurs délégués au pouvoir central, à l'exercice de la souveraineté fédérale.

f) L'*Empire fédéral allemand* nous offre un caractère tout
différent, et présente les divers États de l'Allemagne assujettis
à la nation prussienne. Cet empire, né en 1870, comprend,
sous la présidence héréditaire du roi de Prusse, un conseil
fédéral (Bundesrath), un Parlement pour tout l'Empire (Reichstag), et une chancellerie impériale qui se confond avec le
ministère prussien.

C'est ce pouvoir central qui exerce seul la souveraineté internationale, et ce n'est que par une véritable anomalie que
certains États particuliers, comme la Bavière et le Wurtemberg, conservent encore le droit d'ambassade pour leurs intérêts personnels. Tous les autres ont abdiqué en faveur de l'hégémonie prussienne. Ce pouvoir central unique représentant
la communauté à l'extérieur s'accorde bien avec le caractère
de l'État fédéral proprement dit; mais il s'en sépare, en ce

qu'il n'y a pas, dans l'empire allemand, une égalité véritable entre les États confédérés, et que l'un deux, la Prusse, tient les autres dans une situation de dépendance et de véritable vassalité.

L'empire d'Allemagne, en devenant le centre des intérêts de chaque État, a rendu inutile l'existence de l'association douanière allemande, connue sous le nom de *Zollverein*, qui était représentée par la Prusse, et dont le but était de favoriser les intérêts commerciaux des États qui en faisaient partie. Le Zollverein n'existe plus comme institution séparée ; son régime douanier se trouve désormais soumis aux lois de l'empire. Il semblait avoir une personnalité internationale et concluait des traités avec les Puissances ; mais il faut remarquer que c'est la Prusse qui était chargée des négociations et qui faisait ratifier ensuite les clauses du traité par les États membres de l'association. Le Zollverein a contribué puissamment à l'unité de l'Allemagne.

C. ÉTATS MI-SOUVERAINS [1]. — L'État souverain est celui qui se gouverne par sa propre autorité, et qui, dans ses rapports internationaux n'est soumis à aucune Puissance supérieure.

L'État mi-souverain, tout en demeurant libre de se gouverner intérieurement, dépend d'une autre Puissance dans l'exercice des droits de souveraineté extérieure. C'est un corps politique, d'une nature bâtarde, dont le caractère n'est pas toujours bien défini, et dont le degré de dépendance varie suivant les obligations conventionnelles qu'il a contractées. Il nous apparaît, en général, lorsqu'un État commence à déchoir, ou lorsqu'une province prépare au contraire son émancipation.

La Puissance supérieure exerce en général sur l'État mi-souverain des droits de suzeraineté ou un protectorat. C'est en me plaçant à ce double point de vue que je vais indiquer les principaux États mi-souverains. Il faut d'ailleurs observer que certains États protégés conservent l'exercice complet de leurs droits souverains.

[1] Sirmagieff, *Condition des États mi-souverains au point de vue du dr. intern.*

1° *États soumis à une suzeraineté; États vassaux.* — Le caractère distinctif de ces États consiste dans la dépendance qui les assujettit à une Puissance supérieure.

APPLICATIONS DANS LE PASSÉ. — D'après le traité de Paris du 30 mars 1856, la *Serbie*, la *Moldavie* et la *Valachie* étaient considérées comme États mi-souverains sous la suzeraineté du Sultan. En vertu du traité de Berlin du 13 juillet 1878, la Serbie, et les principautés danubiennes qui, dès l'année 1861, avaient opéré leur fusion et pris le nom de Roumanie, sont devenues souveraines et indépendantes.

Le même traité a reconnu officiellement l'indépendance du *Monténégro* qui, en fait, a toujours vécu libre, mais sur lequel la Porte a pendant longtemps revendiqué la suzeraineté; l'Autriche y exerce une sorte de protectorat, se charge de la police maritime et protège par ses consuls le commerce monténégrin.

APPLICATIONS ACTUELLES. — L'*Égypte* est un État essentiellement mi-souverain. Depuis le traité du 15 juillet 1840 qui assigne ce pays à Méhémet-Ali et à ses successeurs, les grandes Puissances ont conservé le droit de contrôler la situation de l'Égypte; mais les droits du Sultan n'en existent pas moins et ont été plusieurs fois reconnus. La Sublime Porte a le droit d'exiger un tribut et des troupes auxiliaires en temps de guerre, de conclure des traités obligatoires pour l'Égypte et de représenter ce pays dans ses relations extérieures. C'est par des iradés du Sultan que le Khédive a été institué après la déposition d'Ismaël Pacha. Les impôts sont prélevés au nom du sultan, et, si le Khédive, chargé de l'administration civile financière et judiciaire, peut faire toutes les lois intérieures nécessaires, il ne peut contracter des emprunts que dans une certaine limite et passer des traités concernant les douanes, le commerce, la police, les postes, qu'avec l'approbation de la Sublime Porte et à la condition de ne pas contredire les traités politiques qu'elle peut avoir elle-même conclus avec les Puissances. Les forces militaires et maritimes font partie de l'armée ottomane et le Khédive ne peut faire construire des navires de guerre sans l'autorisation du suzerain.

L'intervention violente de l'Angleterre, en 1882, n'a fait

qu'aggraver la situation dépendante de l'Égypte. Elle n'est plus seulement soumise à une suzeraineté, mais elle subit un protectorat qu'aucun acte international n'a consacré et qui porte injustement atteinte à l'autonomie égyptienne. La bureaucratie anglaise a mis la main sur tous les services publics : guerre, finances, instruction, justice, douanes, postes; les ministres, comme les gouverneurs de province, ont à côté d'eux des secrétaires ou des *mustechars* anglais, qui exercent l'autorité véritable. Les grades supérieurs de l'armée appartiennent aux officiers britanniques et le commandement est confié à un sirdar anglais. Les institutions internationales elles-mêmes, telles que l'intendance sanitaire, les tribunaux mixtes, la caisse de la dette publique, n'ont pas conservé leur complète indépendance [1].

La principauté de *Bulgarie*, depuis le traité de Berlin de 1878, est constituée en principauté autonome et tributaire, sous la suzeraineté de la Porte. On peut la compter au nombre des États mi-souverains, puisque les traités conclus entre le Sultan et les Puissances étrangères ont force de loi en Bulgarie, et que l'élection du chef de la principauté doit être confirmée par la Turquie avec l'assentiment des Puissances. Mais si l'on songe que le prince de Bulgarie représente le pays dans ses relations extérieures, et peut même, avec l'approbation de l'Assemblée nationale, faire certaines conventions avec les États voisins, on peut être tenté, comme le pensent certains auteurs, de classer la Bulgarie parmi les États souverains. Elle a donc une nature indécise qui n'est ni la pleine souveraineté ni la mi-souveraineté véritable, mais qui servira d'acheminement à une complète indépendance. L'*union de la Bulgarie et de la Roumélie orientale*, réalisée en 1886, n'a pas modifié la situation légale antérieure, mais a diminué, en fait, l'autorité politique et morale de la Turquie; la *Roumélie* reste, au point de vue international, une province turque.

On peut assimiler à des États mi-souverains tous les *États allemands*, qui se trouvent placés sous la suzeraineté de la Prusse, dont le roi, devenu empereur d'Allemagne, représente

[1] Engelhardt, *Revue de dr. int.*, Bruxelles, 1892, t. XXIV, p. 375.

3*

l'empire dans les relations internationales. C'est lui qui accrédite et reçoit les ministres publics, conclut les traités, et qui
même organise et dirige les forces militaires de la plupart des
États confédérés. Et si la constitution de l'empire n'abroge pas
le droit de légation des États particuliers, ce droit se trouve
cependant en fait à peu près supprimé. Les États n'ont donc
plus la souveraineté extérieure personnelle comme au temps
de la Confédération germanique; ils n'ont même pas, comme
dans l'État fédéral proprement dit, une égale participation à
la souveraineté collective du corps fédéral. Le roi de Prusse
a seul, sous le titre d'empereur d'Allemagne, la plénitude de
la souveraineté. En théorie, ces États sont encore souverains,
mais, en fait, ils n'exercent plus les droits de la souveraineté
extérieure.

2° *États soumis à un protectorat.* — Le traité de protection
a pour but de sauvegarder l'indépendance d'un État faible
contre l'oppression d'États plus puissants. Le mobile qui inspire l'État protecteur est, en général, la sauvegarde de ses
propres intérêts. Il couvre un pays de sa protection, lorsqu'il
n'ose pas encore l'annexer d'une façon ostensible, ou peut
craindre qu'une Puissance rivale n'étende sur lui sa domination.

L'État protégé doit habituellement, en retour de l'appui
qu'on lui prête, se conformer dans ses relations extérieures
à la direction de l'État protecteur. De ce fait, il devient un
État mi-souverain. Nous allons voir toutefois, comme je l'ai
déjà fait observer, qu'il y a des États souverains qui jouissent
de la garantie du protectorat.

Il faut, pour apprécier l'étendue de la protection, s'en
référer à la lettre du traité, et l'on interprète strictement,
dans tous les cas, l'incapacité d'un État, puisqu'elle constitue
une exception au droit commun international. Le traité relatif
au protectorat conserve son effet, tant qu'il n'est pas rompu
par le défaut de protection, ou par l'infidélité du protégé, ou
par les entreprises de l'État protecteur qui voudrait s'annexer
entièrement l'État protégé. Par suite de la violation du traité,
chaque partie reprend sa liberté d'action pour la sauvegarde
de ses droits et de ses intérêts.

APPLICATIONS DANS LE PASSÉ. — On peut indiquer, comme États mi-souverains autrefois protégés : 1° les *îles Ioniennes*, placées, en vertu d'un traité du 5 novembre 1815, sous le *protectorat de l'Angleterre*, et qui, depuis le traité de Londres du 14 novembre 1863, ont été incorporées au royaume de Grèce ;

2° Les *îles de Tahiti* qui, depuis 1842, étaient sous le *protectorat de la France*. En 1880, le roi Pomaré V a remis, entre les mains du gouvernement français, l'administration de ses États (Loi du 30 décembre 1880 [1]).

APPLICATIONS ACTUELLES. — *États mi-souverains protégés*. — Les États dont je vais parler et qui se trouvent sous le *protectorat de la France* sont : la république d'Andorre, la régence de Tunis, l'Annam, le Cambodge et Madagascar.

1° La république d'*Andorre* est placée sous la protection de la France et de l'évêque espagnol d'Urgel, qui sont chargés de nommer les autorités judiciaires. Le juge civil est désigné, tous les deux ans, alternativement par les deux pouvoirs protecteurs, qui doivent en outre nommer chacun tous les ans l'un des viguiers. En reconnaissance de la protection qu'on lui donne, la république doit payer chaque année 960 francs à la France et 841 francs à l'évêque d'Urgel. Le préfet des Pyrénées-Orientales est chargé de recevoir le serment annuel des trois députés de l'Andorre, et il représente la France dans ses rapports avec l'évêque d'Urgel et vis-à-vis des autorités andorranes.

Le pays d'Andorre n'est pas, vis-à-vis de la France et *au point de vue pénal*, considéré comme territoire étranger. La loi pénale française peut s'y étendre à l'égard des Français, et cette conséquence est d'autant plus nécessaire que les autorités andorranes ne peuvent, d'après leur constitution, poursuivre les criminels d'origine étrangère [2].

2° La *Régence de Tunis* [3] est sous le protectorat de la France, en vertu du traité du Bardo du 12 mai 1881.

---

[1] Rouard de Card, *Un protectorat disparu ; l'annexion de Tahiti* dans la *Revu. de dr. int.*, Paris, 1894, p. 330.

[2] Cass., Ch. crim., 12 mai 1859, Dall., 59.1.89.

[3] Engelhard, *Situation de la Tunisie au point de vue international*, dans la *Rev. de dr. int.*, Brux., t. XIII, p. 331.

Avant cette époque, et depuis 1705, elle était de fait indépendante. La Porte essaya vainement de faire valoir ses droits de suzeraineté sur la Tunisie. La Régence avait le droit de légation, concluait directement des traités avec les Puissances, et si elle envoyait un tribut à Constantinople, à chaque avènement d'un Sultan, ce n'était que pour rendre hommage au chef de la religion musulmane.

Depuis 1881, le bey de Tunis ne peut conclure des traités qu'avec l'assentiment de la France, et ses sujets sont placés, à l'étranger, sous la protection des agents diplomatiques et consulaires français. Son ministre des affaires étrangères est le Résident général qui représente seul le bey dans ses relations avec les agents des Puissances accréditées à Tunis. Il est difficile, en présence de ces faits, de ne pas considérer la Tunisie comme un État protégé mi-souverain.

3° Un traité du 15 mai 1874 plaçait le royaume d'*Annam* sous le protectorat de la France. La cour de Hué s'engageait à suivre, pour sa politique extérieure, la direction de la France, et promettait d'assurer, dans la province du *Tonkin*, la plus riche du Royaume, la libre navigation du fleuve Rouge.

Cette convention de 1874 ne fut pas respectée par les Annamites, et un traité conclu à Hué, le 6 juin 1884, vint de nouveau consacrer le protectorat de la France, en indiquant, d'une façon plus précise, les droits et les obligations des parties contractantes.

L'exercice du protectorat est confié à un Résident général, qui préside à toutes les relations extérieures de l'Annam, et contrôle à l'intérieur les actes du gouvernement annamite. L'administration locale est toutefois dans l'Annam proprement dit exercée librement par des indigènes, tandis que, dans la province du Tonkin, des résidents spéciaux, placés sous les ordres du Résident général, surveillent constamment les fonctionnaires indigènes dont ils peuvent, suivant les cas, provoquer la révocation.

L'intervention de la Chine dans les affaires de l'Annam vint retarder encore la pacification de ce pays, et ce ne fut que par le traité de Tien-Tsin, le 9 juillet 1885, que la Chine promit de ne plus faire franchir par ses troupes la frontière du Tonkin et de respecter les traités que la France avait conclus ou pourrait conclure avec l'Annam [1].

4° Le *Cambodge* fut placé sous le protectorat de la France par un traité conclu le 11 août 1863. Pour mettre fin à des difficultés qui rendaient difficile l'exercice de ce protectorat, une nouvelle convention fut conclue, le 17 juin 1884, entre M. Thomson, gouverneur de la Cochinchine, et le roi Norodom, dans le but de régler définitivement les rapports respectifs des deux pays.

Le protectorat est maintenu et son exercice est confié à un Résident général. Le roi de Cambodge continue à gouverner ses États et à diriger son administration. Mais cette autorité est purement nominale, car il doit subir toutes les réformes administratives, financières, commerciales, judiciaires auxquelles le gouvernement français voudra procéder. On peut dire que le protectorat déguise une annexion véritable aux possessions françaises de l'Indo-Chine.

5° Le traité conclu à Tamatave, le 17 décembre 1885, place *Madagascar* sous le protectorat de la France [2]. Le Résident français dirige les affaires extérieures du gouvernement hova, sans pouvoir s'immiscer dans l'administration intérieure de la reine de Madagascar. Ce protectorat a été reconnu par l'Angleterre, le 5 août 1890, et, trois mois après, par l'Allemagne. Une loi du 2 avril 1891 organise la *juridiction française* à Madagascar et décide que l'organisation, la compétence et la procédure des tribunaux, en matière civile et criminelle, seront déterminées par décrets. La violation du traité de protectorat par les Hovas a exigé, en 1895, l'envoi d'une expédition française à Madagascar.

De nombreux traités de protectorat ont été conclus, surtout dans ces dernières années, entre plusieurs Puissances et divers peuples de l'*Afrique* et de l'*Océanie*. Il serait trop long et inutile de les énumérer.

---

[1] Castonnet des Fosses, *Les rapports de la Chine et de l'Annam* dans la *Revue de dr. int.*, Brux., t. XV, p. 321, 452, 587; t. XVI, p. 39.

[2] Castonnet des Fosses, *Les droits de la France sur Madagascar*, dans la *Rev. de dr. int.*, Brux., t. XVII, p. 413.

ÉTATS SOUVERAINS PROTÉGÉS. — La principauté de *Monaco* fut placée, de 1641 à 1792, sous la protection française.

Réunie à la France en 1793, elle passa sous le protectorat de la Sardaigne, en vertu du traité de Paris de 1815. Le prince de Monaco jouit de la plénitude de la souveraineté; il négocie et traite avec les Puissances étrangères comme le chef d'un État libre et indépendant. C'est lui seul qui a consenti à la France, par la convention du 2 février 1861, la cession des communes de Menton et de Roquebrune. L'*union doua-nière*, qu'il concluait quelques années plus tard, le 9 novembre 1865, avec la France, n'absorbait en rien l'autonomie de la principauté, et ne faisait qu'opérer la fusion des intérêts commerciaux et maritimes des deux pays.

La république de *Saint-Marin* est un État souverain, placé sous le protectorat de l'Italie. Elle jouit, en effet, dans l'exercice de son droit de légation et dans toutes ses relations extérieures, d'un pouvoir propre et distinct, et ne dépend nullement d'une Puissance supérieure.

D. ÉTATS PERPÉTUELLEMENT NEUTRES. — La neutralité perpétuelle modifie et restreint la souveraineté extérieure des États en leur enlevant le droit de faire des guerres offensives. J'indiquerai quelles sont pour ces États (Suisse, Belgique, duché de Luxembourg) les conséquences de cette situation, lorsque j'étudierai les restrictions apportées au droit de souveraineté des États.

E. EXAMEN DE CERTAINS CAS PARTICULIERS. — Le seul paiement d'un *tribut* ne modifie pas la souveraineté des États. Les principales Puissances maritimes de l'Europe payaient autrefois un tribut aux États barbaresques; et, depuis 1860, le Maroc est tenu d'acquitter une obligation de cette nature envers l'Espagne. L'*État tributaire* est d'ailleurs le plus souvent aujourd'hui un État mi-souverain.

Le *degré de puissance* d'un État ne modifie pas le caractère légal de ses rapports internationaux. Sans doute, la politique tient compte de la force réelle des nations, et peut, en fait, reconnaître des États de différents ordres, des grandes Puissances et des petits États; mais le principe même de la souveraineté internationale n'en souffre aucune atteinte.

Au Congrès de Vienne, en 1815, on eut la pensée d'établir un ordre entre les différents États. Le projet ne put aboutir et l'on dut se borner à faire un classement des agents diplomatiques, non d'après l'importance des États, mais d'après le titre des ministres publics et l'ancienneté de leurs fonctions.

Les cinq grandes Puissances de l'Europe, l'Angleterre, l'Autriche, la France, la Prusse et la Russie s'étaient pourtant arrogé le droit, dans le Congrès d'Aix-la-Chapelle, en 1818, de s'ériger en tribunal international et d'intervenir dans les affaires intérieures des États. C'était la *Pentarchie* que nous avons entrevue déjà dans notre développement historique. Elle fut impuissante à empêcher les révolutions successives des peuples. L'Italie est devenue par l'achèvement de son unité en 1866, une sixième Puissance. Quant à l'Allemagne, elle s'identifie avec la Prusse, pour les intérêts de la politique extérieure. La Pentarchie n'existe donc plus; son but ne pouvait pas d'ailleurs se concilier avec l'indépendance des peuples.

On distingue parfois encore les États en Puissances *continentales* ou *maritimes*, suivant que leurs forces militaires sont principalement organisées en vue des guerres sur le continent ou sur les mers. Ce fait peut avoir son importance dans la vie propre et distinctive de chaque État, mais il n'en exerce aucune sur l'exercice des droits de souveraineté et d'indépendance.

CHAPITRE II.

Origine, transformation et fin des États.

Les États naissent, grandissent et meurent comme les individus qui les composent. L'étude de leur origine et de leur transformation intéresse à la fois l'historien, le jurisconsulte et le philosophe. Mais, je ne puis en présenter ici qu'un résumé rapide, en me plaçant au double point de vue de l'histoire et des principes rationnels.

I.

ORIGINE HISTORIQUE DES ÉTATS.

Des causes multiples ont amené, suivant les temps, la formation des États. S'il est difficile de soulever entièrement le voile qui cache à nos yeux la vérité sur les temps anciens, on peut cependant affirmer que l'idée première de l'État nous apparaît dans le lien qui groupe les familles et les tribus primitives.

L'Inde, l'Égypte et la Palestine nous offrent l'État théocratique trouvant son unité dans le lien religieux. Mais la division règne le plus souvent dans l'ordre politique, et les communautés premières ne dépassent pas le cercle étroit de petites républiques ou de petits États, groupés avec peine sous le pouvoir d'un souverain: dont l'autorité nominale est difficilement respectée.

C'est la conquête qui donna la terre promise aux Hébreux, et, pour leur en assurer la possession exclusive, Moïse dut exterminer le peuple vaincu.

Les races nomades et guerrières qui vinrent fonder, sur les ruines des premiers peuples, les États despotiques des

Assyriens, des Mèdes et des Perses, nous montrent mieux encore le génie de la conquête présidant à la formation des États. « J'ai cherché les anciens peuples et leurs ouvrages, « dit Volney, et je n'en ai vu que la trace semblable à celle « qué le pied du passant laisse dans la poussière [1]. » Les invasions qui ont couvert l'Asie occidentale de ruines nous donnent le spectacle le plus affreux de la guerre dans toute sa brutalité, et ces empires immenses, créés par la force, disparaissent de même par la révolte des nations conquises, facilitée par la mollesse des souverains asiatiques.

Si les guerres de l'antiquité ont pu servir à préparer la fusion des peuples, il appartenait surtout aux États commerçants de resserrer les liens entre les nations. « L'histoire du commerce est celle de la communication des peuples, » dit Montesquieu [2]. La justice ne préside pas toujours d'ailleurs aux relations commerciales des premiers temps; la piraterie n'est pas encore une honte, et la bonne foi ne sert pas d'élément habituel aux rapports réciproques. Les *conventions phéniciennes* et la *foi punique* sont restées dans l'histoire du droit international, comme synonymes de fraude et de déloyauté.

La fondation des premières colonies est due aux navigateurs des cités commerçantes, et, en se détachant peu à peu de leur métropole, ces colonies deviennent des États nouveaux, auxquels s'ajoutent bientôt ceux que forment les migrations volontaires.

Les divisions politiques, qui nous sont apparues au berceau de l'humanité, trouvent encore une application frappante dans les États de la Grèce. L'histoire de leur formation montre leur impuissance à réaliser l'unité politique de la nation. L'État trouve ses limites dans les bornes de la cité, et chaque ville ambitionne cependant pour elle l'hégémonie et la direction des intérêts helléniques. La Ligue Amphictyonique ne fut qu'une ébauche imparfaite de confédération; son assemblée était un collège sacré parlant au nom de l'oracle de Del-

---

[1] Volney, *Les ruines*, ch. II.
[2] Montesquieu, *Esprit des lois*, XXI, 5.

phes, plutôt qu'un conseil de représentants inspiré par des principes politiques. La Ligue Achéenne réalise pourtant la libre association des États Grecs, réunis dans l'égalité des droits, sous un gouvernement central. Elle subsista jusqu'à la conquête de la Grèce par les Romains.

Alexandre, en dominant les cités helléniques, avait voulu les unir contre la Perse, pour arriver à confondre, dans l'unité, l'Orient et l'Occident. Ce fut Rome qui put réaliser, après une lutte de huit siècles et à l'aide de conquêtes successives, la formation d'un État universel.

Mais le lien purement matériel qui rassemblait tant de provinces sous la domination romaine, fut aussitôt rompu par l'invasion des Barbares, et une foule d'États nouveaux viennent se substituer à l'unité de l'empire.

Il en fut ainsi plus tard de la monarchie de Charlemagne, qui se démembre suivant les nationalités; et c'est seulement après de longues années qu'à la place des États féodaux, la conquête, les successions et les traités groupent et établissent des unités nationales.

Au moyen âge le partage d'un État entre les héritiers d'un souverain était aussi la source d'autant de petits États multiples qui se détachaient du premier. On arrivait à considérer le territoire national comme la propriété du prince et à briser une unité sauvegardée aujourd'hui par les principes du droit public.

A notre époque, comme dans les temps les plus reculés, des familles peuvent arriver, dans le cas de migrations successives, à former une tribu qui devient plus tard un État indépendant. La Californie et certaines provinces de l'Union Américaine nous en fournissent des exemples.

La séparation de deux États dont le caractère répugne à une vie commune, l'affranchissement d'une province et l'émancipation d'une colonie secouant le joug de la métropole sont autant de causes qui peuvent former un nouvel État. La Belgique séparée de la Hollande, la Grèce et les provinces danubiennes soustraites à la domination turque, les colonies de l'Amérique se déclarant indépendantes nous montrent des exemples de ces créations nouvelles dans les temps modernes.

Nous avons vu naître la république de Libéria en 1847, et tout récemment en 1885, l'État du Congo, dont l'existence et la souveraineté internationale ont été reconnues par les Puissances.

II.

ORIGINE RATIONNELLE DES ÉTATS.

L'État nous apparaît comme un fait universel. C'est qu'il dérive de la nature même de l'homme qui trouve dans la société seule ce qui est nécessaire à son existence et au développement de ses facultés. Dès que l'isolement cesse, que les familles se groupent, la société prend naissance aussitôt sous l'empire d'une même volonté aspirant à un but identique.

L'origine rationnelle de toute société politique se trouve donc dans le libre consentement exprès ou tacite de groupes, rassemblés sur un territoire, et qui tendent à réunir tous leurs moyens pour assurer la prospérité commune. C'est le principe d'unité qui s'impose, c'est l'autorité qui apparaît avec la mission de diriger les efforts et les volontés. *Ubi societas, ibi jus.*

Cette société qui se forme délègue la souveraineté à la puissance unique ou collective chargée de la représenter. Et en me plaçant au seul point de vue des rapports internationaux, cette souveraineté assure à la société politique l'indépendance vis-à-vis des États déjà nés ou qui naîtront dans la suite des temps.

Telle est l'origine rationnelle de l'État, mais on peut se demander, s'il n'y a pas des règles qui viennent en limiter l'étendue, en accroître ou en restreindre l'essor, afin que chaque société particulière trouve sa place dans la grande société humaine. Cette question m'amène à dire un mot de certaines théories, dont la politique surtout s'est emparée, sous le nom de principes des nationalités, des frontières naturelles et de l'équilibre.

Théories pour la formation et le développement des États :

A. PRINCIPE DES NATIONALITÉS[1]. — Dans le langage juridique habituel on ne sépare pas ces deux mots : État et nation. On les emploie indifféremment pour désigner la société politique. On dit, en se plaçant à ce point de vue, que celui qui se fait naturaliser dans un pays en acquiert la nationalité.

Mais on peut, dans un sens plus spécial, donner à chacun de ces mots, une portée différente. L'*État*, c'est l'*unité du pouvoir politique;* c'est la société indépendante et souveraine, le sujet propre du droit international. La *nation*, c'est l'*unité naturelle*, résultant d'un ensemble de caractères distinctifs, que le temps a fait naître de la vie commune, de joies et de douleurs partagées, de traditions recueillies et acceptées par les générations comme un héritage sacré. La nationalité, sous ce rapport, c'est l'unité voulue et consacrée par un sentiment profond et inneffaçable, qui se résume dans l'amour de la patrie. Elle n'est pas le résultat d'un jour, tandis que l'État peut tout à coup se former ou disparaître, se restreindre ou s'agrandir. Il est facile de trouver des exemples où l'État et la nation sont loin de s'identifier. La nation polonaise est soumise à la domination de trois États, la Russie, l'Autriche et la Prusse. La nation grecque n'a pas réalisé son unité tout entière; elle est encore englobée pour partie dans l'empire ottoman. L'Autriche n'est qu'un composé de nations distinctes : allemande, magyare, bohème, polonaise.

Or, c'est ici qu'apparaît le principe des nationalités en vertu duquel les peuples démembrés revendiquent leur réunion; les peuples assujettis, leur affranchissement; et un État, le droit de mettre sous sa domination toutes les sociétés d'hommes ayant entre elles une communauté d'origine ou certaines affinités naturelles.

Examinons donc, pour les apprécier brièvement, les carac-

---

[1] *Rev. de dr. int.,* Bruxelles, t. II, p. 92; t. III, p. 473 — Cogordan, *La nationalité,* p. 3 et suiv., 2ᵉ édit., 1890. — Mancini, *De la nationalité comme fondement du droit des gens.* — Deloche, *Du principe des nationalités.* — Richard, *Études sur les nationalités.* — Palma, Celli, *Del principio di nazio-*

tères principaux que l'on reconnaît comme éléments constitutifs de la nationalité. Nous allons voir que ces caractères,
isolés ou même réunis, sont vagues et insuffisants, et ne
fournissent, en dehors de l'élément immatériel qu'apportent
la volonté et la liberté des peuples, que des prétextes aux
entreprises de la diplomatie.

Identité de races. — C'est un élément indéterminé auquel
le temps enlève chaque jour une partie de sa valeur. Où sont
aujourd'hui les peuples de race pure et n'ayant subi aucun
mélange? Leur fusion même a le plus souvent contribué à
marquer l'originalité d'une nation. La France est composée
de plusieurs races, dont le caractère propre n'enlève rien à sa
puissante unité.

On ne peut songer sérieusement à réunir en un seul État
tous les peuples de même race disséminés sur une foule de
territoires.

Le panslavisme aboutirait à la réunion, sous la domination
du czar, de tous les Slaves dont la population est immense.
L'intérêt des peuples, la paix générale et la sécurité des
autres États ne gagneraient rien à une pareille agglomération
qui serait loin d'être une véritable unité nationale. Les Russes et les Polonais sont des Slaves, et pourtant la Pologne,
après un siècle de vie commune imposée par la force, se
refuse, comme au premier jour, à répudier sa nationalité.

Le pangermanisme serait la réunion de toutes les races
germaniques sous la puissance de l'Allemagne. Mais, « voyez,
disait M. Thiers au Corps législatif, le 14 mars 1867, quel
chaos va devenir cette malheureuse Europe !... On ne voulait
pas que les Allemands qui habitent les duchés de l'Elbe fussent sous le joug des Danois, et aujourd'hui il y a trois cent
mille Danois qui sont sous le joug des Allemands ! »

L'union scandinave à son tour comprendrait la Suède, la
Norvège, le Danemark, et quelques autres parties de territoire.

Pourquoi le latinisme, de son côté, ne revendiquerait-il pas

nalita. — Popoff, *Du mot et de l'idée de nation.* — G. Reynaud, *Question
des nationalités* — Renan, *Qu'est-ce qu'une nation? Bull. de l'Assoc. scient. de
France,* 1882.

l'unité de toutes les races latines? L'idée juridique est absente d'un pareil système qui ne repose que sur des ambitions politiques.

Identité de langue. — C'est là sans doute un élément important de la nationalité; mais il n'est pas décisif. En Suisse, le français, l'italien et l'allemand se partagent la suprématie, et je ne crois pas que la Confédération helvétique, malgré sa diversité d'origine et de langue, soit séparée dans ses sentiments nationaux et dans son patriotisme, dont témoignent toutes les pages de son histoire.

Identité de culture, c'est-à-dire, de religion, de lois, de coutumes et de mœurs. C'est là un caractère distinctif que beaucoup d'auteurs placent au premier rang. Mais son importance diminue, si l'on songe qu'aujourd'hui, avec la rapidité et la fréquence des communications, il s'établit entre tous les peuples un fonds commun de civilisation, un échange d'idées, de droit et de mœurs qui amène une communauté morale que nul ne peut revendiquer à son profit exclusif. La diversité des croyances dans un pays ne brise pas le lien national, la ressemblance des lois adoptées par deux États ne crée pas entre eux un rapport de nationalité.

Ces éléments, fondés sur la race, la langue ou la culture, ne peuvent suffire à eux seuls pour donner au principe des nationalités toute sa valeur. On oublie l'élément moral et essentiel, la volonté, qui est l'expression même de la liberté humaine, « et qui, plus heureux que le territoire, échappe aux prises de la force et défie la conquête[1]. »

La volonté seule des habitants ne peut servir à son tour de fondement à la nationalité, car ce serait faire dépendre la vie d'un État du caprice et de l'arbitraire des majorités. Les éléments naturels seuls aboutissent aux vastes agglomérations, au détriment de la liberté des peuples; la volonté seule amènerait surtout le morcellement des États et serait un retour à la barbarie des temps anciens.

La réunion de la *volonté* et des *éléments naturels*, en cons-

---

[1] Caro, *Rev. des Deux-Mondes,* 15 janvier 1871.

tituant la *communauté des intérêts* , peut seule donner l'idée vraie de la nationalité.

C'est en séparant ces caractères que la théorie des nationalités devient fausse et dangereuse et perd tout son sens juridique.

Elle a été justement invoquée tout d'abord par des nations voulant s'affranchir de la domination étrangère, par l'Allemagne en 1813, par la Grèce et la Belgique , par la Pologne dont les diverses insurrections sont restées infructueuses, par l'Italie contre la domination de l'Autriche.

Mais les États., désireux de s'agrandir, n'ont pas manqué de mettre à profit cette idée , pour justifier leurs conquêtes. Dès 1851, Mancini, dans le cours de droit des gens qu'il professait à Turin et, à sa suite, tous les auteurs italiens ont proclamé la nécessité pour une nation de former un État indépendant. Le Piémont invoqua ce principe contre l'Autriche qui dut abandonner la Lombardie, en 1859, grâce à l'intervention de la France , et la Vénétie, en 1866, après Sadowa , grâce aux victoires de la Prusse. Après l'expulsion de l'Autriche, la nation italienne était en possession d'elle-même, et l'union était possible sans la conquête de tous les États de la Péninsule , au profit de l'un deux. Le Piémont ne s'arrêta cependant pas; et en 1870, le nouveau royaume d'Italie, dont la capitale était depuis peu à Florence, n'avait plus qu'à mettre la main sur Rome, en violant la convention du 15 septembre 1864, pour réunir toutes les parties de l'Italie sous un même gouvernement.

La Prusse fit pour l'Allemagne ce que les États sardes avaient fait pour l'Italie, et le principe des nationalités lui servit de prétexte pour s'agrandir aux dépens de ses voisins. Les duchés du Danemark, la Saxe , le Hanovre, et plus tard l'Alsace-Lorraine furent , malgré les sentiments nationaux des populations, englobés dans l'empire allemand par le seul droit de conquête[1].

Je puis, avant de quitter ce sujet, en résumer les idées capitales dans les conclusions suivantes :

1° Bien que le sentiment de la nationalité puisse donner

---

[1] Funck-Brentano, *L'Europe et l'Alsace-Lorraine,* dans la *Nouvelle Revue,* 1er octobre 1891.

à l'unité morale de l'État sa meilleure base, c'est toujours, en droit et en fait, l'État comme corps politique qui reste le sujet du droit international et, sous ce rapport, État et nation ne sont qu'une seule et même chose;

2° Un État ne doit pas consentir, en principe, à son propre démembrement; et, dans les cas exceptionnels où une cession amiable de territoire intervient entre deux États, c'est le pouvoir souverain qui donne seul à la cession son caractère légal. Il est cependent juste et utile de consulter les populations pour qu'elles puissent attester librement qu'il existe, entre elles et l'État annexant, une communauté d'intérêts sans laquelle la cession ne peut être ni durable, ni sérieuse. Mais une province ne peut jamais arbitrairement, par l'effet d'un simple caprice, exiger sa séparation de l'État auquel elle appartient.

La cession de Nice et de la Savoie, consentie par les États sardes le 24 mars 1860, et celle de l'île de Saint-Barthélemy faite par la Suède à la France le 10 août 1877, se sont accomplies avec le libre consentement des populations. Il n'en a pas été ainsi de la cession de l'île d'Heligoland que l'Angleterre a consentie à l'Allemagne, au mois de juin 1890. Cet îlot, qui n'a guère que 2,500 habitants, appartenait autrefois au Danemark; en 1807, l'Angleterre s'en empara après le bombardement de Copenhague et ne s'en était jamais dessaisie. L'île n'a jamais été allemande et l'on comprend que ses habitants aient protesté contre le changement de nationalité qu'on leur imposait;

3° L'annexion violente d'un territoire par la conquête doit être condamnée par les principes du droit international public. Le vainqueur peut imposer, à la suite d'une guerre, des indemnités ou des réparations de diverses natures; mais il ne peut enlever à la nation vaincue une partie de son territoire sans méconnaître la liberté des personnes et violer le droit naturel. Le traité de paix vient sans doute donner à la conquète son effet légal, mais ne peut la légitimer aux yeux du droit et de l'équité, malgré le vote des populations qui, sous la pression du vainqueur, ne présente aucune garantie de sincérité;

4° Le principe des nationalités peut, à juste titre, être invoqué par une nation conquise, et qui n'a jamais accepté le joug de son vainqueur.

B. Théorie des frontières naturelles. — Elle se rattache intimement à la théorie précédente. La nation ne serait plus, d'après ce système, le résultat de l'identité de race, de langue et de culture, mais elle trouverait sa raison d'être et son étendue dans les limites naturelles d'un territoire. On attribue à Napoléon Ier cette parole : « L'Europe ne sera tran- « quille, que lorsque les choses seront telles que chaque « nation aura ses *limites* naturelles. » Les ambitieux trouveront dans cette théorie une arme toujours prête pour favoriser leurs projets. Il y aura toujours un fleuve ou une montagne derrière lesquels ils pourront rejeter l'État qu'ils veulent amoindrir à leur profit. La stratégie militaire, de son côté, sera toujours ingénieuse pour trouver des arguments en sa faveur. Mais s'il peut y avoir dans cette théorie une idée politique, il n'y aura jamais un principe servant de fondement à un droit. La nature et les accidents du sol ne peuvent à eux seuls déterminer les limites d'une nation.

C. Théorie de l'équilibre[1]. — Cette théorie qui eut parfois de funestes résultats répond cependant à un sentiment légitime. L'antiquité nous en montre déjà le premier germe dans l'union des Grecs contre Philippe de Macédoine, dans les secours que Hiéron de Syracuse envoyait à Carthage pour empêcher Rome de devenir la maîtresse du monde. Mais cette théorie, qui ne pouvait se développer à une époque où les relations internationales étaient encore restreintes, inspire surtout la politique au début des temps modernes.

Elle se rattache à cette idée qu'un État ne peut pas prendre, dans son développement, une étendue qui puisse porter ombrage aux États voisins et inquiéter leur indépendance et leur sécurité. Telle est la base du *droit de défense* et de l'*équilibre* des nations.

---

[1] Ernest Nys, *La théorie de l'équilibre européen,* dans la *Rev. de dr. int.,* Bruxelles, 1893, t. XXV, p. 34.

Nous avons déjà rencontré, avec trois grands événements de l'histoire du droit international, l'application de cette théorie. Les traités de Westphalie (24 octobre 1648), d'Utrecht (11 avril 1713), et de Vienne (19 mars-11 juin 1815) ont été conclus, à la suite des guerres qui avaient pour but d'arrêter la puissance des maisons d'Autriche et de Bourbon, et plus tard les conquêtes de la République et de l'Empire. Mais nous avons vu ce même principe conduire au partage de la Pologne. L'Autriche voulut une partie de cette nation, afin que le crime politique, accompli déjà par la Prusse et la Russie, ne vînt pas donner à ces États une prépondérance trop marquée. La politique arrive donc à dénaturer, dans un intérêt égoïste, un principe qui peut avoir en soi un caractère de justice, et elle se sert pour l'appliquer des raisons les plus illégitimes.

Il faut, pour donner à cette théorie sa véritable étendue, distinguer deux cas :

1° Lorsqu'un État s'agrandit par des usurpations successives, et veut dominer par la force les autres États, l'intérêt général donne à tous le droit d'arrêter une ambition qui trouble la paix commune. La guerre, dans ce cas, peut être juste et utile, et l'État qui laisse violer l'équilibre, alors qu'il peut l'empêcher, perd tout prestige et s'expose à subir plus tard les conséquences de son abstention ;

2° Mais lorsqu'un État augmente sa puissance par son travail, son industrie et même par des acquisitions légitimes de territoires, les États voisins n'ont nullement le droit de voir une menace dans cette extension pacifique. La théorie de l'équilibre ne serait dans ce cas qu'un obstacle au développement de tout progrès et la négation de la liberté humaine.

III.

TRANSFORMATION ET FIN DES ÉTATS. — CONSÉQUENCES QUI EN DÉCOULENT.

Les faits historiques qui président à la naissance des États ont rarement un caractère unique. A part l'occupation de terrains inhabités, les modes qui font naître des États sont en même temps pour les autres des causes d'extinction, ou tout au moins de transformation. Je vais les exposer brièvement avant d'en indiquer les conséquences.

1° Annexion ou incorporation d'un État entier au profit d'un autre État, soit à l'amiable, soit par la force après la conquête. Dans ce cas, le premier s'éteint, et l'État annexant s'agrandit ou se transforme en devenant un État nouveau.

Le Texas qui, en 1843, est incorporé aux États-Unis, nous donne un exemple de simple augmentation pour l'État annexant.

L'Italie, qui s'élève sur les ruines de toutes les principautés de la péninsule, nous montre un nouvel État formé par la réunion des autres petits États autrefois séparés;

2° Annexion, au profit d'un État, d'une province appartenant à un autre État : annexion volontaire, comme celle de Nice et de la Savoie; annexion violente, comme celle de l'Alsace et de la Lorraine. Dans ce cas, les États diminués ou agrandis restent les mêmes au point de vue de leur personnalité internationale;

3° Division d'un État en plusieurs États, soit pacifiquement, soit le plus souvent par l'effet d'une révolution. La Belgique, partie intégrante du royaume des Pays-Bas, se séparant de la Hollande, les colonies de l'Amérique acquérant leur indépendance, nous donnent des exemples de cette dernière hypothèse.

La tranformation des États entraîne des conséquences juridiques importantes, au point de vue de l'existence de la souveraineté internationale, des traités, de la législation, du domaine public, des dettes publiques et des créances de l'État, des jugements et de la nationalité. Je vais en indiquer es règles essentielles, en examinant surtout les effets qui se rattachent plus particulièrement au droit public[1].

A. EFFET RELATIF A L'EXISTENCE DE LA SOUVERAINETÉ INTERNATIONALE. RECONNAISSANCE D'UN NOUVEL ÉTAT. — *L'annexion d'un État à un autre,* ou la formation d'un grand État, à la place de principautés qui s'absorbent, confondent deux ou plusieurs souverainetés en une seule. Un effet identique, mais moins large dans sa portée, se produit dans le cas d'une *annexion partielle.* L'État qui l'accepte ou la subit ne peut garder aucune autorité sur le territoire rattaché à une autre Puissance. Ces solutions dictées par les principes du droit résultent également de tous les traités qui datent de notre époque, comme des temps anciens.

L'État annexé doit prendre l'*organisation politique, administrative et judiciaire* de l'État annexant, qui peut d'ailleurs tempérer, par des mesures transitoires, un trop brusque changement. Les ambassadeurs, les consuls, et, en général, *tous les fonctionnaires* de l'État qui cesse d'exister ne peuvent continuer à exercer leur charge sans une délégation du nouveau pouvoir dont ils dépendent.

A l'intérieur, le nouvel État est souverain dès qu'il exerce en fait l'autorité à l'aide d'un gouvernement distinct. Mais il ne peut réclamer l'exercice de sa souveraineté extérieure, dans ses relations avec les Puissances étrangères, qu'à partir du jour où son existence est formellement reconnue.

La *reconnaissance d'un nouvel État* est donc l'acte par lequel on admet cet État à participer aux avantages des rapports internationaux.

Dès que l'État existe avec toutes les conditions nécessaires à une société politique, il est en droit de compter sur le res-

---

[1] Selosse, *Traité de l'annexion...*, 1880. — Cabouat, *Des annexions de territoire,* 1881.

pect qu'exige sa personnalité. Mais, d'un autre côté, les Puissances étrangères sont libres, suivant leurs convenances et leurs intérêts, de ne pas le reconnaître dès les premiers jours de son entrée sur la scène politique. Il est même prudent de ne pas reconnaître un nouvel État qui se fonde en se séparant violemment d'un autre État dont il faisait partie, soit comme province intégrante, soit comme colonie, tant que durent les hostilités et l'incertitude sur la victoire finale. La reconnaissance prématurée n'est pas sans doute par elle-même un acte d'intervention hostile, mais elle peut revêtir suivant les cas le caractère d'un appui moral susceptible de faire naître des incidents diplomatiques. L'Angleterre, en 1778, rappela son ambassadeur près la cour de Versailles, parce que la France s'était hâtée de reconnaître les États-Unis d'Amérique.

La reconnaissance n'implique, d'ailleurs, ni l'approbation des moyens employés par le nouvel État pour acquérir son indépendance, ni le refus d'admettre le droit pour l'État dépossédé de recouvrer le territoire perdu.

Cette reconnaissance peut être *tacite* ou *expresse*. Elle est *tacite*, lorsqu'en fait on entretient avec le nouvel État les relations existant habituellement entre Puissances, lorsqu'on entre en négociations avec lui ou qu'on accepte officiellement ses agents diplomatiques. Elle est *expresse*, lorsqu'elle résulte d'une déclaration formelle ou d'un traité.

La reconnaissance se fait souvent, d'après la pratique moderne, dans un Congrès, où les grandes Puissances garantissent en même temps les nouveaux États et leur imposent parfois *certaines conditions* qui restreignent le libre exercice de leur souveraineté intérieure. C'est ainsi que le traité de Berlin de 1878, en reconnaissant l'indépendance du Monténégro, de la Serbie et de la Roumanie, exige que la distinction des croyances religieuses ne puisse être opposée à personne, dans ces divers pays, comme un motif d'exclusion, en ce qui concerne la jouissance des droits civils ou politiques. Ces clauses peuvent être souvent inspirées par un sentiment d'équité; mais il est dangereux de reconnaître le droit d'intervenir ainsi dans les affaires intérieures d'un Etat. La *recon-*

naissance conditionnelle ne tend d'ailleurs, ni à *suspendre* ni à *faire cesser* l'existence d'une situation qui naît aussitôt. L'inexécution des clauses imposées empêcherait seulement la garantie des Puissances signataires.

J'ajoute que la reconnaissance faite dans un Congrès ne peut avoir d'effet qu'à l'égard des États qui s'y sont fait représenter.

B. Effet relatif aux traités. — Les États sont les sujets des rapports internationaux; or, les traités qu'ils concluent ne peuvent, en général, leur survivre. L'*État incorporé* n'ayant plus de vie propre ne peut invoquer une convention antérieure, et les États qui avaient contracté avec lui sont de plein droit déchargés de toute obligation, sans avoir besoin de dénoncer les traités à l'État annexant qui, de son côté, ne peut ni en souffrir, ni les invoquer à son profit.

La même décision s'applique aux *annexions partielles*. Les traités conclus avec l'État cédant ne s'appliquent plus à la province annexée, à moins qu'une clause spéciale de ces traités ne vise expressément cette portion du territoire. La Savoie, cédée à la France en 1860, reste soumise à la clause des traités de 1815, qui en a neutralisé certains districts, pour rendre efficace la neutralité de la Suisse. Il faut faire la même réserve pour toute convention, ayant pour objet l'*intérêt propre de la province cédée*, et relative, par exemple, à un tracé de frontières, à la navigation fluviale, à l'établissement des routes publiques. Les traités, dans ce cas, survivent à l'annexion; mais on peut poser, comme principe général, que les traités conclus avec un État n'obligent pas la Puissance qui l'incorpore en tout ou en partie à son territoire. Il en résulte évidemment que l'annexant peut rompre l'union douanière que le pays cédé aurait conclue avec un autre État.

A l'inverse, les conventions internationales *faites par l'État annexant* s'appliquent de plein droit au territoire incorporé[1]. En Italie, les traités du royaume de Sardaigne furent étendus

---

[1] Cass., 30 janv. 1867, *Sir.* 1867.1.117. Montpellier, 10 juillet 1872, *Sir.* 72.2.139. Aix, 8 nov. 1875, *Sir.* 1876, n° 134.

aux provinces annexées; mais une déclaration formelle est inutile pour consacrer l'application de ce principe.

On peut cependant apporter à l'application de cette règle une exception relative aux *traités de commerce*, et admettre qu'ils ne s'étendent pas de plein droit aux pays cédés. Les intérêts des contractants et les conditions primitives du traité peuvent, en effet, répugner à une extension que comportent les traités d'une nature différente. Que l'on suppose, par exemple, un traité de commerce conclu avec un *État exclusivement agricole* qui s'annexe plus tard une *région industrielle*, il est évident que la situation économique se trouve modifiée et que l'extension des conventions commerciales antérieures tromperait les prévisions des États signataires et pourrait causer à l'une des parties des dommages imprévus.

C. Effet relatif a la législation. — Le caractère essentiel du droit public ou privé d'un État est d'être général dans son application. Les territoires annexés doivent donc se trouver soumis à la législation de l'État dont ils font désormais partie.

Mais à côté de cette règle qui est la conséquence nécessaire de la souveraineté, il faut poser ce principe d'après lequel une loi n'est obligatoire qu'à partir du jour où elle est promulguée et publiée. Il est juste de laisser aux habitants des pays annexés un certain délai avant de les soumettre à des lois nouvelles. Les traités de cession peuvent d'ailleurs prévoir le cas et décider que les lois de l'État cessionnaire ne seront applicables qu'à partir d'une époque déterminée. Lors de l'annexion de Nice et de la Savoie à la France, un sénatusconsulte du 12 juin 1860 avait fixé au 1er janvier de l'année suivante l'application des lois françaises aux habitants de ces deux pays. Ce n'est que sur le désir manifesté par les populations annexées, qui réclamèrent comme un bienfait l'application immédiate de nos lois, qu'un décret avança l'époque de leur mise en vigueur.

D. Effet relatif au domaine public. — Lorsqu'un État cesse d'exister, où cède une partie de son territoire, les biens du *domaine public*, existant sur le territoire annexé, passent, avec leur caractère propre, à l'État annexant. S'il s'agit d'un État qui se morcelle en plusieurs fractions, on peut admettre, à défaut de conventions spéciales, la décision suivante qui découle des principes généraux : chaque nouvel État a droit aux biens du domaine public qui se trouvent sur le territoire qui lui a été assigné.

Les *choses mobilières*, qui garnissent les immeubles rentrant dans le domaine public, suivent la condition des biens dont elles ne sont que l'accessoire, d'après la règle : *accessorium sequitur principale*. L'article 4 du décret du 22 novembre 1860 nous en donne une application : « Le matériel, les meubles et effets mobiliers de toute nature, garnissant les immeubles affectés à un service public dans la Savoie et l'arrondissement de Nice et appartenant au gouvernement sarde, sont devenus la propriété du gouvernement français par le fait de l'annexion. »

On s'est demandé si l'État annexant avait le droit de réclamer les biens du *domaine de la couronne* qui peuvent se trouver dans une province du pays démembré. La nature de ce domaine et le service auquel il est destiné indiquent la solution. Le souverain en a la jouissance pour représenter dignement l'État dont il est le chef, et dès lors moins dans un intérêt personnel que dans un intérêt public. Ces biens ne constituent pas une propriété privée de nature ordinaire, et sont, comme une véritable dépendance du domaine public, inaliénables et imprescriptibles.

Les biens du domaine de la couronne deviennent donc la propriété de l'État annexant, qui peut ne rien changer à leur affectation première ou en opérer le déclassement. C'est ce dernier parti que prendront nécessairement les États qui, comme la France depuis 1870, n'ont pas de domaine de la couronne, et qui n'ont aucun intérêt à faire rentrer ces biens dans le domaine public de l'État.

Les *biens des particuliers* échappent au contraire à toute appropriation et sont considérés comme inviolables. Il en sera de même en principe du *domaine privé de l'État démembré*, à moins d'une clause contraire formellement énoncée dans le traité. Il faut remarquer, en effet, que les traités de cession n'omettent jamais de prévoir les questions domaniales importantes.

Il n'y a plus, d'ailleurs, à distinguer entre le domaine public de l'État et sa fortune privée, dans le cas d'une *incorporation totale* à une autre puissance. L'ensemble de ces biens devient alors, d'une façon absolue, la propriété de l'État annexant.

En ce qui concerne les *chemins de fer* qui forment une des branches les plus importantes du domaine public, il faut distinguer, pour connaître l'étendue des droits de l'annexant, entre le cas où l'*État démembré possède* sur la ligne de chemin de fer *un droit plein et entier*, et celui où l'*exploitation* du réseau *est confiée à une compagnie*. Dans le premier cas, l'État annexant succède aux droits du territoire annexé sans devoir aucune indemnité; dans le second, il hérite de la nue-propriété appartenant à l'État démembré; mais il ne peut enlever à la compagnie le droit de jouissance temporaire qui constitue pour elle un avantage particulier protégé par ce principe que la propriété privée n'est pas atteinte par l'annexion. L'État annexant n'aurait que la ressource de profiter *du droit de rachat* appartenant à la Puissance qui a concédé l'exploitation. C'est ainsi qu'une disposition additionnelle du traité de Francfort (10 mai 1871) obligeait la France à racheter à la compagnie de l'Est la partie annexée de son réseau, pour la rétrocéder ensuite à l'Allemagne, moyennant une indemnité de 325 millions imputable sur le chiffre total de l'indemnité de guerre.

E. EFFET RELATIF AUX DETTES PUBLIQUES ET CRÉANCES DE L'ÉTAT [1]. — Cette matière présente quelque difficulté et pourrait donner lieu à de longs développements. Je vais en préciser les principes généraux et essentiels sous des questions distinctes.

1° *Un état cesse d'exister : que devient sa dette publique?* — Elle ne s'éteint pas avec lui. Mais l'État qui profite de l'in-

---

[1] H. Appleton, *Effet des annexions de territoires sur les dettes de l'État.*

corporation prend à sa charge le paiement de sa dette. Cette solution est conforme à l'équité et aux principes du droit. L'État annexant est comme un héritier qui doit subir les charges en compensation des avantages qu'il recueille. C'est ainsi que, par une loi de 1861, le royaume d'Italie fondit en une seule dette publique commune toutes les dettes des différents États de l'Italie.

Lorsqu'un État cesse d'exister *en se divisant en plusieurs États*, ceux-ci supportent, par parties égales, les obligations qui intéressaient le premier État dans son ensemble; et chacun d'eux prend à sa charge exclusive celles qui avaient été contractées dans l'intérêt de son territoire.

2° *Une partie du territoire est cédée : que devient sa part contributive dans les dettes publiques de l'État cédant?* C'est encore l'État, au profit duquel se réalise l'annexion, qui doit supporter la part contributive du pays annexé dans la dette publique de l'État auquel il appartenait. On peut objecter, dans ce cas, que le principe de la souveraineté internationale s'oppose à ce qu'un État soit obligé d'acquitter les dettes contractées par une autre Puissance. Un motif évident enlève à cette objection sa force et sa raison d'être. Les dettes contractées par un État, dans un intérêt général, profitent à toutes les provinces qui le composent, et permettent de faire les dépenses nécessaires à leur entretien et à leur amélioration. Or, il est juste que l'État cessionnaire, qui désormais bénéficiera de ces progrès, supporte une part dans l'acquittement des dettes qui ont contribué à les réaliser.

Cette part contributive doit être égale au montant des impôts mis à la charge de la province annexée, en vertu de la loi de finances de l'État dont elle faisait partie. Ce sera, par exemple, le quart, le tiers, ou le dixième de la totalité des impôts, en un mot, la part afférente à cette partie de l'État, dans la somme totale imposée au pays tout entier. Le chiffre de la population et l'étendue du territoire, par rapport à l'ensemble de l'État cédant, ne forment pas une base juste et équitable; car c'est surtout la richesse publique qui détermine exactement la part contributive de chaque province dans la répartition de l'impôt.

Ce principe, que je viens d'indiquer, n'a pas un caractère absolu et nécessaire, et peut être modifié par le *droit conventionnel des traités*, dont il faut appliquer les règles pour les cas qu'ils ont textuellement prévus. Je me borne à citer quelques exemples. L'Italie, en 1866, se chargea de la dette pontificale proportionnellement à la population des Romagnes. Le traité de Berlin, de 1878, impose, à la Serbie, au Monténégro et à la Bulgarie, l'obligation de supporter une partie de la dette publique ottomane, à raison de leur accroissement de territoire. Et il ajoute que les représentants des Puissances à Constantinople détermineront le montant de cette part contributive, de concert avec la Sublime Porte, sur une base équitable.

A l'inverse, l'Italie ne prit pas à sa charge, lors de la cession de la Lombardie et de la Vénétie, le remboursement d'une quote-part de la dette générale de l'empire d'Autriche, mais seulement des dettes lombardes et vénitiennes (traité de Zurich, 10 novembre 1859); et en 1871, l'Alsace-Lorraine fut cédée à l'Allemagne franche et libre de toute portion contributive dans la dette française [1].

S'il s'agit d'ailleurs de *dettes hypothécaires*, elles sont naturellement à la charge de l'État auquel sont attribués les immeubles affectés à la garantie de leur paiement. Il ne faut pas confondre, avec les dettes hypothécaires, celles que le langage diplomatique comprend, sous la dénomination de *dettes hypothéquées*, en vertu de leur destination spéciale. Ce mot ne sert qu'à indiquer l'engagement permanent qui grève un pays ou une province, à raison des dettes contractées à son profit; mais il ne faut nullement attacher à ce mot la signification d'une hypothèque civile ordinaire. C'est ainsi que, par les traités de Campo-Formio (17 octobre 1797), et de Lunéville (9 février 1801), la France devait prendre à sa charge les dettes hypothéquées sur le sol des pays cédés, acquis ou échangés. C'est la fortune imposable des citoyens d'un État qui garantit en général le paiement des dettes publiques.

---

[1] De Clercq, t. VII, p. 643 et suiv. — *La paix de Villafranca*, par Debrauz, § XI, p. 77. — De Clercq, t. XII, p. 318 et suiv.

Ces deux derniers traités imposaient donc à la France l'obligation de payer des dettes contractées au profit exclusif de certains pays annexés. Il faut cependant admettre, en l'absence d'une clause contraire, que les dettes personnelles des provinces annexées, *relatives à des dépenses d'intérêt local*, restent à la charge de ces provinces elles-mêmes qui constituent des personnes juridiques susceptibles de droits et d'obligations.

L'État annexant, reconnu débiteur d'après les règles que je viens de déterminer, peut acquitter annuellement les intérêts de la dette mise à sa charge, ou se libérer aussitôt en payant le capital de la quote-part qu'il doit subir.

3° *L'État incorporé ou la partie du territoire annexée doivent-ils contribuer aux dettes publiques déjà nées de l'État annexant?* On doit admettre sans hésiter l'affirmative. Les emprunts contractés par un État sont destinés, en général, à subvenir à des intérêts permanents. Les pays annexés profiteront désormais des améliorations que les dettes publiques permettent de faire sur chaque partie du territoire. Ils doivent donc, dans la mesure que la loi des finances leur assignera, contribuer par l'impôt à leur acquittement.

Le but même de l'impôt, qui représente l'équivalent des services rendus par l'État, peut nous aider à résoudre une difficulté relative à la répartition des impôts perçus dans l'année où s'est opérée l'annexion. Il est juste, dans ce cas, de les répartir entre l'État cédant et l'État cessionnaire, en proportion du temps pendant lequel les pays cédés ont été sous la puissance de chaque État pendant le cours de cette année. Les clauses des traités de cession peuvent modifier d'ailleurs l'application de ces règles générales. C'est ainsi qu'une clause du traité de Francfort (10 mai 1871) impliquait, de la part du gouvernement français, l'abandon complet des contributions non perçues.

4° *Que deviennent les dettes de l'État cédé à l'égard des fonctionnaires et celles résultant d'obligations contractées envers les particuliers?* L'État, qui cesse d'exister en *totalité ou en partie*, n'est plus obligé de payer les *pensions civiles, militaires, ou de retraite*, aux personnes qui acceptent la nationalité étrangère. L'État annexant est substitué sous ce rapport aux charges de l'État anéanti ou démembré (art. 2 de la conv. add. de Francfort). Celui-ci doit d'ailleurs restituer toutes les sommes que l'on peut avoir versées dans ses caisses à titre de cautionnement.

Quant aux obligations contractées *à l'égard des particuliers*, on peut formuler les règles générales suivantes :

Si l'*État cesse d'exister*, les droits que les particuliers avaient contre lui en vertu de contrats valables, peuvent être invoqués contre l'État qui se trouve, par le fait de l'incorporation, subrogé aux charges du premier.

Dans le cas d'un *abandon partiel de territoire*, l'État annexant doit supporter les obligations relatives à l'intérêt public de la province annexée, comme, par exemple, celles qui ont pour but l'entretien des immeubles, dépendant du domaine public de cette province. Mais s'il s'agit d'engagements contractés dans l'intérêt du pays tout entier, comme ceux qui ont pour but d'exécuter, dans la province cédée, des fortifications ou autres travaux de défense, c'est l'État cédant qui reste tenu de toutes les suites de ces obligations ; car elles avaient en vue l'intérêt public de cet État tout entier.

Les traités prévoient, en général, les difficultés de cette nature, par des conventions expresses, dont l'exécution est assurée à l'aide d'une commission mixte instituée par les États intéressés. C'est ce qui eut lieu pour la cession de Nice et de la Savoie, et pour celle de l'Alsace-Lorraine.

5° *Que deviennent les créances de l'État transformé ?* S'il *disparaît complètement*, ses créances sont acquises à l'État dans lequel il s'absorbe. La succession doit comprendre la fortune active et passive.

Mais la province, qui est détachée d'un État, conserve, après l'*annexion partielle*, les créances qui se trouvaient dans son patrimoine propre et étaient destinées à subvenir à des intérêts locaux. Elle n'acquiert pas d'ailleurs un droit direct sur les créances de l'État annexant, qui distribue, comme il l'entend, ses ressources entre les différentes parties de son territoire, sans qu'aucune d'elles puisse se prévaloir d'un droit propre et déterminé.

Quant aux *créances privées* que l'État cédant peut avoir sur une province annexée ou sur des particuliers domiciliés dans les territoires cédés, elles continuent à subsister. « L'Empire allemand, disait le traité de Francfort (10 mai 1871), laissera au Trésor français toutes les facilités pour le recouvrement des créances actives, chirographaires ou hypothécaires qu'il peut avoir à répéter contre des débiteurs domiciliés dans les territoires cédés, en vertu d'actes ou titres antérieurs au traité de paix, et ne se rattachant ni aux impôts ordinaires ni aux contributions. »

F. Effet relatif aux jugements. — C'est au nom du souverain que se rend la justice et que s'exécutent dans toute l'étendue d'un pays les décisions des tribunaux. L'indépendance de chaque nation ne peut permettre à une autorité étrangère d'exercer des actes de juridiction sur un territoire qui a cessé de lui appartenir. *Extra territorium jus dicendi impune non paretur* [1], disait déjà la loi romaine. Ce principe va nous servir à résoudre les difficultés, relatives aux effets des instances encore pendantes, ou des jugements déjà rendus, au moment de la transformation d'un État, en distinguant les affaires civiles et les affaires criminelles.

Procès civils. — 1° *L'instance est encore pendante au moment de l'incorporation.* Dans ce cas, les tribunaux de l'État incorporé ou de la province annexée n'ont plus le droit de continuer à connaître du procès qui leur était soumis. Leur juridiction a cessé d'exister; elle ne peut revivre qu'en vertu d'une investiture nouvelle; sinon, elle doit passer aux juges désignés par l'État annexant.

Les actes de procédure accomplis avant la cession constituent pour les parties des droits acquis; mais pour la continuation du procès, il faudra suivre les lois de l'État cessionnaire, au moins à partir du jour fixé pour leur application.

2° *Le jugement est rendu au moment de l'annexion et il est définitif.* Ce jugement constitue un droit acquis pour la partie qui l'a obtenu, mais son exécution présente quelques diffi-

[1] L. 20, *de jurisd.* (D. II, 1).

cultés à résoudre. Il faut distinguer plusieurs hypothèses.

PREMIÈRE HYPOTHÈSE : *Le jugement est rendu par un tribunal du pays annexé.*

S'il doit s'exécuter dans le *pays annexé*, il est de plein droit exécutoire, sauf à délivrer la formule d'exécution au nom du souverain sous l'autorité duquel se trouve désormais le pays incorporé.

L'exécution doit encore avoir lieu de plein droit, si le jugement s'exécute sur le territoire de l'*État cédant;* celui-ci ne peut s'en plaindre, puisque ce jugement avait été rendu en son nom. Il lui suffira simplement, pour la forme, de faire délivrer par ses magistrats un mandement d'exécution, afin que l'indépendance internationale ne soit pas violée.

Dans ces deux premiers cas, le jugement est exécutoire de plein droit, parce que le tribunal, qui l'a rendu avant l'annexion, n'était pas alors étranger par rapport au territoire sur lequel la sentence devait s'exécuter.

Si le jugement rendu dans le pays annexé, doit s'exécuter sur le territoire de l'*État annexant*, il n'est plus alors de plein droit exécutoire, et ne le devient qu'après une déclaration d'*exequatur* de la part d'un tribunal de l'État annexant. Le jugement, rendu avant l'annexion, émanait d'un tribunal étranger, et le défendeur avait des droits acquis à ne pas en reconnaître l'effet, tant que ce jugement n'était pas revêtu de la formule exécutoire. Le défendeur peut donc exiger que cette sentence rendue sous l'empire des lois étrangères, soit appréciée au point de vue des conditions d'ordre public international. L'opinion générale, en France, reconnaît au tribunal, chargé de déclarer l'*exequatur*, le droit de reviser le procès quant au fond et de lui dénier ainsi l'autorité de la chose jugée. Je ne puis pas ici développer cette question. Mais je me borne à constater, que les textes de loi n'autorisent nullement cette décision, qui est contraire aux vrais principes de réciprocité internationale. Refuser de reconnaître aux jugements rendus par les tribunaux étrangers l'autorité de la chose jugée, c'est établir un système de défiance qui ne peut que provoquer des mesures semblables et nuisibles à l'intérêt même des nationaux que l'on veut protéger. Il suffit donc que

le tribunal examine, si le jugement est régulièrement rendu
par un juge compétent, et ne contient rien de contraire à
l'ordre public international.

SECONDE HYPOTHÈSE : *Un jugement rendu par un tribunal
de l'État annexant doit s'exécuter dans le pays annexé.*

Le tribunal, qui a prononcé le jugement, était, avant l'annexion, étranger par rapport au pays, où ce jugement devait
s'exécuter, et il semble qu'à ce titre la déclaration d'*exequatur*
soit nécessaire. On ne pourra cependant pas l'exiger; car,
après l'annexion, le tribunal qui dans le pays annexé déli-
vrerait la formule exécutoire serait établi par le souverain
même du pays annexant. Il est tout à fait illogique, par exemple, de demander, pour un jugement rendu en France, l'*exequatur* à un tribunal français institué depuis lors dans le pays
annexé.

TROISIÈME HYPOTHÈSE : *Un jugement est rendu par un tribunal de l'État cédant et est exécutoire dans la province cédée.*

On peut dire qu'au jour où le jugement a été prononcé, le
tribunal n'était pas étranger par rapport à la province où ce
jugement devait s'exécuter. D'après les principes posés jusqu'ici, j'arrive donc à conclure que le jugement rendu par un
tribunal de l'État cédant est exécutoire de plein droit dans la
province cédée, en ce sens que les tribunaux du pays annexant n'auront qu'à déclarer, pour la forme, un *exequatur*
qu'ils ne peuvent pas refuser. Le décret de 1860, dans son
article 3, a consacré cette doctrine. « Les porteurs des arrêts
ou jugements..., délivrés avant le jour de la réunion définitive de la Savoie à la France, qui voudraient les faire mettre
à exécution, doivent préalablement les présenter aux greffiers
des cours et tribunaux..., afin que la formule sacramentelle
indiquée dans l'article 1er soit ajoutée à celle dont ils étaient
revêtus précédemment. »

3° *Le jugement rendu au moment de l'annexion par un
tribunal du pays annexé n'est pas définitif.* Les parties, qui
ont à leur service une voie de recours, l'avaient exercée déjà,
lors de l'annexion, devant un tribunal du pays annexé. Le
jugement sera, dans ce cas, exécutoire de plein droit, soit
dans le pays cédé, soit sur le territoire de l'État annexant,

puisque les deux pays se trouvent actuellement soumis à la même souveraineté.

L'*exequatur* serait au contraire indispensable, pour l'exécution, dans le pays annexé ou dans l'État cessionnaire, de la décision rendue sur le recours porté devant un tribunal de l'État démembré. La Cour de cassation de cet État déjà saisie d'un pourvoi, ne peut, s'il y a lieu de renvoyer la connaissance du litige à un autre tribunal, attribuer la cause qu'à un tribunal de l'État dont elle relève. Elle ne pourrait pas, en effet, sans violer le principe de la souveraineté internationale, saisir la juridiction de l'État annexant.

Les parties qui n'ont pas encore, au jour de l'annexion, exercé leur voie de recours, ne peuvent désormais s'adresser qu'aux juridictions de l'État annexant ou à celles qu'il institue dans la province cédée. Les jugements, intervenus à la suite de ces recours, seront, dans ces mêmes pays, de plein droit exécutoires.

Trois conditions sont d'ailleurs requises pour que les parties puissent, après l'annexion, invoquer une voie de recours. Il faut : 1° que le jugement ne soit pas définitif, en vertu de la législation du pays auquel les plaideurs appartenaient avant l'annexion; 2° que les délais fixés pour l'exercice des voies de recours ne soient pas écoulés; et 3° que la loi du pays annexant reconnaisse cette voie de recours.

Les traités peuvent contenir des règles qui dérogent aux principes généraux que je viens d'exposer; c'est ainsi que la convention additionnelle au traité de Francfort, du 11 décembre 1871, contenait certaines règles particulières de compétence.

Procès criminels. — Le principe de la souveraineté des États doit nous servir encore de base, pour régler le conflit qui peut s'élever entre les législations pénales de l'État incorporé et de l'État annexant. Je vais préciser, sous deux distinctions principales, les points les plus importants de cette matière.

1° *Un délit est commis avant l'annexion sur le territoire du pays annexé, mais aucune peine n'a encore été prononcée.* Dans ce cas, le droit de poursuivre le délit et d'appliquer la peine appartient exclusivement aux magistrats de l'État sous la puissance duquel se trouve aujourd'hui le pays annexé. C'est d'après la législation de cet État que l'instruction de l'affaire se poursuit et que la juridiction compétente se trouve déterminée. Mais que doit-on décider pour l'application de la peine? Notre législation criminelle contient *deux règles fondamentales* que l'on peut formuler, à raison de leur équité, comme des principes de droit.

En vertu de la *première règle*, on ne peut réprimer un fait délictueux, que si la loi criminelle édicte une peine par une disposition expresse. Or, si le fait commis avant l'annexion était puni par la loi de l'État incorporé, et ne l'est pas en vertu de la législation de l'État annexant, le délit ne sera pas réprimé et aucune peine ne sera prononcée. La *seconde règle* veut, qu'entre deux peines édictées par deux lois successives, on choisisse la moins rigoureuse. Le tribunal de l'État annexant appliquera donc la peine édictée par la loi de cet État, si elle est plus douce que celle du pays annexé, où le délit avait été commis ; et dans le cas contraire, la peine fixée par les lois de ce pays. Mais que décider si cette peine moins grave n'existe pas dans la législation de l'État annexant? Cette question s'est présentée devant la Cour de cassation française, le 18 mars 1861 ; mais elle n'a pas reçu de solution. On peut, pour ne pas laisser le délit impuni, appliquer la peine immédiatement inférieure à celle que ne reconnaît pas l'État annexant.

Cette dernière règle concernant la gravité de la peine s'applique *au délai de la prescription*. Le coupable peut invoquer la prescription la plus courte, en supposant qu'elle soit accomplie au moment de l'annexion. Mais s'il ne peut invoquer aucun droit acquis, il se trouve soumis désormais à la législation de l'État annexant, sauf à faire imputer, sur le délai total, les années déjà passées dans l'impunité sous l'empire de l'ancienne législation.

Il n'est question, dans toute cette matière, que des délits de droit commun. L'État annexant n'a pas à s'occuper des *délits militaires* et des *délits politiques*, commis avant l'incorporation, et qui ne portaient atteinte qu'à la discipline de l'armée ou au droit de souveraineté de l'État démembré.

2° *Le délit, commis sur le territoire du pays annexé, a donné lieu à une condamnation criminelle prononcée avant l'annexion.* L'État annexant n'a plus qu'une mission à remplir, celle de faire exécuter la peine infligée au coupable, après que l'un de ses tribunaux aura déclaré l'*exequatur* nécessaire pour assurer le respect de sa souveraineté. Le tribunal sera même forcé de reviser le jugement, si la peine prononcée par l'ancienne juridiction n'était pas reconnue par les lois du pays annexant, comme contraire aux mœurs ou à l'ordre public, et d'y substituer, après l'examen du fait délictueux, une peine équivalente ou inférieure.

Le droit de grâce et d'amnistie, dont pourraient profiter les coupables condamnés avant l'annexion, ne peut plus être accordé que par l'État annexant, car il constitue l'un des attributs de la souveraineté de l'État.

G. Effet relatif a la nationalité [1]. — La transformation des États produit encore des effets importants en ce qui concerne la nationalité des personnes. Mais ce sujet se rattache d'une façon trop intime au droit international privé pour que j'en fasse ici l'étude complète. Je dois me borner à en poser les règles générales.

En principe, toutes les personnes qui *habitent* un État incorporé ou un territoire annexé, et qui étaient les *sujets de l'État démembré*, deviennent les nationaux de l'État annexant. En ne parlant que des habitants, j'indique par là même que c'est le *domicile* sur le territoire cédé, qui doit déterminer les conséquences juridiques de l'annexion, au point de vue de la nationalité. C'est le système qu'a consacré l'article 1er du protocole annexé au traité du 10 août 1877, par lequel la Suède consentait à la France la rétrocession de l'île de Saint-Barthélemy. Mais les traités antérieurs de 1860, 1861 et 1871, relatifs aux cessions de la Savoie et de Nice, de Menton et de Roquebrune, de l'Alsace et de la Lorraine, imposaient la nationalité de l'État annexant et aux *domiciliés* et à ceux qui

[1] Cogordan, *La nationalité,* 2e édit., 1890, p. 317 et suiv.

sont *originaires* du pays cédé sans y avoir actuellement leur domicile.

Nous rencontrons ainsi deux théories, pour connaître ceux qui sont dénationalisés, et l'on peut encore y ajouter deux autres systèmes. 1° D'après les uns, le *domicile* dans le pays annexé modifie la nationalité; 2° pour d'autres, cet effet doit s'étendre aux *originaires comme aux domiciliés*; 3° on l'applique, d'après une théorie différente, aux *originaires seuls*, domiciliés ou non, et enfin, 4° une dernière opinion propose de ne déclarer annexés que ceux qui seraient à la fois *domiciliés* ET *originaires*.

Mais on laisse aux personnes atteintes par l'annexion le *droit d'opter* entre l'ancienne et la nouvelle nationalité. L'exercice de ce droit d'option est subordonné, d'après le droit conventionnel des traités, à la double condition de déclarer sa volonté dans un certain délai à l'autorité compétente, et de transporter son domicile sur le territoire de l'État dont on veut conserver la nationalité.

En théorie, l'option faite par le chef de famille doit lui être essentiellement personnelle, et ne peut engager ni la femme ni les enfants mineurs. L'exercice du droit d'option doit être retardé, à l'égard de ces derniers, jusqu'à l'époque de leur majorité, telle qu'elle est fixée par la législation de l'État annexant.

Mais la pratique est dominée par d'autres principes et donne, surtout à l'égard des mineurs, une portée absolue à l'option du chef de famille. La convention franco-suédoise de 1877 a toutefois suspendu jusqu'à la majorité des annexés l'exercice de leur droit d'option.

La nationalité étrangère est acquise du jour même où l'annexion devient définitive, sous la condition résolutoire de l'option exercée dans les délais indiqués par les traités. Ce n'est que par un sentiment de bienveillance naturelle, que les tribunaux français ont admis, en faveur de nos compatriotes de l'Alsace-Lorraine, le maintien de leur nationalité française, pendant la durée du délai qui leur était laissé pour l'exercice de leur droit d'option.

Le silence gardé pendant ce délai confirme les effets de

l'incorporation, et la personne annexée ne pourra plus recouvrer sa qualité première, qu'en se conformant aux lois intérieures de l'État dont elle réclame de nouveau la nationalité. En France, par exemple, l'article 18 du Code civil [1], dont le texte est général, permettra de recouvrer sa qualité de français perdue par l'annexion, sans qu'on soit obligé de subir les formalités requises pour la naturalisation ordinaire.

L'*option* [2], dont je viens de préciser la nature, garantit, dans le cas de *cession amiable* acceptée même par les populations, le respect des droits de la minorité; et, dans le cas d'*annexion violente*, elle nous apparaît comme un palliatif qui peut, dans une mesure restreinte, adoucir les effets de la conquête, sans pouvoir jamais les légitimer.

CHAPITRE III.

Droits et devoirs des États.

Toute personne trouve en elle, par le fait même de sa nature, les droits nécessaires à son existence et au libre développement de ses facultés. Dès que l'État existe dans la plénitude de sa personnalité, il a des droits, que je qualifie de *primitifs et d'absolus*, parce qu'ils sont essentiels et permanents. Ils ne dépendent, ni de conventions, ni de circonstances particulières qui peuvent faire naître à leur tour des droits *relatifs* ou *accidentels*. Tous ces droits entraînent des devoirs corrélatifs qui garantissent à chaque État le respect de sa propre personnalité.

[1] Conf. L. du 26 juin 1889, art. 18.

[2] L'*option*, qui consacre pour les individus un droit que chacun d'eux manifeste par une déclaration devant l'autorité compétente, se distingue du *plébiscite* qui suppose une approbation donnée à la cession par la majorité des habitants. On rencontre les premiers exemples d'*option* dans la paix d'Hubertsbourg qui mit fin à la guerre de sept ans (15 février 1763) et dans le traité de Kutchuk-Kaïnardji, signé par la Russie et la Turquie, le 21 juillet 1774. Geffcken, sur Heffter, § 182, note 2, p. 439.

5*

Nous ne devons étudier ici que les droits absolus, nécessaires à l'existence de la personnalité internationale, pour en préciser le caractère et l'étendue, les restrictions et les modifications qu'ils comportent. Tel sera l'objet des deux sections de ce chapitre.

SECTION I.

Droits absolus et primitifs des États.

Toute personne a droit à l'*existence* et à la *liberté ;* de là découlent les droits *absolus* et *fondamentaux* des États : 1° le droit de *conservation et de défense*, 2° le droit de *souveraineté et d'indépendance*, 3° le droit d'*égalité*, 4° le droit *au respect mutuel de la personnalité*, 5° le droit de *propriété*, 6° le droit de *représentation*. Tous ces droits se lient étroitement : l'existence et la liberté de l'État exigent avant tout sa *conservation* et son *indépendance ;* de ces premiers droits résultent tous les autres que je détache pour mieux mettre en relief les idées qu'ils contiennent et les devoirs réciproques qu'ils imposent. Je n'étudierai toutefois les droits de *propriété* et de *représentation* qu'en abordant les livres consacrés aux choses et aux rapports internationaux des États.

I.

DROIT DE CONSERVATION ET DE DÉFENSE.

Ce droit consiste dans la faculté, pour un État, de prendre toutes les mesures destinées à garantir son existence contre les dangers qui peuvent la compromettre. La société politique ne peut avoir sur ce point une situation inférieure à celle de toute personne morale et même d'un simple particulier. Trois effets principaux découlent de ce droit primordial des États : 1° *préparer la défense ;* 2° *résister à l'attaque ;* 3° *conserver sa population sur son territoire.*

1° *Mesures destinées à préparer la défense ou droit de sûreté.* — Le droit de conservation exige et légitime tous les moyens employés, dans les limites de la justice, pour assurer la défense de l'État, tels que l'organisation des armées, la construction de forteresses, les traités d'alliance et de subsides. Les souverainetés étrangères ne peuvent ni prohiber, ni limiter ces mesures de précaution, si ce n'est en vertu de conventions particulières dont j'apprécierai plus loin le caractère et la portée.

Toutefois, lorsqu'un État, sous prétexte de mesures préventives, fait tout à coup des armements considérables, masse des troupes sur ses frontières, les Puissances voisines, qui se croient menacées, peuvent, à leur tour, invoquer leur propre droit de conservation et de défense pour demander des explications ou prendre des précautions équivalentes. Et si l'attaque est imminente, l'État menacé a certainement le droit, pour sauvegarder ses intérêts, de prendre l'initiative en ouvrant les hostilités.

Un État peut, en vertu de son droit de conservation, régler, comme il l'entend, l'accès de ses frontières, exiger la *production d'un passeport*, et soumettre à certaines formalités les étrangers qui veulent résider sur son territoire. Il est juste, toutefois, à moins de circonstances exceptionnelles, d'imposer ces mesures comme une règle générale, au lieu de les infliger uniquement aux sujets d'une seule nation étrangère. On ne fait, dans ce dernier cas, que manquer aux égards dus à un État voisin ; mais on violerait son droit si les obligations prescrites étaient contraires aux clauses expresses d'un traité.

L'Allemagne agissait dans les limites de son droit, lorsqu'au mois de mai 1888, elle imposait à *tous les étrangers*, qui entraient en Alsace-Lorraine par la frontière française, l'obligation de produire un *passeport* visé par l'ambassade allemande à Paris. Mais elle violait l'article 11 du traité de Francfort en imposant aux *Français seuls*, qui voulaient faire en Alsace-Lorraine un séjour de plus de vingt-quatre heures, l'obligation d'avoir un passeport, quelle que fût la frontière par laquelle ils entraient, de faire, en outre, une déclaration de résidence aux autorités compétentes, et de demander, si la durée du séjour devait dépasser huit semaines, une prolongation consentie par le directeur de la police. Cet article 11 est ainsi conçu : « Les traités de commerce avec les différents « États de l'Allemagne ayant été annulés par la guerre, le « gouvernement français et le gouvernement allemand prendront « dront pour base de leurs relations commerciales le régime « du traitement réciproque *sur le pied de la nation la plus* « *favorisée.*

« Sont compris dans cette règle les droits d'entrée et de « sortie, le transit, les formalités douanières, *l'admission et* « *le traitement des sujets des deux nations,* ainsi que de leurs « agents. »

Il résulte de ce texte, qu'aucune formalité ou entrave ne peut être imposée aux Allemands en France, ni aux Français en Allemagne, à moins qu'elle ne le soit en même temps à tous les étrangers. Les rescrits des 22 et 23 mai 1888 méconnaissaient donc l'article 11 du traité de Francfort, puisqu'ils rendaient la condition des Français pire que celle des autres étrangers dans une partie de l'empire allemand.

Cette conséquence a été reconnue par le baron de Holtzendorf, l'un des jurisconsultes les plus autorisés de l'Allemagne. Il invoque, il est vrai, pour justifier cette mesure, le droit primitif et absolu de conservation et de défense, qui est supérieur au droit conventionnel des États. Il est facile, en donnant cette raison, de réduire à néant les traités internationaux. S'il est vrai que le droit de conservation puisse nécessiter des mesures exceptionnelles, qui constituent la violation d'une promesse, il faut au moins ne pas agir comme si cette promesse n'existait pas, il faut dénoncer avant tout le traité, en indiquant les motifs pour lesquels on est forcé de rompre son engagement[1].

Toutefois, le *régime des passeports* nuisait tellement à la prospérité de l'Alsace-Lorraine et même à la situation économique des pays allemands limitrophes, qu'une ordonnance du 21 septembre 1891 a dù le *supprimer partiellement.*

[1] *La question des passeports en Alsace-Lorraine,* par M. Clunet. Même question par M. Rolin-Jacquemyns, *Rev. de dr. int.,* Bruxelles, XX, p. 615. Jean Heimweh, *Le régime des passeports en Alsace-Lorraine,* 1890.

A partir du 1er octobre 1891, l'obligation du passeport n'est plus exigée que des militaires, des anciens officiers de l'armée active, des élèves des écoles étrangères organisées militairement, et des personnes qui ont perdu la nationalité allemande avant d'avoir satisfait complètement à la loi militaire et qui n'ont pas dépassé l'âge de quarante-cinq ans.

D'ailleurs, l'ordonnance de juin 1883, relative à la déclaration que doit faire à la police locale tout étranger séjournant plus de vingt-quatre heures en Alsace-Lorraine, et l'ordonnance du 5 février 1891 sur les cartes d'étrangers, ne sont nullement supprimées.

2° *Résistance légitime en cas d'attaque.* — Le droit de légitime défense en cas d'attaque est la suite naturelle du droit de conservation et de sûreté. Les États peuvent et doivent même souvent, dans leur propre intérêt, prêter leur assistance à un État envahi par une Puissance supérieure dont la force grandissante peut devenir une menace pour l'indépendance de toutes les nations.

La *théorie de l'équilibre,* dont nous avons déjà parlé, se rattache à ce titre au droit de conservation, et je n'ai qu'à résumer sur ce point les principes déjà posés. L'accroissement d'un État par des moyens légitimes et sa supériorité dans l'ordre économique, intellectuel, ou moral, ne peuvent jamais justifier une attitude hostile de la part des autres États. Mais la force, mise au service de la politique d'un État dans le but d'agrandir sans cesse son territoire, d'attenter à l'indépendance des États faibles, est une cause suffisante pour susciter une coalition destinée à préserver l'existence et la liberté de tous les États.

On peut agir pour défendre les droits d'autrui menacés ou violés, lorsqu'on prévoit surtout que cette violation du droit n'est que le prélude d'autres attaques. Mais on ne peut jamais, à l'inverse, chercher à assurer sa propre conservation aux dépens des droits et des intérêts d'autrui. Il est même inutile, dans ce cas, d'essayer de se justifier par un prétendu *droit de nécessité;* car ce serait dénier à la justice son caractère immuable et fournir à la politique des expédients dont elle ne se montre que trop avide.

C'est dans une pensée d'équilibre, et afin d'empêcher une attaque toujours imminente, que l'*entente franco-russe* s'est constituée en face de la *triple alliance* formée par l'Allemagne, l'Autriche et l'Italie.

3° *Mesures destinées à conserver la population sur le territoire de l'État.* — Il est naturel que les Puissances emploient tous leurs moyens pour prévenir l'*émigration*, qui, en dépeuplant leur territoire, porterait atteinte à la force et au développement de l'État. Mais elles ne peuvent songer à restreindre l'exercice de la liberté individuelle. Elles doivent donc retenir leurs sujets en perfectionnant l'organisation politique et sociale, en donnant, par les diverses carrières ouvertes à l'activité humaine, les moyens de satisfaire les ambitions légitimes, en assurant, en un mot, la prospérité morale et matérielle de la nation. Mais l'État ne peut aller au delà, et empêcher une personne d'émigrer, ou même d'aller, en s'expatriant, solliciter une nationalité étrangère. Le principe de l'*allégeance perpétuelle*, c'est-à-dire, l'obligation pour le citoyen d'un pays de conserver sa première nationalité, n'est plus guère aujourd'hui consacré par les législations modernes qui se bornent à entraver encore, par des dispositions restrictives ou pénales, le droit de se faire naturaliser en pays étranger.

L'État, qui ne doit pas défendre la sortie de son territoire à ses nationaux, peut, à l'inverse, en faciliter l'accès aux étrangers, s'il le juge utile et convenable, pourvu qu'il ne porte pas atteinte au droit de conservation des autres pays, en cherchant à les dépeupler. Toutes les mesures destinées à la surveillance des agences d'émigration, dans le but d'éviter les spéculations et les fraudes, rentrent dans les moyens légitimes que peut prendre un État pour assurer sa propre conservation.

Les compagnies d'émigration cherchent trop souvent à échapper à la surveillance de l'État, en employant des agents secrets et en faisant embarquer les émigrants dans des ports étrangers. Une action utile ne peut être exercée, en cette matière, que moyennant une entente des pays intéressés.

On peut d'ailleurs restreindre, au contraire, le droit d'*im-*

migration, si l'on craint qu'une invasion d'étrangers ne compromette les intérêts et le bon ordre du pays. Mais, lorsque deux États ont stipulé, par un traité, que leurs nationaux pourront résider librement sur leur territoire respectif, ils ne peuvent restreindre cette liberté que par une convention nouvelle. C'est ainsi que pour arrêter l'invasion des coolies chinois dans l'Amérique du Nord, un traité, conclu, le 17 novembre 1880, entre la Chine et les États-Unis, permet à cette dernière Puissance de ne plus tenir compte des traités anciens, et de suspendre ou de limiter l'immigration des travailleurs chinois, lorsqu'elle le jugera nécessaire pour la sauvegarde de ses intérêts. Une loi, connue sous le nom de *Chinese Exclusion Act* et votée par le congrès de Washington, le 5 mai 1892, mettait à la résidence des travailleurs chinois aux États-Unis des conditions particulières auxquelles n'étaient pas soumis les sujets des autres nations.

La Chine trouva cette distinction humiliante pour elle et menaça les États-Unis d'user de représailles. A la suite de négociations, un *nouveau traité*, conclu le 17 mars 1894 vint, tout en maintenant l'*interdiction de l'immigration chinoise* sur le territoire des États-Unis, adoucir certaines mesures édictées précédemment.

Le fait d'encourager l'immigration aux États-Unis de *tous étrangers engagés par des contrats antérieurs* est d'ailleurs illégal (lois du 26 févr. 1885 et du 23 févr. 1887). C'est un moyen de protéger les ouvriers américains contre la concurrence étrangère.

D'autres pays ont également cherché les moyens d'empêcher l'immigration chinoise (par ex. la République de l'Équateur, décr. du 14 sept. 1889).

L'*Institut de droit international* décidait, dans sa session de Genève de 1892, que l'immigration pouvait être interdite à raison d'une différence fondamentale de mœurs et de civilisation ou d'une organisation ou accumulation dangereuse d'étrangers se présentant en masse, non pour la seule raison de protéger le travail national.

II.

DROIT DE SOUVERAINETÉ ET D'INDÉPENDANCE.

Ce droit consiste dans la faculté, pour chaque État, d'exister librement dans une parfaite autonomie, et de poursuivre la réalisation du but social en dehors de toute ingérence étrangère.

Ce droit fait naître d'importantes conséquences qui toutes peuvent se résumer dans cette formule : liberté pour un État d'exercer le pouvoir souverain sur toute l'étendue de son territoire, sans pouvoir en dépasser les frontières.

A. Règles générales. — L'État peut déterminer à son gré les règles de sa *constitution politique*, la *forme de son gouvernement*, l'*ensemble de sa législation*, et accorder aux autorités qui dépendent de lui les titres et attributions qu'il juge légitimes et convenables. L'exercice de ce pouvoir souverain n'est pas soumis à la volonté des Puissances étrangères ; mais il faut se rappeler que, dans le cas où le gouvernement d'un État se modifie, dans sa forme et dans son titre, sa *souveraineté extérieure* n'existe réellement qu'après la *reconnaissance* du nouvel ordre de choses par les autres États.

Le droit d'indépendance exige l'inviolabilité du territoire d'un État. Les représentants de la force publique ne peuvent poursuivre, sur un territoire voisin, le malfaiteur qui vient y chercher un asile ; car la souveraineté dont ils relèvent ne peut dépasser la frontière. Les officiers publics et les magistrats ne peuvent exercer aucun acte d'autorité en dehors du domaine de leur juridiction.

Mais, en outre, un État ne doit pas, en favorisant, dans un pays voisin, la propagande révolutionnaire, les conspirations et la révolte, porter atteinte à l'autorité qu'une Puissance étrangère exerce sur ses propres sujets. Il ne suffit même pas d'éviter toute provocation dans l'intérieur d'un pays étranger ; il faut encore que l'État empêche, sur son propre territoire, la préparation d'actes destinés à fomenter la guerre civile dans un autre pays.

Les *réfugiés politiques* ne peuvent donc pas conspirer, dans le pays qui leur ouvre un asile, contre le gouvernement dont ils sont les sujets, et l'État qui les reçoit ne peut tolérer chez lui un rassemblement en armes de ces réfugiés. C'est ce qui explique les plaintes de la République française à la fin du siècle dernier, au sujet des armées d'émigrés; l'internement des carlistes espagnols à une époque plus rapprochée de nous; et les réclamations de la Turquie contre l'appui prêté par la Grèce à l'insurrection de certaines provinces ottomanes. La politique se sert trop souvent de ces moyens pour arriver à la réalisation de ses projets, mais le secret dont elle s'entoure n'est dans ce cas qu'un hommage rendu à la puissance et au prestige du droit[1].

Un État peut, d'ailleurs, *expulser les étrangers* ou *refuser d'admettre sur son territoire* ceux qui peuvent être un danger pour la sécurité du pays. Lorsque l'Espagne, à la suite des attentats de 1893, fit conduire à la frontière française les *anarchistes* allemands et italiens, la France refusa de les recevoir, à moins que l'Espagne ne consentît à payer les frais de transport de ces anarchistes jusqu'à la frontière de leurs pays respectifs. La demande était juste, car on ne peut imposer à un pays l'obligation de recevoir des étrangers qu'il serait en droit d'expulser.

Ce simple exposé suffit pour nous montrer le principe général; mais il y a trois règles spéciales, dont il faut maintenant faire l'étude, afin de connaître exactement la limite et l'étendue du droit de souveraineté.

B. CONFLIT DE LOIS PRIVÉES. — Les législations doivent-elles, pour leur application, se renfermer dans les limites du pays

---

[1] Vattel, *Le droit des gens*, édit. Pradier-Fodéré, t. II, p. 73. Pinheiro-Ferreira, sur Vattel, *l. c.*, note 1, Pradier-Fodéré, *Traité de dr. int. public*, t. II, n° 772, p. 329 et suiv. admettent même que l'État lésé, peut, par une simple incursion au delà de ses frontières, se faire justice lui-même, si l'État voisin refuse ou néglige de faire droit à ses réclamations : la conservation de soi-même doit l'emporter sur le respect du droit d'autrui.

où elles sont promulguées, sans pouvoir s'étendre aux nationaux qui habitent un autre État?

Le droit de souveraineté, appliqué dans toute sa rigueur, peut sans doute conduire à n'admettre jamais que l'application de la loi locale, mais la Puissance qui ne craindrait pas d'exagérer ainsi son pouvoir, se condamnerait à un isolement désastreux, en violant les principes qui doivent présider aux relations internationales. Et ce n'est pas en vertu seulement d'une simple courtoisie, ou *comitas gentium*, qu'un État consent à appliquer aux étrangers les lois de leur pays. Cette idée de bienveillance passagère n'a pour base que l'intérêt, dont l'appréciation varie suivant les circonstances et qui ne peut servir de fondement à une règle de droit.

C'est un principe de raison et de justice qui commande une pareille solution. Les liens, qui rattachent à la société politique les membres qui la composent, ne sont pas brisés par l'absence et l'éloignement; et l'étranger peut invoquer devant les tribunaux d'un autre pays, ses lois personnelles qui, de loin, le régissent encore et auxquelles il doit l'obéissance. A défaut de textes positifs, le juge devra trancher le conflit de souveraineté, pour appliquer à l'espèce qui lui est soumise, la loi locale où la loi étrangère. Il doit, d'ailleurs, se conformer toujours à sa propre loi, lorsque la législation d'un autre pays violerait les principes qui constituent l'ordre public international.

Nous avons déjà vu que les *jugements*, rendus dans les limites de la souveraineté territoriale, ne peuvent produire d'effet dans un autre pays avant d'être revêtus de la formule exécutoire, délivrée par un tribunal de ce pays. Et d'après l'opinion qui prévaut en France, les jugements étrangers n'ont même pas l'autorité de la chose jugée, et le tribunal français doit les reviser quant au fond avant de leur accorder l'*exequatur*. Ces règles peuvent d'ailleurs être modifiées par des lois ou par des traités diplomatiques [1]. L'*exequatur* n'est jamais accordé lorsque le jugement étranger méconnaît les

---

[1] Certaines législations considèrent *les jugements étrangers comme non-avenus* et obligent les plaideurs à procéder par une nouvelle action; ce

principes d'ordre public international. On le lui refuserait, par exemple, s'il était contraire à une sentence précédemment rendue par une juridiction nationale, car ce serait porter atteinte à la souveraineté de l'État[1].

L'étranger qui, comme nous venons de le voir, est régi dans certains cas par les lois de son pays, n'en doit pas moins respecter les institutions et l'ordre social de l'État sur le territoire duquel il réside. Ce principe m'amène à préciser la compétence pénale de chaque État et le caractère des lois criminelles, au point de vue des droits de souveraineté.

C. CONFLIT DE LOIS PÉNALES. — L'autorité, qui commande sur un territoire, peut sanctionner les ordres qu'elle donne par des lois pénales qui obligent tous ceux qui habitent le pays, quelle que soit leur nationalité. L'étranger qui commet un délit est justiciable de l'État dont il viole les prescriptions, et il ne peut, dans ce cas, ni pour la juridiction, ni pour l'application de la peine, se prévaloir des dispositions de sa loi nationale.

sont celles de l'Angleterre, des Etats-Unis, des Pays-Bas, du Danemark, de la Suède, du Pérou, de la République Argentine, du Chili.

D'autres les soumettent à une *révision quant au fond ;* ce sont celles de la Belgique, du Portugal, de la Suisse, de Monaco, et la Jurisprudence française.

Le *principe de réciprocité* est consacré par les législations de l'Allemagne, de l'Autriche, de l'Espagne, de la Hongrie, du Brésil, de la Roumanie.

L'*exécution* des jugements est accordée *sans revision du fond et sans condition de réciprocité* par la Russie et l'Italie.

Dans sa session de Paris (septembre 1878), l'*Institut de droit international* a émis le vœu qu'un système de conventions diplomatiques pût arriver à une réforme complète à l'égard de l'exécution des jugements étrangers. Les traités sont, en effet, supérieurs aux lois intérieures des différents pays par le caractère de stabilité qu'ils présentent et les garanties réciproques qu'ils stipulent.

Consultez : Félix Moreau, *Effets internationaux des jugements en matière civile.* — Ch. Constant, *Exécution des jugements étrangers dans les divers pays.* — *Journal de dr. int. privé*, t. IV, p. 121, 210, 424 ; t. V, p. 235 ; t. VI, p. 244 ; t. VII, p. 83, 193, 368 ; t. VIII, p. 20, 156 ; t. IX, p. 25 ; t. X, p. 113 ; t. XI, p. 113 ; t. XII, p. 637. — Asser, *De l'effet ou de l'exécution des jugements rendus à l'étranger en matière civile et commerciale, Rv. de dr. int.*, Bruxelles, t. I, p. 82.

[1] Cass., ch. civ., 18 nov. 1891, *Gaz. du Pal.*, 24 nov. 1891. Ajoutez : Cass., ch. civ., 9 févr. 1892, *Gaz. du Pal.*, 7-8 mars 1892. — Massé, *Le dr. commercial*, t. II, n° 801. — Weiss, *Dr. int. privé*, 1890, p. 824.

Mais la loi pénale peut-elle atteindre des faits délictueux, commis en dehors du territoire, lorsque le coupable revient dans le pays auquel il appartient? On peut concevoir *deux systèmes admis par la législation des États* pour résoudre cette question.

1° La loi pénale est *territoriale*, et ne réprime pas les infractions commises à l'étranger même par des nationaux. C'est la doctrine admise par l'Angleterre.

2° La loi pénale est *mixte; territoriale*, en ce sens qu'elle réprime toutes les infractions commises sur le territoire d'un État par des nationaux ou des étrangers; *personnelle*, en ce qu'elle atteint les délits commis à l'étranger par des nationaux seulement. Ce second système est adopté en France et par la plupart des législations étrangères.

La loi pénale est donc toujours territoriale à l'égard des étrangers, sauf pour certains faits qui sont de nature à troubler directement la sécurité ou le crédit d'une autre État. Celui-ci peut alors poursuivre même le délinquant étranger. C'est ainsi qu'en France, les crimes attentatoires à la sûreté de l'État ou relatifs à la contrefaçon des monnaies nationales, commis hors du territoire, sont poursuivis et jugés en France, quelle que soit la nationalité du coupable (*Sic*, Code pénal italien, art. 5).

La tendance de certaines législations va même jusqu'à punir, dans tous les cas, les délits commis par des étrangers hors du territoire, lorsque les victimes sont des nationaux (Code pénal italien, art. 7; Code pénal de New-York, § 676).

On peut dire, pour résumer les principes du droit sur ce point, qu'un État doit, en vertu du principe de sa souveraineté, punir non seulement tous les faits délictueux commis sur son territoire, mais encore ceux qui sont commis à l'étranger, lorsqu'à raison de la nature du fait, de la nationalité du coupable ou de la victime, l'ordre public et l'intérêt de cet État sont compromis[1].

Il faut remarquer, d'ailleurs, que ce principe, d'après lequel

[1] Louis Renault, *Études sur quelques lois récentes relatives à la répression des délits commis hors du territoire*, 1880.

la *loi territoriale* s'applique, *d'une façon restreinte,* aux faits commis à l'étranger, suppose l'existence de rapports constants et réguliers entre des peuples civilisés dont on peut espérer un droit de justice réciproque. On ne rencontre plus cette condition, lorsqu'il s'agit de crimes commis chez des *tribus sauvages* ou à demi barbares, étrangères aux obligations qu'impose le droit des gens. C'est ainsi que la Cour de cassation française a décidé que les tribunaux du Sénégal avaient pu connaître d'un crime de meurtre commis par des individus non français, dans le pays de Cayor, voisin des établissements appartenant à la France [1].

D. Immunité de juridiction des États. — Un État possède, comme nous l'avons vu, la plénitude de la juridiction sur son territoire ; mais l'indépendance réciproque de chaque Puissance fait naître aussitôt une question importante. Un État peut-il, comme un simple particulier étranger, être traduit devant les tribunaux d'un autre État, pour être contraint à exécuter ses obligations, pour rendre compte de faits engageant sa responsabilité, ou jouit-il au contraire, à l'égard des autres États, de *l'immunité de juridiction ?*

Nous pouvons répondre tout de suite, qu'en aucun cas l'État ne peut comparaître devant les tribunaux d'un autre pays. Il jouit de l'immunité, afin que son indépendance ne puisse recevoir aucune atteinte ; mais il faut examiner de plus près cette importante question [2].

Écartons tout d'abord du débat un cas qui ne peut soulever

---

[1] Cass., ch. crim., 17 mai 1839, v° *Compétence criminelle,* n° 111. L'article 37 de l'ordonnance du 10 août 1834, *concernant l'administration de la justice dans les possessions du nord de l'Afrique,* réservait également aux conseils de guerre la connaissance des crimes et délits commis en dehors de ces limites, dans certains cas déterminés. — Renault, *Rev. de dr. int.,* Bruxelles, t. XIV, p. 78.

[2] Je ne parle ici que de l'*État,* et non des *souverains* ou *chefs d'État.* Je ne parlerai de ces derniers que dans le chapitre qui leur est réservé. Voir dans la *Revue de droit international,* Bruxelles, t. XXIII, p. 423, un projet de règlement international, sur la compétence des tribunaux dans les procès contre les États et les souverains étrangers, présenté par M. de Bar, à l'Institut de droit international, dans sa session de Hambourg, le 7 septembre 1891. Ajoutez. De Bar, *Compétence des tribunaux allemands...,* J. *Clunet,* 1885, p. 645.

aucune difficulté. Si l'État n'a fait qu'user de son droit de souveraineté, en édictant, par exemple, des règlements de police, l'étranger qui peut en souffrir n'est pas recevable à porter plainte devant les tribunaux de son pays. Il ne peut que provoquer une intervention diplomatique de la part de son gouvernement.

La question ne s'élève que dans le cas où l'État ne remplit pas les engagements qu'il a contractés. Un Français peut, d'après l'article 14 du Code civil, traduire devant les tribunaux français un étranger, pour le forcer à l'accomplissement de ses obligations, sans se préoccuper du pays où elles ont pu se former. Pourquoi n'en serait-il pas ainsi, lorsqu'il s'agit de l'État étranger, envisagé dans l'espèce comme une personne morale et non comme un État souverain dont on violerait la dignité et l'indépendance? Pourquoi ne validerait-on pas la saisie-arrêt opérée par un créancier contre un gouvernement étranger qui est son débiteur? Il faut cependant, même pour ce cas, refuser, aux tribunaux d'un pays, le droit de soumettre l'État étranger à leur juridiction. On ne peut jamais assimiler à un particulier cet État, qui agit toujours, avec un caractère indivisible, dans l'intérêt collectif de la nation. Le traduire devant un tribunal étranger, ce serait lui imposer une dépendance, et le mettre en face d'un autre État dans une condition d'infériorité et d'obéissance. L'*égalité des États* se réunit ici *au droit de souveraineté* pour repousser une pareille conséquence[1]. *Par in parem non habet judicium.*

Les ambassadeurs et ministres publics jouissent de cette immunité de juridiction, parce qu'ils représentent un État indépendant; or, on ne peut refuser un droit semblable à l'État lui-même qui accrédite son représentant.

Si l'on n'admettait pas, d'ailleurs, l'immunité de juridiction, on se heurterait à de grandes difficultés. Supposez un emprunt contracté à l'étranger par le gouvernement d'un

---

[1] De Cuvelier, *Incomp. des tribun. nationaux; Rev. de dr. int.*, Bruxelles, t. XX, p. 108. — Hartmann, *Comp. des tribun. dans les procès contre les États même; revue*, t. XXII, p. 425.

État, comme l'emprunt de Dom Miguel en 1832. Le tribunal qui serait, sur la demande du créancier, appelé à connaître des engagements résultant de l'emprunt, devrait examiner si, d'après les lois constitutionnelles du pays étranger, l'emprunt était régulièrement contracté par le gouvernement dans la limite de ses droits, si l'État en un mot était engagé.

Le droit commun des contrats privés ne peut ici s'appliquer. On en trouve la preuve dans ce fait, que les créanciers de l'État sont soumis à des règles spéciales pour faire liquider leurs créances, et qu'ils ne peuvent obtenir justice qu'en s'adressant à des tribunaux spéciaux, dont la sentence n'est jamais ramenée à exécution par les voies ordinaires.

Il faut remarquer, d'ailleurs, que le *jugement qui serait prononcé contre une Puissance étrangère ne pourrait pas s'exécuter*, et qu'il est vraiment inutile de faire naître une source de conflits, en posant un principe de compétence qui n'aurait pas de sanction.

L'immunité de juridiction, dont jouit l'État étranger, peut causer de graves préjudices à ses créanciers; mais ceux-ci peuvent échapper au danger, s'ils sont prudents et se méfient de la solvabilité d'un État qui cherche par de gros intérêts à attirer les capitaux. Ils peuvent, en outre, pour les emprunts, comme pour les marchés de fournitures ou autres contrats, refuser de s'engager, avant que la juridiction des tribunaux de leur pays ne soit, en vertu d'une clause spéciale, acceptée par le gouvernement étranger.

Ce principe d'incompétence des tribunaux, à l'égard de l'État étranger, a été reconnu solennellement par un arrêt de la Cour de cassation française, le 22 janvier 1849, et cette doctrine a été depuis lors confirmée par des arrêts postérieurs et par la jurisprudence de différents pays. Elle a été consacrée de nouveau par un jugement du tribunal de la Seine, rendu le 22 avril 1890, au sujet d'une demande formée par des négociants de Marseille contre le gouvernement hellénique[1].

[1] Cass., 22 janv. 1849, *Sir.* 49.1.81. — Trib. civ. de la Seine, 22 avril 1890, *Gaz. du Palais* du 29 avril. — *Dans le même sens*, Tribunal Seine, 16 mars 1864, *Gaz. des trib.* du 12 avril 1864. — Paris, 23 août 1870, *Sir.* 71.2.61. — Nancy, 31 août 1871, *Sir.* 71.2.129. — Paris, 15 mars 1872,

Il faut d'ailleurs ajouter que, dans le cas où un État est propriétaire d'immeubles, situés sur un territoire étranger, les actions immobilières relatives à ces biens peuvent s'intenter, dans les termes du droit commun, devant les tribunaux de la situation de l'objet litigieux. La justice locale est également compétente, lorsque le gouvernement étranger vient s'adresser à elle et joue le rôle de demandeur.

Ces exceptions ne détruisent nullement le principe que nous avons posé précédemment.

L'Union Américaine nous offre toutefois le spectacle d'un tribunal ayant le droit de juridiction sur des États comme sur des particuliers. C'est la conséquence du caractère spécial de son pouvoir fédéral et des attributions de la Cour suprème des États-Unis, exerçant une autorité politique et judiciaire sur tous les États fédérés. Écoutons M. de Tocqueville nous en montrer la nature imposante : « Chez les nations de l'Europe, « les tribunaux n'ont que des particuliers pour justiciables, « mais on peut dire que la Cour suprème des États-Unis fait « comparaître des souverains à sa barre. Lorsque l'huissier, « s'avançant sur les degrés du tribunal, vient à prononcer ce « peu de mots : L'État de New-York contre celui de l'Ohio; « on sent qu'on n'est point là dans l'enceinte d'une Cour de « justice ordinaire [1]. »

Sir. 72.2.68. — Trib. Seine, 3 mars 1875, Sir. 77.2.25. — Trib. Lille. 26 juin 1885, *Bull. des chem. de fer*, 1885, 206. — Cass., 5 mai 1885, *Le Droit*, 6 mai 1885. — Anvers, 11 novembre 1875, *Belgique judiciaire*. 1876, p. 1467. — Cour d'appel d'Angleterre, *Journal Clunet*, 1876, p. 125; 1878, p. 46.

Aubry et Rau, t. VIII, p. 141, § 748 *bis*. — Heffter, § 53. — Rolin-Jacquemyns, *J. Clunet*, t. VII, p. 714. — Holtzendorf, *J. Clunet*, 1876, p. 431.

En sens contraire, admettant la compétence des tribunaux à l'égard d'un État étranger : Laurent, *Dr. civ. int.*, III, nos 38-57; Demangeat, sur Fœlix, t. I, n° 212; André Weiss, *Dr. int. privé*, 737; Despagnet, n° 227; Spée, *Journ. de dr. int. privé* (Clunet), 1876, p. 328. — Cour de Lucques, 2 avril 1886, *J. Clunet*, 1887, p. 506. — Trib. civ. Bruxelles, 29 déc. 1888, *Gaz. du Palais*, 89.1, Supplém. 32.

[1] De Tocqueville, *De la démocratie en Amérique*, t. I, p. 179.

III.

DROIT D'ÉGALITÉ DES ÉTATS.

Dans la société internationale, tous les États souverains sont égaux au point de vue de leur condition *juridique* et des droits inhérents à leur personnalité. L'étendue de leur territoire n'indique nullement la limite de la justice qui leur est due, ou des obligations qui leur sont imposées. L'égalité naturelle des États est donc pour tous le fondement de droits et de devoirs semblables.

Les tentatives, faites autrefois pour assurer une prépondérance à certains États, n'auraient aujourd'hui, d'après les usages consacrés, aucune chance de réussir. Au xviie siècle, les grandes *Puissances maritimes* voulurent affirmer leur supériorité et leur droit de commander sur les mers en imposant aux États plus faibles un *cérémonial* humiliant, dans le cas de rencontre des navires en pleine mer. La Hollande aima mieux faire la guerre avec la Grande-Bretagne, que de se soumettre au salut que cet État voulait lui imposer, dans les mers qu'il s'attribuait sous le nom de mers Britanniques. Le *cérémonial maritime* n'est plus aujourd'hui qu'une simple courtoisie internationale.

Le principe d'égalité donne à chaque nation le droit d'employer sa propre langue dans les actes diplomatiques ; et ce n'est que pour la commodité de tous que l'usage fait consacrer une *langue commune* dans les rapports internationaux. L'Espagne, au xve siècle, fit adopter, à raison de sa prépondérance politique, l'usage de sa propre langue qui remplaça le latin qu'on avait employé jusqu'alors et, plus tard, sous Louis XIV, la langue française fut en général adoptée par les peuples civilisés. Les Actes du Congrès de Vienne en 1815 furent tous rédigés en français. Mais l'article 120 de l'Acte final de ce Congrès contient des réserves formelles impliquant cette idée que l'emploi d'une langue commune ne porte aucune atteinte à l'égalité juridique des États.

Ce principe fondamental n'empêche pas l'existence d'une *inégalité politique*, qui se traduit par une distinction dans le rang et la préséance des États. Il y aura toujours des grandes Puissances et des petits États; et, en fait, une supériorité doit s'établir à raison de la civilisation, de la richesse, de l'étendue du territoire, du nombre de la population, de cet ensemble de circonstances, en un mot, qui constitue la grandeur morale et matérielle d'une nation.

Les États ne se sont jamais accordés pour établir entre eux un ordre hiérarchique, et le règlement donné en 1504 par le pape Jules II ne fut jamais observé. Le Congrès de Vienne de 1815 ne fut pas plus heureux dans sa tentative de classer les États d'après leur importance. Il dut se borner à fixer le rang des agents diplomatiques, en tenant compte de la classe à laquelle ils appartiennent et de leur ancienneté, sans se préoccuper de la Puissance de l'État qu'ils représentent.

La pratique moderne, fondée sur l'usage, reconnaît une situation identique à tous les États souverains auxquels on accorde la prérogative des *honneurs royaux*, c'est-à-dire, l'usage du titre, de la couronne et des armes, et le droit de nommer des ambassadeurs ou ministres de première classe. Le *cérémonial politique* comprend les détails relatifs à ces honneurs royaux. Les Républiques importantes occupent quant à la préséance le même rang que les monarchies. Autrefois, la République anglaise du temps de Cromwel, celle des Pays-Bas, celle de Venise, et aujourd'hui, la République française, la Suisse et les États-Unis d'Amérique, jouissent des honneurs royaux. Les États mi-souverains prennent rang à la suite des États souverains; et ceux qui sont sous le protectorat d'une Puissance doivent lui céder le pas sans qu'il en résulte nécessairement pour eux une infériorité à l'égard des autres États.

Ce sont, en général, les États souverains jouissant des honneurs royaux qui s'accordent, dans la conclusion des traités, l'*alternat*, en vertu duquel chaque Puissance signataire prend la première place dans l'exemplaire qui lui est destiné; et les autres États contractants sont indiqués et signent, dans ce même exemplaire, d'après leur ordre alphabétique.

L'importance et la force des États amènent donc une inégalité de fait dont la politique tient trop souvent compte,
mais qui ne peut empêcher le maintien du principe de l'égalité juridique comme base des droits relatifs à la personnalité
des États.

IV.

DROIT AU RESPECT MUTUEL.

Ce droit consiste dans les égards que chaque État doit avoir
vis-à-vis d'un autre État souverain et indépendant. Si l'égalité est la base de droits identiques au profit de toutes les personnes internationales, on peut dire que le respect mutuel en
est la fin et le couronnement. Il donne à chaque droit son
véritable caractère de réciprocité et entraîne l'idée d'un devoir
nécessairement corrélatif; puissant ou faible, tout État a le
droit d'être respecté dans sa personnalité naturelle, civile et
politique et dans sa dignité morale. C'est à ce point de vue
que nous nous placerons pour étudier les conséquences qui découlent de ce droit.

1° Respect de la personnalité naturelle et civile. — Il résulte
de ce premier devoir qu'aucun État ne peut empêcher un autre
peuple de conserver et de développer les conditions propres
de son existence, son bien-être, les éléments divers de sa richesse nationale. Il ne doit pas fermer à un État enclavé les
débouchés de son commerce ou lui imposer des droits exorbitants qui équivaudraient à une véritable prohibition.

Une Puissance, reconnue par un État étranger, est investie
sur le territoire de celui-ci, du caractère et des prérogatives
de la personnalité civile; elle peut ester en justice, acquérir
même à titre onéreux et à titre gratuit, mais ce pouvoir
n'existe que dans les limites et sous les conditions imposées
par le droit de souveraineté de l'État étranger qui apprécie le
mobile et la spécialité du but des acquisitions[1].

[1] Ducrocq, De la personnalité civile en France du Saint-Siège et des autres
Puissances étrangères, Revue du droit public et de la science politique, 1894,

2° *Respect de la personnalité politique.* — A ce titre, un
Etat doit s'abstenir de tout acte portant atteinte aux droits
consacrés par la constitution des nations étrangères et qui
résultent de leur indépendance. Empiéter sur l'exercice de la
souveraineté d'un État, violer son autonomie, c'est faire injure
à son individualité politique.

Cette loi du respect prohibe également la *contrefaçon des
monnaies étrangères*, surtout si elle est faite avec une diminution du poids. L'empreinte dont est revêtue la monnaie ne
constitue pas, sans doute, sa valeur réelle, mais, en l'attestant, elle fait naître, sous la garantie de l'État, la confiance
publique. Or, ce serait blesser les droits des souverainetés
étrangères que d'usurper une empreinte que l'on peut considérer comme leur propre signature.

L'*usurpation d'armes, d'emblèmes ou de pavillons étrangers* est également illicite, et contraire au respect dû aux
États qui les ont reconnus tout d'abord comme leur propriété[1].
L'emploi d'un pavillon étranger est cependant entré dans
la pratique internationale ; il n'en constitue pas moins un abus
qui peut justifier une plainte de la part de l'État dont on
usurpe l'emblème.

Les États doivent, dans leurs relations réciproques, respecter les *institutions et les coutumes particulières* des autres
États. Ils ne peuvent pas ignorer la constitution politique d'un
peuple avec lequel ils traitent, à moins qu'ils n'aient le droit
d'en contester l'existence et la légitimité. S'ils poursuivent la
reconnaissance de leurs droits devant les tribunaux d'un pays,
ils doivent se conformer aux règles de procédure et de compétence fixées par la législation étrangère.

Ce respect pour les droits et les intérêts des autres pays a
fait naître une question relative à la tolérance de la *contrebande à l'étranger*. De nombreux auteurs enseignent qu'une

p. 47. — Lainé, *J. Clunet*, 1893, p. 273. — Laurent, *Tr. de dr. intern. privé*,
t. IV, n° 73. — Moreau, *J. Clunet*, 1892, p. 337. — Michoud, *Capacité en
France des personnes morales étrangères: Rev. de dr. int.*, Paris, 1894, p.
193.

[1] Bluntschli, *Dr. int. codifié*, art. 82.

société ayant pour but de faire la contrebande en pays étranger est illicite [1].

Cette opinion n'est pourtant pas celle que la jurisprudence
de la plupart des pays a consacrée. On considère, sans doute,
qu'il y a dans ce fait de contrebande au préjudice des États
étrangers, une sorte de droit de représailles auquel personne
ne veut prendre l'initiative de renoncer. D'après la jurisprudence française, une association pour un commerce de contrebande en France est illicite, parce qu'elle est faite en violation
de nos lois. Mais il en est autrement d'une société ayant pour
but la contrebande au préjudice d'un autre pays, sauf dans
le cas où l'on corromprait les employés de la douane, pour
faire entrer les marchandises sur le territoire étranger. Dans
ce cas de corruption, les principes de la morale sont violés,
et les tribunaux sont compétents. La jurisprudence anglaise
et celle des États-Unis partagent sur ce point les idées des
tribunaux français [2]. Et l'on peut dire que les principes du
droit naturel ne condamnent nullement l'admission d'une telle
doctrine. Nous allons voir que la liberté du commerce est
l'un des droits fondamentaux des nations. Or, les règlements
qui en restreignent la faculté ou l'étendue sont souvent plus
ou moins arbitraires, varient suivant les circonstances et ne
découlent nullement d'une règle de justice immuable.

Il faudrait donc, pour que la *contrebande à l'étranger* fût
interdite, un accord entre les diverses Puissances, semblable à
celui qui existe entre certains États fédéraux. Il se justifierait
par la garantie réciproque des intérêts fiscaux et par la prohibition d'une industrie qui est loin de constituer un élément
moralisateur pour les populations qui touchent la frontière.

On donnerait ainsi, par les traités internationaux, un ca-

---

[1] Lyon-Caen et Renault, *Précis de dr. commercial*, 1879, n° 268. — Heffter,
4e édit. franç., § 32, p. 78. — Pradier-Fodéré, t. II, n° 467, p. 25. *En ce
sens*, loi [prusienne du 22 août 1853 qui punit même l'introduction de la
contrebande dans un pays étranger, pourvu qu'il y ait réciprocité.

[2] Cour de cassation, 25 août 1835, *Sir.* 1835.1.804. *En ce sens*, Laurin,
Cours élément. de dr. commercial, 1re édit., n° 1457. Cresp et Laurin,
Droit maritime, t. III, p. 419. — Il faut admettre également que l'assurance sur la contrebande à l'étranger est valable, si l'assureur connaît
cette augmentation de risque.

6*

ractère positif à ces devoirs d'assistance mutuelle entre les États, que Vattel nomme les *offices d'humanité*[1].

3° *Respect de la dignité morale de l'État.* — Ce droit au respect exige qu'on ne traite aucun État d'une manière offensante et avec dédain, qu'on lui rende les honneurs conventionnels dus à son rang, et qu'on ne lui refuse jamais la part de gloire à laquelle il peut légitimement prétendre : « Attaquer la gloire d'une nation, dit Vattel, c'est lui faire injure. » Les souverains, investis du droit de représenter l'État, peuvent exiger qu'on ne doute pas de leur bonne foi et de leur sincérité, à moins que leurs actes ne viennent donner à leurs paroles un démenti. C'est l'intégrité de la conduite politique et le respect de la justice qui commandent surtout la considération et fondent un véritable titre de gloire pour les États comme pour les individus.

4° *Sanction de ce droit.* — L'État, qui subit une atteinte dans ses droits, peut demander une *réparation* ou une *satisfaction*. Le premier terme se réfère surtout à des indemnités, dues au cas de dommages matériels ou d'inexécution d'obligations. Le second s'applique, lorsque l'honneur et la dignité d'un État ont été compromis. L'usage détermine la nature de ces satisfactions. Ce sont des excuses adressées ou des explications fournies à l'État offensé, un démenti donné à des imputations calomnieuses, ou des poursuites dirigées contre les auteurs de ces diffamations. La satisfaction peut varier, d'ailleurs, suivant la gravité de l'offense, et si le simple oubli des règles de la courtoisie ne donne lieu qu'à un échange d'explications, une injure plus grave peut exiger une satisfaction éclatante, imposée même par la force, en cas d'insuffisance des moyens pacifiques. Le czar Pierre Ier se plaignit, dans un manifeste contre la Suède, de ce qu'on n'avait pas tiré le canon, lors de son passage à Riga. Il pouvait trouver étrange, dit Vattel, qu'on ne lui ait pas rendu cet honneur, il pouvait s'en plaindre, mais en faire le sujet d'une guerre, ce serait prodiguer étrangement le sang humain[2].

---

[1] Vattel, édit. Pradier-Fodéré, t. I, p. 590 et suiv. — Taparelli d'Azeglio, *Essai théorique de dr. naturel,* t. II, p. 7.

[2] Vattel, édit. Pradier-Fodéré, t. II, p. 17.

V.

DROIT DE COMMERCE.

Ce droit donne aux États le moyen de faciliter, par l'échange de leurs richesses, leur progrès et leur développement. Nous allons l'étudier dans son caractère propre et dans ses limites nécessaires.

1° *Caractère de ce droit.* — Si l'on considère les principes de la loi naturelle, et les faits que démontre l'histoire des sociétés modernes, nous voyons que l'échange des produits de chaque nation répond à un besoin universel. L'idée du commerce se rattache étroitement à l'idée même de la sociabilité, et c'est en ce sens qu'elle découle d'une façon directe des principes du droit des gens.

Mais il ne faut exagérer ni le *principe naturel*, ni le *fait historique*; il faut donner à chacun d'eux, au point de vue du droit international, sa portée véritable.

Il serait contraire à la vérité de donner à ce *principe* un caractère strict et rigoureux. Il convient, sans doute, qu'un État ne se prive pas, dans l'isolement, de la jouissance du droit commun des nations, qu'il ouvre aux autres peuples l'accès de son territoire, surtout pour leur procurer les objets de première nécessité, qu'il leur laisse le libre usage de ses voies de communication, et qu'il ne s'attribue pas un monopole commercial dans une région de l'univers qu'il se réserverait exclusivement. Mais l'obligation d'admettre tous les États à profiter des produits d'un pays n'est pas, en l'absence de traités ou de coutumes, une obligation positive. Le refus de commerce de la part d'un peuple ne peut devenir la cause d'une guerre légitime. Un État a le droit absolu de prendre toutes les mesures de précaution, de défense et de réciprocité qu'il juge utiles; de favoriser les produits nationaux, en grevant les produits étrangers de droits protecteurs, de restreindre, en un mot, par des entraves ou des règlements, la liberté commerciale. Il peut donner à une nation des avantages qu'il n'accorde pas à d'autres, bien que la tendance actuelle soit d'égaliser entre les peuples la situation économique, par des traités, où l'on stipule pour soi-même le droit de la nation la plus favorisée.

En résumé, la liberté du commerce, *en droit internatio-nal*, c'est le droit pour les États d'établir entre eux des re-lations commerciales, sans que les autres Puissances vien nent, en dehors de conventions formelles, en entraver l'exercice. Mais ce droit n'est pas incompatible avec les rè-glements et les restrictions que chaque État peut établir, en vertu de sa souveraineté et de son indépendance.

Les États-Unis, en adoptant naguère le *bill Mac-Kinley,* n'ont pas reculé devant un système de protection et de tarifs poussé à l'extrême. On a vu, dans cette prohibition, l'ap-plication de la doctrine de Monroë sur le terrain économique, et une sorte de violation du droit international. On parlait de représailles; mais on s'est aperçu que, plusieurs mois après la mise à exécution de ce bill, les exportations d'Europe n'a-vaient pas subi une diminution excessive. Ce bill, qui fut voté à la fin du mois de septembre 1890, pour être mis à exécu-tion le 6 octobre suivant, expose toutefois les marchan-dises européennes à perdre un de leurs plus importants dé-bouchés.

La politique protectionniste de la France, manifestée par les tarifs douaniers de 1892, s'ajoute à celle des États-Unis pour entraver la libre expansion du commerce extérieur.

C'est pour répondre à cette politique que l'Allemagne a pris l'initiative du groupement économique des États de la triple-alliance (Allemagne, Autriche, Italie) auxquels s'a-joutent la Belgique et la Suisse, et qui trouve son expression dans les traités de commerce et de navigation conclus entre ces États, le 7 décembre 1891.

Il appartient à l'*économie politique* de déterminer et d'ap-précier la liberté du commerce, dans le sens de la liberté des importations pour les marchandises étrangères et de l'ex-portation pour les produits nationaux.

C'est le *droit interne* d'un État qui réglera la liberté du commerce entendue dans un troisième sens, c'est-à-dire, relativement à la faculté donnée aux étrangers de faire le commerce sur le territoire d'un pays. La France, en 1791, a proclamé cette liberté qui n'est pas encore entièrement reconnue dans certains pays de l'Europe.

Telle est la nature que nous présente le droit de commerce sous le rapport des principes naturels.

En fait, ce droit est aujourd'hui presque universellement reconnu dans la pratique internationale. Les États ne songent plus à se réserver, comme l'ont surtout fait autrefois dans les Indes les Portugais et les Espagnols, le monopole du commerce sur certains territoires, et le système colonial, qui arrivait à faire considérer les colonies comme une source de richesses réservée exclusivement à la métropole, a fini par disparaître. En France, l'*émancipation commerciale des colonies* date de la loi du 3 juillet 1861, et a été une conséquence du traité de commerce conclu à cette époque avec l'Angleterre. Le marché colonial est donc ouvert à tout commerçant, quelle que soit sa nationalité, et l'accès des ports coloniaux est libre pour tous les pavillons.

Toutefois, il ne faut pas croire que les pays de l'Extrême-Orient, la Chine, le Japon, aient accepté le droit de commerce avec une complète réciprocité. Il faut remarquer, d'ailleurs, pour l'honneur du principe que nous avons posé, que les guerres, qui ont amené dans une certaine mesure la fin de l'isolement pour ces deux pays, ont eu lieu à la suite d'actes positifs de pillage et de piraterie, et non par ce seul fait qu'ils persistaient à vouloir s'isoler de toutes relations commerciales. C'est par le traité de Nankin, en 1842, à la suite de la guerre dite de l'opium avec l'Angleterre que la *Chine* ouvrit ses premiers ports au commerce des étrangers; et, deux ans plus tard, la France obtenait à son profit un traité analogue (Traité de Whampoa du 24 octobre 1844, qui ouvrait au commerce français les ports et places de *Canton*, Fou-Tchéou, Changhai, etc.)[1].

Le *Japon* n'ouvrit tout d'abord au commerce des étrangers

[1] De Clercq, *Rec. des traités de la France*, t. V, p. 230.

que les deux ports de Nangazaki et de Hacodate (Tr. de Nangazaki du 14 octobre 1854 au profit des Anglais, de Yeddo du
9 octobre 1858 au profit des Français). Depuis lors, les autres
peuples ont obtenu des faveurs identiques et, surtout depuis
1889, la plupart des ports japonais sont accessibles au commerce d'exportation. Bien plus, un *important traité* du 16
juillet 1894 ouvre au *commerce anglais* le Japon tout entier,
accorde des droits égaux aux sujets des deux pays, supprime
les privilèges de *juridiction* et modifie le régime douanier;
mais ce traité ne doit entrer en vigueur, dans son ensemble,
que cinq ans après sa signature. Les États-Unis ont signé
avec le Japon un traité analogue, le 22 novembre 1894, et les
autres Puissances ne tarderont pas à conclure des conventions
de même nature[1].

Les restrictions qui peuvent s'opposer encore à l'expansion
commerciale des peuples ne sont pas de nature à enlever au
droit de commerce son caractère d'universalité.

2° *Limites nécessaires au droit de commerce.* — La liberté
des échanges ne va pas jusqu'à permettre un commerce illicite, contraire aux droits fondamentaux de l'humanité. La
traite des noirs a ce caractère, et tous les peuples civilisés
s'entendent pour prendre des mesures destinées à la supprimer.

Le Danemark, en 1794, et le parlement anglais en 1808,
après de longues hésitations, proscrivaient le honteux trafic
de la *traite coloniale*, par lequel les négriers achetaient des
esclaves sur le littoral africain pour les introduire dans les
colonies de l'Amérique. Par un article additionnel au traité
de Paris du 30 mai 1814, la France prenait l'engagement de
faire disparaître ce trafic de ses possessions dans un délai de
cinq ans.

Le Congrès de Vienne, en 1815, déclarait qu'il était temps
« de mettre un terme au fléau qui avait si longtemps désolé
l'Afrique, dégradé l'Europe, et affligé l'humanité. » Les
Puissances promirent de s'aider mutuellement pour provoquer

[1] Ernest Lehr, *La nouvelle organisation judiciaire au Japon et ses traités
avec l'Angleterre et les États-Unis tendant à la suppression de la juridiction
consulaire*, dans la *Revue de droit international*; Bruxelles, t. XXVII, p. 97.

l'abolition d'un commerce si contraire aux principes de la civilisation et de la morale. Cette promesse fut renouvelée dans différents Congrès postérieurs, consacrée par des traités[1], et affirmée de nouveau dans l'Acte dressé à Berlin, en 1885, à la suite de la conférence africaine du Congo.

L'abolition de l'esclavage aux États-Unis, et plus récemment au Brésil, enlève à la traite des noirs un important foyer d'alimentation. Mais ce commerce se continue cependant encore, sur les côtes orientales et dans le centre de l'Afrique. Il était donc nécessaire de donner une sanction nouvelle aux décisions antérieures et de compléter les résultats obtenus.

L'*Acte général de la conférence antiesclavagiste signé à Bruxelles*, le 2 juillet 1890, contient un ensemble de mesures dont le but est de mettre un terme au crime qu'engendre la traite des esclaves, et d'assurer aux populations africaines les bienfaits de la paix et de la civilisation.

Afin d'arriver à un résultat décisif, les Puissances s'engagent, par ce traité, à donner leur appui aux associations nationales et aux initiatives individuelles qui voudraient coopérer à la répression de la traite. Les autorités locales ont le devoir d'organiser une *surveillance rigoureuse pour empêcher la formation ou le départ des caravanes de marchands d'esclaves*, et la mise en vente ou l'embarquement des esclaves amenés de l'intérieur. L'Acte général reconnaît, dans son article premier, que les moyens les plus efficaces, pour combattre la traite et pour faciliter la répression, consistent dans l'organisation progressive des services administratifs, judiciaires, religieux et militaires dans les territoires d'Afrique placés sous la souveraineté ou le protectorat des nations civilisées, dans l'établissement de stations fortement organisées, dans la construction de routes, de voies ferrées et de lignes télégraphiques assurant la communication des postes et des stations avec la côte et les centres d'administration, dans l'or-

---

[1] *Traités*, entre la France, l'Angleterre et les Pays-Bas, des 30 nov. 1831 et 22 mars 1833 auxquels ont accédé la Sardaigne, 8 août 1834, les villes hanséatiques, 9 juin 1837; entre l'Autriche, la Prusse, l'Angleterre et la Russie du 20 déc. 1841; entre l'Angleterre et l'Amérique septentrionale, 7 avril 1863; entre l'Angleterre et l'Allemagne, 19 juin 1879.

ganisation de colonnes mobiles pour garantir la sécurité des routes, et fortifier l'action répressive. Il restreint, en outre, le commerce des *armes à feu* perfectionnées et des munitions, ainsi que l'*importation des spiritueux* qui se trouve prohibée ou soumise à des droits d'entrée déterminés, suivant les différentes régions du territoire africain.

Il fallait défendre l'abus des spiritueux dont les conséquences sont déplorables pour les populations indigènes ; il fallait restreindre l'importation des armes à feu, car comme l'a souvent répété le cardinal Lavigerie, c'est la terreur inspirée par la poudre et les balles, qui faisait fuir les populations désarmées dans les jungles et les livrait à leurs bourreaux.

La conférence antiesclavagiste, qui s'est préoccupée, à juste titre, de l'intérêt moral et matériel des populations indigènes, oblige les Puissances contractantes à venir en aide aux esclaves libérés, à pourvoir en particulier à l'éducation des enfants délaissés, et à protéger, sans distinction de culte, les missions établies ou à établir (art. 1 à 19, 90 à 95).

Le plus sûr moyen d'arriver, en effet, à la répression de la traite est de civiliser les peuples qui font le trafic des esclaves, et d'amener les nations qui reconnaissent encore l'esclavage, à en *consentir l'abolition*. Les conférences antiesclavagistes facilitent sur ce point l'accord des nations, et les missionnaires se font les principaux auxiliaires de cette campagne civilisatrice en propageant dans les contrées encore sauvages les principes de l'Évangile et de la morale chrétienne.

Nous retrouverons plus loin certaines dispositions de l'Acte général de Bruxelles, lorsque nous parlerons du *droit de visite*, à l'occasion de restrictions apportées à la liberté des mers, et nous verrons alors, par l'ensemble des mesures édictées, que la *conférence de Bruxelles* a eu un *triple but* : 1° atteindre la traite des noirs africains aux lieux d'origine ; 2° la réprimer sur mer ; 3° la réprimer aux lieux de destination dont les institutions comportent l'existence de l'esclavage domestique.

Il faut considérer encore, comme illicite et contraire au droit international, toute entreprise ayant pour but *des faits de pi-*

ratérie, toute association dont le mobile serait de *s'enrichir en dépouillant les autres peuples.*

Avant de quitter ce sujet, on peut poser, comme principe général, que tout État doit, pour les faits de son commerce extérieur, se conformer aux règles de la bonne foi, et respecter chez les nations étrangères les droits légitimes dont il revendique pour lui-même le maintien et la protection. Ce principe est la conséquence naturelle du respect mutuel que les États se doivent entre eux.

VI.

DROIT DE PROPRIÉTÉ.

L'indépendance et la conservation de la société politique exigent qu'elle puisse avoir l'usage exclusif de certaines choses. Le droit de propriété est nécessaire à son existence, découle de la personnalité qui lui est reconnue et rentre bien parmi les droits primitifs et absolus des États.

Je me borne à en poser ici le principe, et me réserve d'en préciser le caractère et l'étendue lorsque j'aborderai l'*étude des choses en droit international.*

VII.

DROIT DE REPRÉSENTATION.

Le droit de *représentation* ou de *légation* est la suite naturelle du droit de souveraineté et d'indépendance. L'exercice de ce droit, qui consiste à se faire représenter par des agents diplomatiques près des autres États ou d'en recevoir de ces derniers est nécessaire pour assurer les rapports entre les Puissances; il présente une grande analogie avec le droit de commerce international.

J'en ferai l'étude spéciale dans le livre consacré aux *rela-tions internationales des États.*

SECTION II.

Restrictions et modifications apportées aux droits absolus des États.

En étudiant les droits primitifs des États, nous avons cons-taté l'existence de restrictions nécessaires apportées à leur application. Mais c'était la *morale elle-même* ou l'idée d'un *devoir corrélatif* qui imposaient ces limites. Les restrictions, dont nous allons maintenant préciser le caractère et l'étendue, ont une base différente et méconnaissent le principe du droit de souveraineté.

L'indépendance se trouve restreinte, comme nous l'avons déjà vu, lorsqu'un État est *mi-souverain* et ne peut pas en-tretenir librement des relations extérieures. Il est inutile de revenir sur la condition juridique de ces États, et je dois me borner à envisager ici les restrictions apportées au droit d'in-dépendance, en me plaçant à divers points de vue qui deman-dent des développements bien différents.

L'*intervention* qui est la négation même de la souveraineté, la *neutralité perpétuelle*, l'*exterritorialité* et les *immunités de juridiction* qui la restreignent dans une certaine mesure, et enfin les *servitudes internationales* qui la modifient, nous ar-rêteront successivement.

1.

DE L'INTERVENTION[1].

C'est la principale et la plus importante restriction que puisse subir le droit de souveraineté. Son étude comportera

[1] Hautefeuille, *Le principe de non-intervention et ses applications,* 1863. — Geffcken, *Das Recht der intervention.* — Carnazza-Amari, *Nouvel exposé*

trois termes : définition et caractères ; cas dans lesquels l'intervention proprement dite existe et doit être prohibée ; cas dans lesquels il n'y a pas d'intervention véritable.

A. DÉFINITION ET CARACTÈRES. — *L'intervention est l'ingérence d'un État étranger dans les affaires intérieures d'un autre État indépendant, dans le but d'imposer sa volonté, contrairement à celle de l'État qui subit cette ingérence.*

Les caractères propres de l'intervention vont découler de cette définition.

1° C'est tout d'abord l'*ingérence* d'un État étranger dans les affaires d'un autre pays.

Cette immixtion viole le droit d'indépendance et de souveraineté, et un État ne peut la justifier que dans le cas où elle est nécessaire pour assurer sa propre conservation ; mais en dehors de là, elle ne constitue pas un droit, car c'est l'indépendance de l'État qui est le droit, et on la viole en intervenant. Il n'y a pas de droit contre le droit. La *non-intervention* est aujourd'hui reconnue comme règle générale ; mais elle ne se rattache pas à un véritable principe ayant un caractère exclusif ; la politique l'inspire suivant les intérêts de l'État.

Le Congrès d'Aix-la-Chapelle qui, en 1818, vint donner à la sainte Alliance sa portée pratique, et plus tard, les traités de Troppau et de Leybach (1820-1821) avaient posé l'*intervention* comme principe de droit conventionnel. Châteaubriand, en défendant l'intervention française dans les affaires d'Espagne, en 1823, arrivait pourtant à cette conclusion : « Aucun gouvernement n'a le droit de s'ingérer dans les affaires d'un autre, sauf dans le cas où sa *sécurité* et ses *inté-*

du principe de non-intervention, dans la *Rev. de dr. int.*, Bruxelles, 1873, t. V, p. 352, 531. — Milovanowitch, *Les traités de garantie.* — Warton, *De l'assistance prêtée à une insurrection étrangère*, J. *Clunet*, 1883. — Kebedgy, *De l'intervention, théorie générale et étude spéciale de la question d'Orient*, 1890. — Engelhardt. *Le droit d'intervention et la Turquie*, dans la *Rev. de dr. int.*, Bruxelles, t. XII, p. 363. — Arntz, *La question gréco-turque*, dans la *Rev. de dr. int.*, Bruxelles, t. XIII, p. 231 et s. — Rolin-Jacquemyns, *Le droit d'intervention et la question d'Orient*, dans la *Rev. de dr. int.*, Bruxelles, t. VIII, IX, X, XVIII, XIX. — F. de Martens, *Études dipl. sur la quest. d'Orient*, 1874.

rêts immédiats seraient compromis. » Après la Révolution de
Juillet 1830, le gouvernement français érigea en principe général la *non-intervention* étrangère dans les affaires intérieures des autres nations.

Vers la même époque, la *non-intervention* fut reconnue
dans une circonstance solennelle, le 2 décembre 1823, par
un Président des États-Unis, dont la déclaration célèbre a
reçu le nom de *doctrine de Monroë*. C'est la guerre de l'indépendance des colonies espagnoles qui donna lieu à cette déclaration de principe. Après avoir affirmé que le gouvernement
des États-Unis n'interviendrait pas dans les affaires des colonies possédées en Amérique par les nations européennes, le
Président Monroë va jusqu'à dire que l'intervention des Puissances européennes, dans le but de contrarier les colonies
déjà émancipées, serait une manifestation hostile à l'égard
même des États-Unis. La non-intervention se trouve bien
ainsi proclamée. Mais on allait trop loin, en disant que les
droits des États-Unis étaient lésés par l'intervention d'une
Puissance européenne dans une partie quelconque de l'Amérique. En prenant sous sa protection les colonies nouvellement
émancipées, la République américaine semble vouloir établir une scission entre les deux continents, et prévenir à l'a-
vance tout acte qui aurait pour but d'établir en Amérique la
domination politique de l'Europe. Cette doctrine dépassait le
but, elle rejetait toute intervention des États européens, afin
d'arriver à imposer à toutes les parties de l'Amérique la protection des États-Unis dans un intérêt purement personnel.
C'était défendre à l'Europe de faire valoir ses droits sur ses
colonies révoltées; c'était intervenir.

L'Angleterre eut à son tour l'occasion de protester, *en faveur de la non-intervention*, contre l'ingérence des Puissances
continentales, lorsque celles-ci voulurent, en 1821 et en 1822,
imposer à l'Italie et à l'Espagne la restauration de la monarchie. Mais la Puissance, qui sait le mieux pratiquer la politique de l'intérêt, ne pouvait pas proclamer sans réserve une
règle d'abstention, et au Congrès de Vérone, en 1822, le duc
de Wellington déclare que son gouvernement ne veut pas
censurer les affaires intérieures d'un État indépendant, à

moins qu'elles ne soient incompatibles « avec les intérêts essentiels des sujets de Sa Majesté. » Et lorsque, plus tard, la Grande-Bretagne intervint elle-même, en Espagne et en Portugal, pour soutenir les partis en faveur desquels elle réclamait naguère la non-intervention, elle put justifier sa politique en invoquant les intérêts essentiels des sujets de Sa Majesté britannique.

Le roi de Prusse, en ouvrant la session du Parlement fédéral de l'Allemagne du Nord, le 14 février 1869, disait lui-même que « la force militaire de chaque pays n'est destinée qu'à protéger sa propre indépendance et non à empiéter sur celle des autres nations. »

La *non-intervention* est donc aujourd'hui facilement proclamée et généralement reconnue; mais l'intérêt des États n'apporte que trop souvent à cette règle de nombreuses exceptions.

2° L'intervention proprement dite suppose l'ingérence *dans les affaires intérieures* d'un État [1].

On intervient dans les relations *extérieures* des autres Puissances, en s'alliant avec l'une d'elles contre un ennemi commun, ou en déclarant la guerre, dans un intérêt personnel, aux deux États qui viennent d'engager la lutte. Mais ces faits ne nous montrent pas la souveraineté étrangère se substituant à celle d'un autre État, pour régler ses destinées, modifier ses mœurs et changer sa constitution.

Ainsi, l'action d'un État, ou la coalition de plusieurs Puissances contre un conquérant, dont le but est de s'agrandir par des moyens iniques, n'est pas une véritable intervention ; c'est un obstacle à la réalisation de projets politiques qui sont une menace pour la conservation de tous les États. Et, à ce titre, la Puissance, qui, pouvant intervenir, reste dans l'inaction, commet une faute dont elle supportera plus tard elle-même les tristes conséquences. L'abstention de la politique impériale en face des agissements de la Prusse en est une preuve convaincante.

[1] Calvo, *Dr. int.*, t. I, p. 227, définit l'intervention : l'*entremise* d'un État dans les affaires, soit *intérieures*, soit *extérieures* d'autres États.

3° L'intervention est l'ingérence dans les affaires d'*un État indépendant*.

L'État, dont l'autonomie n'est pas complète, et qui, suivant sa constitution politique ou les traités qui le lient, se trouve sous la domination d'un autre État, ne peut se plaindre de l'immixtion de ce dernier État.

Dans les États fédéraux, le pacte d'union indique les cas dans lesquels le pouvoir central a le droit d'intervenir dans les affaires des États particuliers. Mais ce n'est pas, à vrai dire, une intervention. Les États fédérés ne sont pas étrangers les uns aux autres, et le gouvernement fédéral, par son ingérence dans les limites du pacte d'union, ne fait qu'exercer le droit de souveraineté et d'autonomie nationale qui lui appartient au nom des intérêts communs.

Il en serait de même dans une simple confédération, comme l'ancienne confédération germanique, où tous les États particuliers, bien qu'ayant une souveraineté indépendante, sont cependant représentés par une diète fédérale. Et, lorsque celle-ci s'occupe des affaires intérieures de chaque État, on peut dire que c'est l'association tout entière représentée par son organe central qui intervient. Il n'y a pas d'ingérence étrangère.

4° Il faut enfin, pour qu'il y ait intervention véritable, *vouloir imposer son autorité à l'État qui subit cette ingérence*.

L'intervention peut, à ce point de vue, se présenter sous deux formes différentes. Elle prend la forme *diplomatique*, lorsqu'elle consiste dans des représentations orales ou écrites. Il ne faut pas d'ailleurs la confondre avec de simples conseils, ou une offre de bons offices et de médiation. Il n'y a pas alors d'intervention, mais une preuve de bienveillance. Les représentations revêtent, au contraire, le caractère d'un ordre donné et dont on imposera l'exécution par la force; l'État, surtout s'il est inférieur en puissance, subit, malgré lui, l'injonction qu'il reçoit pour éviter de plus grands malheurs.

L'intervention *armée* est la suite habituelle de l'intervention diplomatique; elle se présente sous la forme d'occupation, d'émbargo, de blocus, ou même de simples menaces accompagnées d'un déploiement de forces militaires.

Il n'y a, d'ailleurs, véritable intervention que si l'État *subit* l'ingérence étrangère. Si l'on suppose en effet qu'un État, en proie à une guerre civile où les partis politiques sont de force égale, demande à une Puissance étrangère son concours pour mettre fin à ses discordes intérieures, on ne peut pas dire qu'il y ait intervention. L'État étranger ne veut imposer aucune contrainte à ceux qui acceptent sa médiation.

B. CAS DANS LESQUELS L'INTERVENTION EXISTE ET DOIT ÊTRE PROHIBÉE. — On peut réduire ces cas, qui vont nous montrer l'application des principes posés, à trois groupes distincts, comprenant : 1° L'intervention dans les révolutions sociales ou politiques des États, soit pour les empêcher, soit pour protéger l'un des partis qui se disputent le pouvoir ; 2° l'intervention dans le cas où un État viole les lois sociales ou entrave les progrès de la civilisation ; 3° l'intervention dans le but de favoriser ses nationaux ou ses coreligionnaires.

1° *Intervention dans les révolutions sociales et politiques des États.*

Elle ne peut se justifier, tant que les troubles intérieurs d'un État ne dépassent pas la frontière, et que le peuple, en modifiant ses institutions, ne cherche pas à fomenter des soulèvements dans les pays voisins. Lorsque la *Convention nationale*, le 17 novembre 1792, rendit un décret en vertu duquel elle accordait secours à tous les peuples qui voudraient recouvrer leur liberté, et donnait à ses généraux l'ordre de leur venir en aide, elle portait atteinte à l'indépendance et à l'autorité des autres États. Et Phillimore a pu dire, qu'on ne peut concevoir de violation plus grossière du principe fondamental du droit des gens, que cette déclaration barbare et sans précédent[1]. Un pareil décret justifiait l'intervention des Puissances qui avaient dès lors à garantir leur propre sécurité.

[1] Phillimore, *Int. Law.*, I, p. 469.

Mais les révolutions par elles-mêmes ne peuvent motiver les coalitions et les ingérences des autres nations. La *Pentarchie*, qui s'érigeait en aréopage politique pour garantir à chaque État le maintien du gouvernement monarchique, méconnaissait le principe de souveraineté qu'elle entendait sauvegarder. Si son intervention a été possible en Italie et en Espagne, en 1821 et en 1823, les révolutions de 1830 et de 1848 ont montré combien cette volonté d'intervenir était le plus souvent inefficace. On ne doit même pas pouvoir s'immiscer dans les affaires intérieures d'un État, en s'appuyant sur un traité formel qui a pour objet de garantir la Constitution de cet État. On arrive, en effet, à détruire ainsi le principe de l'indépendance pour y substituer la règle de l'ingérence étrangère. Ces *traités de garantie* méconnaissent, dans ce cas, le caractère essentiel de la personnalité internationale, et sont, non pas une restriction, mais la négation même de sa souveraineté. Ils sont nuls dans leur principe, et illusoires dans leurs effets[1].

Il peut se faire que l'État soit encore livré à la *lutte des partis* et n'ait pas accompli sa révolution. Dans ce cas, une nation étrangère ne peut pas intervenir au milieu des dissensions intestines de cet État, soit en faveur de l'un des partis, soit même sur la demande du gouvernement menacé, qui ne ferait ainsi, par son appel à un pouvoir étranger, qu'affirmer sa propre déchéance. Un autre État peut sans doute offrir ses bons offices et nous avons vu qu'il peut, sur l'invitation des *deux partis* en lutte, prêter son concours pour terminer le désaccord. Mais de même qu'un État ne peut intervenir au profit d'un prince contre ses sujets, de même il ne peut songer à prendre sous sa protection les sujets contre leur souverain. « La conduite d'un souverain, dit Heffter, quelque blâmable qu'elle soit, tant qu'elle ne porte aucune atteinte aux droits des autres souverains ne donne à ces derniers aucun droit d'intervenir[2]. » C'est pourtant le désir d'améliorer la situation

---

[1] *En ce sens*, Pradier-Fodéré, t. I, p. 605. *En sens contraire*, Heffter, § 45.

[2] Heffter, *Le Droit international de l'Europe*, liv. I, § 46. Voir toutefois, Vattel, édit. Pradier-Fodéré, t. II, p. 23. Arntz, *Rev. de dr. int.*, Bruxel-

du gouvernement napolitain qui amena la France et l'Angleterre à s'occuper, au Congrès de Paris en 1856, des affaires
intérieures du royaume de Naples. Après des représentations
infructueuses faites au gouvernement des Deux-Siciles, les
deux Puissances retirèrent leur légation et envoyèrent des
navires de guerre pour protéger leurs nationaux. La Russie
protesta contre cette immixtion qui substituait violemment
l'autorité étrangère à celle du roi de Naples.

2° *Intervention dans le cas où un État viole les lois sociales ou entrave les progrès de la civilisation.*

Il ne faut pas se laisser séduire, dans ce cas, par la mora-
lité ou la grandeur du but à atteindre. Un État ne peut pas,
sous prétexte qu'une autre nation commet des actes inhu-
mains, viole sur son territoire les règles sociales admises par
les peuples civilisés, lui imposer des *lois nouvelles* ou *une
réforme dans sa constitution et dans ses mœurs.* Les Puissances qui ne sont pas directement lésées n'ont aucune raison
pour intervenir, et celles qui ont souffert des préjudices ont
d'autres moyens que l'intervention pour faire valoir leurs droits
et obtenir des réparations.

Il ne faut donc pas admettre qu'on puisse violer l'indépendance d'un État, en le forçant à introduire chez lui des institutions meilleures ou les bienfaits d'une civilisation plus
avancée. On ne peut imposer, par exemple, à un pays où
l'*esclavage* existe encore, l'obligation de le supprimer. Rien
n'empêche, d'ailleurs, d'interdire sur son territoire l'infâme
commerce des esclaves.

Le peuple sauvage a droit lui-même à sa liberté et un État

les, t. VIII, p. 673. Ce dernier auteur suppose, au milieu de l'Europe
« un petit potentat qui ferait le tyran, torturant, condamnant à la potence,
au bûcher, pour le plus minime délit, de sorte que la fumée des cada-
vres monterait jusqu'au cerveau des voisins?... Faudrait-il, par respect
pour la souveraineté, laisser piller, égorger, pendre, brûler presque sous
ses fenêtres? » Après ce lugubre tableau, l'auteur n'admet le droit d'intervention qu'au nom de l'humanité représentée par *tous* les autres États;
une Puissance isolée ne pourrait s'arroger le droit d'intervenir. L'hypothèse, présentée par le savant professeur à l'Université de Bruxelles est
heureusement plutôt théorique, que réelle, dans les nations civilisées et
est imaginée pour baser une exception au principe. Un peuple ainsi ou-
tragé, renverserait lui-même le joug qu'il aurait pu subir un instant.

ne peut pas imposer sa propre civilisation par la violence.
Les auteurs qui cherchent à faciliter aujourd'hui aux nations
orientales l'application du droit public européen, doivent
avant tout inspirer des sentiments de justice et d'humanité
aux peuples soi-disant civilisés [1].

Il ne faut pas, d'ailleurs, oublier que *la répression des
crimes internationaux* tels que la piraterie, le pillage des
étrangers, les outrages aux représentants des Puissances
étrangères, *n'est pas une intervention*.

Il y a toutefois un cas, où dans l'ordre d'idées qui nous
occupe, *j'admettrai l'intervention* au sens propre du mot,
c'est lorsqu'il s'agit de sauvegarder les *intérêts de l'humanité*
contre l'incurie d'un peuple, qui, en face d'une maladie con-
tagieuse ou épidémique, ne prend aucune mesure pour arrêter
le fléau, ou qui ferme l'accès de son territoire au commerce
du monde entier, alors qu'il possède seul une chose essentielle
à la conservation du genre humain. Il y a dans ce cas une
expropriation pour cause de nécessité sociale au profit des
Puissances qui peuvent agir d'un commun accord.

3° *Intervention d'un État pour protéger ses nationaux ou
ses coreligionnaires.*

Je suppose qu'un gouvernement permette ou tolère des
conspirations contre une autre Puissance, ou des outrages
contre le souverain ou les représentants diplomatiques de cette
Puissance. Quel va être le droit de l'État lésé? Il peut, sans
doute, réclamer, pour lui-même ou pour ses représentants,
la protection des lois ou de la justice du pays où de pareils
actes se commettent, ce n'est pas intervenir; mais il ne peut
agir d'autorité pour infliger lui-même des châtiments aux
coupables, ou pour exiger des sanctions et des peines que
les lois de ce pays ne reconnaissent pas.

La *protection des nationaux* à l'étranger est un droit et un
devoir pour un État; mais ce n'est pas en intervenant dans
les affaires intérieures d'un pays qu'on peut la rendre efficace.

---

[1] « Étant plus civilisés, dit Hornung, nous devons donner l'exemple de
la justice. » *Annuaire de l'Institut de droit international*, 1880, t. I, p. 305
et suiv. Bluntschli confère aux nations civilisées le droit de s'emparer des
pays sauvages pour étendre la civilisation. *Dr. int. cod.*, art. 280.

L'étranger lésé trouve tout d'abord, dans les autorités de l'État où il réside, un premier appui. Ce n'est que dans le cas où l'on refuserait de lui rendre justice qu'il peut en appeler au gouvernement de la nation à laquelle il appartient. Ce dernier peut, si ses réclamations sont inefficaces, prendre des mesures de rétorsion, ou faire appel à la force en déclarant la guerre. Et qu'on le remarque bien, appuyer par les armes ses réclamations en cas d'offenses reçues ou de préjudices causés, ce n'est pas s'immiscer dans les affaires intérieures d'un État pour lui imposer une loi, une juridiction ou une sentence. C'est sanctionner le droit que l'on a d'obtenir justice. C'est, comme le dit Vattel, « poursuivre son droit par la force; » c'est la guerre en un mot, ce n'est pas l'intervention.

L'action exercée par la France dans le *Rio de la Plata*, de 1838 à 1850, et au *Mexique*, de 1861 à 1867, avec le concours des armées anglaises et espagnoles qui se retirèrent, d'ailleurs, dès le début de l'expédition, était basée sur la *protection due aux nationaux*, sur la violation d'engagements contractés, et sur des actes d'outrage ou de violence commis envers les étrangers et même envers les chefs de légation. Le but de l'expédition contre le gouvernement de la République argentine et contre le Mexique était donc d'obtenir des réparations et des garanties. L'intervention véritable dans les affaires intérieures de ce dernier pays n'apparut que le jour où la France prit parti contre Juarez en faisant couronner Maximilien d'Autriche, comme Empereur du Mexique. La catastrophe de Queretaro fut le dénouement de cette expédition néfaste qui avait manqué son but et imposé d'onéreux sacrifices.

On trouve un exemple saisissant de l'intervention des Puissances étrangères, *en faveur de leurs nationaux*, dans le *contrôle anglo-français* établi, en 1879, *en Égypte*, afin d'empêcher le gouvernement égyptien de dilapider les ressources du pays au préjudice des créanciers du Khédive. Les contrôleurs généraux, délégués de la France et de l'Angleterre, devaient en fait participer aux pouvoirs législatif et exécutif et apprécier l'utilité de toutes mesures prises par les ministres égyptiens [1]. L'occupation de l'Égypte par l'Angleterre, à la suite des événements de 1882 et du bombardement d'Alexandrie par l'amiral Seymour, a consacré d'une façon plus étroite l'intervention étrangère et modifié profondément la situation antérieure.

Un décret du gouvernement égyptien supprima, le 4 février 1883, le contrôle général contre le gré de la France qui protesta tout d'abord contre la violation d'un engagement international et qui renonça plus tard au contrôle, pendant la conférence réunie à Londres pour s'occuper des finances égyptiennes.

En 1880, une commission internationale de liquidation, composée de délégués nommés par les grandes Puissances, avait élaboré déjà un projet de loi qui fut publié par le Khédive le 17 juillet de la même année. Les Puissances prenaient ainsi une influence décisive, en matière financière, sur la législation et l'administration de l'Égypte, et acceptaient, en outre, une responsabilité qui trouve son expression dans la garantie de l'emprunt du 17 mars 1885, contracté par le gouvernement khédivial, et par l'assentiment qu'elles ont donné aux nombreux décrets intervenus depuis lors relativement aux finances égyptiennes.

L'*intervention financière* de la France et de l'Angleterre en 1859, *dans l'empire ottoman*, présente un caractère analogue. Ces deux Puissances, ayant garanti l'emprunt de 125 millions contracté par la Turquie, avaient investi une commission européenne du soin de mettre de l'ordre dans l'administration ottomane qui n'avait pas rempli ses engagements. La surveillance, d'ailleurs, au point de vue financier, a toujours été tellement minutieuse de la part des États, qu'on a vu des ambassadeurs se plaindre auprès du grand Vizir des dépenses faites par le Sultan pour ses voyages ou le mariage de ses filles.

La prohibition d'intervenir dans les affaires intérieures d'un État doit être sans le moindre doute étendue même aux *affaires religieuses*. Mais un État peut-il intervenir en faveur de ses *coreligionnaires* qui résident sur le territoire de Puissances étrangères? Il semble bien, qu'en théorie, on ne peut

[1] *Rev. de dr. int.*, Bruxelles, t. XIV, p. 369 et suiv.

pas admettre sur ce point une décision contraire à celle qui a
été prise relativement aux nationaux d'un État. Toutefois,
l'intervention de l'Europe chrétienne dans les affaires intérieures de l'empire ottoman est reconnue par le droit positif international. Le *protectorat religieux de la France*, consacré
déjà très anciennement par l'usage, fut ensuite reconnu par
des firmans et des capitulations. Les chrétiens de toutes les
nations pouvaient trafiquer librement et visiter les lieux saints
« sous la bannière de l'empereur des Francs. » Plus tard, les
autres Puissances briguèrent une partie de ce protectorat religieux, et des traités furent conclus dans ce but par l'*Autriche* et la *Russie* avec la Sublime Porte. Les *États protestants*
revendiquèrent à leur tour une part de cette influence dans
les intérêts religieux, et le droit pour leurs coreligionnaires
de se racheter, comme tout chrétien, du service militaire. En
1856, les Puissances signataires du traité de Paris (30 mars)
prirent sous leur sauvegarde tous les sujets chrétiens de la
Porte, substituant ainsi leur protection collective à celle que
la Russie s'était attribuée. C'est en vertu de ce traité que la
France intervint en Syrie comme mandataire des Puissances
européennes, lorsqu'en 1860, les chrétiens Maronites du Liban
furent massacrés par les Druses, encouragés par la complicité
et l'inertie des autorités ottomanes. En 1875, lors de l'insurrection de la Bosnie et de l'Herzégovine, l'Autriche réclama
de la Porte, en vertu et au nom de cette protection collective,
la liberté religieuse pleine et entière dans les provinces insur-
gées. Enfin, en 1878, le traité de Berlin (13 juillet) donna la
plus large application au principe de la liberté religieuse, et
confirma l'ingérence des Puissances étrangères dans les
affaires intérieures de l'empire ottoman. Cette intervention
s'appuie sur des traités imposés plutôt que consentis librement, et les représentants de la Sublime Porte n'ont jamais
omis de résister aux prétentions des Puissances, en montrant
que l'intervention au profit surtout des sujets chrétiens de la
Turquie était « un véritable démembrement moral qui compromettait plus facilement sa domination que la perte des
territoires les plus importants [1]. »

[1] Pradier-Fodéré, *Droit international public,* t. I, p. 645.

L'intervention des Puissances dans l'empire ottoman nous est apparue déjà sous le double point de vue de la gestion financière et des intérêts religieux. Mais on peut dire qu'il n'y a pas une branche de l'administration qui n'échappe dans ce pays à l'ingérence étrangère. Les réclamations diplomatiques n'épargnent pas le domaine de la justice et ont exercé souvent une influence prépondérante sur l'organisation des tribunaux, et même sur la réformation des sentences rendues. Le personnel gouvernemental et administratif est soumis au contrôle étranger, et, depuis le traité de Berlin, la Turquie a perdu l'attribut essentiel de la souveraineté, c'est-à-dire le droit de s'organiser elle-même dans la plus grande partie de ses provinces européennes. Elle doit même, pour ses provinces asiatiques, s'entendre avec l'Angleterre, en ce qui concerne la réforme de ses institutions, et ne prendre aucune mesure sans en prévenir les grandes Puissances. « La Turquie, écrivait lord Russell [1], est une exception à toutes les règles diplomatiques qui gouvernent nos relations avec les Puissances étrangères. » L'histoire et les traités qui ont fait de son existence une des conditions nécessaires de l'équilibre européen expliquent cette situation.

Si l'on peut parler d'un *droit d'intervention*, c'est bien en se plaçant en face de la situation faite à la Turquie et des difficultés sans nombre que soulève périodiquement l'éternelle *question d'Orient*.

C. CAS DANS LESQUELS IL N'Y A PAS D'INTERVENTION VÉRITABLE. — J'envisagerai ce second point de vue en me plaçant en face de deux hypothèses : 1° Un État prête son assistance à un autre pays; 2° un État agit, sans s'immiscer dans les affaires intérieures d'une autre nation, pour la sauvegarde de ses propres intérêts.

1° *Un État prête son assistance à un autre pays*. — L'intervention proprement dite est une ingérence *dans les affaires intérieures* d'un autre État, auquel on veut imposer une direction; l'assistance répond à l'idée d'un secours que l'on

---

[1] *Le Times*, 2 septembre 1876.

prête, d'une alliance que l'on conclut pour protéger des intérêts ou des droits. On peut dire, sans doute, qu'il y a dans ce cas une *intervention extérieure*. D'après le langage usuel, on intervient, lorsqu'on prend fait et cause pour quelqu'un. Mais en considérant ici l'événement qui se produit pour l'apprécier au point de vue du droit international, on voit que l'intervention présente un caractère à part qui la justifie ou sert tout au moins à l'excuser.

Tous ces faits d'aide ou de protection, dont je vais donner des exemples, relèvent du domaine de la politique; et si les inspirations du sentiment ou de l'équité peuvent servir à les expliquer, il appartient à ceux qui dirigent les destinées d'une nation, de prévoir, au nom des intérêts qui leur sont confiés, les conséquences que l'avenir peut réserver à leur politique extérieure.

a. Cette assistance peut se présenter, tout d'abord, dans le cas où *un peuple invoque le secours d'un autre État pour secouer le joug d'une domination étrangère, ou à l'inverse, pour maintenir son indépendance menacée, ou l'intégrité de son territoire.*

Cette hypothèse nous remet en présence de la *question d'Orient* dont je vais indiquer les phases principales.

La Grèce fut la première, en 1821, à s'insurger contre la domination ottomane; elle lutta d'abord seule pendant plusieurs années contre les forces réunies de la Turquie et de l'Égypte. En 1827, la Russie, l'Angleterre et la France signèrent à Londres (6 juillet) un traité ayant pour but la pacification de la Grèce. Mais ce ne fut qu'après une assistance plus effective prêtée par les trois grandes Puissances que l'autonomie du nouveau royaume put être définitivement consacrée. Il fallut, avant d'arriver à ce résultat, que les escadres alliées détruisissent la flotte turco-égyptienne au combat de Navarin, que la France envoyât en Morée un corps expéditionnaire pour forcer Ibrahim-Pacha à reconduire ses troupes en Égypte, et que la Russie imposât à la Turquie, en 1829, la paix d'Andrinople (14 septembre).

Peu de temps après l'émancipation de la Grèce, l'Égypte,

sous l'impulsion de Méhémet-Ali et de son fils Ibrahim-Pacha, se souleva à son tour pour conquérir son indépendance. A la suite de deux victoires importantes remportées par l'Égypte en Asie-Mineure, la Russie vint au secours de la Turquie, et le conflit fut arrêté en 1833 pour recommencer bientôt après et aboutir enfin au traité signé à Londres, le 15 juillet 1840, et qui assurait à la famille de Méhémet-Ali le gouvernement héréditaire de l'Égypte sous la suzeraineté de la Porte. La France, qui était restée étrangère à la conclusion de ce traité, le sanctionna d'une façon implicite l'année suivante, en signant à Londres, le 13 juillet 1841, la *convention des Détroits* pour la fermeture du Bosphore et des Dardanelles. La France rentrait ainsi dans le concert européen.

L'intervention de la Russie en 1854 dans les affaires intérieures de la Turquie, sous prétexte d'en protéger les sujets chrétiens, donna lieu à la guerre de Crimée. La France, l'Angleterre et la Sardaigne furent alors les alliées du Sultan, moins pour maintenir son indépendance que pour empêcher la domination politique et religieuse de la Russie en Orient. C'est à la suite de cette guerre que fut conclu le traité de Paris, du 30 mars 1856, auquel nous avons déjà fait souvent allusion.

L'intervention qui eut lieu en Syrie, en 1860, et dont j'ai déjà parlé, se termina par l'Acte délibéré à Constantinople, le 9 juin 1861, par les représentants des Puissances. En vertu de cette convention, le Liban doit être administré par un gouverneur chrétien, relevant directement de la Porte. C'était là une intervention proprement dite dans les affaires intérieures de la Turquie.

Lors de l'insurrection de Candie, en 1866, les Puissances décidèrent de garder la neutralité, et la Grèce qui fut accusée d'avoir prêté son appui aux insurgés, fut blâmée par les Puissances et dut adhérer à une déclaration de principes pour l'avenir.

Les derniers événements accomplis en Turquie, et qui se terminèrent, le 3 mars 1878, par le traité de San-Stefano suivi de la conférence de Berlin, le 13 juillet 1878, nous font assister au démembrement depuis longtemps prévu de l'empire ottoman. Ce résultat fut amené par l'insurrection des chrétiens de Bosnie et d'Herzégovine qui trouvèrent chez les Serbes des alliés dont la sympathie était inspirée par la communauté de race et de religion. Ils eurent également un appui dans les Monténégrins qui dépendants, au moyen âge, de l'ancien empire serbe avant qu'il fût conquis par les Turcs, avaient toujours, dans la région presque inaccessible de la montagne Noire, su résister à la puissance ottomane. L'armée turque fut toutefois victorieuse. Mais les Puissances européennes vinrent, dans l'intérêt des principautés, offrir leur médiation, et une trève fut conclue en 1876. L'année suivante, le Sultan vaincu par la Russie était forcé de reconnaître l'indépendance des principautés danubiennes, de la Serbie et du Monténégro. La Bulgarie était constituée en État autonome sous la suzeraineté du Sultan, la Roumélie orientale jouissait d'une autonomie administrative sous l'autorité militaire de la Porte, et la Bosnie et l'Herzégovine étaient administrées par l'Autriche. La conférence de Berlin n'avait pas entièrement ratifié le traité de San-Stefano qui créait la *Grande-Bulgarie*, mais l'état de choses qui avait existé pendant quatre mois avait réveillé des ambitions dont on devait voir bientôt les résultats.

Le 18 septembre 1885, le gouverneur de la Porte, à Philipopoli était reconduit à la frontière de la Roumélie et l'*union des deux Bulgaries* était proclamée. Après la défaite des Serbes qui avaient déclaré la guerre à la Bulgarie à raison de cette union, contraire à l'équilibre des différents États des Balkans, tel que l'avait organisé le Congrès de Berlin, la Porte reconnut le prince Alexandre de Battenberg comme prince de Bulgarie et gouverneur de la Roumélie (Iradé du 31 janvier 1886). Après l'abdication de ce dernier, l'assemblée bulgare (le *sobranié*) élut, en 1887, le prince Ferdinand de Saxe-Cobourg qui, n'ayant pas été reconnu par les Puissances signataires du traité de Berlin, peut être considéré comme usurpant le titre de souverain (décision de la Cour suprême allemande de Leipzig, janvier 1892)[1].

[1] *J. Clunet*, 1892, p. 1090.

La Grèce, en présence de cette extension de la Bulgarie, voulut à son tour revendiquer les territoires où domine l'élément hellénique. Le *blocus* des côtes de Grèce, en 1886, devait arrêter ses légitimes aspirations.

Il faut remarquer que, si l'on peut comprendre et justifier l'assistance donnée dans ces divers événements, on ne doit pas approuver, en principe, les clauses des traités qui en sont la suite, et, en vertu desquelles, on impose, à la Turquie ou aux États nouveaux, des obligations, qui constituent une véritable intervention dans les affaires intérieures d'un pays.

L'appui donné par la France à la *Lombardie*, en 1859, pour secouer le joug de l'Autriche, est encore une assistance effective et ne constitue pas une intervention proprement dite.

Il en est de même de celui qu'elle donna, en 1868, au *Souverain-Pontife* pour l'aider à défendre l'intégrité de son territoire contre l'invasion des bandes garibaldiennes.

b. La seconde hypothèse, que je dois envisager et qui d'ailleurs diffère peu de la première, est relative au cas où il s'agit de *donner son appui à un peuple qui veut se séparer d'un État auquel il a été réuni par la force.*

La Belgique n'avait été réunie à la Hollande, en 1815, que par la force. Elle usait de son droit en voulant recouvrer son indépendance nationale et son autonomie. Les Puissances ont prêté à la révolution belge le secours de leur médiation, de leur arbitrage et de leurs forces militaires. Mais cette assistance n'a jamais revêtu le caractère d'une intervention dans les affaires intérieures. Nous retrouverons la question belge en parlant de la neutralité perpétuelle.

2° *Une Puissance agit sans s'immiscer dans les affaires d'un autre pays pour sauvegarder ses propres intérêts.* — Il n'y a pas d'ingérence dans les affaires intérieures d'un pays, lorsqu'une Puissance veut obliger un autre État à exécuter les engagements internationaux qu'il a contractés envers elle, ou lorsqu'elle veut l'arrêter dans ses projets ambitieux, dont le but est de s'assurer, par la conquête, une domination universelle ou une prépondérance menaçante. On n'intervient pas, lorsqu'on reconnaît un État nouveau, ou un parti politique qui a réussi à faire prévaloir son autorité. J'ajoute que le fait d'intervenir, pour empêcher l'ingérence illégitime d'un Etat dans les affaires d'un autre pays, se justifie par la conservation de ses intérêts personnels et le respect de l'indépendance des nations étrangères.

Résumé de la doctrine. — L'intervention dans les affaires intérieures d'un État n'est jamais admise en principe, si ce n'est dans un intérêt général de conservation et de défense. Mais le droit positif international admet l'intervention dans les affaires intérieures de la Turquie, au profit des intérêts religieux, et même en toute matière, à raison de la situation précaire de cet État.

Une Puissance peut offrir à une autre ses bons offices ou sa médiation, lui prêter une assistance effective dans certains cas, elle peut dans son intérêt propre demander la réparation des préjudices causés, agir pour la sauvegarde de ses droits; dans tous ces cas, il n'y a pas de véritable intervention.

II.

DE LA NEUTRALITÉ PERPÉTUELLE [1].

Nous allons étudier cette restriction, apportée à l'indépendance souveraine des États, au point de vue de ses caractères et de ses causes, de ses effets et de ses cas d'application.

1º *Caractères et causes.* — La neutralité perpétuelle est la situation spéciale ordinairement garantie par les Puissances à un pays, qui ne peut faire des guerres offensives et n'a avec d'autres États que des relations pacifiques.

---

[1] Piccioni, *Essai sur la neutralité perpétuelle*, 1891. — Bury, *La neutralité suisse*, dans la *Rev. de dr. int.*, Bruxelles, 1870, p. 636. — Payen, *La neutralisation de la Suisse*, Annales de l'Ecole libre des sciences politiques, 1892, p. 619. — Arendt, *Essai sur la neutralité de la Belgique.* — Faider, *La neutralité de la Belgique*, dans la *Rev. de dr. int.*, Bruxelles, t. XVIII, p. 329. — Messin, *La neutralité de la Belgique*, 1892. — Servais, *Le Grand Duché de Luxembourg et le traité de Londres.* — Morand, *Les origines de la neutr. perp.*, dans la *Rev. de dr. int.*, Paris, 1894, p. 522.

Les traités et actes internationaux qui l'établissent sont conclus *en vue de la guerre*. Il semble donc qu'en principe les États soumis à la neutralité permanente conservent, pendant la paix, l'indépendance et la souveraineté. Il faut cependant apporter à cette règle une restriction. Un État perpétuellement neutre ne doit contracter que des engagements pouvant s'exécuter en temps de paix. Il ne peut conclure ni traités d'alliance offensive ou défensive, ni traités de garantie; on peut l'obliger à ne pas maintenir de forteresses sur son territoire, et à n'entretenir que des forces militaires suffisantes au maintien de l'ordre dans l'intérieur du pays. Cette situation ne laisse donc pas à l'État neutre une indépendance absolue. Mais rien ne l'empêche de conclure des conventions relatives aux intérêts commerciaux et économiques. Il est difficile toutefois de l'autoriser à consentir un traité d'union douanière avec une Puissance voisine. Car celle-ci prend, par la force des choses, la direction des intérêts communs, au grand péril de l'indépendance de l'État faible qui s'expose à ne pouvoir plus conserver une complète impartialité. En droit, l'État neutre peut faire un traité de cette nature; mais en fait, les Puissances garantes de la neutralité pourront s'y opposer, dans la crainte que l'union douanière ne soit que le premier pas vers l'union politique.

L'étendue des obligations du pays neutre dépend des traités qui lui garantissent sa situation. Il peut donc rester libre d'entretenir des forces militaires importantes ou d'établir des forteresses, mais il ne peut jamais conclure des traités, en vue de la guerre, avec une Puissance voisine, sans violer ses obligations et compromettre son avenir.

La neutralité perpétuelle trouve sa cause dans l'intérêt collectif de la communauté internationale, à raison surtout de la position géographique de certains États, qui forment une barrière naturelle entre de grandes Puissances rivales (*États tampons*). Elle prévient les empiètements et les invasions, assure en même temps l'indépendance des petits États, et contribue au maintien de la paix générale. Sans doute, le pays ainsi neutralisé se trouve condamné à l'effacement et à l'immobilité; mais en revanche il n'a pas à redouter les chances de la guerre, et devient facilement le centre de réunions, de sociétés internationales qui ont pour but d'assurer le progrès pacifique de l'activité humaine.

2° *Effets de la neutralité perpétuelle.* — Elle impose des droits et des devoirs à l'État, dont la neutralité est garantie, et aux Puissances qui se sont engagées à la maintenir.

L'*État, dont la neutralité est garantie,* a le droit de prendre, en cas de guerre entre deux nations voisines, toutes les mesures destinées à protéger l'inviolabilité de ses frontières, et peut, si son indépendance est menacée, invoquer la clause de garantie. Il a le droit et le devoir d'armer pour se défendre; mais il ne peut ni attaquer, ni se faire l'allié de l'une des parties belligérantes, sans s'exposer à perdre le bénéfice de sa neutralité. L'État neutre peut donc être déchu de sa situation exceptionnelle, sinon pour des infractions légères qui peuvent donner lieu à de simples réparations, mais pour des fautes graves dont l'appréciation doit être laissée aux Puissances signataires du traité de garantie.

Les *États garants* de la neutralité perpétuelle doivent respecter, à leur tour, la situation qu'ils ont établie et la maintenir à l'égard de tous ceux qui voudraient y porter atteinte. Les menaces de guerre, les agressions, et même les conventions, qui pendant la paix sont de nature à compromettre la neutralité, doivent être considérées comme la violation du traité de garantie. Les Puissances ont alors le droit, avant même que l'État neutralisé réclame leur secours, de s'opposer aux actes qui portent atteinte à la neutralité permanente. Elles interviennent, soit isolément, soit d'un commun accord, lorsque la garantie est *pure et simple*, c'est-à-dire contractée séparément par chaque Puissance, en dehors de toute prévision d'une action nécessairement commune. Mais dans le cas où la garantie est *collective*, elles ne sont pas obligées d'intervenir isolément, et doivent être requises toutes ensemble pour chercher les moyens de préserver la neutralité compromise.

Dans ce cas, si toutes les Puissances refusaient d'intervenir, à l'exception d'une seule, celle-ci ne serait nullement forcée d'agir séparément; mais, à l'inverse, l'opposition de l'une des Puissances garantes ne saurait enlever aux autres le droit d'exercer l'action commune. La valeur de cette garantie repose donc uniquement sur une volonté que des intérêts multiples peuvent contrarier ou modifier, et l'on peut rappeler à ce propos le mot de Frédéric le Grand : « Toutes les garanties sont comme de l'ouvrage de filigrane, plus propre à satisfaire les yeux qu'à être de quelque utilité [1]. »

3° *Cas d'application.* — La Suisse, la Belgique, l'État du Congo, le Grand Duché de Luxembourg sont des États perpétuellement neutres.

En ce qui concerne la *Suisse*, c'est le 20 novembre 1815, que les plénipotentiaires des Puissances ont signé l'acte reconnaissant la neutralité de ce pays dans ses frontières nouvelles et lui *garantissant* l'inviolabilité de son territoire. Par le même acte, la neutralité de certaines parties de la Savoie, le Chablais et le Faucigny, est également *garantie*, et lorsqu'en 1860, cette province a été cédée à la France par le traité de Turin du 24 mars, il fut entendu que les districts neutralisés garderaient leur condition première.

La *Belgique* forme un État indépendant et dont la neutralité perpétuelle est *garantie*, depuis le traité conclu à Londres, le 15 novembre 1831, entre la Belgique et les grandes Puissances, et dont les dispositions ont été reproduites plus tard, en 1839, dans le traité qui intervint alors entre la Belgique et le royaume de Hollande. En 1870, au début de la guerre franco-allemande, des conventions furent conclues entre l'Angleterre et chacun des États belligérants pour confirmer de nouveau la neutralité de la Belgique.

L'État indépendant du *Congo* qui se trouve depuis sa naissance, en 1885, sous la souveraineté du roi des Belges, s'est déclaré perpétuellement neutre, et il a été *reconnu* comme tel par les Puissances signataires de l'Acte de Berlin (26 févr. 1885, art. 10, 11, 12).

Mais il faut se garder de penser que tous les territoires, formant le bassin conventionnel du Congo, soient soumis à une neutralité permanente. Le vœu exprimé, dans ce but, par le ministre des États-Unis à la conférence de Berlin fut

---

[1] *Hist. de mon temps.* OEuvr. posth., t. I. ch. ix.

rejeté, pour ne pas enlever aux gouvernements nouveaux un attribut essentiel de la souveraineté, c'est-à-dire le droit de guerre. Mais cette neutralité est facultative. Les Puissances s'engagent à respecter, mais sans la garantir, la neutralité permanente ou temporaire que l'un des États créés dans le bassin du Congo tiendrait à proclamer. Elles se réservent même la faculté de proposer aux nations belligérantes de déclarer neutre, le territoire qu'elles possèdent au Congo, pendant la durée d'une guerre. Et, en vue de favoriser la paix, elles conviennent qu'un État ne peut recourir aux armes, en cas de conflit relatif à ses possessions africaines, avant d'en appeler à la médiation d'une ou de plusieurs Puissances amies.

La neutralité perpétuelle du *Grand Duché de Luxembourg* a été placée sous la *garantie* collective des Puissances par le traité conclu à Londres, le 17 mai 1867. La ville de Luxembourg doit, à partir de ce moment, cesser d'être une place forte, et le roi de Hollande, qui était à cette époque grand duc de Luxembourg, promet de ne plus rétablir les fortifications et de ne créer aucun établissement militaire.

On peut ajouter encore à ces États, les *Iles Ioniennes*, qui, autrefois sous le protectorat de l'Angleterre, ont été réunies, en 1863, au royaume de Grèce. Par un traité, signé à Londres, le 29 mars 1864, les Puissances s'engagent à *respecter* la neutralité perpétuelle des Iles Ioniennes, sans la garantir expressément. Il est convenu que les fortifications de Corfou seront démolies.

Le traité de Vienne de 1815, qui *garantissait* la neutralité de la ville de Cracovie, n'a pas empêché l'Autriche, l'une des Puissances signataires, d'incorporer, en 1846, cette ville à son empire, malgré les protestations de la France, de la Suède et de l'Angleterre.

III.

DE L'EXTERRITORIALITÉ ET DES IMMUNITÉS DE JURIDICTION.

Le principe de la souveraineté exige que tout ce qui se trouve sur le territoire d'un État soit soumis à ses lois et à sa juridiction.

Or, certaines personnes et certaines choses jouissent, à raison de nécessités ou de convenances internationales, de prérogatives qui les exemptent de la juridiction du pays où elles se trouvent. Ces immunités, qui ne se rattachent pas nécessairement à une fiction d'exterritorialité dont on a trop souvent abusé, constituent des restrictions au droit de souveraineté des États. Il ne convient pas d'en étudier ici les caractères différents; et je ne puis, en l'absence d'une unité doctrinale qui fait défaut en cette matière, qu'indiquer l'exception qu'elles apportent aux droits des États indépendants.

Les navires de guerre étrangers jouissent, dans les eaux d'un autre État, du privilège de l'exterritorialité. Certaines faveurs sont même accordées aux bâtiments de commerce mouillés dans les ports des nations étrangères.

L'immunité de juridiction est accordée, dans une certaine mesure, sur le territoire de tous les pays, aux souverains étrangers et aux agents diplomatiques.

Le territoire occupé par une armée étrangère devient, dans une certaine limite, pendant la durée de l'occupation, territoire étranger, et les infractions qui s'y commettent relèvent de la juridiction militaire. Cette compétence est générale en temps de guerre; elle est restreinte en temps de paix aux militaires et aux personnes attachées à l'armée.

Dans les États barbaresques et de l'Extrême-Orient, les consuls des Puissances étrangères ont, sur leurs nationaux, un droit de juridiction qui est en opposition directe avec les droits des États indépendants.

Il suffit de poser ces principes généraux, pour comprendre la place qu'occupent l'exterritorialité et les immunités de juridiction, parmi les causes qui restreignent les droits de souveraineté des États.

IV.

DES SERVITUDES INTERNATIONALES.

On donne le nom de servitudes internationales à certains droits qui existent au profit d'une Puissance sur le territoire d'un autre État. Leur étude comporte deux questions : 1° en quoi consistent-elles? 2° quels sont leurs modes d'établissement et d'extinction?

1° *En quoi consistent-elles?* — Les servitudes publiques internationales modifient la souveraineté et le droit de conservation des États.

Les unes investissent une Puissance du droit d'exercer, sur le territoire d'un autre État, des attributions judiciaires, politiques ou militaires, d'y prélever des impôts, d'y organiser les douanes ou le service des postes [1], d'y faire passer ses troupes, ou même d'occuper, dans certains cas, une partie du pays. C'est ainsi que jusqu'en 1867, en vertu d'une convention qui existait entre le Grand Duché de Bade et la Suisse, les troupes badoises pouvaient circuler à travers la ville de Bâle et le canton de Schaffouse, sur les chemins de fer de Constance. Ces servitudes ont, dans ces différents cas, le caractère de servitudes *positives*, et modifient, dans une certaine mesure, le droit de souveraineté territoriale.

Les autres, qui ont une nature *négative*, modifient surtout

[1] La concession d'un droit de cette nature à un *sujet étranger* ne constitue pas une servitude internationale, mais un simple avantage garanti par le droit interne. C'est pourquoi le *droit régalien des postes* accordé à la maison des princes de la *Tour et Taxis*, dans l'étendue des territoires allemands confédérés, ne devait pas être considéré comme une véritable servitude internationale (Recès de la députation de l'Empire germanique du 25 février 1803, art. 13; Acte du 8 juin 1815 pour la constitution fédérale de l'Allemagne, art. 17).

le droit de conservation. Elles peuvent imposer à un État l'obligation de n'entretenir des forces militaires que dans une certaine limite, de ne posséder qu'un certain nombre de navires de guerre ou de places fortes, ou encore de ne pas conclure telle alliance, de s'abstenir, en un mot, d'une foule de droits utiles à la conservation et à la défense d'un État. C'est ainsi que la France, par le traité d'Utrecht de 1713, s'était engagée envers l'Angleterre à ne pas fortifier Dunkerque, et qu'en 1815, par le traité du 20 novembre (art. 3), elle s'était vue contrainte de démolir les fortifications d'Huningue, en promettant de ne pas en établir d'autres, à une distance moindre que trois lieues de la ville de Bâle.

On peut ajouter encore l'obligation imposée à la Bulgarie, par le traité de Berlin du 13 juillet 1878, de détruire les forteresses qui existent sur son territoire, et de ne pas en bâtir de nouvelles, et celle qui soumet le Monténégro à n'avoir ni bâtiments, ni pavillons de guerre.

Toutes ces servitudes n'ont point sans doute un caractère identique, et n'influent pas sur l'indépendance des États avec une égale gravité. C'est pourquoi certains auteurs ne les considèrent pas comme restrictives des droits de la souveraineté. Si l'on peut accepter cette idée pour la plupart des servitudes positives, il est difficile de l'admettre pour celles qui défendent à un État de pourvoir à sa conservation, à moins qu'elles ne constituent une mesure essentiellement temporaire. Dans tous les cas, elles modifient les droits absolus de la souveraineté.

2º *Quels sont leurs modes d'établissement et d'extinction?* — Les servitudes internationales s'établissent, soit par des traités, soit par un usage immémorial, sans pouvoir admettre toutefois que la possession seule puisse tenir lieu d'un titre régulier. Cette possession ne pourra donc pas, en l'absence d'un traité qui la constate et la régularise, suffire, pour fonder un droit permanent. Les droits exceptionnels, conférés par ces servitudes, apportent une limite à la souveraineté des États et doivent s'interpréter strictement.

Les servitudes internationales s'éteignent : 1º par la résolution des traités qui les constituent; 2º par une renonciation

expresse ou tacite de l'État qui en a la jouissance; 3° par la
réunion des deux États sous la même souveraineté; et enfin
4° lorsqu'elles ne peuvent plus se concilier avec la constitution
politique du peuple sur le territoire duquel elles sont établies.
C'est ainsi que les droits seigneuriaux que les princes allemands avaient en Alsace furent supprimés, moyennant une
indemnité, par un décret de l'Assemblée nationale, le 28 octobre 1790, pour ce motif « qu'il ne peut y avoir dans l'étendue de l'empire français d'autre souveraineté que celle de la
nation [1]. »

[1] De Clercq, *Rec. des traités de la France*, t. I, p. 209.

LIVRE II.

LES CHOSES EN DROIT INTERNATIONAL.

L'État ne peut exercer sa souveraineté que sur un territoire dans lequel il agit et se meut avec toutes les ressources dont il dispose. Ses biens forment le patrimoine national que les autres États doivent respecter, en échange d'un droit égal auquel ils peuvent eux-mêmes prétendre. Je vais, avant de déterminer le caractère et les limites du territoire, et les choses sur lesquelles un État peut étendre sa sphère d'action, préciser, dans une synthèse rapide, les principes généraux de cette importante matière.

Droit de propriété. — *Principes généraux.* — Le *droit de propriété* se trouve compris, comme nous l'avons vu, au nombre des droits primitifs et absolus des États. L'existence de la personne internationale est intimement liée à la faculté de disposer d'un ensemble de biens, à l'exclusion de toute autre Puissance.

L'État est propriétaire de son domaine privé dont il jouit comme un simple particulier, et de son domaine public, en l'affectant à l'usage auquel il est spécialement destiné. Mais il n'a, sur les biens de chaque membre de la communauté, qu'un pouvoir de juridiction et de garantie; il fait des lois pour en régler l'usage dans l'intérêt général de la nation. Il n'agit pas alors comme maître de la chose, mais comme souverain, et c'est en ce sens qu'on peut aujourd'hui parler du domaine *éminent* de l'État. « Au citoyen, disait Portalis, ap-

partient la propriété; au souverain, l'empire[1]. » L'Etat exerce
donc, dans toute l'étendue du pays, la *souveraineté territoriale*.

L'exercice des droits souverains sur le territoire peut toutefois être restreint, comme nous venons de le voir au chapitre
précédent, par les servitudes publiques ou internationales établies par la volonté des États.

Souveraineté indivise. — Il peut arriver, en outre, que
deux ou plusieurs États possèdent un territoire en commun.
Mais cette *souveraineté indivise* ne se présente que bien rarement. La *Prusse et la principauté de Lippe* avaient un droit
égal sur la ville de Lippstadt, et l'un des exemples les plus
remarquables, que nous présentait l'histoire moderne, était
celui du *condominium* qui existait dans les *duchés de l'Elbe*,
entre l'Autriche et la Prusse, et qui fut remplacé par la souveraineté exclusive de cette dernière Puissance, après Sadowa
et la paix de Prague (23 août 1866).

*Situation anormale de la Bosnie, de l'Herzégovine, de l'Ile
de Chypre*[2]. — L'article 25 du traité signé à Berlin, le 13
juillet 1878, décide que les provinces de *Bosnie* et d'*Herzégovine* sont occupées et administrées par l'Autriche, bien qu'elles
restent encore sous la domination ottomane. Le Sultan y conserve, en droit, une sorte de domaine éminent; les monnaies
turques peuvent librement circuler, les passe-ports des sujets
bosniaques et certains actes judiciaires sont libellés au nom
de la Sublime Porte, et une convention spéciale de 1879 stipule
que des prières publiques doivent encore être faites dans ces
provinces pour le Sultan, successeur des Califes. Mais, en
fait, l'empereur d'Autriche y exerce tous les droits de souveraineté administrative et militaire. Il n'y a même pas dans ce
cas une véritable souveraineté indivise; et l'on peut dire que,
si la Turquie conserve un droit nominal, c'est l'Autriche qui

---

[1] Locré, t. VIII, p. 152. *Exposé des motifs.* — Troplong, *Traité de la
propriété*, ch. xvi, p. 97, 98.

[2] Neumann, *L'empire austro-hongrois, la Bosnie et l'Herzégovine*, dans la
Rev. de dr. int., Bruxelles, t. XI, p. 38. Esperson, *l'Angleterre et les capitulations dans l'île de Chypre*, dans la *Rev. de dr. int.*, Bruxelles, t. X,
p. 587. Engelhardt, *Rev. de dr. int.*, Bruxelles, t. XXIV, p. 345.

jouit dans ces deux provinces de tous les avantages de la souveraineté.

D'après un traité du 4 juin 1878, l'*île de Chypre*, bien que demeurant sous la souveraineté nominale du Sultan, est administrée par l'Angleterre qui y exerce les droits d'empire et de propriété. Elle construit des fortifications, lève les impôts, organise les dépenses; c'est une *gestion* d'un ordre à part qui fait écarter, tant qu'elle durera, le régime des *capitulations*, bien que les habitants de l'île restent les sujets de l'empire ottoman.

Cette *situation est donc anormale*, et l'État doit nous apparaître comme *le souverain et le propriétaire exclusifs de son territoire*. Mais il peut encore prétendre à l'usage d'autres biens qui résistent à toute appropriation. Ses intérêts commerciaux l'obligent à sortir de l'enceinte de son domaine, à traverser les mers, à demander aux nations voisines ou lointaines les ressources qui lui manquent. Peut-il prétendre à la propriété ou à la souveraineté de toutes choses, si la force lui permet de les retenir sous sa puissance, ou n'y a-t-il pas une limite devant laquelle il doit s'arrêter, en vertu des droits réciproques des nations et de l'intérêt général de l'humanité?

Cette question nous conduit à l'analyse qu'il faut maintenant faire pour connaître dans toute son étendue le droit de propriété des États. Il y a deux grandes divisions qui nous apparaissent, et qui doivent faire l'objet de chapitres distincts : *choses susceptibles de propriété, le territoire; choses que l'on ne peut s'approprier, la mer.* Après cette double étude, nous examinerons, sous un titre spécial, les règles du droit international relatives aux *navires*.

CHAPITRE 1.

Choses susceptibles de propriété.

LE TERRITOIRE.

Il faut, pour connaître tous les principes de cette matière, répondre aux questions suivantes : *qu'est-ce que le territoire et que comprend-il? quelles sont ses limites? comment les États peuvent-ils en acquérir ou en perdre la propriété?*

I.

QU'EST-CE QUE LE TERRITOIRE ET QUE COMPREND-IL?

Il faut entendre, par ce mot, la région occupée par un peuple soumis à la même souveraineté, et qui est séparée des nations voisines par des limites ou frontières. La terre, les eaux qui la traversent, ou qui baignent ses côtes, se trouvent comprises dans cette définition générale et l'on peut distinguer *le territoire terrestre, maritime* et *fluvial.*

A. Territoire terrestre [1]. — Il se compose de l'ensemble des propriétés privées, appartenant à chaque membre de la société ou à l'État. Il comprend, en outre, toutes les parties du domaine public que les représentants du pouvoir détiennent à la charge de les entretenir et de les livrer à la jouissance commune des citoyens : ce sont les routes, les chemins de fer, le domaine militaire et certains édifices publics. Parmi ces choses, les voies de communication, et surtout les chemins

[1] Ortolan, *Du domaine international.*

de fer, occupent la première place, au point de vue des rapports internationaux. Il est utile, pour assurer le développement économique et la prospérité commerciale de tous les pays, de donner aux lignes ferrées le caractère de voies internationales, régies par une législation uniforme, ayant pour but d'assurer la régularité de l'exploitation, l'économie des transports et la garantie des droits particuliers. C'est à raison d'une utilité semblable que les lignes télégraphiques, qui sont également dans le domaine de la souveraineté territoriale, doivent jouir d'une même législation réglée par la convention des États. Nous étudierons, dans le livre consacré aux relations internationales, les progrès réalisés, sous ce rapport, depuis quelques années.

On peut considérer, comme des dépendances du territoire terrestre, les *îles* qui se trouvent dans les fleuves navigables et dans les eaux territoriales, et qui font partie, comme les lais et les relais de la mer, du domaine privé de l'État.

B. TERRITOIRE MARITIME[1]. — Il comprend certaines parties distinctes, dont je vais faire une étude séparée, en indiquant leurs caractères et les droits de l'État sur chacune d'elles.

a) *Mer territoriale.* — On désigne, par ce mot, l'étendue de la mer sur laquelle l'État peut, du rivage, faire respecter sa puissance, et qui lui sert de limite. C'est le territoire de l'État qui se prolonge, dans un intérêt majeur de conservation et de défense, et pour la protection des intérêts commerciaux et fiscaux du pays. C'est de là que vient ce mot de mer territoriale, que l'on désigne aussi sous le nom de *mer littorale*, de mer *adjacente* ou *voisine*, de mer *juridictionnelle*.

Deux questions se présentent à notre examen : quelle est son étendue, et quels droits l'État peut-il exercer sur elle.

[1] Perels, *Manuel de dr. marit. intern.* (traduit de l'Allemand par Arendt, 1884). — Rosse, *Élém. de dr. marit. int.* — Le Moine, *Précis de dr. marit. int. et de diplomatie.* — Hautefeuille, *Histoire des origines, des progrès et des variations du droit maritime intern.* — Théodore Ortolan, *Règles intern. et diplom. de la mer*, 1864. — Imbert Latour, *La mer territoriale*, 1889. — Pappafava, *La mer territoriale, J. Clunet*, 1887.

1° *Quelle est son étendue?* — Les auteurs du XVIe siècle, sous l'influence des dangers que faisaient courir aux États les entreprises audacieuses des pirates, avaient porté les limites de la mer territoriale à une très grande distance, à soixante, à cent milles quelquefois. Laissant de côté les idées différentes et souvent bizarres données sur ce point par quelques écrivains, je me borne à l'indication de la règle ordinairement admise aujourd'hui. La mer territoriale comprend l'espace marqué par la plus grande portée d'un canon établi sur le rivage; la souveraineté territoriale, en un mot, finit là où *expire la force des armes*. Cette distance comprend aujourd'hui *trois milles marins*, d'après le droit commun de la plupart des États; mais on peut prévoir, en présence des perfectionnements de l'artillerie, une modification prochaine apportée à la limite de la mer territoriale.

La distance de dix milles serait plus conforme à la portée moyenne du canon moderne. Une définition précise et immuable de la mer territoriale, *résultant d'un accord international*, serait utile pour prévenir bien des difficultés. La législation française de 1866 et de 1888 admet la distance de *trois milles;* il en est de même en Allemagne, en Russie, en Angleterre depuis le *Territorial Waters juridiction Act* de 1878. Mais l'Angleterre ne renonce pas à la souveraineté de certaines eaux plus étendues qu'elle s'attribue depuis une époque reculée (*immemorialy*). L'Espagne réclame une zone de six milles; la Norvège se réserve un rayon de quatre milles; le Canada étend la limite relative au contrôle de l'administration douanière jusqu'à neuf milles de la côte, et la France, pour la même hypothèse, jusqu'à deux myriamètres[1].

La convention de La Haye du 6 mai 1882, sur la pêche maritime, et le traité du 19 octobre 1888 relatif à la neutralisation du canal de Suez parlent bien de *trois milles marins*, et c'est la distance que la convention d'arbitrage du 15 août 1893, concernant la mer de Behring, considère comme la *limite ordinaire*.

---

[1] L. du 4 germinal an II (tit. II, art. 3, 7). Voyez F. de Martens, *Rev. de dr. int.*, Paris, 1894, p. 32. — *Rev. de dr. int.*, Bruxelles, t. XXIII, p. 395, t. XXV, n° 5.

Mais en dehors des traités spéciaux qui n'obligent que les Puissances contractantes pour l'exercice de certains droits déterminés, les législations des États peuvent s'en tenir au principe fixant l'étendue de la juridiction d'après la portée des batteries de la côte. C'est afin d'éviter la diversité des prétentions particulières qu'un *accord international* serait nécessaire pour préciser les limites de la mer territoriale. D'après le *projet de loi* proposé par l'*Institut de droit international* dans sa session de Paris (mars 1894), « la zone de la mer territoriale s'étendrait à *six milles* marins de la laisse de basse marée sur toute l'étendue des côtes. » *En cas de guerre,* l'État riverain *neutre* pourrait, par notification spéciale, étendre cette zone jusqu'à portée de canon des côtes.

2º *Droits de l'État sur la mer territoriale.* — La *ligne de respect* marque le point, à partir duquel on ne se trouve plus dans les eaux d'un État, et où l'on échappe à sa puissance et à ses lois. Mais quelle est la nature des droits de l'État sur cette portion du territoire maritime? D'après les uns, c'est un *droit de propriété;* car, par sa nature, cette partie de la mer est susceptible d'appropriation. L'État l'occupe, la possède, y fait journellement des actes de maître; et cette propriété se justifie par l'utilité de la défense, et par la nécessité de garantir tous les avantages que le voisinage de la mer procure aux populations riveraines. D'après les autres, dont l'opinion tend à prévaloir aujourd'hui, c'est un droit de *souveraineté, un droit d'empire et de juridiction.* On trouve cette décision consacrée dans le projet de loi voté par l'*Institut de droit international* dans sa session de Paris de 1894. La discussion ne présente pas, d'ailleurs, un grand intérêt pratique, au point de vue des droits que l'État riverain se reconnaît sur la mer territoriale.

L'État riverain peut prendre toutes les *mesures d'ordre public* qu'il juge nécessaires, régler l'exercice de la *police de sûreté* et de la *police sanitaire,* du droit de *cabotage* et de *pilotage,* de la *pêche* et de la *navigation,* et soumettre les navires de commerce à la *visite des douanes.* Les traités déterminent, pour éviter toute difficulté, les dispositions relatives aux objets les plus importants. C'est ainsi que la convention, du 11 novembre 1867, entre la France et l'Angleterre, réserve aux seuls citoyens la pêche dans la mer territoriale. Les États n'usent plus d'ailleurs aujourd'hui des droits stricts qu'ils peuvent avoir, et les eaux territoriales profitent, comme la haute mer, de la liberté de la navigation. Le simple passage d'un navire étranger, dans les limites maritimes, n'autorise pas l'État à imposer à ce navire des droits de *péage*, à moins que ces droits ne représentent une indemnité légitime, pour des travaux, dont l'intérêt de la navigation exige l'établissement et l'entretien.

Mais aucun navire étranger ne peut, à l'inverse, entrer dans la mer territoriale d'un État, pour y exercer des actes de juridiction ou combattre un vaisseau ennemi. En 1844, les autorités anglaises de Gibraltar firent de ce principe une brutale application. Leurs batteries coulèrent un navire espagnol, *le Royo*, qui, en poursuivant un contrebandier, s'était avancé à moins de deux lieues de la côte de Gibraltar, sans tenir compte des signaux l'avertissant qu'il violait la ligne territoriale.

b) Mers intérieures, lacs, détroits et canaux. — On appelle *mers intérieures* ou *fermées* celles qui sont enclavées dans le territoire continental d'un État, et qui ne communiquent pas avec l'Océan. La mer *Morte* et la mer *Caspienne* nous en offrent deux exemples. Ces mers font partie intégrante du territoire de l'État qui peut exercer sur elles tous les droits d'empire et de propriété. Elles peuvent appartenir à plusieurs États différents qui ont, dans ce cas, un droit égal et une souveraineté indivise.

Les mers intérieures ou *fermées* proprement dites sont donc celles qui sont *entièrement enclavées*. Mais on peut donner encore ce nom à une mer qui, *sans être totalement enclavée*, communique avec l'Océan par *un détroit tellement resserré* que la portée du canon, en défendant l'accès, peut aller d'une rive à l'autre, et à la condition qu'un *seul* et même État soit propriétaire de cette mer intérieure et des deux rives qui en bordent l'entrée.

Mer Noire. — La mer *Noire* communique à la pleine mer

par les détroits des *Dardanelles* et du *Bosphore*, dont les rives resserrées sont placées sous la domination turque. *Elle n'est cependant pas une mer fermée*, parce qu'elle baigne le territoire de deux États différents, la Russie et la Turquie. Elle a d'ailleurs été soumise, suivant les époques, à des législations différentes. Le traité d'Andrinople, du 14 septembre 1829, et la *Convention des détroits*, signée à Londres le 13 juillet 1841, imposèrent à la Turquie l'ouverture de ses détroits à la navigation commerciale de tous les États, mais avec l'obligation de les tenir fermés aux vaisseaux de guerre des Puissances non riveraines. Le traité de Paris du 30 mars 1856 *neutralise la mer Noire*; il exclut, dans ce but, les pavillons de guerre de toutes les Puissances même riveraines, supprime tout arsenal militaire et détermine la force et le nombre des bâtiments légers que la Russie et le Sultan se réservent d'entretenir pour le service des côtes. Mais le commerce de cette mer doit être libre de toute entrave et n'être assujetti qu'à des règlements de santé, de douane et de police. Cette neutralisation a subi une importante modification par le traité de Londres du 13 mars 1871, qui, tout en maintenant le principe de la clôture des détroits, ouvre de nouveau la mer Noire aux vaisseaux de guerre de la Russie et de la Turquie, et reconnaît à ce dernier État la faculté de laisser entrer dans les détroits, en temps de paix, les bâtiments de guerre des Puissances amies ou alliées, dans le cas où la Sublime-Porte le jugerait nécessaire pour sauvegarder l'exécution des stipulations du traité de Paris du 30 mars 1856. Le traité de Berlin, du 13 juillet 1878, a confirmé ces dispositions.

En résumé, la mer Noire est donc soumise à un régime anormal : en droit, elle est une mer libre, qui devrait être, en temps de paix, ouverte, de plein droit, à tous les navires de toutes les nations; et, en fait, elle est considérée comme une mer en partie fermée, puisqu'elle n'est entièrement libre que pour la navigation commerciale.

Mer de Behring. — La mer de *Behring*, que l'on désigne aussi sous le nom de « mer de Kamtchatka ou de « Pacific Océan, » n'est pas une mer fermée. Elle embrasse une distance de 1.200 lieues et les États-Unis n'en possèdent que la côte de l'Est. La République américaine doit y laisser la navigation entièrement libre, et ne peut entraver le droit de pêche en dehors de ses eaux territoriales. La saisie, en 1886 et en 1889, des bâtiments anglais qui avaient pris des phoques dans cette mer est illégale, et ne s'explique que par le désir d'empêcher la concurrence que les pêcheurs anglais faisaient à la *Compagnie d'Alaska*, à laquelle le gouvernement américain avait affermé le droit de prendre mille phoques mâles par an. Sans doute, le gouvernement américain a le droit d'affermer la vente des phoques en Alaska, et aucun étranger ne peut s'attribuer la faculté de prendre des phoques dans cette région, dans les îles avoisinantes et dans les eaux territoriales américaines; mais la haute mer doit rester libre.

Par le *traité de Washington*, du 29 février 1892, l'Angleterre et les États-Unis ont décidé de soumettre leur différend à un *tribunal arbitral*. Ce tribunal, composé de sept membres, s'est réuni à Paris et a rendu sa sentence le 15 août 1893. L'Angleterre a obtenu gain de cause au point de vue du principe de la liberté de la pleine mer; les arbitres ont reconnu que la Russie, avant 1867, et les États-Unis, cessionnaires du territoire d'Alaska depuis cette époque, n'avaient jamais eu un droit de juridiction sur la mer de Behring, ni la faculté exclusive de la pêche en dehors de la limite de trois milles fixée pour la mer territoriale. Mais *des règlements*, en vue de l'avenir, assurent la *protection des phoques à fourrure* même sur la haute mer. Il est défendu d'en prendre en tout temps dans la zone de soixante milles autour des îles Prybilow, où se trouvent les parcs de phoques, richesse de l'Alaska. En outre, les pêcheurs doivent être munis d'une licence spéciale, arborer un pavillon distinctif, n'employer ni filets, ni armes à feu, ni explosifs, et mentionner sur le livre de bord la date et le lieu de leurs opérations, ainsi que le sexe et le nombre des phoques capturés chaque jour (art. 1, 4, 5 et 6 des règlements). Les arbitres n'ont donc pas seulement tranché la *question litigieuse;* ils ont, en vertu des pouvoirs qui leur étaient confiés, pris des *mesures en vue de l'avenir* et limité ainsi le pouvoir normal des États en cause; c'est là une *attribution exceptionnelle en dehors des caractères habituels de l'arbitrage*[1].

Lacs. — Il faut assimiler, aux mers fermées, les lacs qui se trouvent dans le voisinage immédiat de la mer libre et les considérer comme appartenant au territoire des États riverains.

Détroits[2]. — Il est facile de voir maintenant, à l'aide des principes déjà posés, que les *détroits* se rattachent au territoire maritime des États dans les deux cas suivants : 1° S'ils sont entièrement dominés par l'État propriétaire des deux rives et conduisent à une mer intérieure ou fermée; 2° s'ils servent à unir deux mers libres, mais seulement alors jusqu'à la distance fixée pour la limite de la mer territoriale. La portion du détroit, qui se trouve en dehors de la ligne de respect, fait partie de la haute mer. Mais les droits de l'État riverain, alors même que celui-ci peut dominer le détroit tout entier, n'ont pas, dans les deux cas indiqués, la même étendue.

Dans le premier cas, c'est-à-dire lorsque le détroit sert de passage pour conduire à une mer fermée, l'État propriétaire peut en défendre l'accès.

Dans le second cas, lorsqu'il unit deux mers libres, l'État ne peut pas, dans les limites mêmes de la mer territoriale, s'opposer au passage des navires. Le détroit doit être libre comme les deux mers auxquelles il sert de communication; sinon on enlèverait à la liberté des mers toute son efficacité.

La *liberté des détroits* est donc un principe certain de droit international : *mer libre, détroit libre*. Mais il ne faut pas en tirer une conséquence trop absolue et refuser tout droit à l'État riverain; car ce serait détruire la juridiction et l'empire qu'il exerce sur les eaux territoriales qu'il peut dominer du rivage. Il peut donc prendre toutes les mesures nécessaires à la sécurité de son territoire. Il doit seulement laisser aux

---

[1] Geffcken, *Question des pêcheries*, etc..... *Rev. de dr. int.*, Bruxelles, t. XXII, p. 217, t. XXIII, p. 236. — F. Martens, *Rev. gén. de dr. int. public*, Paris, 1894, p. 32. — L. Renault, *Même revue*, 1894, p. 44.

[2] Geffcken, *La question des détroits*, dans la *Rev. de dr. int.*, Bruxelles, t. XVII, p. 362.

autres peuples l'*usage innocent* des détroits, sans pouvoir entraver par des impôts ou droits de péage la liberté de la navigation. Les traités seuls peuvent fixer les indemnités dues pour l'entretien de certains travaux destinés à faciliter l'accès des détroits; mais cette rétribution ne peut pas avoir le caractère d'un tribut.

Le Danemark a longtemps perçu, en vertu de traités qui remontaient au xive siècle, un *droit de péage* sur les navires de commerce passant par les détroits du *Sund* et des *Belts*. C'est à partir de l'année 1645 que fut fixé le premier tarif uniforme, révisé pour la dernière fois en 1841, à la suite de conventions passées à Londres et à Elseneur, entre le Danemark, la Suède et l'Angleterre.

Mais ces droits prirent, avec le temps et le développement des relations commerciales, une telle importance, qu'il était difficile de leur reconnaître la nature d'une indemnité pour des services rendus; c'était plutôt un tribut qui entravait la liberté de la navigation. Le gouvernement des États-Unis fut le premier, en 1848, à protester contre le paiement d'un pareil droit, et, le 14 mars 1857, à la suite d'une conférence tenue à Copenhague, les Puissances signèrent avec le Danemark un traité abolissant, par la voie du rachat, les droits de péage du Sund. L'indemnité que les États devaient payer, suivant une répartition fixée par le traité, fut considérée comme l'équivalent des dépenses imposées au Danemark pour l'entretien des feux, phares et balises du passage et non comme le prix destiné au rachat d'un droit véritable[1].

Canaux maritimes[2]. Les *canaux* artificiels, qui communiquent avec la mer, font partie du territoire de l'État contigu qui les a creusés et qui peut les tenir sous sa domination exclusive. On ne peut contester à un État le droit d'ouvrir un

---

[1] L'indemnité s'élevait à la somme totale de 30,476,325 risdales et devait être payée dans un délai de 20 ans, par quarante paiements semestriels d'égale valeur (art. 5 du traité).

[2] Travers Twiss, *Le canal de Suez*, dans la *Rev. de dr. int.*, Bruxelles, t. VII, p. 682, t. XIV, p. 572, t. XVII, p. 715. — Asser, *La convention de Constantinople pour le libre usage du canal de Suez*, dans la *Rev. de dr. int.*, Bruxelles, t. XX, p. 529. — Fleury, *Canaux maritimes*, dans la *Rev. des Deux-Mondes*, 15 nov. 1893.

isthme sous prétexte qu'un changement, apporté au mouvement commercial, va causer un préjudice à d'autres États, et l'on ne peut pas davantage lui refuser le droit de souveraineté sur le passage ouvert à la navigation.

Il faut d'ailleurs décider ici, comme pour les détroits unissant deux mers libres, que la liberté du passage doit être accordée aux navires de tous les peuples, sans pouvoir établir de privilèges à l'égard de quelques-uns seulement, sauf le droit pour l'État propriétaire de l'isthme de prendre toutes les mesures nécessaires à la protection de ses intérêts et de sa défense. Lorsqu'en 1850 on eut l'idée de percer l'isthme de Panama, une convention intervint entre les États-Unis et la Grande-Bretagne, où fut posé le principe que le canal serait librement ouvert aux navires de toutes les nations (Tr. de Washington, 19 avril 1850).

Le *canal de Suez* n'a pas été l'œuvre de l'État riverain, mais d'une entreprise internationale, représentée par une compagnie dont les actionnaires se partagent les bénéfices et les pertes. C'est une raison de plus pour que ce canal soit ouvert au commerce de tous les peuples et au passage de tous les navires.

Un traité international, ayant pour but la *neutralisation* du canal de Suez, a été conclu à Constantinople, le 29 octobre 1888, et a dès lors complété le régime de navigation établi par le firman du 22 février 1866. En vertu de ce traité, le canal maritime de Suez reste ouvert en tout temps et sans distinction de pavillon, à tous les navires, même à ceux qui appartiennent à des nations actuellement belligérantes. Le droit de blocus ne peut jamais être décrété, et aucun acte d'hostilité, ayant pour but d'entraver la liberté de la navigation, ne peut être exercé dans le canal et ses ports d'accès, ainsi que dans un rayon de trois milles marins de ces ports, alors même que l'empire ottoman serait l'une des Puissances belligérantes.

Toutefois, le transit des bâtiments de guerre des États belligérants doit s'effectuer dans le plus bref délai, et leur séjour à Port-Saïd et dans la rade de Suez ne peut dépasser plus de vingt-quatre heures, sauf le cas de relâche forcée. Si deux navires ennemis se rencontrent dans un port d'accès, un in-

tervalle de vingt-quatre heures doit séparer le départ de chacun d'eux. Les Puissances belligérantes ne peuvent, sauf le
cas de force majeure, ni débarquer, ni prendre, dans le canal et ses ports d'accès, des troupes, des munitions ou un
matériel de guerre.

Aucun navire de guerre ne peut stationner dans les eaux du
canal, et chaque État ne peut en maintenir que deux dans les
ports d'accès de Port-Saïd et de Suez. Ce droit même limité
est refusé aux parties belligérantes.

Le canal d'eau douce, reconnu indispensable au canal
maritime, est également protégé, et la garantie s'étend au matériel, aux établissements et aux constructions de ces deux
canaux.

Le soin de veiller à l'exécution de ce traité est confié au
gouvernement égyptien et aux agents qui représentent en
Égypte les puissances signataires. Les droits de souveraineté
territoriale de la Turquie sont d'ailleurs sauvegardés; le Sultan et le Khédive, dans la limite de leurs pouvoirs respectifs,
peuvent prendre toutes les mesures destinées au maintien de
l'ordre public et à la défense du pays, sans qu'aucune d'elles
puisse porter atteinte à la liberté de la navigation.

Le *canal de Corinthe*, ouvert le 24 août 1893, appartient
aux eaux territoriales de la Grèce et se trouve entièrement
sous la juridiction de cette puissance. Il a eu pour but de faciliter les relations commerciales de l'Adriatique avec les côtes
de la Grèce orientale.

Le *canal de Kiel*, ou *canal de la Baltique à la mer du Nord*,
a un but plutôt stratégique que commercial. L'empire d'Allemagne qui l'a fait construire et l'a sous sa juridiction évite ainsi
le passage par les détroits du Sund et des deux Belts. Il a été
inauguré solennellement, le 21 juin 1895, et a reçu le nom de
canal de l'empereur Guillaume le Grand. Il a été ouvert à la
navigation, le 1er juillet 1895, pour les navires jaugeant jusqu'à 7 mètres 1/2.

c) *Golfes et baies*. — Il faut comprendre les golfes et les
baies dans le domaine de la souveraineté territoriale, lorsqu'ils
n'ont pas une grande étendue et peuvent être dominés par l'É-

tât riverain. Il en est ainsi dans le cas où la distance d'une rive à l'autre ne dépasse pas *une double portée de canon*, de telle sorte que les feux croisés des deux rives puissent en défendre facilement l'accès.

Les golfes et les baies d'une étendue considérable, tels que les golfes de Lion et de Gascogne, la baie d'Hudson, doivent être assimilés à la haute mer et soumis au régime de la liberté, en réservant les droits de juridiction de l'État dans la limite des eaux territoriales.

Certains États veulent pourtant s'attribuer la souveraineté des baies et des golfes, contenus entre deux promontoires leur appartenant, quelle qu'en soit l'étendue, en tirant une ligne droite d'un cap à l'autre. C'est ainsi que l'Angleterre fait rentrer dans son domaine exclusif la baie de la Conception à Terre-Neuve, bien qu'elle ait une largeur moyenne de quinze milles. En 1877, une société qui avait établi un câble sous-marin à plus de trois milles de la côte, s'en vit refuser l'exercice par le conseil privé qui considéra la baie, dans toute son étendue, comme un territoire de la couronne britannique. Cette prétention illégale de l'Angleterre n'est qu'un moyen de s'attribuer certaines parties de la mer qu'elle désigne sous la dénomination de « *king's ou queen's chambers* [1]. »

Toutefois, dans un traité du 15 février 1888, relatif aux droits de pêche des citoyens de la République américaine dans les eaux du Canada et du Labrador, l'Angleterre reconnaît que les *baies larges de trois lieues* sont seules comprises dans les eaux territoriales.

Le *projet de loi de l'Institut de droit international* (session de Paris 1894), décide que « pour les baies, la mer territoriale suit les sinuosités de la côte, sauf qu'elle est mesurée à partir d'une ligne droite tirée en travers de la baie dans la partie la plus rapprochée de l'ouverture vers la mer, où l'écart entre les deux côtés de la baie est de 12 *milles marins de largeur*, à moins qu'un usage n'ait consacré une largeur plus grande ».

En principe, l'État riverain d'une baie a seul le droit de pê-

---

[1] Westlake, *Rev. de dr. int.*, Bruxelles, 1878, p. 550.

cher dans la limite des eaux territoriales qui baignent la côte,
à moins de traités formels en sens contraire. Cette règle m'a-
mène à dire un mot du droit qui appartient à la France sur
les *pêcheries de Terre-Neuve*.

Pêcheries de Terre-Neuve. — En 1713, le traité d'Utrecht
(11 avril) qui reconnut à l'Angleterre la propriété de l'île de
Terre-Neuve, laissait à la France le droit de pêche sur une
partie du littoral qui a reçu le nom de « *French-shore*[1]. »

Les droits de pêche qu'exerce la France dans les parages
de Terre-Neuve se présentent sous trois aspects qu'il ne faut
pas confondre. La pêche sur les bancs se fait en pleine mer,
et est commune à toutes les nations ; celle des îles de Saint-
Pierre et Miquelon qui appartiennent à la France est locale
et se fait dans les eaux françaises. Enfin la pêche sur la côte
de Terre-Neuve a lieu sur la partie du littoral anglais que les
traités nous réservent. Elle constitue pour nous un droit spécial et absolu, illimité quant au genre de pêche que l'on y
peut exercer, et exclusif de toute concurrence étrangère. Le
traité de Versailles du 3 septembre 1783 et, plus tard, la
paix de Paris, du 30 mai 1814 ne firent que confirmer les
droits reconnus par le traité d'Utrecht. Une convention,
signée le 14 janvier 1857, régla de nouveau l'exercice de ce
droit.

Ce droit de pêche était un obstacle à l'existence d'établissements permanents sur le littoral réservé à la France ; mais
peu à peu les habitants de Terre-Neuve s'y implantèrent, sans
que les marins français, auxquels ils rendaient quelques services, eussent l'idée de les en empêcher. Cette tolérance devait
être la source des conflits et des difficultés qui se sont élevés,
depuis cinquante ans, et dont le caractère plus agressif de ces
dernières années a donné lieu, le 20 janvier 1890, à des débats devant le Parlement français, où M. Flourens a revendiqué en termes éloquents les droits de la France et appelé l'attention du gouvernement sur la protection due à nos marins

---

[1] De Clercq, t. I, p. 1-15. 142. — Geffcken, *Question des pêcheries*, etc...;
Rev. de dr. int., Brux., t. XXII, p. 217. — *Rev. des Deux-Mondes, les Pê-
cheries de Terre-Neuve*, novembre 1874. — Mérignhac, *les Pêcheries de
Terre-Neuve... Rev. de dr. int., Paris*, 1894, p. 305.

dans les parages de Terre-Neuve [1]. Le 18 mai 1886, le Parlement de Saint-Jean de Terre-Neuve avait voté un bill (Bait Act), en vertu duquel la vente de la *boette*, de l'appât, était interdite au pêcheurs étrangers.

Les difficultés sont relatives surtout à la *pêche du homard*, qui ne serait pas comprise, d'après les Anglais, dans les termes du traité d'Utrecht, dont il faudrait restreindre l'application à la pêche de la morue, sous ce prétexte que les homards ne sont pas des poissons mais des *crustacés* que l'on capture, et qu'en outre, leur préparation exige des *établissements permanents* contraires aux traités. Pour mettre un terme à ces difficultés, la France et l'Angleterre ont signé, le 11 mars 1891, un traité par lequel elles décident de soumettre les questions concernant la pêche du homard à une *commission arbitrale*, composée de trois spécialistes ou jurisconsultes désignés d'un commun accord par les deux gouvernements et de délégués de chaque pays qui seront les intermédiaires autorisés entre les deux gouvernements et les arbitres. La commission arbitrale, ainsi formée de sept membres, statuera à la majorité des voix sans appel. En attendant la décision des arbitres, le *modus vivendi*, établi le 1er juillet 1889 et signé définitivement à Londres, le 15 mai 1890, en ce qui concerne la pêche du homard, est maintenu. Les deux États se réservent le droit de saisir plus tard la commission d'autres questions subsidiaires, relatives aux pêcheries de Terre-Neuve.

d) *Ports, havres et rades.* — La nature même des choses les fait rentrer dans le domaine maritime du souverain territorial. Celui-ci peut donc faire des règlements pour tout ce qui concerne la police des ports, la sûreté des marchandises, l'acquittement de certains droits. Mais il est universellement admis aujourd'hui, que les États ne peuvent refuser l'usage inoffensif de leurs ports pour les besoins du commerce, ni imposer des droits de navigation trop élevés, ni établir, entre les vaisseaux des différents pays, une inégalité de nature à donner à quelques-uns le monopole commercial.

[1] *Journal officiel*, séance du 20 janvier 1890.

A ce principe on peut apporter deux dérogations : 1° un État peut interdire l'entrée de ses ports militaires aux navires étrangers de guerre ou même de commerce ; leur admission est souvent réglée par les traités ; 2° il peut refuser d'admettre dans les ports de commerce les bâtiments de guerre étrangers, ou tout au moins ne leur accorder la libre entrée qu'après avoir accueilli leurs explications. En 1825, l'escadre française fut arrêtée, pendant quelques heures, à l'entrée du port de la Havane et les autorités espagnoles ne consentirent à lever l'obstacle, qu'après avoir reçu les explications de l'amiral français.

Il est utile, d'ailleurs, que l'admission des vaisseaux de guerre soit réglée par des traités qui déterminent, d'une façon précise, leur nombre, leur importance et leurs conditions de séjour. On ne peut jamais refuser à un navire étranger, de guerre ou de commerce, l'accès dans un port, même fermé, lorsqu'il y cherche un refuge en cas de nécessité. Le *port fermé* est donc celui où l'entrée des vaisseaux étrangers est interdite, sauf dans le cas de nécessité ; le *port ouvert* est celui dont l'accès est libre au commerce de toutes les nations.

On distingue encore les *ports militaires* et les *ports marchands*, suivant le caractère des navires que l'on reçoit habituellement.

C. Territoire fluvial [1]. — On peut dire, dans un sens général, que le territoire fluvial d'un État comprend tous les cours d'eau qui l'arrosent, quelles que soient leur étendue et leur nature. Ils dépendent, quant à leur régime et aux droits qu'on peut avoir sur eux, de la législation civile et du droit administratif de chaque État. Mais les fleuves, et les rivières navigables qui conduisent aux fleuves et à la mer, alors surtout qu'ils séparent ou traversent le territoire de plusieurs États, intéressent toutes les nations, et relèvent, à ce titre, du droit international. C'est pour cette raison qu'on leur donne le nom de *fleuves internationaux* ; et lorsque des traités on

---

[1] Carathéodory, *Du droit international des grands cours d'eaux.* — Engelhardt, *Du régime conventionnel des fleuves internationaux ; Histoire du droit fluvial conventionnel.* — Vernesco, *Des fleuves en droit international.*

fixé les règles qui leur sont propres, on les appelle *fleuves conventionnels*. Il ne peut donc s'agir que de ces fleuves dans l'étude qui concerne les droits de propriété et de navigation fluviale des États.

Deux grandes distinctions s'imposent à notre examen et sont relatives : 1° aux fleuves qui séparent deux États, ou traversent le territoire de plusieurs États différents ; et 2° aux fleuves dont le parcours est en entier sur le territoire d'un seul État. Nous allons étudier ces deux cas en nous plaçant au double point de vue du droit de propriété et du droit de navigation fluviale.

I. *Fleuves qui séparent deux États, ou traversent le territoire de plusieurs États différents.*

a) *Droit de propriété.* — Le fleuve qui *sépare* les territoires de deux États se trouve soumis à un droit de propriété mitoyenne, à moins que l'une des Puissances n'en ait légitimement acquis le domaine exclusif. Mais comment déterminer le point où s'arrête la propriété de chaque État ?

L'opinion la plus ancienne, admise par Grotius et Vattel, divise le fleuve par moitié, et donne à chaque État la propriété de la partie qui baigne les rives de son territoire. Cette doctrine semble, à première vue, conforme à l'équité ; mais si l'on songe que la largeur de la masse liquide dépend de son niveau et peut varier suivant les circonstances, on arrive, en admettant cette division, à un résultat qui n'offre pas toujours une certitude et une garantie complètes. On préfère admettre aujourd'hui, comme ligne séparative de la propriété de chaque État, *le milieu du chenal ou du plus fort courant*, qui forme la partie la plus navigable et qu'on nomme le *thalweg* (chemin de la vallée). Des signaux fixes ou des bouées indiquent cette ligne médiane. Cette décision fut admise, le 9 février 1801, par le traité de Lunéville relativement à la propriété du Rhin ; elle a reçu depuis la consécration de plusieurs traités[1].

[1] De Clercq, t. II, p. 210, 220, 572, 606, 644. Les traités de Tilsitt (7 juillet 1807), de Vienne (9 juin 1815), de Paris (20 novembre 1815), de Berlin (13 juillet 1878), parlent également du *thalweg*.

Il faut rejeter l'opinion de certains auteurs qui ne veulent pas soumettre les fleuves à la domination des États et n'accordent aux pays riverains qu'un droit d'usage commun, en dehors de toute idée de souveraineté.

Les fleuves, qui *traversent* le territoire de plusieurs États différents, font partie du domaine public de ces États, sur toute l'étendue du pays qu'ils parcourent. L'État propriétaire a les droits d'empire et de juridiction : il veille à la sécurité de la navigation, fait les règlements relatifs à la police du fleuve, poursuit les contraventions devant ses tribunaux, et perçoit à son profit le produit des droits destinés à couvrir les frais des travaux ayant pour objet de faciliter la navigation.

Le *droit de propriété* existe donc en entier pour chaque État, sur le fleuve qui *traverse* le territoire, *dans la limite du parcours*, et jusqu'à la *ligne médiane du thalweg*, pour le fleuve qui *sépare* deux pays différents.

Mais cette souveraineté de chaque État ne fait pas obstacle à l'usage inoffensif du fleuve, et la liberté de la navigation, dans les deux cas que j'étudie, résulte d'une *communauté conventionnelle* réglée par les traités et dont je vais examiner le caractère général et les principaux cas d'application.

b) Droit de navigation ; principe général. — Il n'existe pas, comme certains auteurs l'ont prétendu, de copropriété naturelle (*condominium*) entre tous les États riverains d'un fleuve ou d'une rivière navigable. Chaque souverain jouit d'un *droit privatif* dans les limites que je viens d'indiquer. Mais il importe que, dans l'intérêt même de chaque propriétaire, il existe une association, dont le but arrive à faciliter, par des règlements généraux, l'usage du fleuve depuis le point où il devient navigable jusqu'à son embouchure. Les fleuves ne peuvent donc être appelés « *communs*, » qu'à raison de l'accord intervenu entre tous les riverains, représentés par une commission ou un syndicat chargé de prendre les mesures destinés à garantir la navigation, la répartition équitable des dépenses et des produits, et la police générale du fleuve. Les travaux d'entretien et de correction des courants navigables sont indiqués et exécutés par les mandataires de la *communauté fluviale*. Ce sont tous ces travaux qui justifient la perception des droits de navigation, fixés aujourd'hui, d'une manière uniforme, pour tous les pavillons, et qui ne peuvent avoir le caractère d'un tribut au profit des États riverains. Le transit direct est libre, et les marchandises traversent le territoire fluvial des États sans acquitter aucun droit de douane, tant qu'elles ne touchent pas les rives de cet État, sans préjudice des mesures de surveillance nécessaires à la garantie des intérêts fiscaux et commerciaux du pays.

Le fleuve n'est soumis au régime de la *communauté fluviale* qu'à partir du point où il est reconnu navigable, en tenant compte de la capacité des bateaux qu'il porte et de l'activité de la navigation. Ce sont donc à la fois l'état normal du fleuve et la convention qui fixent la *délimitation supérieure* de la partie navigable. Quant à la *limite inférieure*, la formule, employée déjà par des actes anciens [1], faisait continuer la navigation fluviale « *jusqu'à la mer.* »

Ces mots ne firent naître aucune difficulté, jusqu'au jour où le gouvernement des Pays-Bas, en 1819, voulant soustraire au domaine fluvial la région maritime des embouchures, prétendit que le fleuve devait s'arrêter au point où ses eaux se mêlaient, dans un bassin plus vaste, à celles de la mer. Mais la convention de Manheim, du 15 octobre 1868, déclare que la navigation fluviale s'étend *jusqu'à la pleine mer* [2]. Il faut donc admettre que ces mots : jusqu'à la mer, sont synonymes de ceux-ci : jusque dans la mer, et font rentrer, dans le *domaine fluvial*, les embouchures du fleuve, malgré l'étendue du bassin et la différence des eaux.

Il faut appliquer aux *affluents* des fleuves internationaux le régime dont jouit le fleuve lui-même, et les ouvrir à la navigation de toutes les Puissances. Certains traités n'ont admis cette règle que pour les affluents qui dépendent de plusieurs souverainetés, non pour ceux qui appartiennent à une seule nation dans tout leur parcours.

[1] Édit royal de Paris, 29 mars 1515.
[2] De Clercq, t. IV, p. 24, 25 ; t. X, p. 178.

Il faut, en outre, observer que les dispositions établissant la liberté de la navigation ne s'appliquent pas, en général, au *cabotage fluvial* qui, dans chaque pays, est habituellement réservé au pavillon national.

La libre navigation, sur les fleuves qui limitent ou traversent plusieurs États, et dont je viens d'indiquer les règles générales, se justifie par la place même qu'occupent les fleuves et rivières navigables, au point de vue de la facilité des relations internationales. Les fleuves doivent participer de la *liberté des mers*, puisqu'ils y conduisent. En attribuant aux peuples riverains l'usage exclusif de ces voies de communication, on enlèverait aux autres États l'accès de la mer et le commerce maritime.

Déjà, en 1792 et en 1798, la France avait, à deux reprises différentes, proclamé le *principe de la liberté fluviale;* mais c'est par le traité de paix, signé à Paris le 30 mai 1814, que les Puissances ont sanctionné ce principe, en ouvrant à tous les peuples la *navigation du Rhin*, et en décidant que le futur Congrès examinerait comment on pourrait appliquer aux autres fleuves le même régime de liberté. Le Congrès de Vienne du 9 juin 1815 vint, en effet, accorder à tout navire de commerce le droit d'user des fleuves qui *séparent ou traversent* les territoires d'États différents. Le traité de Paris du 30 mars 1856 confirma, relativement au Danube, les principes posés en 1814 et en 1815 au Congrès de Vienne.

Mais il ne faut pourtant pas croire que la liberté fluviale soit admise d'une façon absolue et incontestée. Au lendemain même du traité de Vienne, certains États voulurent restreindre le principe de liberté aux seules Puissances riveraines, malgré l'article 109, dont les termes furent détournés de leur véritable sens.

On peut souhaiter une plus large application de la liberté, en la favorisant par l'égalité de droits accordée à tous les pavillons, par l'admission de tout bâtiment au grand et au petit cabotage, par une législation uniforme placée sous la garantie de tous les États, et enfin par la neutralité de la navigation fluviale, et celle des fonctionnaires et des établissements employés à son service, dans l'intérêt du commerce international [1].

c) *Application de la communauté fluviale aux principaux fleuves internationaux.*

RHIN [2]. — L'article 5 du traité signé à Paris, le 30 mai 1814, déclare que la navigation du Rhin est libre sans qu'on puisse l'interdire *à personne.* L'Acte final du Congrès de Vienne portait dans son article 109 que la navigation est libre *sous le rapport du commerce seulement;* et ce fut sur ces mots qu'on eut le tort de s'appuyer plus tard pour réserver le droit de navigation aux seuls riverains. La convention de Manheim, du 17 octobre 1868, qui remplace les règlements anciens, institue une commission centrale chargée d'assurer la prospérité de la navigation, détermine des règles de compétence, et déclare exécutoires de plein droit les jugements rendus par les tribunaux d'un État riverain, en suivant les formes prescrites par les lois du pays où l'exécution est demandée.

ESCAUT. — Les traités de Westphalie (24 octobre 1648) et de Fontainebleau (8 novembre 1785) réservaient la navigation de l'Escaut au profit des provinces unies des Pays-Bas, sans l'accorder aux provinces belges. Ce fut à propos de ce fleuve que la France, en 1792, proclama le principe de la *liberté fluviale*, reconnue par les provinces unies pour l'Escaut, dans le traité de la Haye du 16 mai 1795. Un article secret du traité de Paris, du 30 mai 1814, décidait que : « La liberté de navigation sur l'Escaut serait établie sur le même principe que celui qui réglait la navigation du Rhin. » Le traité de Londres qui, le 19 avril 1839, consacra définitivement la séparation de la Belgique et de la Hollande, respecta la règle posée, en édictant des dispositions communes aux deux États séparés, et dont profitaient les navires de toutes les nations. Toutefois, le roi de Hollande percevait une taxe pour la navigation de l'Escaut et de ses embouchures. La Belgique racheta ce droit de péage

[1] Engelhardt, *Du principe de neutralité dans son application aux fleuves internationaux et aux canaux maritimes*, Rev. de dr. int., Bruxelles, t. XVIII, p. 159.

[2] Godefroi, *Les tribunaux pour la navigation du Rhin*, Rev. de dr. int., Bruxelles, t. XX, p. 96.

par le traité de la Haye, du 12 mai 1863, et les autres Puissances s'approprièrent, en signant le traité de Bruxelles du 16 juillet de la même année, cette décision qui s'appliquait à tous les pavillons, et durent contribuer, suivant leur part respective, au paiement de l'indemnité de rachat[1].

Elbe. — Le règlement du 23 juin 1821 établissait les dispositions relatives à la navigation entre les riverains de l'Elbe. En 1844 (14 avril), un acte nouveau vint élargir les règles premières, mais sans supprimer les droits de péage perçus au profit du Hanovre. Ces droits disparurent, en 1861 (22 juin), en vertu d'un traité conclu entre le royaume de Hanovre et la plupart des Puissances[2].

Pô. — Ce fleuve traversait autrefois des territoires appartenant à l'Autriche et à différentes principautés italiennes. La libre navigation en était garantie par des traités conclus en 1849 et 1859 (traité de Milan, 3 juillet 1849; traité de Zurich, 10 novembre 1859). Mais depuis la paix de Vienne, du 3 octobre 1866, ce fleuve est devenu la propriété exclusive de l'Italie, et se trouve désormais en dehors du cas que nous étudions.

Danube[3]. — Ce n'est que par le traité de Paris, le 30 mars 1856, qu'on put appliquer au Danube les principes de la navigation fluviale posés dans l'Acte final du Congrès de Vienne. Ce traité créait deux commissions ayant chacune des attributions distinctes.

La commission *européenne*, qui devait être *temporaire*, était composée de délégués des Puissances, et avait pour mission d'exécuter les travaux destinés à faciliter la navigation.

La commission *riveraine*, qui était destinée à remplacer complètement la première commission, devait comprendre des membres choisis uniquement parmi les États riverains, et était

---

[1] Le montant de l'indemnité était de 17,141,640 florins. De Clercq. t. VIII, p. 606.

[2] Le montant de l'indemnité était de 2,857,338, 2/9 thalers allemands. De Clercq, t. VIII, p. 288, 291, 292.

[3] Geffcken, *La question du Danube*, 1883. — Engelhardt, *Revue de dr. int.*, Bruxelles, t. XIII, p. 187 et s.; t. XV, p. 5, 340; t. XVI, p. 360. — De Bunsen, *Même Revue*, t. XVI, 551.

chargée de faire les règlements de navigation et de police fluviale. Elle ne se réunit qu'une fois à Vienne, le 7 novembre 1857, tandis que la commission européenne, toujours maintenue, voyait ses pouvoirs prorogés successivement.

L'Acte public, signé à Galatz, le 2 novembre 1865, s'occupe des travaux dont l'exécution est réservée à la commission européenne et décide que tous les ouvrages, créés en vue d'améliorer la navigation, ne peuvent être détournés de leur destination et sont sous la garantie des Puissances. Le traité de Londres, du 13 mars 1871, proroge pour douze ans les pouvoirs de la *commission européenne*, et le traité de Berlin du 13 juillet 1878, en les confirmant de nouveau, investit la commission du droit de faire des règlements de surveillance et de police fluviale. Un nouveau traité, conclu à Londres le 10 mars 1883, proroge les pouvoirs de la *commission européenne* pour une période de vingt et un ans, et lui donne un mandat à peu près perpétuel, puisqu'à partir du 24 avril 1904, elle sera maintenue par tacite reconduction, de trois ans en trois ans, et que les clauses nouvelles qui pourront intervenir dans le cours de ce renouvellement périodique viseront moins sa dissolution que des modifications dans sa constitution propre ou dans ses attributions. Le règlement de navigation, qui accompagne ce traité, proclame de nouveau le droit pour tout navire de commerce de transporter librement les passagers et les marchandises, et prohibe tout péage uniquement basé sur le fait de la navigation fluviale.

La *commission européenne* est une *véritable personne morale*, ayant un *caractère international*, jouissant d'un patrimoine, d'attributions judiciaires, d'un pavillon particulier et du bénéfice de la neutralité. Mais son pouvoir ne s'exerce pas sur tout le cours du Danube et si l'on veut préciser la diversité des pouvoirs que les traités ont successivement amenée, il faut arriver aux distinctions suivantes :

1° *Bas-Danube ou Danube maritime*. Il s'étend, depuis le traité du 10 mars 1883, *de la mer jusqu'à Ibraïla*, et se trouve placé sous le contrôle de la *commission européenne*. Toutefois, des trois branches qui partagent le Danube au moment où il se jette dans la mer (*Kilia, Soulina* et *Saint-Georges*), la branche de *Soulina* a surtout profité des travaux exécutés par la commission européenne et, depuis le traité de 1883, la branche *Kilia* échappe entièrement au contrôle de cette commission et se trouve placée sous celui des riverains (Russie et Roumanie).

2° *Danube du centre*. Il va d'*Ibraïla aux Portes de fer*. L'article 55 du traité de Berlin de 1878 chargeait la commission européenne d'élaborer un règlement de navigation d'accord avec les délégués des États riverains (Roumanie, Bulgarie, Serbie). Mais c'est une *commission mixte* qui, d'après le traité de Londres de 1883, a la garde de cette partie du Danube, y exerce l'autorité et fait appliquer les règlements. Cette *commission mixte* est composée des délégués de l'*Autriche* et des *États riverains* et *d'un membre de la commission européenne* fourni alternativement tous les six mois par chacune des Puissances signataires, en dehors de celles qui sont déjà représentées dans la commission mixte; la Roumanie a refusé d'adhérer à cette décision du traité de 1883.

3° *Haut-Danube*. Il s'étend *des Portes de fer jusqu'à sa source* et est confié à la *surveillance des États riverains* (Autriche-Hongrie, Bavière et Wurtemberg).

CONGO ET NIGER[1]. — L'Acte général, dressé à Berlin, le 26 février 1885, applique, à la navigation du Congo et du Niger, les principes généraux admis par le Congrès de Vienne. Les navires marchands de toutes les nations jouissent de l'usage des fleuves, de leurs embranchements et affluents, avec une égalité parfaite de droits, sans entraves, ni obligation de péage maritime ou fluvial. Une rétribution, dont le tarif est fixe, peut seule être admise pour les services rendus, et en proportion de leur importance.

En soumettant au régime de la liberté les affluents qui ne traversent pas plusieurs États, l'Acte de Berlin fait une extension juste et libérale des principes du Congrès de Vienne.

Les routes, les chemins de fer et les canaux latéraux, qui suppléent aux imperfections de la voie fluviale, sont considé-

[1] Travers-Twiss, *La libre navigation du Congo*, dans la *Rev. de dr. int.*, Bruxelles, t. XV, p. 437, 547; t. XVI, p. 237. — Engelhardt, *La confér. de Berlin, origine des actes de navigation du Congo et du Niger*, *Rev. de dr. int.*, Bruxelles, t. XVIII, p. 96.

rés commes des dépendances de ces fleuves et ouverts au trafic des nations.

Une *commission internationale*, dont les membres sont inviolables dans l'exercice de leurs fonctions, est chargée, en ce qui concerne le *Congo* seulement, d'assurer l'exécution de l'acte de navigation, et de faire les règlements de police fluviale, de pilotage et de quarantaine dont les infractions sont réprimées par les agents de la commission, là où elle exerce directement son autorité, et ailleurs par les Puissances riveraines.

Cette commission, comme celle du Danube, est une véritable personne morale, ayant un patrimoine, des droits et des obligations.

L'application du traité, en ce qui concerne le *Niger*, n'est pas confiée à une commission internationale, mais uniquement aux *Puissances riveraines*.

En temps de guerre, la navigation de tous les États, neutres ou belligérants, demeure libre sur ces fleuves, pour l'usage du commerce, sauf pour le transport d'objets destinés à un belligérant, et considérés comme articles de contrebande de guerre. La *voie fluviale se trouve ainsi neutralisée;* et il en résulte que les bâtiments commerciaux des Puissances belligérantes, sans avoir besoin de s'abriter sous un pavillon neutre, sont inviolables au même titre que la propriété privée dans les guerres continentales. Cette disposition importante est une large exception aux principes admis jusqu'ici dans les précédents traités de navigation, et l'on peut espérer que le consentement des États fera, dans la suite, une plus large application de ces principes humanitaires aux fleuves internationaux.

Mississipi. — En Amérique, des discussions se sont également élevées au sujet de la liberté de la navigation. L'Espagne, lorsqu'elle possédait les deux rives du Mississipi à son embouchure, voulait refuser aux États-Unis le droit de naviguer sur toute l'étendue de ce fleuve. Le traité de San Lorenzo, en 1795, décida que la navigation serait libre sur ce fleuve, dans toute son étendue, mais seulement pour les riverains. L'Union américaine possède exclusivement aujourd'hui la souveraineté de ce fleuve depuis sa source jusqu'à son embouchure.

SAINT-LAURENT. — Une discussion semblable s'était élevée, en 1828, entre les États-Unis et l'Angleterre, au sujet du Saint-Laurent, qui se trouvait, à son embouchure, sous la domination anglaise. Le traité du 5 juillet 1856 a garanti la liberté de la navigation aux riverains des deux États.

PARANA, URUGUAY. — La liberté de la navigation sur ces deux rivières est établie d'une façon plus large que sur les deux fleuves précédents. Elle est ouverte, en effet, aux navires de commerce de toutes les nations, et la *neutralité de ces deux cours d'eau est garantie*, en cas de guerre, à tous les pavillons marchands, sauf pour le trafic des munitions de guerre (Traité de San José de Florès du 10 juillet 1853).

AMAZONE. — Ce fleuve jouit du même principe de liberté qui, restreint d'abord aux seuls riverains, a été plus tard étendu au commerce de toutes les nations, en vertu de traités successifs (Traités du 13 mai 1858, du 7 décembre 1866).

Je puis enfin citer, en dernier lieu, l'article 1er du décret rendu par le président de la République du Pérou, en 1868 (17 décembre), et d'après lequel la navigation de tous les fleuves de la République est ouverte aux vaisseaux marchands, quelle que soit leur nationalité[1].

II. — *Fleuves qui parcourent le territoire d'un seul État (Loire, Seine, Tamise, Ebre, etc...)*

Ces fleuves sont la propriété exclusive de l'État dont ils arrosent le territoire, et se trouvent soumis à sa juridiction et à sa pleine souveraineté. Cet État a donc le droit d'interdire ou de réglementer à son gré l'usage de la navigation sur ce fleuve. Des sentiments d'équité ou d'intérêt peuvent l'amener à laisser l'usage inoffensif de la voie fluviale à un peuple qui n'a pas d'autres débouchés pour son commerce, ou à favoriser même la navigation des autres peuples, dans le but d'accroître la richesse publique et le développement commercial. Certaines conventions, dont la portée est strictement limitée, assimilent, en effet, les sujets de certains pays étrangers aux

[1] Pradier-Fodéré, *Cours d'histoire des traités du Pérou.*

indigènes, sur des fleuves, rivières et canaux compris dans les limites d'un seul territoire.

Mais le principe de la liberté fluviale, qui, même pour les fleuves « *communs* », n'existe que d'une façon restreinte, n'a pas encore été proclamé pour les fleuves qui coulent à travers le territoire d'un seul État. Si l'on songe que la liberté des mers doit logiquement exercer son influence sur celle de la navigation fluviale, à raison du lien qui les unit, on peut espérer que le « temps, sans doute, n'est pas loin, où un gouvernement ne se croira pas plus autorisé à fermer aux étrangers l'entrée de ses fleuves, rivières et canaux, qu'à leur interdire l'accès de ses routes territoriales[1]. »

Les *lacs*, qui constituent un élargissement du lit des fleuves ou des rivières, doivent être soumis au régime de la navigation fluviale. S'ils sont enclavés dans l'intérieur du territoire, ils appartiennent à l'État qui est le propriétaire et le souverain de ce pays.

Appendice : TERRITOIRE COLONIAL. — Les colonies sont des dépendances séparées, sous le rapport de l'espace, de la mère patrie, mais soumises à sa juridiction et considérées comme parties intégrantes de son territoire. Elles ne constituent pas un État distinct, et ce serait employer une expression impropre que de leur donner le nom d'État colonial.

Il ne faut pas considérer, à l'inverse, comme une colonie, les États nouveaux formés par la réunion d'émigrants qui s'établissent sur un territoire libre de toute souveraineté, et qui constituent un État indépendant.

Les colonies sont donc soumises à la souveraineté de la métropole, qui peut, d'ailleurs, leur reconnaître une organisation propre et une législation spéciale. L'esclavage existait encore, il y a quarante ans, dans les colonies françaises, alors qu'on eût acquis immédiatement la liberté en touchant le sol de la France. Les colonies peuvent avoir leur Parlement, leur administration; elles peuvent ne pas jouir des droits politiques dans une mesure égale à celle qui est reconnue aux

[1] Engelhardt, *Du régime conventionnel des fleuves internationaux*, p. 222.

citoyens de la métropole. Celle-ci peut être libre-échangiste, tandis que ses colonies, dont les intérêts économiques sont différents, seront protectionnistes.

Les traités de la métropole s'appliquent, en général, aux colonies; car le souverain, qui les contracte, représente tous ceux qui se trouvent soumis à son empire. Les traités de commerce peuvent toutefois se restreindre au territoire continental. Pour l'extradition des étrangers, les autorités locales peuvent l'accorder sans qu'il soit besoin, à raison de l'éloignement, de recourir à la voie diplomatique.

Les colonies sont donc des annexes du territoire continental. Elles peuvent être régies par des règles spéciales; mais elles restent dominées par le principe essentiel de la souveraineté territoriale.

Le *pacte colonial,* qui affirmait la dépendance des colonies, en réservant, au profit de la métropole, les différentes branches de leur commerce, a disparu de la pratique des nations. C'est en 1861, comme nous l'avons déjà vu, que la France a consacré, sous ce rapport, l'émancipation de ses colonies (Loi du 3 juillet 1861)[1].

II.

QUELLES SONT LES LIMITES DU TERRITOIRE.

Nous venons d'étudier le caractère propre du territoire et les choses qu'il comprend; il faut voir maintenant jusqu'où vont ses frontières et ses limites, en préciser les modes de fixation et l'utilité qui s'y rattache.

---

[1] Le PACTE COLONIAL comprenait les cinq règles suivantes : 1° *monopole de navigation* réservé au pavillon de la métropole; 2° *débouché de la colonie* réservé aux manufactures métropolitaines; 3° *approvisionnement de la métropole* en matières premières et denrées coloniales, imposé aux colonies; 4° *interdiction* aux colonies de se livrer à des *productions similaires* à celles de la métropole; 5° *taxe sur les produits,* tant à leur sortie des ports coloniaux qu'à leur entrée dans les ports de la métropole.

1º FIXATION DES FRONTIÈRES. — Les limites d'un territoire consistent dans la ligne de séparation indiquant, d'une manière ostensible et matérielle, l'espace soumis à la souveraineté de chaque État. Elles sont naturelles ou artificielles.

Les frontières *naturelles* sont celles que la nature a tracées, comme une chaîne de montagne, un fleuve, la mer.

Les frontières *artificielles* sont déterminées par la convention, et marquées à l'aide de signes extérieurs, comme des bornes, des poteaux, des bouées. Sur la mer, les traités fixent des lignes purement intellectuelles qui varient suivant les circonstances. On adopte généralement encore, comme nous l'avons vu, la distance de *trois milles marins*, pour l'étendue de la *mer territoriale*, bien que les canons puissent aujourd'hui porter à une plus longue distance.

Les *traités de limites* viennent le plus souvent, pour éviter toute difficulté, préciser le point de séparation entre les territoires de deux États, alors même qu'il s'élève entre eux une barrière naturelle. A leur défaut, les usages indiquent les solutions qu'il faut admettre.

Lorsque deux pays sont séparés par une chaîne de montagnes, c'est l'arête supérieure et la ligne séparative des eaux qui forment la limite.

Les fleuves et rivières, tout en servant de voies de communication, sont aussi des frontières naturelles, qui facilitent la défense du pays par l'obstacle qu'elles présentent. Mais il faut distinguer plusieurs circonstances. Lorsque l'un des deux États est propriétaire en entier du cours d'eau, la limite de son territoire s'étend jusqu'à la rive opposée. Si le fleuve n'est pas la propriété exclusive d'un seul État, c'est aujourd'hui le *thalweg*, c'est-à-dire le milieu du courant principal, qui, d'après les principes déjà posés, sert de limite. Le thalweg peut d'ailleurs se confondre avec le milieu du fleuve considéré dans son ensemble, s'il est endigué par la nature ou par le travail de l'homme. Si le fleuve se retire d'une façon insensible et se porte d'un seul côté, le terrain abandonné accroît par alluvion au territoire contigu ; la limite se déplace alors et suit les mouvements du fleuve. Mais dans le cas où il change complètement son lit, et se jette en entier

sur un seul territoire, il devient la propriété exclusive de l'É-
tat, maître de ce territoire, et la limite, fixée dans l'ancien
lit, demeure toujours au point marqué, pour servir de ligne
de séparation entre les deux États.

La fixation des frontières résulte tantôt d'une possession
ancienne et non contestée, tantôt de conventions qui accom-
pagnent ou suivent les traités de paix ou de cessions de territoire. On se contente de marquer tout d'abord les points
principaux et, pour fixer les détails, les États nomment le
plus souvent une *commission internationale*, chargée de régler la position de la ligne frontière, et qui dresse, à la suite
de ses travaux, un procès-verbal de délimitation soumis à
l'approbation des gouvernements respectifs. Les commissaires
sont habituellement choisis parmi les officiers d'état-major
des pays limitrophes. C'est seulement le 26 avril 1877, qu'a
été signé à Metz, le procès-verbal de délimitation entre la
France et l'Allemagne, bien que le traité définitif de paix ait
été conclu le 10 mai 1871. Ce procès-verbal a été ratifié et
promulgué à Paris le 2 mars 1878. L'un des traités de limites qui présente les règles les plus complètes est celui qui fut
conclu entre l'Espagne et la France, en 1862, et qui reçut sa
consécration définitive, le 26 mai 1866.

A côté des frontières que je viens d'envisager dans leur caractère général, on peut placer encore les frontières *politiques* qui se réfèrent à l'exercice de certains droits déterminés[1], la pêche par exemple, et les frontières *militaires* qui
sont des lignes convenues pour la défense des États limitrophes.

2° UTILITÉ DE LA FIXATION DES FRONTIÈRES. — Il y a, tout
d'abord, un intérêt général à fixer d'une façon précise la délimitation d'un territoire, à raison même de la souveraineté
de chaque État, dont le pouvoir expire à la frontière. Il importe donc de déterminer, avec certitude, la ligne de séparation pour éviter les empiètements et les conflits.

---

[1] C'est ainsi que la convention du 27 août 1839, entre la France et
l'Angleterre, relative au droit de pêche dans la Manche, fixe des *limites*
en deçà desquelles la pêche est réservée aux nationaux.

L'affaire sanglante survenue au mois de janvier 1885, à
Kameroun, entre l'équipage d'un navire allemand et la population africaine ameutée par les agents anglais, était due en
partie à l'incertitude des frontières dans la région du Congo,
occupée au nom de l'Allemagne.

En réglant la position de la ligne frontière, les commissaires prévoient tout ce qui intéresse l'entretien, l'usage ou la
propriété des routes, des chemins de fer, des ponts, des forêts, et des cours d'eau. Les droits des communes, des établissements publics, et des particuliers, sont parfois spécifiés
dans les procès-verbaux, pour demeurer ainsi hors de toute
atteinte. Le procès-verbal, signé à Metz en 1877, décide que
les chemins qui longent la frontière sont partagés entre les
deux États, et déclarés neutres, au point de vue douanier.
Toute marchandise peut y circuler librement et sans entrave
et les agents des douanes ont le droit de les parcourir en armes. L'article 6 décide, en ce qui concerne les chemins d'exploitation traversant la frontière, que les propriétaires peuvent continuer à en faire usage dans les mêmes conditions que
si ces chemins étaient situés sur le territoire de l'un ou de
l'autre État.

Il y a donc une utilité générale et privée dans la fixation
des limites et dans les conventions qui ont pour but de déterminer les droits et les obligations de chacun.

Les traités prévoient, par des clauses spéciales, les mesures destinées à la surveillance et au maintien des signes extérieurs servant à marquer les frontières, et fixent les règles de
procédure à suivre pour constater les déplacements et les dé-
gradations, afin de pouvoir livrer, s'il y a lieu, les coupables
à la justice.

III.

DE L'ACQUISITION DE LA PROPRIÉTÉ TERRITORIALE[1].

Le droit international reconnaît certains modes d'acquisition de territoire, dont je vais déterminer le caractère et les conséquences.

A. Occupation. — a) *Occupation proprement dite.* — La prise de possession d'un territoire inoccupé et sans maîtres est un mode originaire et important d'acquisition. Elle trouve une large application surtout à l'origine des sociétés humaines, lorsque les États naissent, s'étendent et conquièrent leur personnalité. L'occupation toutefois vient encore, au déclin même du xixᵉ siècle, reprendre une place, dont il était difficile de prévoir l'importance. Depuis vingt ans surtout les Puissances se jettent dans une politique qui nous ramène à l'activité coloniale des siècles précédents. C'est une raison de plus pour préciser quelles sont les conditions nécessaires à l'acquisition par occupation, et quelles sont les personnes qui peuvent, dans ce cas, se faire les intermédiaires des États.

1° *Conditions requises pour acquérir par occupation.* On doit se placer, pour les étudier, en présence de choses susceptibles d'être possédées, et qui ne répugnent pas à l'appropriation exclusive d'un peuple. Dans cette limite, on peut établir *deux conditions générales* pour que l'occupation soit un mode légitime et certain d'acquisition. Elle est *légitime*, lorsque les biens *n'appartiennent actuellement à personne*, et que les droits d'autrui sont respectés; elle est *certaine*, lorsque la volonté d'acquérir un territoire d'une façon permanente se manifeste *par une prise de possession effective*. Il faut ajou-

---

[1] Ch. Salomon, *L'occupation des territoires sans maîtres.* — De Martitz, *De l'occupation des territoires sans maîtres.* — Gourd, *Les chartes coloniales.*

ter une *troisième condition spéciale*, depuis la Conférence de Berlin de 1885 : *la notification diplomatique*.

Première condition générale. — *Il faut que le territoire occupé n'ait pas de maîtres*, et qu'aucun droit appartenant à autrui ne soit lésé. Des auteurs[1] admettent qu'un État civilisé a le droit de s'approprier des pays possédés par des peuplades sauvages ou barbares, et d'y étendre sa souveraineté pour leur apporter les bienfaits de la civilisation. Le premier principe qui doit guider un peuple civilisé, c'est le respect de la propriété d'autrui. Coloniser par des moyens pacifiques, occuper des terrains inhabités, ou des territoires que des tribus consentent à délaisser ou à placer sous le protectorat d'un État, ce sera sans doute un acte légitime et dont il y aura lieu de se féliciter, soit au nom des intérêts commerciaux d'un pays, soit au nom même des droits supérieurs de l'humanité; mais, en dehors de là, c'est l'usurpation et la violence qui se manifestent, et les principes du droit naturel ne peuvent que désapprouver ce qui toutefois sera longtemps encore la pratique des États.

L'*annexion du Transvaal*, qu'un simple décret de l'administration coloniale de l'Angleterre accomplissait, le 12 avril 1877, le montre amplement. L'indépendance de cet État, situé dans le Sud de l'Afrique, avait été pourtant reconnue par l'Angleterre elle-même dans des traités solennels (convention de la rivière des sables, « *Zandrivier*, » 17 janvier 1852), et par la plupart des Puissances avec lesquelles cet État entretenait des relations consulaires[2]. Cet État est aujourd'hui sous la suzeraineté de l'Angleterre (Conv. du 3 août 1883).

Deuxième condition générale. — Il faut que la volonté d'acquérir soit accompagnée ou suivie *d'une prise de possession effective, et que l'occupant puisse faire respecter ses droits par l'existence d'une autorité suffisante.* Il ne suffit pas qu'un navigateur découvre une île ou une terre, y plante au nom de son pays, une croix, un pavillon ou un poteau avec une in-

---

[1] Bluntschli, *Le dr. int. codifié*, art. 280.
[2] *Rev. de dr. int.* Bruxelles, t. IX, p. 118; t. XIII, p. 194.

scription quelconque, pour que la propriété soit acquise d'une façon permanente.

Au xve siècle, les Portugais et les Espagnols, en occupant un point sur la côte d'un pays, s'attribuaient la possession exclusive de tout le continent sur lequel ils venaient d'aborder. Et pour résoudre les conflits qui naissaient, les Papes faisaient entre les Puissances catholiques le partage de régions entières, inconnues encore et inexplorées. L'Angleterre, pour affirmer sa souveraineté sur l'Amérique du Nord, s'appuyait sur la découverte de la côte américaine, en 1496, par un navigateur à sa solde, qui, sans occuper un seul point du territoire, n'avait fait que longer le rivage.

Ces occupations fictives, ces partages sans fondement, ne pouvaient suffire à établir un droit certain et durable. Il faut que la possession se manifeste par des établissements commerciaux, par une organisation politique et administrative, par des actes, en un mot, qui montrent une société, en germe sans doute, mais qui a tous les éléments pour se maintenir et se développer.

La *conférence africaine du Congo*, réunie à Berlin, en 1885, eut à s'occuper de cette question, et posa des règles destinées à prévenir des difficultés que le défaut d'une occupation effective avait déjà fait naître.

Je me borne à résumer rapidement les faits. L'association internationale africaine, dont la création, en 1876, était due à l'initiative de Léopold II, et qui était placée sous le patronage de ce roi, avait pour mission d'explorer la région inconnue de l'Afrique centrale, et d'y répandre la civilisation et le commerce européen. Grâce à l'intrépidité de Stanley, la Société du Congo put explorer des pays entièrement inconnus, et fonder des stations et des établissements. Dans l'espace de sept ans, elle avait exploré presque tout le cours du Congo, et étendu sa domination sur un vaste territoire qui devait former plus tard un État indépendant.

Mais des conflits ne devaient pas tarder à naître. Le Portugal, en s'appuyant sur la découverte des bouches du Congo, faite, au xve siècle, par un officier portugais, prétendit que la Société internationale violait ses droits séculaires. Il fut facile de lui prouver qu'avant Livingstone et Stanley, le cours du Congo, et le pays qu'il traverse, étaient inconnus, et que l'intention de l'officier portugais de prendre au nom de son pays, possession d'une terre qu'il entrevoyait en longeant la côte, n'était pas une prise de possession effective.

Une contestation s'élevait, quelques années plus tard, entre la France et la Société africaine. Le comte de Brazza venait, avec l'aide d'une expédition française qu'il commandait, de jeter, sur la rive gauche du Congo, les fondements de Brazzaville, et obtenait, en même temps, sur la rive opposée, la cession d'un territoire considérable, à la suite d'un traité passé avec le roi Makoko, l'un des souverains indigènes. Cette acquisition souleva les plus vives protestations de la part de la Société africaine. Celle-ci put se fonder également, pour justifier sa plainte, sur un traité conclu autrefois avec le même souverain qui, n'ayant sans doute qu'une idée fort vague et peu juridique sur la valeur d'un traité, venait de disposer une seconde fois d'un territoire qu'il avait déjà vendu. Mais la France maintint ses droits; et l'Association internationale se hâta de créer des stations nouvelles, comprenant qu'une occupation effective valait mieux, pour assurer sa domination, que des traités conclus avec des rois barbares, et dont les États étrangers n'avaient pas connaissance. Les relations de la France avec la société du Congo n'en restèrent par moins amicales, et s'affirmèrent surtout par le traité du 23 avril 1884, en vertu duquel la Société prit l'engagement de ne céder à personne ses possessions en Afrique, avant d'en avoir averti la France pour qu'elle puisse exercer un droit de préemption. Toutefois, ce droit reconnu à la France ne peut être opposé à la Belgique, dont le roi est en même temps le souverain de l'État du Congo. Mais cet État ne peut céder son territoire à la Belgique, sans lui imposer l'obligation de reconnaître le droit de préemption de la France.

Une convention provisoire, du 9 janvier 1895, qui ne sera définitive qu'après le vote du Parlement belge, est relative à la cession du Congo à la Belgique. Aussi, un nouveau traité, conclu entre la Belgique et la France le 5 février 1895, reconnaît expressément, au profit de la France, un droit de préférence sur le Congo en cas d'aliénation de celui-ci par la Belgique.

Tous les incidents que je viens de mentionner et ceux qui furent soulevés dans la suite, surtout par l'Angleterre, amenèrent des conflits, et ce fut pour les prévenir que, sur l'initiative de l'Allemagne et de la France, la Conférence africaine se réunit à Berlin, en 1885.

En ce qui concerne la question qui nous occupe, les membres du Congrès firent adopter deux articles fixant à l'avance les conditions de l'occupation : 1° Un gouvernement, qui a l'intention d'*occuper une région*, ou d'*y établir son protectorat*, est tenu d'en faire part aux autres États, 2° il doit, en outre, *en ce qui concerne l'occupation seulement*, y consolider son pouvoir *par l'existence d'une autorité suffisante* pour faire respecter ses droits acquis et la liberté du commerce[1] (Art. 34, 35, Acte de Berlin, 26 février 1885).

Troisième condition spéciale. — Au principe de l'occupation effective, que tout le monde reconnaissait déjà, vient se joindre *la notification par voie diplomatique.* L'acquisition de la souveraineté ne dépend pas, d'ailleurs, de cette notification qui ne sert qu'à rendre publique l'occupation effective. En la négligeant, l'État occupant permet de croire à l'absence d'une prise réelle de possession. Cette formalité s'applique uniquement au *continent africain*, d'après le droit conventionnel; mais le principe posé ne manquera pas d'exercer son influence sur la coutume générale des nations. La notification n'empêchera pas sans doute les conflits, mais ne fera souvent que marquer le moment où ils pourront naître. Le conflit, qui s'est élevé entre le Portugal et l'Angleterre, en 1890, et dans lequel cette dernière Puissance est venue si brutalement affirmer ses prétentions, en est une preuve irrécusable[2].

---

[1] *Mémorial diplomatique* du 7 février 1885, p. 87, 89. — Engelhardt, *Etude sur la déclaration de la conférence de Berlin, relative aux occupations*, dans la *Rev. de dr. int.* Bruxelles, t. XVIII, p. 433, 573. — De Martens, *La confér. de Berlin et la politique coloniale des Etats modernes*, dans la *Rev. de dr. int.*, Bruxelles, t. XVIII, p. 163, 244. — Moynier, *La question du Congo devant l'Institut de dr. int.*, 1883; *La fondation de l'Etat du Congo au point de vue juridique*, 1887.

[2] Westlake, *Le conflit anglo-portugais*, dans la *Rev. de dr. int.*, 1891, t. XXIII, p. 243; 1892. t. XXIV, p. 170; 1893. t. XXV, p. 58. — Maxime Petit, *La vie politique à l'étranger*, années 1889 à 1891.

2° Par qui l'occupation d'un territoire peut-elle être faite?
La prise de possession peut être faite, au nom de l'État, par
un corps expéditionnaire ou organisé dans le but de découvertes, ou même par de simples particuliers, investis d'un
pouvoir formel. L'occupation effectuée sans mandat n'attribue
à un État la souveraineté territoriale, qu'après une ratification qui donne, à l'égard des autres États, un caractère définitif
à l'acquisition.

La plupart des États de l'Amérique du Nord ont été fondés
par des particuliers et reconnus plus tard par l'Angleterre.
Le Maryland constituait une propriété coloniale de lord Baltimore, qui obtint en 1632, du roi d'Angleterre, le pouvoir
d'exercer tous les droits de souveraineté. Parmi les colonies
gouvernées comme propriétés privées, la plus célèbre est
celle de la Pensylvanie appartenant à William Penn, dont on
vante le système de colonisation, parce qu'il achetait aux
tribus sauvages leur territoire et laissait au commerce une
entière liberté. Les *compagnies marchandes*, munies de
chartes spéciales, fondèrent aussi d'innombrables empires,
qui plus tard furent placés sous l'autorité directe de la couronne britannique. Le système d'occupation par des *compagnies privées* est encore celui que préfèrent actuellement
les États colonisateurs. Ces sociétés ont une charte de
leur gouvernement dont elles sont les mandataires ou les gérants d'affaires. Les associations, qui deviennent propriétaires
par occupation, ne peuvent prétendre à la souveraineté pour
elles-mêmes, qu'en se constituant en États indépendants reconnus par les Puissances (exemples : États de Liberia, du
Congo).

b) *Protectorat*[1]. — L'occupation proprement dite n'existe
que pour un territoire *res nullius*, libre de toute domination.
Le *protectorat* suppose l'existence d'un pays déjà organisé,
qui se soumet à une autre Puissance ; il ne détruit pas les

---

[1] Engelhardt, *Considérations histor. et jurid. sur les protectorats*, dans
la *Rev. de dr. int.* Bruxelles, t. XXIV, p. 345 ; t. XXV, p. 230, 466 ; t.
XXVI, p. 631 ; t. XXVI, p. 49. — Wilhelm, *Théorie juridique des protectorats*, dans le J. Clunet, 1890, p. 204.

souverainetés indigènes, mais les subordonne à l'autorité protectrice de l'État suzerain.

D'après l'*Acte de Berlin* du 26 février 1885 (art. 34 et 35) une *simple notification diplomatique*, sans prise de possession effective, suffit pour l'établissement d'un protectorat. Il sera facile, par ce moyen, de déguiser une véritable annexion sans se soumettre aux conditions qu'elle exige; aussi, l'*Institut de droit international*, dans sa session de Lausanne en 1888, demandait qu'on exigeât la prise de possession effective pour l'établissement d'un protectorat comme pour l'occupation proprement dite.

c) *Hinterland*[1]. — *Théorie du droit de contiguïté (Right of contiguity)*. — On appelle de ce nom : *hinterland*, le pays sur lequel un État se réserve, par un traité spécial, *une influence exclusive*, empêchant toute occupation ou tout établissement de protectorat de la part de l'autre État contractant. On occupe réellement une côte, on veut se réserver la faculté d'occuper par étapes successives une certaine étendue de pays à l'intérieur des terres, en arrière (*hinterland*), on trace une ligne conventionnelle en *deçà de laquelle* se trouve la sphère d'influence réservée, et *au delà de laquelle* se trouve le territoire occupé par l'autre État contractant, ou l'*hinterland* qui lui est également reconnu. Ce procédé de l'*hinterland* repose sur une *occupation fictive*, et n'est qu'un moyen d'éviter des conflits entre des États colonisateurs exposés à se rencontrer dans une même région; il a un caractère *contractuel et purement relatif* et ne peut nuire aux droits acquis précédemment par d'autres États.

Ce système rappelle les partages fictifs faits autrefois par les Papes entre les Espagnols et les Portugais. On le trouve, à notre époque, appliqué dès 1847, par la France et l'Angleterre dans une déclaration (abrogée aujourd'hui, convent. du 15 nov. 1887) concernant les Hébrides et les îles sous le vent de Tahiti. Mais ses principales manifestations se rencontrent en Afrique dans de nombreux traités conclus par l'Angleterre,

---

[1] D'Espagnet, *Les occupations de territoires et le procédé* de l'Hinterland, dans la *Rev. de dr. int. public*. Paris, 1894, p. 103.

l'Allemagne, la France, le Portugal, l'Italie et le Congo[1].

Il ne faut pas confondre, avec ce droit d'*hinterland* existant au profit des États signataires d'un traité spécial, le prétendu droit de voisinage appelé par les Anglo-Américains *droit de contiguïté* (*Right of contiguity*). L'occupation à l'embouchure d'un fleuve comprendrait tout son bassin et ses affluents, et celle d'une partie de territoire s'étendrait au pays qui forme un ensemble avec la partie occupée, d'après les limites géographiques. Ce système est absolument incompatible avec le principe de l'occupation effective et réelle.

B. ACCESSION. — Les cas d'accession qui peuvent présenter un intérêt en droit international se rattachent à l'alluvion, à la formation d'îles, et au lit abandonné des fleuves ou rivières.

L'alluvion, c'est-à-dire les accroissements insensibles qui se forment sur les bords d'un fleuve ou d'une rivière séparant deux États, augmente le territoire de l'État du côté duquel elle se forme. Il en est de même de l'alluvion maritime ; les lais et les relais de la mer rentrent dans le domaine privé de l'État dont ils augmentent le territoire. Il faut, d'ailleurs, pour régler l'attribution de ces terrains d'alluvion, s'en référer aux lois civiles ou administratives de chaque État. J'applique la même remarque à l'avulsion qui se produit dans les cas où un fragment reconnaissable d'un terrain supérieur, emporté par la violence d'un courant, se réunit à un fonds inférieur. Tous ces cas présentent un intérêt peu important en droit international.

Les îles, qui se forment dans les eaux territoriales d'un État, deviennent des dépendances du territoire soumis à la souveraineté de cet État ; pour le tout, si elles naissent en entier dans les limites primitives ; pour partie seulement si, dépassant la ligne médiane d'un fleuve ou d'une rivière,

[1] Principaux traités : *Angleterre et Allemagne,* 1er juillet 1890 (pour l'Est africain et le Zanzibar), 15 nov. 1893 (pour les alentours du lac Tchad). *France et Angleterre,* 5 août 1890, 26 juin 1891 (vallée du haut Niger). *Angleterre et Portugal,* 14 nov. 1890 (pour le centre de l'Afrique méridionale), etc., *Angleterre et Italie,* 5 mai 1894 (pour l'Afrique orientale).

elles s'étendent dans les eaux territoriales d'un territoire voisin.

Le lit abandonné par un fleuve, qui limite deux territoires,
doit rester, d'après les règles du droit international, à ses anciens propriétaires, et il sert toujours, en tenant compte de
l'état primitif, à marquer la frontière des deux pays.

C. PRESCRIPTION. — Les auteurs sont loin de s'entendre
sur la portée qu'il faut donner à la prescription en droit international. Les uns la rejettent absolument, les autres en
soumettent l'application aux circonstances de fait. Vattel
nous dit que « la prescription est d'un usage plus nécessaire
entre les États souverains qu'entre les particuliers [1], » pour
éviter des querelles sans fin sur la formation et l'existence des
États.

On peut dire que la pratique des États ne lui refuse pas
toute influence, puisque souvent des protestations interviennent, afin qu'on n'attribue pas à un fait accompli la consécration du temps. Mais on peut ajouter, qu'en appréciant les faits
au point de vue de la justice absolue, et devant le tribunal de
l'histoire, « un siècle de possession injuste ne suffit pas pour
enlever à celle-ci les vices de son origine [2]. »

Une longue possession non contestée peut être invoquée
comme le fondement d'une acquisition, mais le fait de la
prescription ne peut triompher d'une résistance que la force
seule d'un État plus puissant a toujours empêchée de se ma-
nifester par des actes. Il faut, en un mot, que la possession
paisible prouve que la population reconnaît la stabilité et la
nécessité de l'ordre établi depuis de longues années.

D. L'EFFET DES CONVENTIONS. — LA TRADITION. — Les conventions, relatives à des acquisitions de territoire, interviennent entre les États, sous forme de traités de paix, d'é-
change, de vente, de donation, ou de délimitation de frontières.

[1] Vattel, *Le droit des gens*, édit. annotée par Pradier-Fodéré, t. II, p.
132.
[2] Heffter, *Le droit int. de l'Europe*, § 12.

L'achat surtout est peu conforme au respect dû à la dignité d'un peuple, dont on considère le territoire comme une marchandise. Le prix, dans ce cas, ne doit représenter que l'équivalent d'avantages déterminés perdus pour l'État cédant et acquis par l'État cessionnaire. Le traité qui cédait l'île de Saint-Barthélemy à la France, le 10 août 1877, portait, dans son article 5, qu'en échange des propriétés domaniales possédées par la couronne de Suède, le gouvernement français verserait une somme de 80,000 florins, représentant l'évaluation de ces propriétés.

Mais la propriété est-elle acquise par le seul effet de la convention, ou faut-il que la tradition vienne encore s'y ajouter? La plupart des auteurs considèrent, en général, la translation des droits comme imparfaite, tant qu'il n'y a pas eu d'actes d'exécution. On peut dire cependant que la propriété et la souveraineté territoriales sont transférées dès le jour de la ratification du traité. La mise en possession ne fait pas naître le droit; elle n'en est que la suite nécessaire et obligatoire.

Mais, en aucun cas, une *déclaration unilatérale* ne peut constituer un titre valable de cession de territoire ou de droits souverains. L'accord des volontés est nécessaire, et l'*usage international* exige que l'on ne contracte pas *verbalement* des obligations emportant cession de l'exercice des droits souverains.

IV.

DE LA PERTE DE LA PROPRIÉTÉ TERRITORIALE.

Les causes d'acquisition pour un État entraînent le plus souvent la perte des droits pour un autre. Je ne veux donc, sous ce titre, que poser les règles qui se réfèrent plus particulièrement à l'*aliénation du domaine national*.

Le principe qui domine en cette matière se trouve dans l'*indissolubilité du territoire*. Les souverains ne peuvent plus, comme autrefois, considérer un pays comme leur propriété et en faire l'objet d'une disposition entre-vifs ou testamentaire. Les constitutions modernes ne leur reconnaissent même pas le droit de consentir seuls à une cession, comme chefs du pouvoir exécutif, et au nom de l'État; elles confient à la nation tout entière, par l'organe de son pouvoir législatif, l'exercice de ce droit anormal et exorbitant.

Mais la nation doit-elle, en temps de paix, consentir à porter elle-même atteinte à son unité? La solution peut varier, suivant les circonstances : mais on peut poser, comme principe général, qu'une nation doit conserver tous les membres qui la composent, et que la séparation ne peut se comprendre que dans le cas où l'union, résultant de faits violents ou transitoires, était plutôt subie qu'acceptée, et ne présentait pas les garanties d'une situation permanente.

Mais puisqu'en fait l'histoire nous met en présence de nombreuses *cessions pacifiques*, il faut indiquer les conditions nécessaires à la validité de la cession.

Il n'y en a qu'une qui soit vraiment indispensable en droit strict, c'est *l'accord de l'État cédant et de l'État cessionnaire*. Le suffrage des populations dont on cède le territoire, vient, en outre, dans la pratique de certains États modernes, consacrer la volonté des gouvernants. C'est le *plébiscite* appliqué à la cession[1]. On a suivi cette règle dans la cession de Nice et de la Savoie en 1860, et de l'île Saint-Barthélemy en 1877. Cette coutume qui s'inspire d'une idée profonde de justice, peut, suivant les cas, n'offrir qu'une garantie bien minime, et l'on peut dire que le vote des populations n'a de valeur véritable que s'il vient attester sincèrement une union opérée déjà par la communauté des intérêts et des mœurs.

Il ne faut donc pas donner à l'expression de la volonté des habitants une importance qui dépasserait les limites de la vérité, et en tirer cette conséquence qu'une province pourrait se séparer de l'État dont elle fait partie. Si la société, prise dans son ensemble, ne peut, en principe, briser son unité, ce n'est pas à la partie que l'on peut reconnaître ce droit qui

[1] Rouard de Card, *Études de droit international : Les annexions et les plébiscites dans l'histoire comtemporaine*, p. 36.

serait parfois invoqué sous l'empire d'un caprice ou d'une
passion. La raison politique qui peut servir de cause à une
cession, est souvent, à l'inverse, un obstacle à sa réalisation.
C'est ainsi que la Prusse s'est opposée, en 1866, à la cession
du Luxembourg à la France.

On peut se demander maintenant quels principes il faut
appliquer dans le cas d'une cession qui intervient *à la suite
d'une guerre*.

Dans ce cas encore, c'est le traité qui consacre l'annexion
d'un pays au territoire d'un autre État; mais il ne faut pas
attribuer cet effet à la *conquête*, soit qu'on entende par ce mot
l'occupation militaire, opérée par un ennemi victorieux, soit
qu'on le réserve pour désigner la prise de possession, après
la conclusion du traité. Ce n'est pas le fait du conquérant qui
par lui-même dépouille le peuple vaincu, mais c'est le traité
que ce dernier est forcé de consentir. L'État subit donc dans
ce cas la perte de son territoire. Le traité sans doute a par
lui-même une valeur légale, malgré la contrainte imposée au
peuple vaincu; mais on peut dire, au nom du droit naturel,
que ce traité se trouve vicié dans son principe, lorsqu'une
province est séparée violemment de la nation dont elle veut
rester membre.

Le vote des populations, comme nous l'avons déjà vu, en
parlant de la théorie des nationalités, court le risque de ne
pas être libre et sincère, lorsqu'il intervient après une conquête et sous la pression du vainqueur. Celui-ci, d'ailleurs,
se garde bien de l'invoquer, lorsqu'il craint un résultat défavorable. La Prusse n'a point consulté, en 1866, les duchés
de Sleswig et de Holstein, malgré la clause du traité de Prague qui l'y contraignait.

Les cessions de territoire produisent de nombreux effets,
que nous avons exposés en étudiant les transformations que
peuvent subir les États, et sur lesquels il est inutile de revenir.

CHAPITRE II.

Choses non susceptibles de propriété.

LA MER[1].

L'homme, considéré individuellement, n'aurait jamais la pensée de s'attribuer la propriété des mers, qui résistent par leur nature même, comme l'air et l'eau courante, à toute appropriation. Mais les États peuvent avoir et ont eu, en effet, l'ambition de s'en réserver la souveraineté. Le principe contraire est aujourd'hui reconnu par le droit public universel. Je vais donc étudier la liberté des mers, dans son fondement juridique et son histoire, dans ses conséquences et ses restrictions.

I.

LIBERTÉ DES MERS : PRINCIPE ET HISTORIQUE.

Les États ne peuvent exercer sur la mer ni droit de propriété ni droit d'empire. La mer résiste tout d'abord à l'appropriation, parce qu'en vertu de sa nature elle ne subit pas les atteintes d'une possession continue et permanente. « Si les vaisseaux sillonnent un moment les ondes, dit Mme de Staël, la vague vient effacer aussitôt cette légère marque de servitude, et la mer reparaît, telle qu'elle fut au jour de la création. » Elle n'est pas davantage soumise à l'empire, parce qu'aucun État n'a le droit de confisquer à son profit l'usage d'une chose commune, et d'attenter ainsi aux intérêts de toutes les nations, en violant le principe de l'égalité des droits et de l'indépendance souveraine.

[1] Barrière, *De la liberté des mers*. — Rayneval, *Liberté des mers*. — Cauchy, *Le droit marit. int.* — Plocque, *De la mer et de la navigation maritime* (Ajoutez auteurs cités p. 141, note 1).

Mais l'histoire nous montre que ce principe n'a triomphé qu'après de longues discussions et de sanglantes guerres. Lorsqu'après la découverte de l'Amérique, les Puissances maritimes veulent, pour accroître leurs richesses, s'attribuer le monopole commercial, elles revendiquent la souveraineté des mers. Venise émet ses prétentions sur l'Adriatique et la rattache à sa puissance par un mariage mystique, dont l'anneau, que le doge jetait dans les flots de la mer, n'était que le symbole. Gênes s'attribue la mer Ligurienne. Les Portugais et les Espagnols se réservent la route maritime des Indes et les Papes, pour prévenir des conflits inévitables, semblent justifier ces prétentions, en partageant le nouveau monde entre ces deux peuples.

La Hollande proteste contre une pareille domination, et Grotius, en 1609, écrit un traité dont le titre, *Mare liberum*, indique assez, par lui-même, que le principe de la liberté des mers va se trouver proclamé contre le droit exclusif que s'étaient arrogé certains États.

Mais l'Angleterre vient à son tour, quelques années plus tard, réclamer, à son profit, la souveraineté de la mer, et Selden, en 1635, répond à Grotius par un ouvrage intitulé : *Mare clausum*, et qui, dédié à Charles Ier, roi d'Angleterre, consacre les prétentions ambitieuses du gouvernement anglais. Charles Ier résume les conclusions de Selden et les notifie aux États généraux. Cromwel adopte la même politique et publie l'Acte de navigation qui détermine la guerre avec la Hollande. Cette dernière Puissance est alors contrainte de reconnaître la souveraineté de l'Angleterre dans les mers britanniques.

Mais la France ne voulut jamais reconnaître les prétentions de la Grande-Bretagne. Henri IV, après la paix de Vervins, refuse à la reine Élisabeth le droit de faire visiter les vaisseaux français allant en Espagne. Louis XIV ne veut pas que la Manche prenne le nom de canal britannique; et la République française fait inscrire sur tous les pavillons de ses navires et sur les drapeaux de l'armée dite : armée d'Angleterre, ces mémorables paroles : *Liberté des mers, égalité de droits pour toutes les nations.*

C'est donc à la France que l'on doit la consécration définitive de ce principe de la liberté des mers. Selden (*Mare clausum*) prétendait, à l'appui de son opinion, que l'on peut partager les mers, leur assigner des limites; l'art nautique, en effet, fournit les moyens de tracer des frontières même sur l'Océan. Mais la raison de la *liberté* est plus forte que ces partages fictifs et s'*appuie sur le caractère provisoire de l'occupation, et sur les droits fondamentaux des États.*

II.

CONSÉQUENCES DE LA LIBERTÉ DES MERS.

Tous les États ont le droit de naviguer librement, de pêcher, d'établir des câbles sous-marins pour faciliter leurs communications. C'est en me plaçant à ces trois points de vue que j'étudierai les résultats de la liberté des mers.

A. Droit de navigation. — Tous les peuples ont le droit de naviguer, dans l'intérêt de leur commerce et de leurs relations, sous la seule condition d'observer les *règlements internationaux* destinés à garantir la sécurité commune.

1° *Abordages; assistance en mer.* — Un *règlement* qui a reçu son application en France, le 1er septembre 1884, en vertu d'un décret qui abroge les règles antérieures édictées le 4 novembre 1879, contient de nombreuses dispositions relatives aux moyens de prévenir *les abordages.* Ces dispositions concernent les fanaux qui doivent rester allumés pendant la nuit sur les navires, au sommet du mât de misaine, ainsi qu'à bâbord et à tribord; les signaux phoniques pour les temps de brume, et les prescriptions concernant la route à suivre dans le cas de rencontre de deux navires. La sanction de ces règles se trouve dans la responsabilité de celui qui ne les a pas observées, et dont la faute ou la négligence a causé des sinistres irréparables.

En dehors de l'*action civile* qui appartient aux personnes lésées, une *action publique* peut être intentée contre les délinquants, en vertu des lois intérieures de chaque pays. Une *loi française*, du 10 mars 1891, relative aux *accidents et collisions en mer*, établit des peines contre les capitaines, maîtres, patrons et officiers de quart qui se rendent coupables d'infractions aux règles prescrites, par les décrets en vigueur, sur les fanaux à allumer la nuit, sur les signaux à faire en temps de brume, sur la route à suivre en cas de rencontre d'un bâtiment. L'amende et l'emprisonnement prononcés contre les coupables varient suivant que l'infraction est ou non suivie d'*abordage*, et suivant la gravité des conséquences qui en résultent. La même loi prescrit, avec la même sanction, les mesures à prendre pour sauver l'autre bâtiment du danger créé par l'abordage, et impose au capitaine de chaque navire de faire connaître au capitaine de l'autre le nom de son bâtiment et celui des ports d'attache, de départ et de destination. La faculté de commander un navire peut être retirée, dans certains cas, d'une façon temporaire ou définitive, au capitaine qui a négligé les mesures prescrites ou dont l'impéritie a causé la perte de son vaisseau. Le capitaine est, en outre, puni d'une amende, s'il n'a pas pourvu son navire des moyens de sauvetage ; l'armateur encourt la même pénalité dans ce cas, si son navire est affecté au transport des passagers ; il est également responsable de n'avoir pas pourvu le navire des moyens d'entretenir les feux et de faire les signaux réglementaires. Les derniers articles de la loi indiquent les règles concernant la juridiction et la procédure. La connaissance des délits qu'elle prévoit appartient aux tribunaux maritimes commerciaux institués par le Code disciplinaire de la marine marchande du 24 mars 1852, et leurs décisions peuvent être l'objet d'un recours devant l'un des tribunaux de revision, créés par le Code de justice militaire, pour l'armée de mer, du 4 juin 1858.

Nous voyons que, parmi les prescriptions de cette loi, il s'en trouve une qui concerne les mesures à prendre pour sauver l'autre bâtiment du danger créé par l'abordage.

La loi anglaise du 29 juillet 1862 et le *merchant shipping bill* du 10 août 1872 ordonnent également qu'en cas de collision de deux navires, les commandants se prêtent un secours mutuel s'ils le peuvent sans danger pour leurs navires et équipages respectifs [1].

Ces règles se rattachent au principe plus général de l'*assistance sur mer*, qu'imposent impérieusement les périls de la navigation et les avaries de toute nature auxquels les navires sont exposés. Ces secours rentrent dans les *offices d'humanité* qui sont laissés, le plus souvent, à la conscience et au dévouement de chacun, mais que les traités ou les lois ont érigés parfois en de véritables obligations. « Les citoyens des deux États se prêteront, en haute mer ou sur les côtes, toute espèce de secours, dit le traité de navigation conclu entre la *France* et la République de *Honduras* ». (Tr. du 22 février 1856, art. 12). Nous trouvons une obligation semblable prévue dans le Code *italien* de la marine marchande (tit. II, ch. XII), et dans un arrêté du ministre du commerce d'*Autriche* du 1er décembre 1880 [2]. Le *congrès international de droit maritime*, réuni à Gênes en 1892, a posé le principe de *l'assistance obligatoire* des personnes sous des sanctions à établir par traité, et du sauvetage facultatif des choses.

On admet en général que l'assistant a droit à une *indemnité* proportionnée aux dépenses faites et aux services rendus, sans pouvoir exiger tout ce que l'assisté a pu promettre en face d'un péril imminent, si l'obligation est excessive et viole la justice et l'équité.

Ces règles ont fait l'objet de résolutions, proposées aux États maritimes, comme base d'une législation commune, par les Congrès internationaux de droit commercial, à Anvers, en 1885, et à Bruxelles, en 1888. Ces Congrès ont proposé que l'indemnité fût fixée d'*après la loi de l'assistant*, afin d'encourager ce dernier à prêter un secours dont il connaît à l'avance les bases de rémunération [3].

Cependant, dans le cas d'*abordage en pleine mer* entre deux navires de nationalités différentes, c'est d'après la loi du pays auquel appartient le navire *abordeur* que doit se régler l'éten-

---

[1] Sainctelette, *Fragment d'une étude sur l'assistance maritime*, 1885, p. 10, 12.

[2] *Annuaire de législation étrangère*, t. X, p. 264.

[3] *Journal de dr. int. pr.*, t. XII, p. 636, 889.

due de la responsabilité du propriétaire de ce navire, à raison de la faute commise par son capitaine et qui a amené la collision[1]. C'est donc la loi *du pavillon du navire abordeur*, de l'obligé, en un mot, que le juge doit appliquer. Il pourrait sembler rationnel d'admettre une solution identique dans le cas d'assistance et de s'en référer à la loi de l'assisté qui subit, dans ce cas, l'obligation. Je reconnais, toutefois, que la raison, invoquée par les Congrès que j'ai signalés, n'est pas sans valeur, et pourrait dicter la solution qu'une législation commune internationale voudrait consacrer. Si d'ailleurs l'abordage a lieu dans les eaux territoriales d'un pays, c'est d'après la loi territoriale de ce pays que la demande doit être jugée, alors même que les navires sont de nationalités différentes[2].

2° *Droit de police; cérémonial maritime.* — Le droit de naviguer librement exclut, de la part des États, toutes les mesures exceptionnelles de *surveillance et de police*, à l'exception de celles qui, consacrées par des traités spéciaux, sont obligatoires seulement pour les parties contractantes.

La juridiction d'un État ne dépasse pas ses eaux territoriales, et il faut assimiler à la *haute mer* toutes les parties des détroits, des golfes et des baies qui sont en dehors de la ligne de respect et échappent ainsi au commandement des Puissances riveraines. Il en résulte, qu'en principe, aucun vaisseau ne peut arrêter un navire qu'il rencontre en pleine mer, pour connaître sa nationalité, et moins encore pour le soumettre *au droit de visite en temps de paix*. Il ne peut le contraindre à un *cérémonial* impliquant une soumission ou une dépendance.

Le *salut* des navires n'est plus aujourd'hui qu'un acte de *courtoisie*, émanant de deux États qui se rencontrent dans la personne de leurs représentants militaires. On suit, dans la pratique, les règles suivantes : l'officier le moins élevé en grade, ou le navire isolé, qui rencontre une escadre, doit le premier salut. Le vaisseau, dont le pavillon spécial indique

[1] Cassation, ch. civ., 4 nov. 1891, *Gazette du Palais*, 16 nov. 1891. — Clunet, 1892, p. 153. — Note de Lyon-Caen, Sir., 88.2.25.
[2] Lyon-Caen, *Etudes de dr. int. privé marit.*, n° 63. Cass., 16 mai 1888. — Clunet, 1889, p. 664.

la présence à bord d'un souverain ou d'un ambassadeur, a
droit au premier salut. Les bâtiments de commerce peuvent
se saluer par pure courtoisie, mais ils doivent le premier
honneur aux navires de guerre.

3° *Signaux maritimes.* — Un *Code international de signaux*
à l'usage des bâtiments de toutes nations a été promulgué, en
France, par le décret du 25 juin 1864. Il est le résultat d'un
projet de Code universel préparé, dès l'année 1855, par un
comité nommé par le gouvernement anglais et soumis ensuite
à l'examen d'une commission anglo-française. La langue maritime universelle, composée de signes extérieurs, pavillons,
flammes, boules, etc., ou de caractères écrits, permet aux
navires, comme le disait le ministre de la marine dans le rapport précédant le décret de 1864, « d'échanger entre eux des
avis, des demandes dont l'importance se mesure sur les besoins et les dangers de la navigation. Une *conférence internationale*, réunie à Washington en 1889, a préparé une *codification nouvelle des signaux et des règles de route à la mer*; la
complication du nouveau règlement en a fait écarter jusqu'ici
la mise en pratique.

B. Droit de pêche. — Les États ne peuvent pas réserver à
leurs nationaux le droit exclusif de pêcher dans la pleine mer.
Cependant le Danemark s'arrogeait encore, au xviiᵉ siècle,
le droit de pêche dans les mers d'Islande et de Groënland;
mais il fut obligé de renoncer plus tard à ses prétentions. Tous
les traités, qui interviennent entre les Puissances, garantissent
aujourd'hui la liberté absolue de la pêche, et ne réservent
un droit spécial aux nationaux que dans la limite des eaux
territoriales de chaque État.

Des conventions peuvent, d'ailleurs, intervenir entre les
Puissances pour régler la *police de la pêche* dans la *haute mer* [1]

---

[1] On distingue : 1° la pêche *dans la pleine mer,* libre pour toutes les
nations, et la *pêche côtière*, réservée le plus souvent aux nationaux des
États riverains; 2° la *grande pêche*, qui se pratique dans les mers lointaines et la *petite pêche*, qui a lieu dans les mers non lointaines ; l'une et
l'autre peuvent, d'ailleurs, se pratiquer en pleine mer ou dans les eaux
territoriales (V. Pradier-Fodéré, *Traité de dr. int. publ.*, t. V, nᵒˢ 576 et
suiv.).

et ces mesures, loin d'être une entrave, ne font qu'assurer à tous l'exercice de la liberté. C'est ainsi qu'a été signée à la Haye, le 6 mai 1882, une *convention internationale*, ayant pour objet de régler *la police de la pêche dans la mer du Nord*, en dehors des eaux territoriales. La surveillance, d'après ce traité, est confiée aux croiseurs des parties contractantes; les commandants peuvent constater les infractions commises par le patron d'un bateau pêcheur et exiger, dans ce cas, l'exhibition de l'acte officiel constatant sa nationalité. Ils ne peuvent pousser plus loin leur *visite, à moins toutefois que cela ne soit nécessaire* pour relever les preuves d'un délit ou d'une contravention relative à la police de la pêche (art. 29).

Si le délit présente un caractère grave, ils peuvent conduire le bateau dans un port de la nation à laquelle appartient le contrevenant, ou, si le fait est sans importance, fixer eux-mêmes la réparation du préjudice, à moins que les parties n'aiment mieux, même dans ce cas, s'en référer à la justice des tribunaux (art. 30).

Il importe de remarquer que cette convention, qui a été ratifiée par le gouvernement français, après les lois votées par les Chambres, les 16 février et 28 décembre 1883, consacre, en cas de nécessité, le *droit de visite* d'un navire national, au profit des croiseurs étrangers.

La France a refusé, au contraire, de ratifier une convention internationale, signée à la Haye, le 16 novembre 1887, et donnant le *droit d'enquête de pavillon et de visite* à tous les bâtiments de guerre des États contractants (anglais, allemands, belges, danois et hollandais), chargés de la *police de la pêche* dans la mer du Nord, pour rechercher si, au cours des campagnes de pêche, les bateaux ne sont pas transformés en de véritables *cabarets flottants* où s'organise un trafic clandestin de spiritueux. Les pêcheurs français, contre lesquels on n'avait jamais, d'ailleurs, relevé aucun fait illicite de cette nature, protestèrent contre une pareille convention. La commission de la Chambre des députés et le ministre refusèrent, avec raison, de proposer la ratification d'un traité qui méconnaissait les principes de notre droit et ne pouvait entraîner que des mesures vexatoires. Les autres Puissances (Allemagne,

Angleterre, Belgique, Danemark et Pays-Bas) ont ratifié cette convention, à la Haye, le 11 avril 1894[1].

C. DROIT D'ÉTABLIR DES CABLES SOUS-MARINS. — La télégraphie sous-marine date de trente ans à peine; mais elle a pris une rapide extension, et elle comprend aujourd'hui dans son réseau le monde entier. Or, le droit d'établir des câbles dans les régions de la haute mer ne peut se refuser à personne; et aucun État ne songerait à leur fermer l'accès de ses eaux territoriales, en présence des services inappréciables qu'ils rendent chaque jour aux gouvernements et aux nations. Mais, à raison de la liberté des mers qui échappent à la juridiction des États, les câbles n'étaient pas protégés contre les destructions provenant de la fraude ou de la négligence. Le télégraphe pouvait être garanti dans la limite de chaque État ou dans la mer territoriale, mais il ne l'était plus là où il est le plus utile et le plus coûteux à établir.

En 1863, une convention, qui ne put aboutir, par suite de l'échec de l'entreprise projetée, avait été conclue entre la France et divers autres États, pour la construction d'une ligne télégraphique sous-marine, et pour régler les mesures destinées à sa protection.

Les États-Unis d'Amérique prirent dans le même but, en 1869, l'initiative d'une conférence à Washington; la guerre de 1870 empêcha leur projet de se réaliser. Ce projet dépassait d'ailleurs la limite que la justice et l'équité peuvent, en cette matière, assigner à la garantie légale. Il donnait à la destruction des câbles le caractère d'un crime de droit des gens, assimilé à la piraterie. Les deux actes n'ont aucun rapport, et la gravité de la peine infligée au pirate était hors de proportion avec un dommage ou même une destruction d'un câble télégraphique.

Plus tard, l'Institut de droit international et plusieurs conférences exprimèrent des résolutions et des vœux relativement au même objet, et ce fut à la suite de ces efforts réitérés que la France proposa la réunion d'une conférence

---

[1] *Rev. de dr. int.* Bruxelles, t. XXVI, p. 488.

internationale, chargée de formuler, par voie d'accord diplomatique, des règles destinées à protéger les câbles sous-marins et les navires télégraphiques[1].

Vingt-six États furent représentés à cette conférence qui aboutit à la convention signée à Paris, le 14 mars 1884. Désormais, la liberté de poser et de maintenir les câbles sous-marins se trouve placée sous la garantie collective des Puissances. Aucun bâtiment ne doit gêner les opérations qui sont relatives à la pose ou à l'entretien des câbles, et le navire télégraphique doit avoir soin d'observer les règles sur les signaux afin de prévenir les abordages. La destruction et le dommage causé aux câbles constituent une infraction du droit des gens, dont la répression est confiée aux tribunaux du pays auquel appartient le bâtiment à bord duquel le délit a été commis.

La convention ne s'applique pas, *en cas de guerre*, et les Puissances belligérantes conservent leur droit d'action. Le vœu émis par quelques États en faveur de la neutralisation des câbles n'a pas été approuvé, et l'Angleterre avait, dès le principe, subordonné sa participation à la conférence à l'exclusion de la garantie accordée aux câbles sous-marins en temps de guerre.

La loi du 20 décembre 1884 applique, pour la France, les principes de la convention, et des dispositions spéciales sont destinées à protéger les câbles dans les eaux territoriales.

III.

RESTRICTIONS A LA LIBERTÉ DES MERS.

A. PIRATERIE. — La liberté des mers ne comporte pas l'abus qu'on peut en faire, en commettant des actes de déprédation et de brigandage. La restriction, dans ce cas, n'est

[1] Louis Renault. *De la protection des câbles sous-marins, Rev. de dr. int.* Bruxelles, t. XV, p. 17; t. XII, p. 251.

qu'un hommage rendu au principe, puisque la liberté de l'un serait la violation du droit de tous les autres.

La piraterie a existé de tout temps; on la voit, chez les Grecs et à l'époque de la République romaine, dévaster les mers depuis la Phénicie jusqu'aux colonnes d'Hercule; au moyen âge, avec les Sarrasins au midi, les Normands et les Norvégiens au nord, forcer les navigateurs à former, pour se défendre, des associations dont la ligue Hanséatique fut le résultat complet et définitif; on la rencontre, dans les temps modernes, avec les flibustiers des Antilles et les pirates barbaresques. On la trouve encore aujourd'hui dans ces bandes de pillards qui ravagent les mers de la Chine et les archipels de l'Océanie.

A toutes ces époques, on a dû diriger contre les pirates de véritables expéditions et édicter les peines les plus sévères.

Les navires de commerce s'armaient en guerre et se réunissaient pour naviguer ensemble et ces *voyages de conserve* étaient même prescrits par les règlements maritimes.

Le *pirate*, en effet, est l'*ennemi commun*[1], contre lequel toute nation est en état de légitime défense. Les bâtiments qui se mettent en course pour piller les navires, dévaster les rivages, s'emparer des personnes et des biens, commettent le crime de piraterie. Ils sont en dehors du droit des gens, n'ont pas de papiers de bord, et, ne relevant d'aucun État, ne sont abrités par aucun pavillon reconnu. Les vaisseaux de guerre de toutes les nations ont le droit d'arrêter un navire suspect de piraterie, de le visiter et de le conduire *dans un port quelconque d'un État civilisé*, où il sera traduit devant les tribunaux et puni d'après les lois du pays. En France, la loi du 10 avril 1825 prononce contre ce crime, suivant les cas, la peine de mort, la peine des travaux forcés à perpétuité ou à temps.

Cette *juridiction d'un État étranger*, alors même que l'acte criminel est commis par un bâtiment ou par un équipage originaire d'une autre nation, n'existe que dans le cas de crime de piraterie tel qu'il est reconnu par le droit *in-*

---

[1] Cicéron, *De officiis*, I, 3, 29 : *Communis hostis omnium.*

ternational universel, et non pour des actes qui, comme la *traite des nègres*, sont *assimilés* à la piraterie, par les lois spéciales d'un État. Dans ce dernier cas, cet État peut seul appliquer ses lois à ses propres sujets et dans les lieux dépendant de sa juridiction.

Les tribunaux de chaque État restent encore seuls compétents, pour punir les *crimes commis à bord* d'un bâtiment qui a conservé sa nationalité, sauf dans le cas où l'équipage, après s'être révolté, a *renié* son pavillon, et s'est livré à des actes de brigandage constituant la piraterie. De tels actes enlèvent aussitôt au navire sa nationalité, et il n'y a pas un État qui voudrait le couvrir de sa protection.

Il faut donc avoir soin de distinguer le brigandage des écumeurs de mer constituant la *piraterie d'après le droit international commun*, de certains cas qui peuvent être *assimilés à la piraterie* par les *lois* intérieures des États ou même par le *droit international conventionnel*. C'est ainsi que la loi française du 10 avril 1825, pour la sûreté de la navigation et du commerce maritime, punit comme *pirates*, les matelots qui, pendant la traversée, s'empareraient du navire, ou le livreraient à des pirates ou à l'ennemi (art. 4)[1].

Le navire indûment arrêté comme pirate peut d'ailleurs exiger satisfaction, et demander au besoin des dommages-intérêts. C'est un moyen d'éviter les abus du droit de poursuite et de visite.

Il ne faut pas assimiler aux pirates les *bâtiments corsaires* qui, en temps d'hostilités, combattent pour le profit de la nation belligérante à laquelle ils appartiennent. Pendant la guerre civile des États-Unis, le président Lincoln rendit un décret par lequel il déclara que tous les corsaires des États

---

[1] Cass., ch. crim., arrêts des 26 avril, 10 août, 27 septembre 1866, Dalloz, *Recueil périodique*, 1866, I, p. 403, 404, 507.
Les *États-Unis* avaient, en 1871, décidé que tout crime commis en pleine mer serait regardé comme un *acte de piraterie* et que tout citoyen commettant sur la haute mer un acte d'hostilité contre les États-Unis, serait puni comme pirate. Et nous avons vu que, dans un projet présenté, en 1869, pour la protection des *câbles sous-marins*, on avait voulu assimiler à la piraterie la destruction des câbles. Ces décisions sont exagérées et irrationnelles.

du Sud seraient regardés comme pirates et traités en conséquence. La Chambre des lords anglais condamna cette extension de la piraterie, en la déclarant contraire au droit international.

Les corsaires ont une commission de l'un des belligérants qui les autorise à s'armer en course; c'est leur lettre de marque. La plupart des États, comme nous le verrons plus tard, ont aboli la course, par la déclaration de Paris, le 16 avril 1856.

Cette abolition, consentie par le plus grand nombre des Puissances, diminue l'intérêt qui s'attache à l'étude de *plusieurs cas* où *la course était assimilée à la piraterie*. C'est ce qui pouvait arriver, par exemple, lorsqu'un navire neutre prenait, sans l'autorisation de son gouvernement, une commission d'un État belligérant (Loi française du 10 avril 1825, art. 3).

L'État qui, en temps de paix, autoriserait des actes de pillage et de déprédation, se rendrait coupable du crime de piraterie. Les *États barbaresques* se livraient autrefois à des actes de cette nature et y trouvaient leur principal revenu; et nous savons que les nations de l'Europe leur payaient même un tribut pour assurer en retour la liberté de leur commerce. La France a contribué puissamment à garantir la sécurité de la Méditerranée en établissant son pouvoir et son influence dans le nord de l'Afrique.

B. Traite des nègres. — *a) Différence avec la piraterie.* — Le commerce des esclaves est soumis, par un grand nombre de conventions et de lois, aux règles relatives à la piraterie.

L'Angleterre voulut faire de cette assimilation une loi générale internationale, afin de pouvoir exercer librement le droit de visite en temps de paix. Au Congrès de Vérone, en 1822, le ministre britannique proposa aux plénipotentiaires des grandes Puissances d'*assimiler la traite à la piraterie* et d'ériger en loi le droit de visite en temps de paix à bord des navires suspects; mais les représentants de la France refusèrent d'adhérer à ce projet.

Malgré le caractère odieux d'un tel trafic, cette assimilation est, en effet, contraire à la nature des choses. Le négrier navigue sous le pavillon d'une Puissance connue et n'entrave pas la liberté des mers. L'ordre international n'est pas compromis d'une façon aussi directe et aussi générale, et c'est l'État, dont le navire négrier porte le pavillon, qui sera compétent, pour connaître de la capture.

Cette différence explique pourquoi le commerce des esclaves n'a été condamné, dans les traités internationaux, qu'au début de ce siècle. En 1713, à la paix d'Utrecht, l'Angleterre obtint de l'Espagne le droit d'importer, chaque année, un certain nombre d'esclaves dans les colonies espagnoles, et à la fin du siècle dernier, le refus de la Grande-Bretagne de concourir à l'abolition de la traite fut l'une des causes de la guerre qui entraîna l'indépendance de ses colonies de l'Amérique du Nord. Depuis cette époque, l'Angleterre, dont l'intérêt n'était plus en jeu, modifia sa politique, et s'emparant du principe proclamé par la Révolution française, elle poursuivit désormais avec énergie la suppression de l'esclavage et de la traite des noirs.

b) Principe relatif au droit de visite en cas de traite. — Le *droit de visite*, revendiqué par l'Angleterre au profit des navires de guerre de tous les États, dans le but d'entraver la traite des noirs, est un moyen souvent illusoire et dangereux pour l'indépendance des nations. Il faut tout d'abord poser le principe qu'en cette matière *le droit de visite n'existe jamais en dehors de traités* consentis formellement par les États. On peut craindre, en effet, qu'il ne devienne pour une nation dont la marine est puissante un moyen d'entraver, par des mesures vexatoires, le commerce des autres peuples, ou de les froisser dans leur indépendance, et de constituer à son profit une souveraineté des mers.

Les croiseurs de chaque État exercent, d'ailleurs, un droit de surveillance sur les navires de commerce portant le pavillon de leur nation.

Le 20 décembre 1841, fut signée à Londres une convention, d'après laquelle les États européens s'engageaient à mettre en croisière un certain nombre de vaisseaux de guerre pour surveiller les navires marchands qui trafiquaient dans certains parages. Le *droit de visite*, entendu dans son sens le plus large, devait permettre de s'assurer si ces bâtiments ne se livraient pas à la traite des noirs. La France refusa de ratifier ce traité et n'admit jamais que tout navire étranger pût visiter un bâtiment portant le pavillon français.

Bien plus, le 29 mai 1845, la France et l'Angleterre conclurent un traité par lequel elles renonçaient au droit de visite, qu'elles s'étaient accordé naguère par les conventions des 30 novembre 1831 et 22 mars 1833 ; mais elles donnaient à leurs croiseurs sur la côte d'Afrique le droit réciproque de s'assurer de la nationalité réelle des navires portant pavillon français ou anglais, et paraissant faire un commerce illicite. Si l'on constate par les papiers de bord que le navire appartient à une nation qui n'autorise pas la visite, on ne doit faire aucune perquisition relative aux opérations commerciales et à la cargaison du navire; tout se borne à l'*enquête sur le pavillon*.

c) Conférence antiesclavagiste de Bruxelles[1]. — L'*Acte général*, *signé à Bruxelles*, le 2 juillet 1890, à la suite de la *conférence antiesclavagiste*, a consacré les *mêmes principes*. Je vais en résumer les points principaux.

Lorsque les officiers commandant les navires de guerre de l'une des Puissances contractantes ont lieu de croire qu'un bâtiment, d'un tonnage inférieur à cinq cents tonneaux, et rencontré dans la zone maritime où la traite existe encore, se livre au commerce des esclaves, ou est coupable d'une usurpation de pavillon, ils peuvent recourir à la *vérification des papiers de bord*. Mais l'appel de l'équipage et des passagers, l'enquête sur le chargement, la *visite proprement dite*, en un mot, avec perquisition, ne peut avoir lieu qu'à l'égard des bâtiments naviguant sous le pavillon d'une des Puissances qui ont conclu ou viendraient à conclure des conventions particulières autorisant la visite (art. 22, 23, 42 à 45).

Le croiseur qui acquiert la conviction qu'un fait de traite

---

[1] Thomas Barclay, *Le droit de visite, le trafic des esclaves et la conférence antiesclavagiste de Bruxelles*, *Rev. de dr. int.* Bruxelles, t. XXII, p. 317 et suiv. *Même Revue*, t. XXIII, p. 403 et suiv.; t. XXIV, p. 206. — Arthur Desjardins, *La France, l'esclavage africain et le droit de visite*, *Rev. des Deux-Mondes*, 15 oct. 1891, p. 864.

a été commis à bord, ou qu'il existe des preuves irrécusables d'usurpation de pavillon, doit conduire le bâtiment arrêté dans le port de la zone le plus rapproché où se trouve une autorité compétente de la Puissance dont le pavillon a été arboré. L'autorité à laquelle le navire est remis procède alors à une enquête complète en présence d'un officier du croiseur étranger. Si ce dernier n'accepte pas les résultats de l'enquête, la cause est déférée de plein droit au tribunal de la nation dont le bâtiment capturé avait arboré les couleurs, ou au consul ou à toute autre autorité désignée par son gouvernement pour rendre les jugements aux lieu et place des tribunaux.

En cas de condamnation, le navire séquestré est déclaré de bonne prise au profit du capteur; le capitaine, l'équipage et toutes autres personnes, reconnus coupables, sont punis selon la gravité des infractions.

Le navire indûment capturé a droit à une indemnité dont le montant est fixé par l'autorité qui a dirigé l'enquête, et, en cas de désaccord, par voie d'arbitrage (art. 49 à 59).

On voit donc, par l'ensemble de ces dispositions, que le droit de visite n'est accordé qu'en vertu de traités spéciaux, et que l'indépendance du pavillon est maintenue, sauf à laisser vérifier si le navire qui l'arbore en a véritablement le droit.

Les principes se résument dans ces deux termes : l'*enquête sur le pavillon* est admise comme règle générale; le *droit de visite* doit être reconnu par des conventions formelles.

Les Puissances signataires s'engagent d'ailleurs à exercer une surveillance rigoureuse sur les bâtiments indigènes autorisés à porter leur pavillon, et sur les opérations commerciales effectuées par ces bâtiments. L'autorisation du pavillon n'est accordée que sous des conditions déterminées, et doit être renouvelée chaque année; tout acte ou toute tentative de commerce des esclaves en entraîne le retrait immédiat (art. 30 à 40).

Les Puissances signataires, dont les institutions comportent l'existence de l'esclavage domestique, s'engagent à prohiber l'importation, le transit, la sortie ainsi que le commerce des esclaves africains, et à édicter des peines contre les marchands d'esclaves, contre les auteurs de mutilation d'enfants ou d'adultes mâles, et ceux qui en trafiquent, ainsi que contre leurs coauteurs ou complices (art. 62 à 71).

Dans le but d'assurer l'exécution de l'Acte général de Bruxelles, un *bureau international maritime*, où chaque Puissance signataire peut se faire représenter par un délégué, est institué à Zanzibar. Il a pour mission de centraliser tous les documents qui sont de nature à faciliter la répression de la traite dans la zone maritime suspecte. Des bureaux auxiliaires, en rapport avec celui de Zanzibar, peuvent être établis, en vertu d'un accord préalable entre les Puissances intéressées (art. 27, 74 à 80).

Dans le chapitre relatif aux dispositions finales, la conférence antiesclavagiste, en décidant que le présent Acte général doit être ratifié, au plus tard, dans le délai d'un an, réserve, aux Puissances qui ne l'ont pas signé, le droit d'y adhérer (art. 98, 99).

Dix-sept Puissances étaient représentées à la conférence de Bruxelles ; onze d'entre elles ont immédiatement ratifié l'Acte signé par leurs plénipotentiaires, et quelques-unes n'ont différé leur adhésion que par suite d'une difficulté toute matérielle dans l'accomplissement des formalités nécessaires.

Mais la *France* a refusé, pour des raisons plus graves, de donner tout d'abord son adhésion et la Chambre des députés décidait, dans sa séance du 25 juin 1891, de renvoyer l'Acte général au gouvernement.

Les deux causes, qui empêchaient la Chambre de consentir à la ratification, étaient :

1° La *délimitation de la zone* de visite étendue aux eaux de *Madagascar*, pays de protectorat français (art. 21, 22, 23) ;

2° La *procédure concernant l'arrêt*, la saisie et le jugement des *bâtiments* suspects de traite (art. 43 à 61) ;

Mais, c'est surtout cette dernière raison qui a motivé la décision du Parlement français, et les orateurs, en s'élevant contre le droit d'enquête sur les bâtiments suspects, accordé aux Puissances étrangères, suppliaient la Chambre « de ne pas déchirer une des pages les plus glorieuses de nos annales nationales. » On ne voulait pas sacrifier l'indépendance de notre pavillon, répudier la situation conquise, au Congrès de Vérone, en 1822, et plus tard en 1841, lorsque, sous l'impulsion de Thiers, de Berryer et de l'amiral Lalande, le roi était contraint de ne pas ratifier le traité du 20 décembre qui consacrait l'exercice *du droit de visite*.

La situation n'est cependant pas la même. L'Acte de Bruxelles n'admet, comme nous l'avons vu, *le droit de visite avec recherche et perquisition qu'en vertu d'un traité formel;* il refuse d'assimiler la traite à la piraterie et d'enlever les navires à la juridiction nationale. Il ne fait que consacrer l'*enquête sur le pavillon*, c'est-à-dire, une mesure admise par la France dans son traité avec l'Angleterre, du 29 mai 1845, et il limite ce droit d'enquête aux *bâtiments d'un tonnage inférieur à* 500 *tonneaux*. Il n'y a que les *boutres* arabes, faisant la traite des esclaves, qui ont réellement à craindre l'application de la loi, d'autant plus que les commandants se garderont bien d'arrêter les navires des maisons connues pour éviter les indemnités auxquelles la *juridiction française* les condamnerait (art. 53)[1].

J'ajoute que la conférence de Bruxelles n'avait fait, sous ce rapport, que consacrer les propositions des plénipotentiaires français.

Après le vote de la Chambre des députés, les Puissances représentées à la conférence de Bruxelles consentirent à proroger, jusqu'au 2 janvier 1892, le délai des ratifications.

Des négociations furent aussitôt engagées entre le gouvernement français et le gouvernement belge et aboutirent à un *protocole*, en vertu duquel la *France consent à ratifier* l'Acte de Bruxelles, en *réservant* expressément jusqu'à une entente ultérieure les articles 21 à 23 (concernant la *zone maritime* dans laquelle la répression de la traite sur mer doit avoir lieu), ainsi que les articles 42 à 61 (relatifs à l'*arrêt des bâtiments suspects*, à l'*enquête* et au jugement des bâtiments saisis); ces derniers points continuent à être réglés par les stipulations internationales actuellement en vigueur.

[1] Arthur Desjardins, *La France, l'esclavage africain et le droit de visite*, *Rev. des Deux-Mondes*, 15 octobre 1891, p. 864.

La *déclaration*, relative aux *droits d'importation* qui ne doivent, en aucun cas, dépasser le taux de 10 p. 0/0 de la valeur, sauf pour les spiritueux, se trouve maintenue sans modification [1].

Il est entendu, d'ailleurs, que les Puissances, ayant ratifié l'Acte général dans son entier, se reconnaissent réciproquement liées entre elles pour toutes les clauses, tandis que leur obligation se restreint aux engagements souscrits, à l'égard des États qui n'ont donné qu'une ratification partielle.

C'est à la suite de ces négociations, et dans les *limites indiquées*, que la Chambre des députés a autorisé, par une loi du 23 décembre 1891, le Président de la République à *ratifier* et, s'il y a lieu, *à faire exécuter l'Acte général de la conférence de Bruxelles*, du 2 juillet 1890, ainsi que la *déclaration* en date du même jour.

L'échange des ratifications a eu lieu à Bruxelles, le 2 janvier 1892; mais le protocole pour le dépôt des ratifications du Président des États-Unis n'a été signé que le 2 février et c'est seulement le 2 avril 1892, après la ratification consentie par le Portugal, que l'accord unanime des Puissances a pu être établi et que l'Acte général est entré en vigueur.

La convention qui unit tous les États civilisés dans une sorte de ligue contre la traite des noirs en Afrique a reçu sa sanction définitive, et il reste à souhaiter que l'œuvre, préparée par la diplomatie européenne, ne rencontre pas d'obstacles parmi ceux qui seront chargés de veiller à son exécution.

L'*Institut de droit international* a proposé, dans sa session de Paris (mars 1894), un projet de règlement sur la *Traite maritime*. D'après ce projet, les croiseurs pourraient *visiter* les bâtiments indigènes (*boutres*, *dows*) et exiger d'eux, outre les titres établissant la nationalité, le rôle d'équipage et

---

[1] *Journal officiel* de la Rép. franç., 22, 23 déc. 1891. Un *protocole* du 9 février 1891, avait fixé les *droits d'entrée* à des taux modérés et même inférieurs à celui de 10 pour 100 indiqué par la *Déclaration;* mais il avait omis de fixer un *maximum pour les droits de sortie.* Un protocole spécial, proposé aux trois Puissances intéressées (Etat indépendant du Congo, Portugal et France), répare cette lacune (*Journ. officiel*, séance du 21 déc. 1891); ce protocole a été signé à Lisbonne le 8 avril 1892.

le manifeste des passagers; mais ils ne pourraient, pour tout autre navire de commerce, que faire une *enquête sur le droit de porter le pavillon, que vérifier la nationalité.* Le navire, soupçonné de fraude, serait conduit devant la plus prochaine autorité de la nation dont il a arboré les couleurs. Cette autorité procéderait à une enquête préalable en présence de l'officier capteur.

CHAPITRE III.

Des navires.

Il est naturel, qu'après avoir étudié le principe de la liberté des mers, nous disions un mot des navires. Ils tiennent, en effet, au double point de vue de la marine militaire et de la marine marchande, une place importante dans les relations internationales. Le navire ressemble à une véritable personne civile; il a son nom, son acte de naissance, son domicile, sa patrie. Il est comme une partie flottante du territoire auquel il appartient. Il est donc important de préciser sa nationalité, et sa condition juridique internationale.

I.

NATIONALITÉ DES NAVIRES.

Il faut que tout navire se rattache à une nation qui le couvre de sa protection et de sa responsabilité; sinon c'est un pirate qui se trouve hors la loi et qu'on traite en ennemi.

Les commandants des *navires de guerre* ou de transports affectés au service de l'État ont toujours une commission qui établit leur caractère; mais ils n'en font usage que dans les cas exceptionnels. Le pavillon national, arboré à la poupe,

et la flamme qui flotte au grand mât indiquent leur nationalité et, en cas de constestation, la parole d'honneur du commandant suffit pour en établir l'authenticité.

Les *navires de commerce* ont aussi leur pavillon; mais il
n'est que le symbole de leur nationalité, qui se justifie par
les pièces légales que le capitaine doit produire toutes les
fois qu'il en est légitimement requis. Ces pièces sont : le
congé ou patente de navigation qui constitue l'identité du
navire, et lui sert de passeport en donnant son signalement,
c'est-à-dire son *nom*, son *numéro*, son *tonnage*, le *nom du
propriétaire et celui du capitaine qui le commande*. Ce sont
toutes les expéditions qui peuvent varier suivant les États et
qui, en France, comprennent les actes de propriété, de
francisation, le rôle d'équipage indiquant les noms et la nationalité des matelots. Le *nom* et le *domicile ou port d'attache*
sont gravés sur la poupe du navire.

Les pièces de bord ne sont délivrées que si le navire remplit toutes les conditions, requises pour constituer sa nationalité, et qui sont déterminées par les Codes de marine ou
les actes de navigation, suivant les ressources ou les besoins
des États.

En France, les règlements de l'ancien droit se trouvent
résumés dans l'important décret du 21 septembre 1793 qui
exige trois conditions pour que le navire soit français. Il
faut : 1º qu'il soit d'*origine* française, c'est-à-dire construit
en France ou dans les colonies, ou provenant de prises maritimes; 2º que la *propriété* en appartienne en entier à des
Français; et 3º que les officiers et les trois quarts de l'*équipage* soient Français.

Cette troisième condition, relative aux *officiers* et à l'*équipage*, n'a pas été modifiée, mais les deux autres ont subi des
changements sous l'influence de nécessités économiques et
commerciales.

Quant à l'*origine*, la loi du 19 mai 1866 admet, d'une
façon générale, les navires étrangers à la francisation,
moyennant un droit de deux francs par tonneau de jauge.
Après les événements de 1871, il y eut un retour vers les
idées protectionnistes, et une loi du 30 janvier 1872 soumit à

des droits énormes la francisation des bâtiments étrangers. Cette loi ne put avoir qu'une portée restreinte, à raison des traités de commerce qui liaient la France envers la plupart des nations étrangères. La loi du 5 mai 1881 abroge ces droits exorbitants et nous replace sous le régime libéral de la loi de 1866.

Quant à la *propriété*, la loi du 9 juin 1845, relative aux douanes, permet que des *étrangers* soient propriétaires d'un navire français, jusqu'à concurrence de la *moitié*[1]. Il y a, dans cette modification de l'ancien principe, un véritable danger pour le cas où une guerre éclaterait entre la France et un pays dont les citoyens seraient propriétaires pour moitié de la plupart des navires français.

Les *nations étrangères* soumettent la nationalité de leurs navires à des conditions qui varient suivant les temps et les circonstances.

L'*origine* des navires peut être étrangère, en Allemagne, en Autriche, en Angleterre; les bâtiments ne sont enregistrés comme navires américains, aux États-Unis, que s'ils ont été construits dans les chantiers de l'Union.

En ce qui concerne la *propriété* du navire, elle doit appartenir à des nationaux, pour le tout en Allemagne et pour les deux tiers en Autriche. L'Angleterre et la Belgique réservent, en principe, la propriété des navires anglais ou belges à leurs sujets et n'admettent les étrangers qu'à certaines conditions.

La nationalité des *officiers* et de l'*équipage* varie de même suivant les pays. Aux États-Unis, tous les officiers et les deux tiers de l'équipage doivent être nationaux. On ne se préoccupe plus de la nationalité de l'équipage, en Allemagne, en Angleterre, en Autriche, en Belgique et en Hollande. Parmi ces États, les uns exigent que le capitaine ou même que tous les officiers soient nationaux, les autres, comme la Belgique,

[1] Le Conseil d'État, consulté en 1887 par le Gouvernement, a été d'avis que l'on pouvait refuser la francisation aux navires dépendant de *sociétés anonymes* où la prédominance de l'élément étranger ne répondait pas aux prescriptions de la loi de 1845 (*Journ. de dr. int. pr.*, t. XIV, 1887, p. 250).

l'Allemagne, l'Angleterre depuis 1853[1], n'imposent aux officiers aucune condition de nationalité. En Russie, le capitaine
et le timonier peuvent être étrangers, mais le quart de l'équipage doit être composé de nationaux.

L'unité ne peut donc pas exister sous ce rapport, et l'on ne
doit pas voir, comme le pense Bluntschli[2], un arbitraire dans
la diversité de lois qui ne sont que le reflet de la différence
même des situations et des intérêts. Il est naturel qu'un État,
qui a beaucoup de marins, exige, pour compenser les charges
qui pèsent sur eux, que l'équipage soit national. Un pays, où
les capitaux abondent, peut exiger que les navires appartiennent à ses nationaux, parce qu'il n'a pas besoin d'appeler
les capitaux étrangers pour aider ses constructeurs et armateurs. Dans un pays protectionniste, on peut exiger que la
construction ait lieu dans les chantiers de la nation. En France
des *primes et des subventions* sont offertes pour encourager la
construction ou l'armement des navires français. (Loi du 30
janvier 1893.)

Mais si les conditions de la nationalité peuvent changer,
il faut les bien préciser, pour que tout État puisse les reconnaître. C'est en effet, grâce à elles, que le *pavillon couvre
le navire*, d'une façon régulière et légitime.

Un État peut conférer à des navires étrangers le droit de
porter provisoirement son pavillon, pourvu que cet acte n'ait
pas lieu dans le but frauduleux de porter atteinte aux droits
d'une tierce Puissance. Les navires des villes maritimes de
l'Allemagne naviguaient jadis dans la Méditerranée sous le
pavillon danois, afin d'être préservés des attaques des pirates
musulmans, avec lesquels le Danemark avait conclu des traités pour assurer la sécurité de ses navires. Et, aujourd'hui
encore, dans certaines mers éloignées, des navires marchands
étrangers arborent le pavillon britannique, pour bénéficier de

---

[1] Acte maritime du 20 août 1853, modifiant celui du 26 juin 1849 qui
reproduisait, dans ses règles générales, la loi de Cromwell de 1651.
Ajoutez : loi *autrichienne*, du 7 mai 1879; loi *belge*, du 20 janvier 1873;
loi *allemande*, du 25 octobre 1867, et les autres lois citées par Pradier-
Fodéré, t. V, n°s 2279 et suiv.

[2] Bluntschli, *Dr. int. codifié*, art. 327.

sa protection. Mais on peut poser, comme principe, qu'on ne peut pas, dans une intention coupable, et sans l'autorisation d'un État, se servir de son pavillon.

Les États, dont le territoire n'est pas baigné par la mer, peuvent avoir à la rigueur une marine et un pavillon spécial. On a demandé autrefois en Suisse la création d'un pavillon maritime; mais cette demande a été rejetée. Il faut que l'exercice de ce droit soit opportun, et puisse être garanti par des moyens de contrôle qui mettent à l'abri la responsabilité de l'État.

II.

CONDITION JURIDIQUE INTERNATIONALE DES NAVIRES.

On peut envisager cette condition sous deux aspects, suivant que le navire se trouve en pleine mer, ou dans les eaux territoriales d'un État étranger.

A. CONDITION JURIDIQUE DES NAVIRES EN PLEINE MER. — *Tous les navires de guerre ou de commerce* sont comme une partie du territoire qui s'est déplacée et que domine toujours la souveraineté de l'État dont les navires portent le pavillon. Tous les faits qui se passent à bord sont réputés accomplis sur le territoire national, quels qu'en soient les auteurs ou les victimes. Chaque État conserve donc sa juridiction sur ses navires, tant que ceux-ci se trouvent en pleine mer. Un État étranger ne peut leur donner aucun ordre; et il n'a pas le droit, sauf le cas de piraterie, ou en vertu de traités formels, de les soumettre au droit de visite ou de perquisition. Les vaisseaux de guerre ont un droit de surveillance et d'autorité seulement sur les navires de commerce qui appartiennent à l'État dont ils relèvent. L'État d'origine du bâtiment est d'ailleurs responsable vis-à-vis des autres États de tout acte illégitime du navire et de son équipage, de même qu'il doit accorder à ceux-ci, en cas de besoin, son secours et sa protection.

B. Condition juridique des navires dans les eaux territoriales d'un État étranger. — *a) Navires de guerre.* — Les
navires de guerre, qui sont admis à séjourner dans les eaux
territoriales d'un autre État, représentent encore la nation à
laquelle ils appartiennent. Ils sont l'expression de sa puissance
et de sa souveraineté ; et à la condition de respecter les règles
de chaque État, relatives aux mesures de *santé*, d'*ordre public* et de *navigation*, ils jouissent d'une pleine indépendance
et du privilège de l'*exterritorialité*.

Ils sont exempts de la *visite des douanes* et s'ils sont soumis, comme je viens de le dire, aux *règlements* sanitaires,
ils ne sont pas astreints à toutes les formalités de la *quarantaine*. Il suffit que le commandant indique le lieu de provenance et l'état sanitaire et promette, s'il y a lieu, de ne pas
communiquer pendant un certain temps avec le littoral. Les
navires de commerce, au contraire, doivent présenter une
patente, délivrée par les consuls ou l'autorité locale, et sont
soumis aux exigences de la quarantaine d'*observation* ou de
rigueur qui doit être purgée à bord ou dans les *lazarets*. Les
lois intérieures et les conventions sanitaires internationales
déterminent les mesures nécessaires pour éviter les contagions
et pour établir des règles uniformes et favorables aux intérêts
commerciaux des Puissances maritimes.

Les *immunités*, dont le navire de guerre, jouit vis-à-vis de
la *police* et de la *justice locales*, ne s'appliquent qu'au navire
lui-même. L'autorité ne peut intervenir pour les faits qui se
passent *à bord* ; mais si les hommes de l'équipage se rendent
à terre, en dehors de tout service commandé, et y commettent
des délits, ils sont justiciables des tribunaux du lieu où l'infraction est commise[1]. L'autorité locale a le droit de les arrêter
et cette mesure ne peut donner lieu à aucune plainte légitime,
tant qu'elle n'est accompagnée d'aucun fait de nature à blesser
l'État étranger dont le navire porte le pavillon. C'est ce qu'a
décidé, le 18 juin 1863, le roi des Belges, Léopold Ier, pris
comme arbitre dans un différend qui s'était élevé entre le

---

[1] Cass., 29 février 1868, *Dall.*, 1868.1.412. — Renault, *Rev. de dr. int.*,
t. XIV, p. 78.

Brésil et l'Angleterre, au sujet de l'arrestation, par la police brésilienne de Tijuca (près de Rio-Janeiro), de trois officiers appartenant à la frégate anglaise « La Forte ». Les trois officiers n'étaient pas revêtus des insignes de leur grade, au moment de leur arrestation, mais cette circonstance ne peut avoir que peu d'influence sur la décision. Il suffit que l'infraction, commise à terre, présente une certaine gravité pour que l'autorité locale ait le droit de la réprimer. Il faut, d'ailleurs, arrêter le coupable avant qu'il ait pu se réfugier à bord, et l'on peut, dans tous les cas, par déférence pour la Puissance étrangère à laquelle appartient le navire, laisser le coupable à sa juridiction, comme on doit le faire dans le cas où le délinquant arrêté s'est rendu à terre *pour y accomplir une fonction de son service*. L'autorité locale peut toujours prendre des mesures dans l'intérêt de la sûreté générale, et si l'équipage du navire jetait le désordre dans le port, elle pourrait même l'inviter à regagner la pleine mer.

Lorsqu'une personne, poursuivie par la justice du pays, se réfugie à bord d'un navire de guerre étranger, le commandant de ce navire est libre ou de livrer le coupable à la justice locale, s'il a commis un délit de droit commun, ou de lui donner *asile*, si c'est un proscrit politique.

Les navires de guerre qui entrent dans les eaux territoriales ou dans les ports d'un État étranger ont l'habitude de *saluer la terre*, en se conformant aux conventions spéciales, ou aux usages. Le navire doit le premier salut, à moins qu'un signe extérieur n'indique la présence, à son bord, d'un ambassadeur ou d'un souverain. Le salut du canon est le plus usité de nos jours. Le *cérémonial maritime* fixe encore les visites à faire aux autorités locales, les règles relatives au pavoisement des navires et à la célébration des fêtes nationales. Pour tous ces points, les usages et les circonstances indiquent aux commandants des vaisseaux de guerre la conduite qu'ils doivent suivre.

b) Navires ayant à bord des souverains, des envoyés diplomatiques, des troupes. — Navires postaux. — L'exterritorialité est, en outre, accordée aux navires étrangers qui ont à bord dés *souverains*, ou des *envoyés diplomatiques*, et qui sont

exclusivement affectés au service de leur personne, aux vaisseaux qui transportent des *troupes*, sous le commandement
d'officiers de la marine militaire, et aux *navires postaux* appartenant à l'État ou frétés par lui et faisant dès lors actuellement partie de la marine nationale.

Les navires de commerce, subventionnés ou non, et employés
au *service postal*, ne jouissent pas, en principe, de l'immunité propre aux navires de guerre, à moins de conventions
spéciales que les États peuvent conclure, en conformité du
pouvoir que leur confère l'article 13 du traité constitutif de
l'Union générale des postes signé à Berne, le 9 octobre 1874.
Une convention de cette nature existe entre la France et l'Italie
(règlement des 18-20 novembre 1875). La cour d'Aix en a fait
l'application, le 3 août 1885, dans l'affaire du *Solunto*, en
décidant qu'un navire italien faisant le service des postes dans
la Méditerranée, est *insaisissable*, alors même qu'il se trouverait en relâche dans un port français non compris dans son
itinéraire postal[1].

Il est d'ailleurs utile, à raison des intérêts engagés et de la
rapidité des correspondances, que la juridiction territoriale,
en l'absence même de toute convention, n'intervienne qu'en
face d'une nécessité impérieuse.

c) *Navires de commerce. — Juridiction relative aux navires séjournant dans les eaux territoriales étrangères*[2]. —
Les *navires de commerce* ont une condition juridique moins
bien définie. Ils ne représentent pas la puissance publique
de l'État auquel ils appartiennent; mais ils sont toutefois
une partie de son territoire, et le pavillon qui les couvre les
rattache toujours à leur nation d'origine.

De ce double caractère naît une situation complexe, et *trois
opinions* se trouvent en présence, en ce qui concerne la *juri-*

---

[1] Hippolyte Guillibert, *De l'insaisissabilité dans les rapports internationaux des navires affectés au service postal, Journ. de dr. int. pr.*, t. XII,
p. 515.

[2] Porter Morse, *Compétence à l'égard des navires de commerce étrangers
dans les ports nationaux.* — Renault, *Jurid. crim. d'un État dans la mer
territoriale.* — Wharton, *Des eaux territoriales ou de la zone maritime,*
dans le J. Clunet, 1886. — Ajoutez, J. Clunet, t. IV, p. 165; t. IX, p. 453;
t. XV, p. 417.

diction qu'il faut appliquer aux navires de commerce dans les eaux territoriales :

1° Les navires marchands sont soumis à la *juridiction locale* des pays dans les ports desquels ils viennent mouiller. Cette opinion est consacrée par les *jurisprudences anglaise et américaine ;* elle a été admise par l'*Institut de droit international* dans sa session de Paris (mai 1894);

2° Quelques auteurs[1] n'acceptent que la *juridiction de l'État étranger,* dont le navire de commerce porte le pavillon;

3° La *jurisprudence française* [2], dont plusieurs États ont adopté les décisions, arrive à la distinction suivante :

L'*autorité locale* ne doit s'ingérer ni dans la discipline intérieure du navire, ni même dans les conflits entre les gens de l'équipage, *à moins que la tranquillité du port ne soit compromise, ou que son secours ne soit réclamé.*

S'il s'agit d'infractions commises à terre par un marin étranger, ou même à bord, lorsque *la victime ou l'auteur du délit est étranger à l'équipage,* la justice locale a le droit d'arrêter le coupable, même s'il se trouve à bord du navire de commerce. Et afin de prévenir toute difficulté entre les États, les autorités territoriales, en vertu d'un traité ou de l'usage, se concertent avec le consul de la nation à laquelle appartient le navire étranger.

Dans le cas où les autorités locales sont compétentes, elles peuvent, si le navire a levé l'ancre, l'arrêter en pleine mer, pourvu que la poursuite ait commencé dans les eaux territoriales. Mais si le navire a pu s'échapper, les vaisseaux de l'État lésé n'ont pas le droit de procéder à son arrestation dans la haute mer. Il faut alors recourir à la voie diplomatique près de l'État auquel appartient le navire.

Les navires de commerce, à la différence des vaisseaux de guerre, ne peuvent servir de lieux de *refuge.* L'autorité

---

[1] Hautefeuille, *Droits et devoirs des nations neutres,* t. I, p. 306. — Rocco, *Diritto civile internazionale,* t. III, p. 347.
[2] Conseil d'Etat, 20 nov. 1806, *Bull. des lois,* 1806, n° 126, p. 602. Cass., 23 févr. 1859, Dall., *Rec. périodique,* 1859, 1, p. 88. Alger, 19 août 1873, *Sir.* 1874, 2, p. 282.

territoriale a le droit de se rendre à leur bord, pour arrêter les coupables de crimes ou de délits de droit commun ou politiques, *tombant sous sa juridiction*, et il en serait ainsi, strictement du moins, alors même que les réfugiés eussent été recueillis en pleine mer ou dans un port d'une autre Puissance. Mais les faits commis par un *étranger à bord d'un navire étranger, et en pleine mer*, ne sont pas, en principe, de la compétence des tribunaux français, dans le cas même où ce navire viendrait ensuite dans un port français.

Il faudrait refuser également le droit d'asile aux *esclaves* qui se seraient réfugiés à bord d'un navire de commerce stationné dans les eaux d'un pays *esclavagiste;* l'autorité locale pourrait les poursuivre et les arrêter, car le navire ne jouit pas du bénéfice de l'exterritorialité.

Nous devons admettre, à l'inverse, que les esclaves deviennent libres de plein droit, dès que le bâtiment est entré dans le port d'un État où l'*esclavage est aboli.*

Aucune immunité ne peut être reconnue en faveur d'un navire qui violerait les *lois de police et de sûreté* de l'État riverain et viendrait dans ses ports commettre des actes d'hostilité. C'est ce que la Cour de cassation a décidé dans l'affaire du navire Sarde « le *Carlo-Alberto* » qui, dans la nuit du 28 au 29 avril 1832, avait débarqué la duchesse de Berry sur la côte occidentale de Marseille. Ce bâtiment fut arrêté dans la rade de la Ciotat, où il était venu réparer des avaries, et l'on ne tint pas compte de la *relâche forcée* qui le plaçait pourtant sous la sauvegarde de la bonne foi et de l'humanité; on ne vit que le complot dont il s'était fait l'instrument [1].

Les *lois nationales du narire* doivent s'appliquer à tous les faits qui surviennent à bord et qui ne portent aucune atteinte aux droits souverains de l'État territorial : rédaction d'actes de l'état civil, contrats, donations, testaments, etc.

Toutes ces conséquences sont le résultat de la situation complexe dont j'ai parlé. Elles peuvent être modifiées par des traités spéciaux obligeant les parties contractantes dans les limites qu'elles se sont elles-mêmes tracées.

[1] Sirey, 1832, 1, p. 577 et suiv.

Juridiction relative au navire de commerce longeant les côtes d'un État étranger. — Le navire qui ne fait que *longer les côtes d'un État* doit respecter les ordonnances militaires ou de police, prises dans l'intérêt du territoire et de la population côtière ; mais doit-il, en principe, être soumis à la juridiction étrangère ? A l'occasion d'une plainte formée, devant les tribunaux anglais, contre le capitaine allemand de *la Franconia* qui avait abordé dans la Manche un navire anglais, le *Strathclyde*, à moins de trois milles de la côte, la Cour suprême anglaise se déclara incompétente, le 13 novembre 1876. Mais une loi britannique du 16 août 1878 « *Territorial Waters Juridiction Act* » étendit la juridiction anglaise à tout délit commis dans les eaux territoriales, sans distinction entre les bâtiments qui veulent y *séjourner* et ceux qui les *traversent*, ni entre les faits délictueux commis à bord entre gens de l'équipage, et ceux commis entre personnes étrangères.

M. Travers-Twiss et M. Perels[1] ont considéré cette loi comme exorbitante et contraire aux règles du droit international. Elle est sans doute conforme à la doctrine qui reconnaît à l'État riverain un droit absolu de juridiction sur la *mer territoriale*. Mais cette doctrine est exagérée surtout lorsqu'on l'applique aux navires qui ne font que longer les côtes d'un État étranger et, si l'on acceptait en France le principe posé par cette loi, on devrait en restreindre la portée suivant la nature du fait délictueux, et la nationalité de la victime ou de l'auteur du délit. L'Institut de droit international (session de Paris 1894), met en dehors de la juridiction de l'État riverain les infractions commises à bord d'un navire étranger de passage, à moins qu'elles ne violent les droits de cet État et ceux de ses sujets, qui n'étaient pas sur le navire.

Avantages accordés aux navires nationaux suivant les différentes époques. Intercourse, cabotage, pêche côtière.
Je signale ici brièvement certains avantages réservés aux navires nationaux et que le temps, sous l'influence d'idées nouvelles, fait en partie disparaître. Tous les actes anciens de navigation, et celui de Cromwell en 1651, et le décret de la

[1] Travers-Twiss, *Law Magazine,* mai 1877. — Perels, *Dr. mar. int.,* p. 98.

Convention du 21 septembre 1793, donnaient aux *navires nationaux* certains privilèges, relatifs au transport des marchandises, à l'exclusion des bâtiments étrangers. L'Acte de 1793 défendait l'*intercourse* ou le *tiers pavillon*, c'est-à-dire attribuait le droit d'importer en France des marchandises aux navires français ou, à défaut, à ceux du pays de production. Ce monopole fut supprimé dès l'année 1816, et la marine marchande étrangère put importer en France toute espèce de produits, mais à la charge d'acquitter des droits supérieurs à ceux que payaient les bâtiments nationaux. C'est le régime des *surtaxes de pavillon*, et la prohibition complète fait ainsi place au système protecteur.

Sous l'influence de Robert Peel, l'Angleterre, en 1846, adopte le libre-échange dans la navigation, et la France, vingt ans plus tard, abroge, par la loi du 19 mai 1866, les surtaxes de pavillon. La loi de 1872, sous l'empire de nécessités fiscales, les rétablit un instant, mais elles disparaissent l'année suivante, par la loi du 30 juillet 1873.

Cet ancien privilège accordé à la marine nationale n'existe donc plus, et l'intérêt, qu'il pouvait y avoir à connaître, sous ce rapport, la nationalité du navire, aurait complètement disparu, si une loi du 2 avril 1889 n'était venue rétablir une sorte d'*intercourse coloniale*, en décidant que la navigation ne pourrait avoir lieu entre les ports de France et d'Algérie que sous pavillon français. Mais ce sont plutôt les règles du *cabotage* que l'on applique à l'Algérie, à raison de sa proximité de la métropole et de l'assimilation des ports algériens aux ports français.

On réserve parfois encore, en effet, le *cabotage en douane*[1], c'est-à-dire la navigation entre deux ports du même pays,

---

[1] On distingue du *cabotage en douane* : 1° la navigation *au long cours* qui se fait *au delà* d'une certaine limite déterminée par la loi (Loi française du 14 juin 1834); 2° le *cabotage en marine*, appelé encore *cabotage international, grand cabotage ou cabotage de concurrence* (c'est-à-dire non réservé aux nationaux), qui comprend les voyages *en deçà* de cette limite; 3° la *navigation au bornage* qui se fait dans des ports très rapprochés et par de petites embarcations. Ces distinctions trouvent leur intérêt dans les conditions de capacité requises pour ceux qui commandent les bâtiments appelés à naviguer dans les limites fixées par les lois ou règlements, et, parfois, dans la différence des primes accordées à la navigation.

aux navires nationaux. En France, on distingue le *petit cabotage* qui se fait entre les ports de la même mer, et le *grand cabotage* qui a lieu entre des ports de mer différents, de l'Océan à la Méditerranée. Cette faveur accordée à la marine nationale se justifie par le désir de compenser ainsi les charges qui peuvent peser sur elle, et l'on fait bien, dans tous les cas, de n'accorder un droit semblable aux étrangers, qu'en échange d'avantages réciproques ou équivalents.

Le cabotage est entièrement libre en Belgique; il est soumis en Angleterre au principe de réciprocité; il est réservé aux nationaux en France, en Russie, en Allemagne et aux États-Unis. Le Portugal et l'Espagne ne l'accordent aux étrangers que dans certaines limites et sous certaines conditions. Les traités peuvent, d'ailleurs, modifier les lois intérieures des États.

La *pêche côtière* est également un droit exclusif pour les sujets d'un État, chez certaines nations, et en particulier en France. D'après la loi du 2 mars 1888, la pêche est interdite aux bateaux étrangers dans les eaux territoriales de la France et de l'Algérie en deçà d'une limite, qui est fixée à trois milles marins au large de la laisse de basse mer.

Pour les baies, le rayon de trois milles est mesuré à partir d'une ligne droite, tirée au travers de la baie dans la partie la plus rapprochée de l'entrée, au premier point où l'ouverture n'excède pas dix milles.

Cette interdiction s'applique à la pêche du poisson comme à celle des huîtres, des crustacés et du corail.

Un traité du bey de Tunis, du 24 octobre 1832, qui cédait à la France le droit d'exploiter la *pêche du corail* sur le littoral tunisien, a été confirmé, le 12 mai 1881, par le traité de Casr-Saïd, consacrant de nouveau toutes les conventions qui existaient entre la France et la Tunisie[1].

Les traités de commerce et de navigation contiennent le plus souvent des clauses réservant la pêche côtière aux nationaux ou l'accordant aux étrangers dans une certaine mesure[2].

---

[1] De Clercq, *Recueil des traités de la France*, t. XIII, p. 25-26.
[2] De Clercq, t. VIII, p. 258, 418; t. IX, p. 172, 187, 192, 295, 658; t. XI, p. 167; t. XIII, p. 126, 225, 241.

Principe d'égalité et de liberté des navires, restrictions, contraintes : angarie, embargo. — A part ces réserves, on peut dire qu'aujourd'hui le droit conventionnel des États consacre l'*égalité des navires nationaux et étrangers*, au point de vue de leur placement dans les ports, de leur chargement ou déchargement, de tous droits de tonnage, de pilotage, de quarantaine, de phares, d'importations, de toutes formalités qu'ils peuvent avoir à remplir dans les ports, docks, rades ou havres (convention conclue à Paris entre la France et l'Angleterre, 28 février 1882, pour régler les relations commerciales des deux pays; traité de navigation entre la France et l'Autriche, du 9 avril 1884) [1]. La *politique douanière* des États, qui varie suivant les époques et les circonstances, empêchera toujours de donner à ces règles un caractère stable et permanent. Les auteurs peuvent désirer un même régime de liberté et d'égalité de droits pour tous les pavillons, mais les législations locales préféreront souvent, dans l'intérêt de la marine nationale et pour faciliter le développement des constructions navales, un régime de protection maritime et douanier. Les traités de commerce, du 7 décembre 1891, conclus par les États de la triple alliance entre eux et avec la Belgique, stipulent l'égalité des navires de commerce des États contractants.

Mais si l'on peut comprendre les restrictions établies par les États dans un intérêt fiscal ou économique, il n'en est pas de même de ces *contraintes* imposées, même en temps de paix, aux navires étrangers et qui, sous le nom d'*angarie*, constituent des entraves à la liberté du commerce et de la navigation. Cette mesure, obligeant le navire étranger à interrompre son voyage pour faire un transport ou tout autre service public dans l'intérêt du pays qui l'a reçu dans ses ports, est une atteinte à l'indépendance de l'État dont le vaisseau porte le pavillon, et nuit aux intérêts des armateurs étrangers qui peuvent ne pas trouver, dans l'indemnité que l'État requérant pourra leur donner, une compensation équitable des dommages éprouvés.

Plusieurs traités des siècles derniers contenaient expressé-

---

[1] De Clercq, t. XIII, p. 336, 340; t. XIV, p. 343.

ment l'interdiction de tout fait constituant l'angarie [1]. Dans notre siècle, certaines conventions conclues entre la France et les républiques américaines exigent que l'angarie ne puisse être imposée sans une indemnité convenue et fixée préalablement [2]. Il n'en est pas question dans les traités de navigation passés entre la France et les diverses Puissances européennes. On peut espérer que ce silence est la condamnation d'une pratique contraire aux principes qui doivent régir les relations internationales, surtout en temps de paix.

L'embargo civil ou pacifique, également désigné sous le nom d'arrêt de Prince ou de Puissance, apporte encore une entrave à la liberté de la navigation, par suite de la défense signifiée aux navires nationaux ou étrangers de sortir des ports, dans le but d'empêcher la divulgation de faits que l'on veut tenir secrets. Cette mesure se justifie par le droit de police qui appartient à toute Puissance, bien qu'elle ait perdu sa raison d'être, par suite de la rapidité et de la facilité des communications à notre époque.

Il est plus difficile de justifier l'embargo par représailles qui aboutit à la séquestration du navire, la saisie des vaisseaux en pleine mer, ou dans les ports de l'État auquel ils appartiennent, et le blocus commercial pendant la paix. Ces procédés violents portent atteinte à la liberté des mers et ont un caractère agressif, bien qu'ils s'emploient en dehors de tout état de guerre. J'en parlerai sous le titre relatif aux conflits internationaux.

Appendice : NAVIRES NAUFRAGÉS. — Il est du devoir, soit des vaisseaux en pleine mer, soit des États riverains, de procurer aux navires en détresse et à leurs équipages les secours qui leur sont nécessaires, sans pouvoir s'emparer de la personne ou des biens des naufragés. Le droit d'épave, qui consistait à rançonner les personnes et à piller les biens, est un usage barbare condamné par le droit international. La loi romaine prenait les naufragés sous sa protection. Mais, au moyen

---

[1] Du Mont, *Corps universel diplomatique du droit des gens*, t. VI, p 266.

[2] De Clercq, t. V, p. 88, 91, 248, 250 ; t. VIII, p. 193.

âge, malgré l'intervention des Souverains Pontifes, ce *droit d'épave* s'introduisit dans les mœurs et se maintint jusqu'au règlement publié, en 1681, par Louis XIV, dans sa célèbre ordonnance de la marine, dont l'influence amena dans les autres pays la substitution du *droit de sauvetage* au droit cruel d'épave.

Ceux qui opèrent le sauvetage d'un navire abandonné ne peuvent plus aujourd'hui réclamer, pour l'entretien des naufragés et la conservation de leurs biens, qu'une *indemnité* équitable, réglée par la loi nationale du *sauveteur*, si celui-ci trouve le navire en pleine mer, ou par la loi de la *situation*, s'il le rencontre dans les eaux territoriales[1].

Il ne peut s'approprier, pour le tout, les objets sauvés du naufrage, que dans le cas où ils ne sont pas réclamés par leurs propriétaires.

En France, d'après l'ordonnance de la marine de 1681, le *tiers* des *effets naufragés* est acquis au sauveteur qui les a trouvés *en pleine mer* ou tirés de son fond. Les deux autres tiers sont déposés pour être rendus aux propriétaires s'ils les réclament dans l'an et jour; après ce délai, ils sont acquis à l'État. Le sauvetage dans les *eaux territoriales* ne donne lieu qu'à une *indemnité* proportionnée à la peine prise et au service rendu.

Mais l'ordonnance du 15 juin 1735 attribue, sauf un prélèvement minime au profit de l'État, la *pleine propriété* des objets naufragés au sauveteur, sans distinguer entre le cas où il les a trouvés à proximité du rivage et celui où il les a découverts en pleine mer, *lorsqu'il n'existe plus aucun indice permanent de l'objet naufragé sur la surface des eaux*. Le dé-

---

[1] Demangeat, *De la loi à appliquer dans le règlement de l'indemnité due pour le sauvetage d'un navire accompli en pleine mer par un navire de nationalité différente; Journ. de dr. int. pr.*, t. XII, 1885, p. 143. Cette règle, d'après laquelle on applique la *loi nationale du sauveteur*, si le sauvetage s'opère *en pleine mer*, est vraie, soit qu'on admette, avec M. Demangeat, que le droit du sauveteur naisse du quasi-contrat de *gestion d'affaires*, ou revête le caractère d'un *droit réel* résultant d'une main-mise sur le navire abandonné, comme l'enseignent MM. Laurin et Cresp, *Dr. mar.*, t. I, p. 293. — Desjardins, *Dr. com. mar.*, t. I, nos 91 et suiv. — Pradier-Fodéré, *Dr. int. public*, t. V, nos 2311 et suiv.

lai accordé aux propriétaires pour faire leur réclamation n'est alors que de deux mois.

Cette faveur accordée, dans cette hypothèse, au sauveteur, s'explique par le danger et la dépense que le sauvetage peut occasionner.

Le droit de sauvetage en pleine mer est des *deux tiers*, lorsque les effets naufragés sont des propriétés *ennemies* (L. du 26 nivôse an VI, art. 1).

La plupart des traités de commerce renferment des stipulations relatives au naufrage des bâtiments et à leur sauvetage. On réserve le soin de sauvegarder les intérêts en péril au *consul* de la nation à laquelle appartient le navire naufragé[1].

---

[1] Déclaration du 16 juin 1879, entre la France et l'Angleterre, relative à la liquidation des sauvetages. — De Clercq, t. XII, p. 404,

LIVRE III.

LES RAPPORTS INTERNATIONAUX DANS L'ÉTAT DE PAIX.

CHAPITRE I.

Représentants des États dans leurs relations internationales.

L'étude qui précède vient de nous montrer les droits primitifs et absolus des États dans leurs caractères et leur étendue. Nous avons pu déjà constater que, pour en assurer la conservation, les sociétés politiques ont besoin d'avoir entre elles des relations multiples et constantes. Il leur faut donc des mandataires qu'elles trouvent dans les *souverains* qui sont la représentation vivante de l'État, dans les *agents diplomatiques*, chargés de traiter les affaires politiques extérieures et dans les *consuls* qui ont pour mission de protéger leurs nationaux et de veiller aux intérêts commerciaux de leur pays.

SECTION I.

Des Souverains.

Ce mot désigne tout d'abord, dans son sens le plus juridique, l'autorité suprême qui, dans chaque État, commande

sur le territoire. Les principes modernes confient cette souveraineté plutôt à un ensemble de pouvoirs qui constituent la
délégation nationale, qu'à une personne unique absorbant en
elle l'autorité souveraine.

Dans un second sens, le souverain, c'est le Chef de l'État,
c'est le pouvoir exécutif attribué à un seul homme, à un conseil fédéral, à un directoire ou à des consuls.

C'est en me plaçant à ce second point de vue, que je veux
indiquer ici le caractère et les titres du souverain et les prérogatives attachées à sa personne.

I.

CARACTÈRE ET TITRE DU SOUVERAIN.

La personne qui, de fait, exerce le pouvoir, représente
l'État dans ses relations extérieures. Il est utile d'établir solennellement son caractère, et, dans ce but, la coutume internationale exige qu'on notifie l'avènement des souverains
aux États étrangers.

Le souverain, qui perd le pouvoir d'une manière quelconque, ne représente plus l'État qui ne serait nullement engagé
par des traités conclus après une déchéance ou une abdication.
Un peuple ne peut, en effet, être lié par un chef d'État qui
ne possède plus aucun pouvoir sur lui, et qui n'a aucun
moyen d'assurer l'exécution de ses droits et de ses obligations.
Le gouvernement étranger, qui lui rendrait encore dans ce
cas les honneurs royaux, commettrait une offense envers le pays
du souverain détrôné. Ce n'est que par pure courtoisie qu'on
peut lui conserver son ancien titre. Le traité de Fontainebleau
du 11 avril 1814 réservait à l'empereur Napoléon ses titres et
ses qualités pour qu'il pût en jouir pendant sa vie.

Les États peuvent choisir librement la dignité qu'ils jugent
à propos de conférer à leur chef ; mais le principe de l'égalité
des États souverains s'oppose à ce que cette dignité puisse
conférer par elle-même une suprématie sur les autres nations.

Il faut, d'ailleurs, pour que les titres obtiennent une valeur positive, dans les relations extérieures, qu'ils soient reconnus par les Puissances étrangères.

Le titre de roi de Prusse pris par Frédéric Ier, en 1701, ne fut d'abord reconnu que par l'empereur d'Allemagne, et, plus tard, par les autres souverains de l'Europe. La France ne voulut pas tout d'abord ratifier le titre d'empereur pris par le czar Pierre Ier, et lorsqu'elle finit par donner son assentiment, ce fut à la condition que cette reconnaissance n'impliquerait aucune prérogative spéciale au profit de l'empereur de Russie. Au Congrès d'Aix-la-Chapelle, le 11 octobre 1818, les cours européennes prirent l'engagement « de ne reconnaître à l'avenir aucun changement dans les titres des souverains, sans en être préalablement convenues entre elles [1]. » On peut observer cependant que les titres ont aujourd'hui perdu de leur valeur, et que l'importance des États se mesure plutôt à leur force réelle, qu'aux dignités dont sont revêtus leurs chefs.

Tous les souverains jouissant des honneurs royaux ont un rang égal, sans distinguer entre les empereurs, les rois et les présidents de République. Bluntschli [2] semble attacher toutefois une importance considérable à la dignité impériale, qu'il réserve aux souverains qui ont un pouvoir universel ou qui règnent au moins sur plusieurs peuples. Cette considération n'a aucune portée pratique. La reine d'Angleterre, en prenant le titre d'impératrice des Indes, n'a rien ajouté à sa puissance, et l'empereur des Ottomans ne trouve, dans son titre, aucune garantie contre toutes les causes de ruine qui menacent l'intégrité de son empire.

La vanité et les souvenirs du monde romain donnaient à la dignité impériale un certain prestige, et c'est pourquoi les rois de France se servaient du titre d'empereur dans leurs traités avec les Puissances musulmanes.

Certains souverains ont le droit, en vertu d'anciens usages

[1] Pradier-Fodéré, *Cours de droit diplomatique*, 1881, t. I, p. 52, 53.
[2] Bluntschli, *Dr. int. codifié*, art. 85, 86.

ou de concessions des Papes, d'ajouter à leurs titres, des qualifications religieuses, comme celle de roi catholique ou de roi très chrétien attribuée aux souverains d'Espagne et de France.

Mais si l'on attache aujourd'hui peu d'importance au titre qu'un État peut donner à son souverain, il n'en est pas de même du droit qu'une nation peut avoir d'offrir la couronne à un prince étranger, surtout s'il appartient à la famille royale d'une grande Puissance. La raison politique l'écartera, pour prévenir la prépondérance qui pourrait en résulter au profit de la nation à laquelle le nouveau souverain appartient par son origine.

En 1831, les grandes Puissances ont, sous l'empire de cette idée, empêché le duc de Nemours d'accepter la couronne de Belgique; en 1862, le prince Albert, élu roi des Hellènes par le suffrage universel, a dû refuser le pouvoir par suite de l'opposition de la France et de la Russie; et l'on sait que la candidature d'un prince de Hohenzollern au trône d'Espagne a été le prétexte de la guerre de 1870.

II.

PRÉROGATIVES INTERNATIONALES DES SOUVERAINS.

Le droit public interne de chaque État détermine la condition juridique du souverain, ses attributions et les honneurs qui lui sont dus.

Les usages des gouvernements et des cours indiquent les différentes *notifications* que les souverains se font entre eux, à l'occasion de circonstances politiques ou même de simples événements de famille; les formes des lettres de chancellerie, de conseil et de cabinet qui constituent la correspondance entre souverains; les honneurs à rendre aux chefs d'États qui visitent un pays étranger.

Mais le principal intérêt qui, dans ce dernier cas, se rattache au droit international se trouve dans les *immunités* dont jouit un souverain sur le territoire d'un État étranger. Voyons, en peu de mots, en quoi elles consistent, à quelles conditions elles sont accordées, et quelles sont les raisons qui les justifient.

1° *En quoi consistent ces immunités?* — Le souverain qui est reçu dans un pays étranger n'est pas soumis aux lois de ce pays, au paiement des impôts personnels, à la juridiction des tribunaux criminels et civils.

Il y a cependant à faire des réserves en ce qui concerne la juridiction civile. Le souverain n'en est pas affranchi, dans les cas où elle serait compétente alors même qu'il n'aurait pas quitté ses États. Il y a deux hypothèses qui n'offrent aucune difficulté, et où le souverain ne peut échapper à la compétence du tribunal saisi de l'affaire. C'est lorsqu'il possède des immeubles sur le territoire d'un autre État, et défend, de ce chef, à une action réelle; c'est encore lorsqu'il accepte, en se portant demandeur, la juridiction du tribunal étranger.

Mais la difficulté se présente, si le souverain est cité devant un tribunal civil, à raison des engagements qu'il a contractés, ou des préjudices qu'il a fait subir. Cette question de l'*immunité de juridiction* se pose, d'ailleurs, aussi bien dans le cas où le souverain n'a pas quitté ses États que dans celui où il réside actuellement sur le territoire étranger. Peut-on le traduire, en un mot, devant une juridiction étrangère? En France, par exemple, l'article 14 du Code civil va-t-il permettre de traduire un souverain devant les tribunaux français? L'État étranger jouit, comme nous l'avons vu, d'une immunité complète de juridiction; le souverain qui le représente doit-il bénéficier d'une faveur identique?

La jurisprudence française se déclare incompétente, lorsqu'il s'agit d'un acte que le souverain ne peut faire qu'en qualité de *chef d'État*, mais elle retient la cause dans le cas où le souverain a contracté, comme *simple particulier*, pour un intérêt d'ordre privé[1].

Beaucoup d'auteurs rejettent cette doctrine et accordent aux

[1] Cour de Paris, 3 juin 1872 (Sir. 1872, 2, 293). Paris, 14 déc. 1893, *Gaz. Trib.*, 27 déc. 1893 (V. *Immunité de jurid. des États et les auteurs cités*, pages 93 et s.).

souverains, dans tous les cas, l'immunité de juridiction. C'est en ce sens que le *tribunal civil de Bruxelles* s'est prononcé, le 3 novembre 1870, en décidant que les tribunaux belges sont incompétents pour statuer sur une demande formée contre un souverain étranger, *quelle que soit la cause de cette demande* [1]. La *Jurisprudence anglaise* admet une règle identique, la division du Banc de la Reine et la cour d'appel ont rejeté l'action dirigée contre le Sultan de Johore par une anglaise à laquelle une promesse de mariage avait été faite [2]. La décision contraire, dans l'affaire du duc de Brunswick contre le roi de Hanovre, vient de ce que ce dernier était pair anglais et fut, à ce titre, considéré comme sujet de la couronne britannique. Une fois le principe posé, on ne peut guère, en effet, le modifier, à raison d'une différence dans le caractère et le but des engagements. La nuance est parfois délicate à saisir et l'on ne peut soumettre l'application d'un principe uniquement à l'empire des faits et à l'arbitraire des tribunaux. On ne peut pas faire abstraction de la qualité de souverain qui est inhérente à la personne du chef de l'État. Il serait alors plus logique d'admettre, avec Laurent [3], que les principes de la société moderne se refusent à consacrer toute immunité et que les droits de la justice doivent l'emporter sur les égards dus aux souverains. Ceux qui d'ailleurs approuvent la distinction de la jurisprudence française conseillent « de restreindre le moins qu'on pourra l'immunité de la juridiction civile des chefs d'États étrangers, afin d'éviter les embarras qui peuvent naître, pour le gouvernement du pays où elles sont prononcées, de sentences d'une exécution difficile, sinon impossible [4]. » Une telle réserve montre que l'on n'a pas une grande confiance dans la doctrine que l'on soutient.

[1] *Rev. de dr. int.* Bruxelles, t. IV, p. 153; t. XX, p. 119, t. XXII, p. 425.

[2] Division du Banc de la Reine de la Haute Cour de justice, 4 nov. 1893, *Le Times*, 28, 29, 30 nov. 1893.

[3] Laurent, *Dr. civ. int.*, t. I, p. 154; t. III, p. 59.

[4] Pradier-Fodéré, *Dr. int. public*, t. III, p. 510. Ajoutez : *Rev. gén. de dr. int. public*. Paris, 1894, p. 74.

Mais si le souverain est affranchi de la juridiction d'un État étranger, il ne peut pas y exercer, à son tour, lorsqu'il se trouve sur le territoire de cet État, des actes de juridiction contentieuse, à l'égard même de ses nationaux et des personnes de sa suite. Il ne peut disposer de la force publique étrangère pour faire exécuter ses arrêts, ni employer celle dont il dispose sans violer, dans tous les cas, l'indépendance de l'État qui le reçoit. En 1873, le shah de Perse, lors de son voyage à Londres, avait condamné à mort une personne de sa suite ; mais le gouvernement anglais ne voulut pas que l'exécution pût avoir lieu sur son territoire, par respect pour la souveraineté britannique.

Est-il besoin d'ajouter qu'un souverain déchu ou qui abdique ne peut, malgré toutes les réserves que contient son acte d'abdication, exercer, dans le pays qui l'accueille, aucun acte de souveraineté, même sur ses anciens sujets? L'histoire a conservé le souvenir de Christine de Suède qui, après avoir abdiqué, fit exécuter, en 1657, dans le palais de Fontainebleau, son écuyer Monaldeschi, qu'elle avait elle-même condamné. Ce meurtre ne donna lieu à aucune poursuite ; la Reine ne fut même pas bannie, mais elle dut quitter le territoire devant le mécontentement de Louis XIV. C'était pourtant un crime, qui relevait de la juridiction française, et Voltaire a pu dire : « Ce n'était pas une reine qui punissait un sujet, c'était une femme qui terminait une galanterie par un meurtre. Nul ne peut être mis à mort que par les lois[1]. »

Le souverain détrôné, qui se livrerait aujourd'hui à de pareils actes, serait simplement traduit en Cour d'assises. Si le coupable était un chef d'État actuellement régnant, on ne pourrait, d'après les usages internationaux, que l'exclure et se plaindre par la voie diplomatique.

C'est l'unique ressource qu'on peut avoir dans tous les cas où le souverain violerait les lois d'ordre public au préjudice de l'État qui lui donne l'hospitalité.

Les faveurs accordées au souverain en pays étranger s'étendent aux personnes de sa suite et, dans une certaine mesure,

[1] Voltaire, *OEuvres*, t. XVI, 16, p. 428.

aux objets qui sont à son usage personnel. Les membres
des familles royales ne jouissent pas d'ailleurs par eux-mèmes
de ces prérogatives, puisqu'ils ne représentent pas l'État et
n'ont aucun des droits que confère la souveraineté. On ne
pourrait les leur accorder que par pure courtoisie.

Le président d'une république, s'il est reçu dans un pays
étranger comme représentant de l'État, jouit des mèmes immunités que celles qui sont accordées au monarque.

2° *A quelles conditions accorde-t-on ces immunités ?* — Il
faut que le souverain soit autorisé à entrer sur le territoire
étranger, et reçu solennellement avec les honneurs dus à son
rang. S'il garde l'*incognito*, il est traité en simple citoyen,
jusqu'au moment où, faisant connaître sa qualité, il veut
invoquer les droits qui s'y rattachent. Le roi de Hollande fut
naguère condamné à Vevey, en Suisse, comme particulier, à
une peine de simple police, dont il fut libéré par le Conseil
fédéral, dès qu'il se fut fait connaître comme souverain. La
mème décision fut rendue par les tribunaux anglais dans
l'affaire dont j'ai parlé ci-dessus, au sujet de l'action intentée
contre le sultan de Johore qui voyageait *incognito*. Il suffit,
d'après cette jurisprudence, que la qualité de souverain régnant soit invoquée au moment de l'assignation.

Il faut, en outre, que le souverain, qui veut invoquer ces
prérogatives, vienne sur le territoire étranger dans la plénitude de son indépendance et non pour y exercer une fonction
au service du souverain sur le territoire duquel il séjourne.

3° *Raison d'être de ces immunités.* — Elle se trouve dans
les égards mutuels que se doivent les États représentés par
leurs chefs. En recevant, dans un pays, avec les honneurs
dus à son rang, le souverain d'une nation étrangère, c'est à
la nation elle-mème qu'on accorde l'hospitalité, et qu'on témoi-
gne le respect qu'on a pour sa souveraineté et son indépendance. Il est inutile et dangereux de faire intervenir la fiction
de l'*exterritorialité*, en supposant que le souverain n'a pas
quitté le territoire de son pays. On ne peut pas en tirer cette
conséquence inadmissible que les actes passés sur le territoire étranger sont régis par la loi du domicile d'origine, contrairement à la règle : *locus regit actum*.

Ce mot d'exterritorialité, que beaucoup d'auteurs emploient, signifie donc simplement, dans ce cas, qu'à raison de convenances internationales, on accorde aux souverains certaines immunités qui les exemptent de la juridiction du pays où ils reçoivent l'hospitalité.

SECTION II.

Des agents diplomatiques [1].

Les souverains peuvent traiter eux-mêmes les questions qui intéressent leurs États, mais il leur est impossible d'exercer partout et à la fois une action directe dans toutes les relations et dans tous les conflits qui peuvent s'élever. Pour négocier, pour veiller à tous les intérêts de la société politique, il faut des mandataires investis de pleins pouvoirs et qui représentent leur nation auprès des Puissances étrangères. Je vais préciser le caractère et l'importance de ce commerce international dans l'étude des questions suivantes : I. *Commerce diplomatique.* — II. *Exercice du droit de légation.* — III. *Différentes classes d'agents diplomatiques, conditions de leur nomination.* — IV. *Leurs devoirs et leurs attributions.* — V. *Leurs prérogatives.* — VI. *Fin des missions diplomatiques.*

I.

COMMERCE DIPLOMATIQUE : IDÉE GÉNÉRALE ET ORIGINE.

On entend, par commerce diplomatique ou international, les relations que les États ont entre eux, à l'aide de mandataires munis des pouvoirs de l'État qu'ils représentent. Cette

[1] De Garden, *Tr. complet de la diplomatie.* — Esperson, *Droit diplomatique.* — P. Pradier-Fodéré, *Cours de dr. diplomatique.* — Lehr, *Manuel des agents diplom. et consul.* — C. Pradier-Fodéré, *Droits et devoirs des agents diplom.* — Murray, *Droits et devoirs des envoyés diplom.* — Odier, *Des privilèges et immunités des agents diplom.* — Crouzel, *De l'in-*

partie du droit international, qui fixe les règles relatives aux relations extérieures, constitue le droit diplomatique. Et l'on désigne, par ce mot de « *diplomatique,* » tout ce qui concerne le commerce international. On dit en effet : le corps et les agents diplomatiques, et l'on emploie même ce mot pour qualifier le style ou la forme des communications, et les conférences des représentants.

La diplomatie consiste donc dans la gestion des affaires internationales. Elle tend à garantir les droits des États, à sauvegarder leur honneur et leurs intérêts légitimes. C'est un art véritable; car pour concilier des prétentions rivales, pour diriger les négociations politiques, il faut ne pas s'écarter des règles indiquées par le discernement et l'expérience. Le diplomate doit avoir en vue ce qui est utile à son pays; mais, s'il ne doit pas se laisser égarer par les surprises du sentiment, il ne peut oublier que le maintien des droits de la justice est le premier intérêt d'un peuple, et que, tôt ou tard, on recueille les fruits d'une politique qui a su contenir les destinées d'une nation dans les limites de la raison et de l'équité.

Les peuples anciens n'avaient pas de relations permanentes; mais à mesure que des conflits surgissaient, ils confiaient à leurs orateurs le soin de veiller aux intérêts généraux de l'État et de diriger les négociations.

Les lois de Manou contiennent des règles détaillées concernant le droit de légation; les tribus indiennes respectent l'inviolabilité des ambassadeurs, portant la branche verte, symbole de leur dignité. A Rome, les féciaux sont les gardiens des principes et des usages diplomatiques. A l'époque de l'invasion des barbares, les Romains, voulant recourir à l'autorité morale de l'Eglise, pour arrêter le fléau de l'invasion, confièrent aux évêques la mission de traiter avec leurs vainqueurs.

violabilité et de l'exemption de jurid. des agents diplom. — Czartoryski, *Essai sur la diplom.* — Slatin, *Juridiction des agents diplom.* — Ch. de Martens, *Le guide diplomatique.* — Vercanser, *Des franchises diplomatiques.* — Armand Baschet, *Les archives de Venise; Hist. de la chancellerie secrète.* — Bousquet, *Les agents diplom. et consul.* — Chevrey-Rameau, *Les agents diplom. et consul.*

Les Papes furent les premiers à entretenir auprès des empereurs romains de Constantinople, et, plus tard, auprès
des rois francs, des mandataires permanents dans l'intérêt
des affaires religieuses. Mais ce fut à partir du xve siècle
que la diplomatie moderne prit naissance en Italie[1]. Venise,
qui, déjà, sous l'empire byzantin, entretenait à Constantinople
un représentant, connu sous le nom de *Bailo*, en eut bientôt
dans la plupart des États étrangers. Louis XI établit des missions permanentes en Angleterre et en Bourgogne. Ce système
dut se généraliser par la suite, sous l'influence des complica-
tions de la politique, de la création des armées permanentes,
d'un besoin de surveillance réciproque, de l'importance chaque jour plus grande des intérêts commerciaux et des relations
de toute nature.

La paix de Westphalie (1648) consacra le système de l'ambassade permanente, et, depuis cette époque, toutes les Puissances se trouvent reliées entre elles par l'action constante de
la diplomatie. C'est en 1754 qu'une dame de la cour de Vienne
aurait, paraît-il, employé la première le nom de « corps diplomatique » qui désigne la réunion des ministres publics et
est le symbole de leur solidarité mutuelle.

II.

EXERCICE DU DROIT DE LÉGATION.

Le droit de *représentation*, *d'ambassade ou de légation*,
consiste dans la faculté, pour un État, d'envoyer des ministres
publics qui lui servent d'intermédiaires dans ses relations avec
les autres Puissances. C'est le droit *actif* de légation.

L'exercice de ce droit appartient à tous les *États souverains*
et indépendants, sans qu'on ait besoin de se préoccuper de
leur degré de force et d'importance. La distinction, qui sé-

---

[1] Nys, *Les commencements de la diplomatie et le droit d'ambassade jusqu'à
Grotius*, *Rev. de dr. int.*, Bruxelles, t. XV, p. 577; t. XVI, p. 55, 167.

pare les États faibles des grandes Puissances, s'affirmera d'ailleurs dans le caractère et dans le rang de leurs mandataires, suivant leurs ressources et la nature de leurs relations.

Les *États mi-souverains* n'ont pas, en principe, le droit de légation, puisqu'ils sont privés de la souveraineté extérieure. Tout dépend de leurs rapports avec les États sous la dépendance desquels ils se trouvent, et des restrictions apportées à leurs droits souverains par les conventions. D'après le traité du 19 août 1858, la Moldavie et la Valachie, qui depuis ont constitué, sous le nom de Roumanie, un État souverain, envoyaient à Constantinople un agent qui n'avait ni caractère public ni privilège diplomatique, et la Porte représentait ces principautés près des autres Puissances. L'Égypte qui se trouve sous la suzeraineté de la Turquie ne peut pas exercer le droit de légation. Mais les États qui, sans être mi-souverains, sont placés sous un protectorat ou doivent payer un tribut, jouissent du droit d'ambassade. Il faut au contraire refuser cette faculté à de simples gouvernements de *provinces* ou de *colonies*, à moins d'un pouvoir spécial émanant de l'autorité souveraine ; mais l'agent n'aurait dans ce cas ni caractère, ni privilège diplomatique.

Dans la *confédération d'États*, le pouvoir central n'absorbant pas en lui l'autonomie des différentes sociétés politiques qui la composent, chaque État confédéré peut exercer le droit de légation pour ses besoins propres, et le pouvoir central pour les intérêts communs. Dans l'ancienne confédération germanique, la diète ne s'est jamais autorisée du droit qu'elle avait d'entretenir des légations permanentes, et n'a délégué que deux fois des ministres publics.

L'*État fédéral*, au contraire, a un conseil central qui exerce seul la souveraineté extérieure, et peut accréditer les ministres près des autres Puissances. Il en est ainsi pour les États-Unis, la Confédération Argentine et la Suisse. Chaque État particulier peut entretenir séparément des relations avec les autorités étrangères pour des affaires de police, pour des rapports de voisinage ou des questions de l'ordre économique.

Dans l'*empire fédéral allemand*, c'est l'empereur qui ac-

crédite les agents diplomatiques, et ce n'est que par une anomalie que le droit de légation est encore exercé par certains
États fédérés.

Uu *roi détrôné* perd, avec l'exercice de sa souveraineté, le
droit de légation qui passe aussitôt au gouvernement de fait
actuellement en possession du pouvoir. Si les anciens ministres restent quelque temps en fonction, c'est que l'État près
duquel ils ont été accrédités n'a pas encore voulu reconnaître le
nouveau gouvernement. Lorsque Mazarin eut reçu le ministre
de Cromwell, il refusa de continuer à voir celui de Charles II.
L'Angleterre conserva des relations avec le chargé d'affaires
napolitain, jusqu'au jour où elle eut reconnu le nouveau
royaume d'Italie. Au couronnement de Guillaume Ier, roi de
Prusse, un ministre de l'ex-roi de Naples se trouvait à côté
d'un représentant de Victor-Emmanuel que la Prusse n'avait
pas encore reconnu comme roi d'Italie.

En général, tous les États ont près de chaque Puissance
un représentant unique; ce n'est que pour des *Congrès* ou des
conférences qu'ils donnent à *plusieurs délégués* la mission de
veiller aux intérêts de l'État.

Mais il peut arriver qu'une même personne représente plusieurs États près d'un même gouvernement; les agents des
États-Unis représentent le Pérou en Chine et au Japon. Une
nation peut, à l'inverse, charger le même ministre de la représenter près de différentes Puissances; c'est ce qui a lieu
pour les républiques de l'Amérique du Sud, et pour la
Chine qui a deux représentants en Europe : l'un pour l'Allemagne et la Russie, et l'autre pour la France, l'Angleterre
et l'Italie. C'est une raison de finances qui force d'avoir recours à cette représentation amoindrie, et qui est loin de pouvoir satisfaire pleinement tous les intérêts des États.

Le droit *actif* de légation est, en général, exercé par le
chef du pouvoir exécutif; mais la constitution d'un pays peut
lui refuser la faculté de choisir à lui seul les ministres publics. C'est ainsi qu'aux États-Unis, le Président nomme les
agents diplomatiques avec le consentement du Sénat. Dans
tous les cas, les ministres publics sont les représentants non
de celui qui les accrédite, mais de la nation tout entière.

Le droit *passif* d'ambassade, c'est-à-dire, la faculté de recevoir les délégués des États est aussi l'attribut de la souveraineté. Rien n'oblige strictement un État à recevoir les mandataires des autres Puissances; mais le refus général d'agréer toute mission diplomatique serait contraire à l'intérêt bien entendu d'une nation, et la mettrait en dehors de toutes relations internationales.

Mais un État est libre de fixer les conditions qu'il met à la réception des ministres publics, les droits et les prérogatives qu'il leur accorde, et il peut, pour des motifs que nous allons voir, dans le paragraphe suivant, refuser d'agréer le représentant qu'on veut accréditer près de lui.

III.

DIFFÉRENTES SORTES D'AGENTS DIPLOMATIQUES : CONDITIONS DE LEUR NOMINATION.

Il existe, dans chaque pays, *un ministre des affaires étrangères*, chargé de diriger la politique extérieure de l'État, d'entretenir des relations avec les envoyés des Puissances étrangères, et de donner aux représentants de l'État à l'extérieur les instructions nécessaires à l'accomplissement de leur mission. L'administration centrale du ministère comprend le cabinet du ministre avec ses secrétaires, et ses divers services du protocole, du chiffre; les directions pour les affaires politiques, le commerce, le contentieux, etc.

Les agents du commerce international qui représentent l'État à l'étranger, sous la direction du ministre des affaires étrangères, sont tout d'abord les ministres publics ou agents diplomatiques, les consuls, des commissaires délégués pour certaines affaires particulières, des envoyés confidentiels ou négociateurs secrets, et enfin certains agents, n'ayant aucun caractère politique, que l'on charge d'intérêts particuliers, comme la négociation d'un emprunt, la gestion de domaines appartenant à un souverain en pays étranger.

Je ne dois parler ici que des ministres publics ou agents diplomatiques proprement dits, pour déterminer leurs caractères et les conditions de leur nomination. J'ajouterai quelques mots sur le personnel de légation, composant la suite du ministre.

A. DIFFÉRENTES SORTES D'AGENTS DIPLOMATIQUES : LEURS CARACTÈRES. — On peut les distinguer suivant leur classe et leur rang, ou d'après la nature de leur mission.

a) *Distinction suivant leur classe et leur rang.* — Le droit international distingue actuellement *quatre classes d'agents diplomatiques,* dont le rang a été fixé, le 19 mars 1815, par le règlement de Vienne, complété par le protocole d'Aix-la-Chapelle du 15 novembre 1818, en ce qui concerne les ministres résidents.

Ces classes comprennent : 1° les ambassadeurs, les légats et les nonces; 2° les envoyés ordinaires ou extraordinaires, ministres plénipotentiaires, internonces; 3° les ministres résidents; 4° les chargés d'affaires, investis soit d'une mission permanente, soit d'une représentation par *interim.* On peut y joindre les consuls investis d'une mission diplomatique particulière de leur gouvernement.

Tous ces agents diplomatiques ont un caractère commun, résultant de l'identité de leurs fonctions. Ils ont un droit égal dans les actes qu'ils dressent, dans les négociations qu'ils concluent; leur caractère public et officiel leur assure à tous, sans distinction, les prérogatives et immunités que le droit international garantit au corps diplomatique. Ils sont tous les représentants des intérêts généraux de leur nation.

Mais ils diffèrent en deux points : 1° les agents des trois premières classes sont accrédités auprès des chefs d'État; ceux de la dernière classe, seulement auprès du ministre des affaires étrangères; 2° le rang, le cérémonial, les honneurs dus aux ministres publics varient suivant la classe à laquelle ils appartiennent.

C'est en se plaçant à ce point de vue que l'on peut donner aujourd'hui un sens à l'article 2 du règlement de Vienne, qui reconnaît seulement aux ambassadeurs, légats et nonces *le caractère représentatif.* C'est un souvenir de l'ancien droit d'après lequel ces ministres publics représentaient seuls la personne du monarque ; mais, d'après les principes admis actuellement, ils ne représentent, en vertu de la règle commune à tous les envoyés, que les *intérêts de leur pays*. On peut seulement admettre que, quant au cérémonial, les *ambassadeurs* représentent, à un degré plus élevé, la majesté du souverain qui les accrédite.

En principe, un chef d'État qui envoie un ministre est libre de le ranger dans l'une ou l'autre de ces quatre classes, et de lui donner même le titre d'ambassadeur. Mais la pratique universelle réserve aux gouvernements des grands États, jouissant des honneurs royaux, le droit d'envoyer des ambassadeurs. Toutefois, les États-Unis, bien qu'ils soient une Puissance de premier ordre, n'ont envoyé pendant longtemps que des ministres de la seconde classe. En 1893, le congrès autorisait le président des États-Unis à faire représenter la République américaine par des ambassadeurs. La France avisait alors le cabinet de Washington de son intention de transformer la légation française en ambassade ; un décret du 25 mars 1893 opérait cette transformation. En réponse à ce décret, le gouvernement américain annonçait à son tour l'intention de se faire représenter en France par un ambassadeur.

Une Puissance n'envoie pas des ministres de la première classe à des États inférieurs et n'en reçoit pas d'eux. Cette règle générale, qui repose sur le droit de réciprocité, reçoit cependant quelques exceptions ; la Suisse n'envoie à Paris qu'un ministre plénipotentiaire, tandis que la France accrédite à Berne un ambassadeur. Certaines républiques de l'Amérique du Sud nomment des ministres de seconde classe, tandis qu'elles ne reçoivent du gouvernement français que des chargés d'affaires ou des consuls généraux.

Nous venons de voir le rang des ministres publics, suivant la classe à laquelle ils appartiennent. Mais quel est l'*ordre de préséance* que l'on doit admettre lorsqu'ils appartiennent à la *même classe* ?

Il faut se rattacher, pour le déterminer, à la *date de la notification officielle de leur arrivée*, sans tenir compte ni de l'État qu'ils représentent, ni des liens de parenté qui peuvent exister entre les souverains de deux pays. C'est toujours la date primitive de la notification de l'arrivée qui indique le rang, alors même que, par suite d'un changement dans la constitution intérieure d'un pays, les pouvoirs de l'agent auraient été renouvelés. Une décision du corps diplomatique a été rendue en ce sens, à Madrid, le 19 février 1875, à l'occasion du conflit entre le ministre anglais, qui était le plus ancien, et le ministre portugais qui avait le premier reçu confirmation de ses pouvoirs, à l'occasion de l'avènement d'Alphonse XII. La conférence diplomatique donna raison aux prétentions du ministre anglais.

Par exception au principe posé, les *nonces*, quelle que soit la date de leur arrivée, ont la préséance sur les ambassadeurs des Puissances catholiques. Il ne faut pas étendre ce privilège aux internonces; les ministres de la seconde classe à laquelle ils appartiennent ne leur laissent la première place que par pure courtoisie.

Entre ministres publics, qu'une même Puissance peut déléguer dans certains cas, le rang se détermine d'après les instructions de leur souverain, ou tacitement, d'après l'ordre établi dans la lettre de créance commune.

b) *Distinction suivant la nature de leur mission.* — Les ministres ont une mission *permanente* ou *temporaire*, suivant qu'ils sont accrédités d'une façon définitive, ou pour traiter une affaire spéciale et déterminée. Ils sont, dans ce dernier cas, envoyés en mission extraordinaire, et depuis 1815, ils n'ont à ce titre aucune supériorité de rang.

Les pouvoirs d'un ministre peuvent être illimités ou restreints; mais il faut, sous ce rapport, n'attacher aucune importance au titre de plénipotentiaires que l'on donne habituellement aux agents diplomatiques de seconde classe. Cette qualification qu'on leur attribue et à laquelle ils joignent le plus souvent celle d'*envoyés extraordinaires* ne répond pas à une idée vraie. Ils n'ont pas de pouvoirs absolus et leur mission est permanente. Il faut s'attacher au caractère de leur mission, plutôt qu'au titre dont ils sont revêtus, pour connaître l'étendue et la durée de leurs pouvoirs.

A un dernier point de vue, les ministres publics peuvent

être des *envoyés d'étiquette ou de cérémonie*, chargés de porter des félicitations, ou des compliments de condoléance, ou
d'assister, au nom du chef de l'État, à une cérémonie publique. Les Puissances catholiques envoyaient autrefois au Pape
nouvellement élu une ambassade de *révérence*, que les souverains pontifes qualifiaient d'*obédience*.

Ces envoyés n'ont pas, à ce titre seul, un droit de préséance
sur les ministres ordinaires qui peuvent leur céder la première place par pure courtoisie.

Mais ces circonstances sont exceptionnelles. Les ministres
ont surtout pour mission normale de s'occuper d'une façon
permanente des affaires de l'État, et c'est à ce titre qu'il faut
étudier maintenant notre seconde question.

B. Conditions de nomination des ministres publics. — Le
chef de l'État choisit et nomme les ministres qu'il accrédite
près des Puissances étrangères, de son plein gré ou avec l'approbation d'un conseil ou d'un sénat, suivant la constitution
du pays. Mais il y a deux conditions requises pour cette nomination : l'une tient à la personne même de l'agent, l'autre est
relative au droit pour le souverain d'agréer le ministre qu'on
lui envoie.

a) *Condition relative à la personne de l'agent.* — Le ministre public est le fonctionnaire de l'État qu'il représente à
l'étranger. Il doit donc remplir toutes les conditions d'aptitude requises *pour l'admission aux emplois publics*. C'est avec
cette limite qu'on peut accepter la pensée de certains auteurs,
qui nous disent qu'il ne faut se préoccuper d'aucune condition
d'âge ou de sexe. L'histoire a sans doute conservé le nom de
quelques femmes chargées de missions diplomatiques. Mais
elles ont rempli ces missions à une époque où l'exercice des
droits politiques dépendait du bon plaisir du prince. L'esprit
de cour donnait également aux femmes une certaine influence,
et l'on a pu dire « que les beaux yeux, la taille et la bouche
fines de Mlle de Kerroual avaient obtenu, pour la France, à
la cour de Charles II d'Angleterre, bien plus qu'un Congrès
de paix[1]. »

[1] Heffter, *Dr. int. de l'Europe*, § 232.

La religion et le rang social du ministre public ne peuvent pas être une entrave à sa nomination. Il y a toutefois, sous ce rapport, une question de tact et de bon sens, qui s'impose, et que les gouvernements ont le devoir d'apprécier.

Le point le plus important est relatif à la *nationalité de l'agent diplomatique*. En général, le ministre public est sujet du souverain qui le nomme. Mais peut-on le choisir parmi les sujets de l'État étranger près duquel on veut l'accréditer? Ainsi, par exemple, un Français pourrait-il être chargé de représenter en France une nation étrangère?

La pratique des États admet, en règle générale, qu'on ne doit pas recevoir ses propres nationaux comme ministres publics d'une Puissance étrangère. Ce fut surtout depuis Louis XVI qu'il fut admis en France qu'on ne recevrait plus, en principe, aucun Français comme délégué des États étrangers, et cette règle a été consacrée par un décret du 26 août 1811. Mais rien n'empêche d'accepter un Français naturalisé en pays étranger et qui dès lors n'est plus Français au jour de sa nomination.

La Suède adopte un principe identique et les États-Unis, en 1866, ont refusé de recevoir comme ministre un de leurs nationaux délégué par le gouvernement chinois.

Il y a, dans ce cas, en effet, une situation anormale. Les droits du représentant, accrédité par une Puissance étrangère, peuvent se trouver en conflit avec les devoirs du citoyen à l'égard de l'État dont il est le sujet; et, pendant la durée de sa mission, il serait soustrait à la juridiction de son pays, dans toutes les circonstances où l'exercice de ses fonctions diplomatiques l'exigerait.

Il est d'ailleurs difficile qu'un État puisse se faire représenter par un ministre qui ne serait pas sujet de cet État. En France, la carrière diplomatique n'est ouverte qu'aux citoyens français. Ce ne serait qu'à titre exceptionnel et purement transitoire qu'on pourrait confier une mission diplomatique à un étranger. Les États de l'Amérique du Sud investissent cependant parfois des étrangers du droit de les représenter près des Puissances européennes.

b) *Droit pour l'État étranger d'agréer le ministre qu'on lui envoie.* — 1° *Agréation*. — Nous avons dit qu'un État ne pouvait pas refuser, d'une façon générale, de recevoir des ministres publics sans se mettre par là même en dehors du commerce international; mais il peut refuser de recevoir le ministre que l'on veut accréditer près de lui. La personne de l'envoyé, ou la nature de sa mission peut déplaire; et, pour ne pas s'exposer à un refus, il est d'usage de pressentir à l'avance les intentions de l'État étranger.

La seconde condition requise, pour la nomination de l'agent, consiste donc dans l'*agréation*, c'est-à-dire dans le fait de présenter cet agent à l'acceptation du souverain étranger qui déclare que ce choix lui est agréable. L'agréation se justifie non seulement par les convenances internationales, mais aussi par une raison d'utilité, car ce serait nuire au succès d'une mission, si celui qui en est chargé trouvait, dès le début, un accueil défavorable. Remarquons d'ailleurs, qu'un État, dont on refuse le délégué sans de sérieux motifs, peut ne pas faire de nouvelles propositions, et le secrétaire de la légation est alors chargé de l'*interim*, jusqu'au jour où toute difficulté se trouve aplanie.

2° *Lettres de créance*. — La nomination définitive du ministre public ne peut donc pas avoir lieu avant l'agrément de l'État étranger. En outre, pour confirmer son caractère diplomatique, le souverain qui le nomme lui délivre des *lettres de créance*.

On entend, par ces mots, les *pleins pouvoirs* écrits et formels qui servent à accréditer le ministre public auprès des Puissances étrangères. Ces pouvoirs sont adressés de souverain à souverain pour les agents des trois premières classes sous la forme d'une lettre de chancellerie ou de cabinet, suivant l'usage du pays, et selon le rang des souverains ou la qualité des agents diplomatiques. Les chargés d'affaires reçoivent leurs lettres de créance du ministre des affaires étrangères et doivent les remettre au ministre chargé de diriger la politique extérieure de l'État étranger. Le plein pouvoir et la lettre de créance se confondent lorsqu'il s'agit d'agents investis d'une mission permanente. Ceux qui sont délégués pour une affaire particulière, ou pour représenter leur pays à une conférence, sont investis d'un plein pouvoir, sans être munis d'une lettre de créance.

Il ne faut pas confondre la lettre de créance avec les *instructions* qui ont pour but de guider le ministre dans la conduite à suivre pour l'accomplissement de sa mission.

3° *Installation.* — On peut dire, qu'avant la remise des lettres de créance, l'envoyé est simplement désigné pour remplir ses fonctions, bien qu'il soit déjà sous la protection du droit international, *même en traversant un État étranger*, pour se rendre à son poste. Mais sa qualité ne lui est vraiment acquise, qu'après avoir présenté les lettres de créance qui confirment sa qualité d'envoyé diplomatique. Sa nomination est bien désormais définitive; mais il faut lui donner une consécration publique, la légitimer, en quelque sorte, par une *installation solennelle du représentant diplomatique.*

Dès son arrivée dans le lieu de sa résidence, tout agent doit en informer le ministre des affaires étrangères et lui faire remettre la copie de la lettre de créance. Cette notification est d'autant plus importante qu'elle fixe le rang d'ancienneté diplomatique.

Le cérémonial varie suivant la classe à laquelle appartient le ministre public. L'ambassadeur fait notifier son arrivée par un secrétaire d'ambassade, les diplomates des autres classes se bornent à écrire directement au ministre des affaires étrangères.

Les ambassadeurs, et les envoyés ou ministres plénipotentiaires, ont droit à une audience solennelle du souverain pour la remise de leurs lettres de créance. L'audience peut, d'ailleurs, être privée, suivant la volonté du chef de l'État ou l'usage établi. Le cérémonial de l'audience solennelle est accompagné de formes plus ou moins nombreuses, suivant le rang de l'envoyé. Les ministres résidents n'ont pas droit à une audience du souverain; on ne la leur accorde que sur leur demande. Les chargés d'affaires ne sont reçus que par le ministre des affaires étrangères auquel ils remettent leurs lettres de créance.

L'agent diplomatique doit, après la remise de ses lettres de créance, faire les visites de cérémonie qui lui sont imposées par l'usage et les convenances. Il se rend à l'audience de l'épouse du souverain, de l'héritier présomptif, des princes du sang, du ministre des affaires étrangères et du corps diplomatique. Le plus souvent, le ministre des affaires étrangères vient le premier, après la réception officielle du souverain, rendre visite à l'ambassadeur, à l'envoyé et même au ministre résident.

Quant à l'ordre des visites entre les membres du corps diplomatique, tout dépend de l'usage du lieu, et de la classe à laquelle appartient le ministre qui vient d'arriver. L'ambassadeur, le légat, et le nonce peuvent attendre que les ministres de classe inférieure leur fassent la première visite, mais sans qu'il y ait sous ce rapport rien d'obligatoire.

Lorsqu'on confère à un ministre public, pendant le cours de sa mission, un *rang plus élevé*, on lui envoie de nouvelles lettres de créance, et il faut suivre pour leur remise au chef de l'État un cérémonial identique à celui dont nous venons de voir les formalités.

En résumé, le ministre public qui se rend à son poste est donc muni : 1° de la *lettre de créance* ; 2° des *pleins pouvoirs* limitant l'objet du mandat et se distinguant de la lettre de créance, dans le cas d'une mission temporaire et déterminée ; 3° des *instructions* destinées à servir de direction pour la conduite à suivre, et j'ajoute : 4° du *chiffre*, pour la correspondance entre l'agent diplomatique et son gouvernement. On donne le nom de *chiffre banal* à celui que connaissent les ministres d'une même Puissance et dont ils se servent dans leurs relations mutuelles. On doit, d'ailleurs, dans des circonstances graves et importantes, préférer, à des dépêches même chiffrées, dont la clef peut être connue par les gouvernements étrangers, l'envoi de *courriers de cabinet* ou la transmission des dépêches dans des boîtes ou sous des enveloppes qui puissent en garantir plus sûrement le secret.

C. PERSONNEL DE LÉGATION. — Parmi les personnes qui constituent la suite d'un ministre public, on distingue : 1° le *personnel officiel* de légation tenant ses titres du gouvernement qui accrédite l'envoyé diplomatique ; 2° le *personnel non offi-*

ciel, n'ayant aucun caractère public, bien qu'il profite dans une certaine mesure des immunités dont nous parlerons plus loin.

Le personnel officiel comprend : 1° des *secrétaires* d'ambassade ou de légation, qui remplacent habituellement le ministre en cas d'absence, en qualité de chargés d'affaires; 2° des *conseillers*, qui ont pour mission d'assister l'envoyé dans les affaires importantes, ou exigeant une connaissance spéciale; 3° des *attachés* qui font l'apprentissage de la carrière diplomatique, et dont le titre est le plus souvent honorifique : 4° des *attachés militaires* qui ont pour mission de surveiller les armements et les améliorations réalisées dans le pays où le ministre est accrédité; 5° des *chanceliers*, qui remplissent le rôle d'officiers ministériels; 6° des *courriers de cabinet*, chargés de porter les dépêches et ayant droit à l'inviolabilité partout où ils passent, pourvu que leur qualité soit connue; 7° des *aumôniers* et *médecins*, s'ils sont nommés directement par leur gouvernement; 8° enfin, des employés subalternes, des *interprètes ou drogmans*, affectés au service de la légation. Certaines Puissances ont des fonctionnaires spéciaux qui complètent le personnel d'ambassade : l'Allemagne nomme des *attachés techniques*, qui prennent rang après les attachés militaires et qui sont chargés de renseigner leur gouvernement sur le mouvement scientifique et artistique du pays où ils sont accrédités; la Turquie envoie des *imans* qui sont les conseillers et les jurisconsultes de l'ambassade.

La suite *non officielle* comprend la famille du ministre, ses secrétaires, aumôniers ou médecins particuliers nommés par lui, ainsi que les domestiques de son hôtel.

IV.

DEVOIRS ET ATTRIBUTIONS DES MINISTRES PUBLICS.

Lorsque le caractère de l'agent diplomatique a été publiquement reconnu dans les formes que nous venons de préciser, il a le droit et le devoir de commencer la mission qui lui a été confiée.

a) *Devoirs envers l'État qu'il représente.* — Son rôle est multiple, et je puis le résumer dans les trois termes suivants : il observe, représente et négocie, et protège les intérêts de ses nationaux.

1° *Il observe.* — Le ministre doit connaître l'état militaire, politique et commercial du pays dans lequel il est accrédité, ses forces matérielles et ses causes d'affaiblissement, le mouvement qui s'opère dans toutes les branches de l'activité humaine, et en informer son gouvernement. Il adresse, dans ce but, au chef de l'État et, le plus souvent, au ministre des affaires étrangères de son pays, des *rapports ordinaires* s'ils sont faits à des époques régulières et déterminées, ou *extraordinaires*, toutes les fois que des événements imprévus viennent attirer son attention.

2° *Il représente et négocie.* — Le diplomate est un mandataire qui a pour mission de gérer les affaires extérieures de l'État qu'il représente. Il doit, à ce titre, surveiller l'exécution des traités conclus entre les deux nations, négocier pour préparer de nouvelles conventions, veiller en tout à ce qu'on ne viole pas les droits de son pays, et qu'on ne lèse aucun de ses intérêts.

Le premier devoir d'un mandataire est la fidélité aux *instructions* qu'il reçoit, au moment de son départ, ou pendant le cours de sa mission, à l'aide des communications officielles, dont la forme varie suivant leur importance et leur nature.

Je vais indiquer ici les différentes *pièces diplomatiques*, qui sont l'expression de ces communications et dans lesquelles apparaît le rôle que joue le ministre public, comme représentant et intermédiaire de son gouvernement.

La *lettre* désigne toute communication écrite, relative à un intérêt particulier ou de peu d'importance. Elle peut servir à l'envoyé dans ses relations avec son gouvernement, ou avec celui près duquel il est accrédité, ou avec ses collègues du corps diplomatique. Elle a donc un sens large et général.

Les *dépêches* ne désignent, au contraire, que la correspondance entre un gouvernement et ses agents à l'étranger. La dépêche prend le nom de notes *ad referendum*, lorsque l'agent demande à son gouvernement de lui envoyer des instructions nouvelles, en présence d'une question qui sort des limites de ses pouvoirs.

Les *notes* proprement dites ou *officielles*, sont des écrits où le ministre signataire, parlant à la troisième personne, fait de la part de son gouvernement une communication à l'État près duquel il est accrédité. Les *notes confidentielles* destinées à rester secrètes complètent, par des détails intimes, les faits brièvement exposés dans la note officielle. On donne le nom de *notes verbales* à des *écrits* non signés qui ne sont que le résumé d'une conversation, dont on veut fixer ou rappeler les points importants.

Le *mémoire* ou *memorandum* désigne une note, en général, non signée, où, par l'intermédiaire de son ministre, le gouvernement expose ses prétentions, ses griefs ou sa conduite politique. C'est une note sous un nom spécial; elle peut être quelquefois collective, lorsqu'au nom de l'intérêt général de toutes les Puissances, les ministres publics dressent un mémoire commun destiné à être remis à l'État près duquel ils sont accrédités.

L'*ultimatum* est la dernière proposition qu'une Puissance fait à un autre pays avec lequel elle se trouve en conflit. C'est habituellement la guerre qui en est la suite, si l'État qui reçoit l'*ultimatum* n'accepte pas la décision qu'on lui impose, ou si les parties en désaccord ne veulent pas s'en référer à une médiation ou à un arbitrage.

Le *manifeste* ressemble au *memorandum*, en ce qu'il expose les raisons pour lesquelles un État déclare la guerre ou entreprend une affaire importante. Il en diffère par son caractère public et solennel: c'est une véritable proclamation adressée non seulement à un seul État, mais à toutes les Puissances.

Ces écrits, lettres, dépêches, ou notes servent de communications entre les États, toutes les fois qu'un intérêt se trouve engagé, ou qu'il s'agit de conclure une négociation diplomatique.

Le ministre public nous apparaît donc comme l'organe des

relations entre les États; ce sont les deux gouvernements qui négocient par l'intermédiaire de leurs représentants. C'est avec le ministre des affaires étrangères que l'envoyé diplomatique traite de tout ce qui intéresse son pays.

Les communications *orales* peuvent servir à introduire la négociation, à interpréter les dépêches que l'agent reçoit et dont il laisse habituellement copie au ministre des affaires étrangères du pays où il est accrédité. Celui-ci répond en général par une dépêche adressée à son représentant près le gouvernement étranger. Il est rare qu'il y ait une négociation directe avec le chef de l'État lui-même, à moins de circonstances exceptionnelles.

Mais c'est surtout dans les *Congrès* et les *Conférences* que se font les négociations. Il n'y a pas de différence entre ces deux expressions, si ce n'est que le mot de Congrès est plus solennel et désignait autrefois les assemblées de souverains qui avaient le pouvoir absolu de traiter au nom de l'État. Les souverains ne siègent plus aujourd'hui dans les conférences; leurs ministres publics les représentent et, le plus souvent d'ailleurs, il faut l'intervention du Parlement pour que la négociation devienne définitive.

Les procès-verbaux des séances, tenues par les ministres publics, constituent une pièce diplomatique qui porte le nom de *protocole*. Ils déterminent les points adoptés provisoirement, et, souvent même, on leur reconnaît un caractère obligatoire.

Lorsque dans le cours d'une négociation, on émet une proposition qui n'est pas comprise dans les pouvoirs d'un agent, celui-ci peut l'accepter *ad referendum*, c'est-à-dire sauf à s'en rapporter à son gouvernement pour la ratification, *sub spe rati*.

Dans les communications officielles, chaque gouvernement écrit dans sa propre langue et traduit l'acte dans la langue du pays auquel il est destiné. Il en est de même pour les relations d'affaires entre les ministres publics et les gouvernements près desquels ils sont accrédités. Lorsque d'ailleurs on est convenu d'adopter pour un Congrès, par exemple, une langue unique, il est bien entendu que ce n'est pas un droit établi au profit de la Puissance, dont on adopte la langue, afin de ne pas créer un précédent contraire à l'égalité des États.

En accomplissant cette mission de représentant et de négociateur, l'envoyé doit être avant tout fidèle aux instructions qu'il reçoit ; mais il doit, en outre, observer la plus entière *discrétion à l'égard des pièces diplomatiques* qu'il a eues entre les mains. L'indiscrétion commise par le comte d'Arnim, lors de la guerre de 1870, a été sévèrement punie, et fut la cause d'une modification importante au Code pénal allemand. La loi du 26 février 1876 punit, en effet, de l'emprisonnement ou d'une amende de cinq mille marks, et même, suivant les cas, de peines plus fortes, tout ministre public qui dévoile des instructions destinées à rester secrètes, communique des documents diplomatiques, désobéit aux ordres reçus et fait des rapports faux ou mensongers.

La plupart des gouvernements publient, d'ailleurs, leur correspondance diplomatique dans un livre que les couleurs de sa couverture servent à désigner. On a le *livre jaune* français, le *livre bleu* anglais, etc. Mais cette publicité, destinée à éclairer le pays et les Chambres sur la politique extérieure du gouvernement, est limitée par l'intérêt majeur de l'État.

3° *Il protège ses nationaux.* — Ce droit de protection appartient à tout ministre public, dans le cas où l'un des sujets de l'État qu'il représente se trouve victime d'injustices, de vexations arbitraires, ou d'actes accomplis en violation des traités conclus entre les deux pays. Il doit, tout d'abord, essayer de faire rendre justice à ses nationaux par les moyens ordinaires, en s'adressant aux autorités qui sont compétentes, d'après le droit commun, pour les contestations entre les habitants du pays. Et ce n'est qu'en présence d'un déni formel de justice qu'il intervient, par la voie diplomatique, près du ministre des affaires étrangères du pays où il se trouve accrédité.

Les nationaux ne peuvent avoir droit à la protection des représentants de leur pays, qu'à la condition de prouver leur qualité, soit par un passeport, soit par toute autre pièce authentique. D'après l'ordonnance française du 28 novembre

14*

1833, le Français, résidant à l'étranger, doit se faire inscrire sur un registre matricule tenu dans la chancellerie de chaque consulat, afin de justifier de sa nationalité et de s'assurer ainsi la protection de son consul.

b) *Devoirs envers l'État près duquel il est accrédité.* — A côté de ces devoirs, dont je viens de préciser les caractères principaux, il existe une autre obligation négative, pour ainsi dire, à laquelle l'agent diplomatique ne peut pas se soustraire. *Il doit s'abstenir de toute ingérence dans l'administration intérieure du pays où il est accrédité.* Il manque aux convenances internationales et méconnaît son rôle de représentant d'un pouvoir étranger, s'il vient dans un pays pour y critiquer les institutions, offenser le souverain ou les autorités et y donner des instructions ou des ordres qui portent atteinte à la souveraineté de l'État.

V.

PRÉROGATIVES DES AGENTS DIPLOMATIQUES.

Le ministre public jouit de deux prérogatives essentielles qui tiennent à son *caractère représentatif;* ce sont : 1° l'inviolabilité; et 2° l'indépendance avec les immunités qui s'y rattachent. Elles trouvent leur base dans la sécurité et dans la liberté nécessaires à l'accomplissement de la mission diplomatique, et aussi dans les égards dus au représentant d'un État souverain.

Le *caractère cérémonial* du ministre public lui donne droit, en outre, à certains honneurs, dont la nature varie suivant les usages, et qui font partie du cérémonial diplomatique ou d'ambassade.

PRÉROGATIVES TENANT AU CARACTÈRE REPRÉSENTATIF.

1° Inviolabilité.

Tous les peuples de l'antiquité, du moyen âge, et des temps modernes se sont accordés pour consacrer le principe de l'inviolabilité, au profit des agents diplomatiques. Les anciens plaçaient leurs ambassadeurs sous la protection des dieux, et les déclaraient des personnes sacrées et inviolables, *personæ sanctæ*.

En 1728, on condamna à la peine de mort, en Suède, une personne qui avait publiquement insulté l'ambassadeur de Louis XV, et Charles X vengea l'insulte faite à son ministre par le dey d'Alger, en ordonnant l'expédition qui devait donner l'Algérie à la France.

Le principe de l'inviolabilité a donc été consacré de tout temps, et par tous les peuples. Quelques mots suffisent pour le préciser dans sa nature et sa sanction, dans son étendue et ses limites.

a) *Nature et sanction.* — Le représentant d'une nation étrangère a droit à la protection la plus absolue, au respect le plus entier. L'État qu'il représente le confie, pour ainsi dire, à l'honneur de la Puissance à laquelle il le désigne. Toute offense matérielle ou morale, qui vient l'atteindre, rejaillit sur la nation dont il est le ministre. Ce n'est pas une infraction de droit commun, c'est un délit qui viole le droit international. Le gouvernement doit donc prévenir tout d'abord les atteintes à l'inviolabilité des ministres publics, les protéger contre les agressions et les offenses dont ils sont victimes, par suite d'actes, de diffamations ou d'injures, et punir sévèrement les coupables qui ont trompé sa vigilance.

Ce sont les tribunaux du pays, où l'offense a été commise, qui sont compétents, sur la plainte du ministre, pour connaître du délit. Il faut, d'ailleurs, que le coupable ait agi, sans ignorer le caractère de l'envoyé diplomatique, pour que

le délit soit considéré comme une violation de droit international, et non comme une infraction de droit commun.

La plupart des législations contiennent des articles spéciaux, visant les délits d'offense par paroles ou écrits contre
la personne du ministre public. En France, la loi du 29 juillet 1881 sur la presse punit l'outrage commis publiquement
envers les agents diplomatiques accrédités près du gouvernement de la République. Et le Code pénal prononce, contre
tous actes ou actions hostiles, non approuvés par le gouvernement, et qui exposent les Français à des représailles, la
peine du bannissement, et même de la déportation, si ces actions avaient déterminé une déclaration de guerre.

Si c'est le gouvernement lui-même qui s'est rendu coupable d'une offense envers un ministre étranger accrédité près
de lui, il doit la réparer par des explications ou des excuses,
ou par des indemnités dans le cas d'un dommage matériel. Si
la réparation était refusée ou reconnue insuffisante, l'agent
diplomatique serait rappelé par son gouvernement qui pourrait, en déclarant la guerre, venger l'insulte faite à son représentant.

b) *Étendue de cette prérogative*. — L'inviolabilité du ministre public commence à partir du jour où son caractère est
constaté. La remise des lettres de créance n'est pas nécessaire et, en fait, dès qu'il est entré sur le territoire étranger,
il peut invoquer les prérogatives auxquelles il a droit, en faisant reconnaître officiellement son titre d'agent diplomatique.
Lorsqu'il a fini sa mission ou qu'il est rappelé par son souverain, cette inviolabilité, même dans le cas où une guerre
serait déclarée entre les deux États, doit le suivre jusqu'à sa
sortie du territoire. S'il *traverse des pays appartenant à des
tierces Puissances*, il a droit au respect dû à son caractère, et
peut même, d'après l'opinion générale, prétendre à l'inviolabilité. Ce principe a été admis par l'*Institut de droit international* (session de Genève 1892).

Ce privilège du ministre public s'étend à toutes les personnes attachées à sa mission, ou qui composent sa *suite*,
aux *courriers de cabinet* chargés de porter des dépêches et,
bien plus, a tous les *papiers*, *actes* ou *correspondances*, et

à toutes les choses qui se rapportent directement à sa personne et à sa dignité.

Il faut en faire profiter également les *commissaires* désignés pour des affaires spéciales, bien qu'ils ne soient pas de véritables ministres publics. L'application de ce principe a été reconnue par le prince de Bismarck, à l'occasion de l'incident de Pagny, en 1887. M. *Schnœbelé*, commissaire français d'une ville frontière, fut invité par l'Allemagne à se rendre à une conférence sur des affaires limitrophes. A peine était-il entré sur le territoire annexé que des agents de la police allemande se jetèrent sur lui, pour s'emparer de sa personne. Je laisse de côté la question relative à la violation du territoire français, puisque les versions des deux pays ne s'accordent pas sur ce point. Il faut seulement reconnaître que le chancelier de l'empire allemand dut faire mettre en liberté le commissaire français, parce que les principes du droit international assurent un sauf-conduit à l'agent étranger qui doit, à raison de ses fonctions, franchir la frontière de son pays. On ne peut, sans commettre une véritable trahison, condamnée par la justice la plus élémentaire, arrêter des commissaires délégués par des États étrangers, alors même qu'ils seraient accusés de délits ou de crimes, et les attirer sous prétexte d'affaires officielles, sur le territoire d'un pays voisin[1].

Les *agents secrets*, dont la mission n'est pas officiellement constatée, et ceux qui sont chargés des intérêts privés des États ne jouissent pas de l'inviolabilité et des autres immunités diplomatiques.

c) *Limites de l'inviolabilité.* — Malgré toute l'étendue que l'on donne à l'inviolabilité, il faut toutefois lui reconnaître certaines limites. Il y a trois cas dans lesquels le ministre ne peut plus invoquer la faveur qui le protège :

1° S'il provoque, en compromettant la sûreté de l'État ou de l'ordre public, des actes de défense ou de répression de la part du gouvernement ;

2° S'il s'expose volontairement à un danger, se trouve dans

[1] Holtzendorf, *Les incidents de Pagny*, Rev. de dr. int., Bruxelles, t. XX, p. 217.

une émeute, ou se livre lui-même à des actes contre un particulier qui, se trouvant en état de légitime défense, le repousse
par la force. S'il veut, pour venger une offense, se rendre
justice à lui-même, au lieu d'en appeler aux tribunaux et est
blessé dans un duel, il ne peut pas, après s'être rendu coupable d'une faute contre la loi morale, invoquer son titre de
ministre public, pour faire prononcer un châtiment contre
celui qui l'a blessé;

3° Enfin, l'agent diplomatique ne peut pas se prévaloir de
l'inviolabilité, dans tous les cas où il s'agit d'actes accomplis
en dehors de son caractère public. Ainsi, un diplomate qui
se produit comme auteur, n'est pas protégé par son caractère
officiel, contre les attaques de la critique. Il rentre également
dans le droit commun, s'il fait le commerce, souscrit des
billets, fait, en un mot, des actes qui, par leur caractères
impliquent une renonciation tacite à son titre d'envoyé diplomatique.

2° Indépendance.

L'un des droits primitifs de tous les États est, comme nous
l'avons vu, la souveraineté dont l'exercice se manifeste par
des actes d'autorité et de juridiction sur toutes les personnes
qui habitent le territoire. Or, l'indépendance des agents diplomatiques, qui consiste dans le droit de n'être soumis à
aucune autorité étrangère, vient apporter une exception au
principe de la souveraineté territoriale.

Elle est fondée sur la *liberté* nécessaire à l'agent diplomatique pour qu'il accomplisse sa mission, et sur les *égards* dus
à son caractère : elle sert de base aux immunités dont nous
allons faire l'étude, et que je puis indiquer dans l'ordre suivant : *exemption des lois de police et de juridiction criminelle,
immunité de juridiction civile, franchise de l'hôtel, droit de
culte domestique, exemption des impôts, juridiction de l'agent
sur les personnes de sa suite.*

A. EXEMPTION DES LOIS DE POLICE ET DE JURIDICTION CRIMINELLE.
— L'agent diplomatique doit, sans aucun doute, respecter
les *règlements de police*, qui intéressent la sûreté et l'ordre

public. Son immunité ne peut aller jusqu'à violer les lois de l'État sur le territoire duquel il réside; mais, dans le cas de contravention, on ne peut pas procéder contre lui par voie de *citation*, ni employer des mesures de *contrainte*. Il faut se borner à un simple avertissement et, dans le cas où cette première démarche n'aurait aucun succès, recourir aux voies diplomatiques et s'adresser au ministre des affaires étrangères. Ce n'est qu'en cas d'urgence et en face d'un danger immédiat qu'on pourrait reconnaître à la police le droit d'intervenir matériellement.

Aucune *poursuite criminelle* ne doit également être intentée contre le ministre public, sans qu'on puisse distinguer entre les délits de droit commun et les délits contre l'État. On ne peut ni le mettre en état d'arrestation, ni le traduire devant un tribunal quelconque. L'agent diplomatique reste donc soumis à la juridiction criminelle du pays auquel il appartient. Le gouvernement, près duquel il est accrédité, ne peut, en cas de crime ou de délit, que demander le rappel du coupable, ou l'inviter à s'éloigner du lieu de sa résidence. On ne peut exercer une violence contre lui, que s'il commet, par des voies de fait, ou les armes à la main, un attentat contre la sûreté du souverain ou de son gouvernement.

Beaucoup d'auteurs protestent contre une pareille prérogative qui ne peut aboutir qu'à assurer à l'agent diplomatique l'impunité la plus complète.

Ce privilège est cependant consacré par la pratique des États et par plusieurs législations. Il s'appuie sur deux motifs : 1° sur la nécessité de soustraire, dans l'intérêt des missions diplomatiques, la liberté, l'honneur, la vie même des ministres publics, à la juridiction criminelle de l'État étranger; 2° sur ce fait que c'est une nation qui est représentée par l'agent accrédité près d'une nation étrangère, et que chacune d'elles n'a pas vis-à-vis de l'autre le droit de punir, mais un simple droit de conservation et de défense.

L'envoyé diplomatique *ne peut pas renoncer* à cette exemption que lui reconnaît le droit international et il en profite, alors même qu'il est le sujet de l'État près duquel il représente une Puissance étrangère.

Il faut donner à cette faveur toute l'étendue qu'elle comporte. Ainsi, on ne peut pas citer, en principe, un agent diplomatique comme témoin dans un procès, et l'obliger à
venir déposer en justice. Mais, si pour constater un crime,
le témoignage de l'agent est absolument nécessaire, on peut
agir par la voie diplomatique, afin d'obtenir par l'intermédiaire du ministre des affaires étrangères, le concours du
ministre public.

Cette immunité de la juridiction criminelle doit s'étendre
aux personnes attachées officiellement aux ambassades et aux
légations, et même, d'après l'usage actuellement en vigueur,
à la famille, aux domestiques et à la suite non officielle de
l'agent diplomatique. Celui-ci est libre de déférer le coupable
aux tribunaux du lieu de sa résidence, ou de le faire arrêter,
pour le remettre à la justice du pays auquel il appartient.

B. Immunité de la juridiction civile. — Cette seconde faveur, accordée à l'agent diplomatique, est plus difficilement
encore que la première acceptée par beaucoup d'auteurs. La
controverse ne peut avoir toutefois qu'une portée doctrinale :
car la pratique de tous les États reconnaît au ministre public
l'immunité de la juridiction civile, dont je vais déterminer le
fondement et l'origine, l'étendue et les limites.

a) *Fondement et origine.* — La base de cette immunité
repose sur deux motifs semblables à ceux que nous avons déjà
rencontrés pour l'exemption de la juridiction criminelle ;

1° Le ministre public a besoin de toute son *indépendance*
pour accomplir sa mission ; il ne faut pas qu'il ait à craindre
des citations en justice, des contraintes ou des saisies ;

2° Il *représente sa nation,* ce n'est pas le particulier qu'on
poursuivrait en sa personne, ce serait l'État souverain qui ne
peut être soumis à une juridiction étrangère. La dignité et le
respect mutuel des États exigent que l'envoyé diplomatique
reste soumis, pendant tout le cours de sa mission, à la juridiction de son souverain.

Il est inexact de faire intervenir ici la fiction de l'*exterritorialité,* par laquelle on suppose que le ministre public n'a
pas quitté son pays. Beaucoup de législations permettent en

effet de citer devant les tribunaux locaux des personnes domiciliées à l'étranger. L'article 14 du Code civil, par exemple, porte que l'étranger, *même non résidant en France*, peut être cité devant les tribunaux français. En supposant fictivement que le ministre n'a pas quitté le territoire de son pays, on ne le dispenserait nullement de la juridiction locale. Il faut donc laisser de côté cette fiction des vieux auteurs, dont on a tant abusé; elle est surtout fausse pour expliquer les immunités personnelles[1].

C'est à partir du xvııe siècle que les ministres publics ont joui de cette immunité et, depuis, la plupart des législations l'ont consacrée et maintenue. Le Portugal, l'Espagne, l'Autriche et l'Allemagne contiennent, soit dans leurs Codes, soit dans des lois particulières, une règle en vertu de laquelle la juridiction nationale ne s'étend pas aux chefs des missions accréditées par les États étrangers. En France, jusqu'en 1789, les privilèges des agents diplomatiques étaient consacrés par l'usage, bien que sous Louis XV, le duc d'Aiguillon, ministre des affaires étrangères, eût songé à restreindre cette immunité contre le ministre qui tenterait de quitter le pays avant d'avoir satisfait ses créanciers. Un décret du 13 ventôse an II posa le principe, que les envoyés diplomatiques étaient exempts de la juridiction des tribunaux et que toute plainte portée contre eux devait être adressée au gouvernement. Ce principe est toujours en vigueur, et l'on peut dire que s'il est vivement critiqué par quelques écrivains, il est admis par les législations ou par la pratique de tous les États[2].

b) *Étendue de cette immunité.* — Les agents diplomatiques ne sont pas soumis à la juridiction des tribunaux du pays dans lequel ils sont accrédités et n'ont à redouter ni *contrainte* ni *saisie*. Les parties lésées doivent adresser leurs réclama-

[1] Esperson, *Dr. diplom.*, t. I, p. 101, 102. Cet auteur rejette, p. 107 et suiv., l'immunité de juridiction des agents diplomatiques, à raison de la *fraternité universelle*, qui préside, dans notre siècle, aux relations internationales. « Esperson a, en vérité, dit M. Pradier-Fodéré, beaucoup d'imagination. » Pradier-Fodéré, *Dr. int. publ.*, t, III, nº 1435.

[2] Bill du 21 avril 1709, en Angleterre; Code civil général de 1811, en Autriche; loi des Pays-Bas, du 4 septembre 1679; loi allemande d'organisation judiciaire, du 17 janvier 1877; *J. de dr. int. priv.*, t. XI, p. 330, 339.

tions au ministre des affaires étrangères. Celui-ci peut intervenir, s'il le juge à propos, d'abord près de l'envoyé, et, si
cette première démarche est insuffisante, transmettre la
plainte au gouvernement duquel relève l'agent diplomatique.
Les parties intéressées peuvent, d'ailleurs, faire valoir leurs
droits devant les tribunaux du pays auquel appartient le ministre public.

L'étendue de ce privilège est souvent déterminée par les
conventions des États qui réservent à leurs envoyés, chargés
d'affaires, ou autres agents publics, toutes les immunités,
faveurs et exemptions dont jouissent ou pourront jouir à
l'avenir les agents de la nation la plus favorisée. Mais ce sont
les *usages* qui déterminent le plus souvent la portée de cette
prérogative qu'il ne faut pas restreindre arbitrairement. Ainsi,
on ne doit admettre aucune distinction entre les actes émanés
du représentant d'un État, dans l'accomplissement de sa mission, et ceux qui, ne se rattachant en rien à ses fonctions, ne
sont qu'une application de son activité individuelle comme
simple particulier. On ne peut donc poursuivre, devant un
tribunal du pays où il est accrédité, aucun ministre public, en
paiement de dettes contractées, pendant sa mission, *même à
l'occasion d'intérêts étrangers à son caractère diplomatique.*
Et au moment de son départ, on ne peut pas lui refuser ses
passeports, sous prétexte qu'il n'a pas satisfait ses créanciers. Mais s'il continue, après avoir fini sa mission, à résider dans le pays où il était envoyé, il ne peut pas décliner la
juridiction locale même à raison de ses obligations antérieures.

On ne peut même pas obtenir contre un agent diplomatique
l'*exequatur* d'un jugement rendu dans son pays, s'il est nécessaire pour l'exécution de ce jugement de mettre en mouvement la force publique[1].

L'exemption de la juridiction territoriale doit s'appliquer
au ministre accrédité par un souverain étranger, même dans
le cas où ce ministre est un *national du pays où il est accrédité.* Son caractère de représentant étranger l'emporte sur
celui de sujet dans son pays d'origine, et tant qu'il reste in-

[1] Trib. civ. Seine, 10 févr. 1893, *Gaz. Pal.*, 19 févr. 1893.

vesti d'une mission diplomatique, il échappe à la juridiction
d'un État près duquel il n'est actuellement que le délégué
d'une Puissance souveraine. En admettant, par exception,
l'un de ses nationaux comme ministre d'une nation étrangère,
on lui reconnaît par là même toutes les prérogatives inhérentes
à ses fonctions.

Ce n'est pas à la *personne seule de l'agent* qu'il faut reconnaître cette immunité, mais encore aux *conseillers,* aux *secrétaires d'ambassade* ou de *légation,* qui ont un caractère public et font partie de la *suite officielle* de l'agent diplomatique.

La Cour de cassation française a, par un arrêt du 19 janvier
1891, consacré ce principe, au sujet d'un conseiller de légation de Belgique [1].

La pratique étend cette faveur à la famille, aux secrétaires
particuliers et même aux domestiques du ministre public. Il
faut reconnaître, dans ce cas, que l'usage international dépasse
le but, et que cette extension donnée à l'immunité ne repose
sur aucun des motifs qui lui servent de fondement [2].

Ce privilège, dont je viens d'indiquer l'étendue, relativement aux personnes, trouve également son application, pour
toutes les choses nécessaires à l'accomplissement de la mission diplomatique. Les meubles du ministre public, et tout
ce qui sert à son entretien et à son usage, participent à l'indépendance du ministre et sont insaisissables. Ce caractère
doit leur être maintenu, alors même que le ministre a reçu
ses lettres de rappel, et obtenu son audience de congé, jusqu'au moment, en un mot, où il a quitté le territoire.

c) *Limites de cette immunité.* — Ce privilège, malgré toute
l'étendue qu'il faut lui reconnaître en principe, comporte certaines restrictions.

1° Les actions réelles, relatives aux biens immobiliers que
le ministre possède dans le pays où il exerce sa mission, restent soumises à la juridiction territoriale. Il n'en est autrement que pour l'hôtel, où il établit le siège de sa résidence,
en supposant qu'il en ait la propriété. Cet hôtel qu'il occupe

---

[1] *Gaz. Pal.,* 24-25 janvier 1891.
[2] Laurent, *Dr. civ. int.,* t. III, p. 163 et suiv. Cass., ch. crimin., 11
juin 1852, *Sir.,* I, p. 467.

alors, en tant qu'envoyé diplomatique, ne peut plus être ni saisi ni hypothéqué;

2° Le ministre public ne peut invoquer l'immunité de juridiction, lorsqu'en vertu des actes qu'il accomplit ou de la situation qu'il accepte, il est censé y avoir renoncé. S'il se livre à des opérations commerciales, accepte la tutelle d'un mineur, souscrit une lettre de change, l'endosse ou l'accepte dans le pays où il est accrédité, il manifeste le désir de se soumettre à la juridiction territoriale. Il en est de même, s'il se porte *demandeur* devant un tribunal du pays où il réside. Il accepte ainsi toutes les conséquences de la juridiction qu'il a reconnue et ne peut même pas rejeter l'effet d'une demande reconventionnelle dirigée contre lui, à la suite d'une action qu'il a intentée. Car cette demande n'est qu'un véritable moyen de défense qui se rattache intimement à la poursuite, dont le ministre a pris l'initiative.

3° L'agent diplomatique *peut renoncer à l'immunité de la juridiction civile*, sauf à demander, s'il y a lieu, l'autorisation au gouvernement duquel il relève. Mais sa renonciation doit être explicite; s'il fait défaut, les tribunaux sont tenus de se déclarer incompétents d'office et en tout état de cause. C'est en ce sens qu'on peut admettre que cette immunité est *d'ordre public;* elle l'est à l'égard des particuliers, mais elle ne s'impose pas à l'agent diplomatique qui veut y renoncer [1]. Nous avons vu qu'il ne peut pas, au contraire, renoncer à l'exemption de la juridiction criminelle.

4° De simples mesures conservatoires ne portent pas atteinte à l'immunité de juridiction et peuvent être prises à l'encontre du ministre public. Rien ne s'oppose à une notification de jugement, à un protêt dans le cas de non-paiement d'un mandat; mais ces mesures ne doivent jamais revêtir le caractère de voies d'exécution.

C. FRANCHISE DE L'HÔTEL. — La franchise de l'hôtel est une faveur qui se justifie par des motifs semblables à ceux que

[1] Cass., 19 janv. 1891, *Gaz. Pal.*, 91.1.159; Trib. civ. Seine, 10 févr. 1893, *Gaz. Pal.*, 19 février 1893. *En sens contraire :* Trib. civ. Seine, 11 févr. 1892, *Gaz. Pal.*, 13 févr. 1892 (affaire Foucault de Mondion contre le général Tcheng-ki-Tong, secrétaire de la légation de Chine).

nous avons indiqués à propos des immunités précédentes.
Je vais en étudier la nature et le fondement, l'étendue et les
limites.

a) *Nature et fondement*. — La souveraineté territoriale ne
s'étend pas aux hôtels occupés par les envoyés diplomatiques.
Les autorités locales ne peuvent, en principe, y pénétrer
sans le consentement du ministre public, pour y exercer des
perquisitions, ou autres actes de leur ministère[1].

Cette immunité locale complète les immunités personnelles
que nous venons de voir. Elle trouve sa base dans l'indépendance du ministre public, dont la sécurité serait illusoire, si
les agents de la force publique, ou les officiers de justice et
d'administration pouvaient pénétrer dans son hôtel, comme
dans la maison d'un simple particulier. Son inviolabilité ne
serait plus sérieusement garantie; ses papiers et sa correspondance ne seraient plus protégés contre les indiscrétions;
les droits des gouvernements étrangers se trouveraient ainsi
menacés et compromis.

Il faut écarter encore dans ce cas la fiction de l'*exterritorialité* qui aurait pour but de faire considérer toute infraction
commise dans l'hôtel, comme ayant été commise en pays
étranger. Il faudrait alors une demande d'extradition pour en
faire sortir un coupable n'appartenant pas à la suite du ministre, et qui viendrait y chercher un refuge[2]. L'inviolabilité
et l'indépendance des agents diplomatiques n'exigent pas de
telles conséquences, et il faut rejeter le principe duquel on
pourrait les faire dépendre.

b) *Étendue et limites*. — La demeure du ministre public
n'est inviolable, qu'afin d'assurer le respect de son indépendance et le libre exercice de ses fonctions. Mais il ne doit
pas, à son tour, violer la souveraineté territoriale de l'État
où il se trouve, en y empêchant le cours régulier de la justice. Il doit livrer aux autorités judiciaires le coupable qui
viendrait se réfugier dans son hôtel, et autoriser même la recherche du malfaiteur. En cas de refus, on a le droit de faire

---

[1] Arrêté de l'Assemblée nationale du 14 déc. 1789. *Moniteur* du 14 déc.
1789.

[2] Cass., ch. crim., 27 octobre 1865, *Dall.*, 1866, 1, 233.

entourer de gardes l'hôtel de la légation , et d'y pénétrer même par la force, s'il y a péril en la demeure et lorsque la présence du coupable dans l'hôtel n'est nullement douteuse. En dehors de ce cas de certitude et d'urgence, la demeure du ministre doit être respectée par les autorités locales, dont le devoir est de s'en référer au chef de l'ambassade et au ministre des affaires étrangères.

L'envoyé ne peut pas davantage donner un asile dans sa *voiture* à des malfaiteurs poursuivis par la police.

Il résulte des règles, que je viens de poser, que le droit *d'asile diplomatique* ne saurait être reconnu au moins pour les délits de droit commun. Mais il ne serait pas injuste d'étendre la franchise de l'hôtel aux *réfugiés politiques* qui, dans un moment d'émeute ou de révolution, viendraient se mettre sous la protection du ministre public.

Il faut encore moins admettre aujourd'hui la *franchise du quartier*, d'après laquelle un ministre étranger, en arborant sur la porte de son hôtel les armes de son souverain, pouvait affranchir de la juridiction locale toutes les maisons situées dans l'arrondissement de son hôtel. On sait avec quel orgueil insolent, Louis XIV, dont les prétentions furent encouragées par les arrêts d'un Parlement trop docile aux volontés d'un despote, imposa le maintien de ce droit exorbitant au Pape Innocent XI, alors que tous les rois catholiques y avaient déjà renoncé, dans l'intérêt souverain de la justice.

D. DROIT DE CULTE PRIVÉ OU DOMESTIQUE. — Ce droit résulte encore de l'indépendance du ministre public, et consiste dans la faculté d'exercer librement le culte de sa religion dans son hôtel, pour lui, sa famille, sa suite et ses domestiques. Tous les agents diplomatiques, à quelque classe qu'ils appartiennent, peuvent jouir de ce privilège, bien qu'en fait les ambassadeurs et les ministres des trois premières classes aient seuls exercé jusqu'ici cette prérogative. Elle a du reste perdu la plus grande partie de sa valeur et tend à tomber en désuétude, depuis que la liberté des cultes a remplacé le principe des religions d'État.

Les actes paroissiaux, accomplis dans la chapelle du ministre, sont valables à l'égard du personnel de l'ambassade, mais ne le sont, au profit des autres personnes, que suivant les lois de chaque pays. Personne ne songerait d'ailleurs aujourd'hui à empêcher l'accès de cette chapelle privée à ceux qui viendraient y assister aux offices religieux.

E. Exemption des impôts. — Cette immunité résulte moins du caractère représentatif du ministre public, que d'un devoir d'hospitalité, dont le principe est consacré par des lois spéciales ou des usages traditionnels.

Les impôts dont sont exempts les agents diplomatiques sont les impôts personnels directs, le logement des gens de guerre, les droits de douane. Il n'y a pas d'ailleurs sur ce point de règles absolues : les usages et les lois des États peuvent présenter des décisions différentes.

Mais les ministres publics ne sont exempts, ni des impôts fonciers, grevant les immeubles qu'ils possèdent sur le territoire, ni des impôts indirects qui frappent les objets de consommation, ni de ceux qui ont le caractère d'une rémunération pour un service rendu, tels que les droits de péage sur les routes ou sur les ponts, taxes de lettres ou autres, à moins qu'on ne les en dispense par pure courtoisie.

Dans les pays où l'exercice du droit de chasse se paye, on admet également que les ministres étrangers sont exempts de cette mesure fiscale.

F. Juridiction du ministre public sur les personnes de sa suite. — Dans les siècles précédents, certains ministres publics s'étaient arrogé le droit de juridiction sur les personnes de leur suite. En 1603, les gens de l'ambassadeur extraordinaire, envoyé par Henri IV au roi d'Angleterre, pour le féliciter sur son avènement, eurent à Londres une rixe avec des Anglais, et sans l'intervention de l'ambassadeur ordinaire, les Français coupables allaient être exécutés en vertu d'une sentence prononcée contre eux par l'envoyé dont ils dépendaient. Au xviie siècle, à Venise, un ambassadeur condamna à mort un homme de sa suite et le fit pendre dans son hôtel.

Cette juridiction qui n'est d'ailleurs jamais entrée, d'une

façon définitive, dans la pratique des États, tenait aux pouvoirs de hauts justiciers qu'exerçaient les souverains, et dont les ambassadeurs semblaient avoir la délégation.

Il faut aujourd'hui *refuser toute juridiction criminelle ou civile* aux ministres publics sur les personnes de leur suite. Ils n'ont qu'un droit de *juridiction volontaire ou gracieuse;* ils peuvent légaliser les signatures, tenir des registres pour les *actes de l'état civil*, recevoir les *testaments* et, en cas de mort, faire apposer les scellés sur les objets qui appartiennent à ces personnes. Quant à l'accomplissement de ces actes, à l'égard des nationaux de l'agent diplomatique, qui ne dépendent pas de son personnel, c'est la loi de chaque État qui en détermine les règles et l'étendue. Les *mariages*, contractés devant eux ne sont valables que si les *deux parties* sont sujets de la nation qu'ils représentent; cette restriction tenant à la nationalité des deux parties est admise par la jurisprudence française. La plupart des législations étrangères admettent, d'une façon absolue ou, tout au moins dans une certaine mesure, la compétence des agents diplomatiques pour les mariages contractés entre leurs nationaux et des étrangères[1].

PRÉROGATIVE TENANT AU CARACTÈRE CÉRÉMONIAL.

CÉRÉMONIAL DIPLOMATIQUE ET D'AMBASSADE. — Le droit international n'a pas la mission de tracer tous les détails des cérémonies relatives à la dignité des agents diplomatiques. Il suffit de poser le principe d'après lequel les États se doivent, dans la personne de leurs représentants, un respect mutuel et des égards réciproques. Les honneurs diplomatiques

---

[1] Art. 48, Code civil. Cass. franç., 10 août 1819. Dalloz, vº *Actes de l'état civil*, nº 355. Paris, 6 avril 1869, *Sir.*, 70-715. Trib. Seine, 2 juill. 1872 et 21 juin 1873, J. Clunet, 1874, t. I, p. 70-73. Lehr, *Du mode de célébration en France du mariage entre Française et étranger*, J. Clunet, 1885, p. 659. Stocquart, *Du privilège de l'exterritorialité, spécialement dans ses rapports avec la validité des mariages célébrés à l'ambassade ou au consulat. Rev. de dr. int.* Bruxelles, t. XX, p. 260. (Voir dans cet article les lois étrangères étudiées par M. Stocquart).

sont aujourd'hui simplifiés, et il n'existe plus de différence sensible entre les ambassadeurs et les ministres de second rang. Tous confèrent avec le ministre des affaires étrangères, tandis qu'autrefois, l'ambassadeur pouvait traiter avec le souverain et lui demander en tous temps des audiences privées. Il n'y a qu'en certains points du cérémonial, touchant aux honneurs extérieurs, qu'on trouve encore une certaine différence. Les ambassadeurs, légats et nonces ont droit au salut des forteresses et des navires de guerre, lorsqu'ils arrivent par mer, et les réceptions dans leur hôtel peuvent avoir un caractère plus solennel, par suite d'anciens usages, dont je ne puis faire ici l'examen [1].

Le *cérémonial de chancellerie* ou *protocole de chancellerie* comprend toutes les formes à employer dans la correspondance du ministre public, la rédaction des actes et offices diplomatiques de toute nature. Nous avons déjà vu la nature de ces pièces diplomatiques à propos des communications nécessaires au ministre public pour l'accomplissement de sa mission [2].

VI.

FIN DE LA MISSION DIPLOMATIQUE.

Les causes qui peuvent exercer une influence sur la durée de la mission diplomatique sont de natures différentes. Je vais les indiquer en me plaçant à trois points de vue, et en donnant sur chacune d'elles les développements qu'elles comportent :

a) *Causes qui, sans faire cesser de plein droit la mission, nécessitent de nouvelles lettres de créance.*

La mort, l'abdication volontaire ou forcée du souverain qui a nommé l'envoyé diplomatique, ou de celui près duquel il est

---

[1] Pradier-Fodéré, *Cours de dr. diplom.*, t. II, p. 235 et suiv.
[2] Voir, pour la rédaction de ces pièces, les formules de courtoisie; Pradier-Fodéré, *Cours de dr. diplom.*, t. II, p. 482.

accrédité n'enlèvent pas nécessairement aux lettres de créance leur valeur ; on les renouvelle toutefois, d'après l'usage, surtout lorsqu'une révolution change la forme du gouvernement. L'État étranger peut alors mettre en doute la validité des anciennes lettres de créance. Elles n'ont pas besoin d'être confirmées, dans les Républiques, pour le cas de mort ou de changement du Président. Les simples chargés d'affaires, qui ne sont accrédités que près du ministre des affaires étrangères, continuent leurs fonctions, malgré la mort ou le changement de ce ministre.

    b) Causes qui suspendent les fonctions de l'agent diplomatique.

    Ces causes peuvent se présenter dans les cas suivants :

    1° Lorsqu'il survient une mésintelligence entre deux États, sans qu'il y ait rupture complète des relations diplomatiques ;

    2° A la suite d'une révolution survenue dans le pays, et dont l'issue est incertaine. Il est d'usage, dans ces deux premiers cas, que la suspension des fonctions diplomatiques soit dénoncée par l'une ou l'autre des parties ;

    3° S'il y a des causes personnelles qui empêchent temporairement l'envoyé de continuer ses fonctions, et s'il est impossible d'établir une représentation intérimaire.

    La suspension n'entraîne pas pour le ministre public la perte de ses prérogatives et immunités.

    c) Causes qui mettent fin à la mission diplomatique.

    Ce sont : 1° L'arrivée du terme, mis aux pouvoirs de l'envoyé, ou l'accomplissement de l'affaire qui était le but spécial de la mission ;

    2° Le rappel du ministre public, son départ volontaire, sa démission et son renvoi.

    Une mission permanente cesse habituellement par des *lettres de rappel*, qui ont pour but d'informer le chef de l'État, auprès duquel le ministre était accrédité, que les pouvoirs de l'envoyé lui sont retirés. Lorsque l'agent diplomatique, accrédité près d'un souverain, est rappelé pour des motifs particuliers, sans qu'il y ait déclaration de guerre, il peut obtenir une audience de congé pour remettre ses lettres de rappel.

    En échange, il reçoit, du souverain qu'il quitte, des *lettres de recréance*, adressées au chef de l'État duquel il relève, et constatant que sa mission est terminée. Mais ces formalités ne sont pas essentielles et, dans le cas de mésintelligence, survenue entre les deux États, les ministres reçoivent le plus souvent l'ordre de partir sans présenter les lettres de rappel.

On dit habituellement que la *guerre déclarée* entre deux États fait *cesser* les fonctions des agents diplomatiques qui les représentent, tandis que la simple mésintelligence ne fait que les *suspendre*. Cependant il ne faut pas que les expressions employées donnent lieu à des subtilités contraires à la vérité des faits. L'agent qui retourne, après la guerre, au poste qu'il occupait antérieurement, revient *y continuer* la mission qui n'était qu'interrompue. C'est ce que la cour suprême d'Autriche admit, à l'égard du ministre de Prusse, rappelé en Allemagne au moment de la déclaration de guerre, en 1866, et qui revint à Vienne après le rétablissement de la paix. Elle décida que le *bail*, contracté par cet agent diplomatique « *pour la durée de sa mission* » n'avait pas pris fin, et que cette clause devait s'entendre du *terme définitif* des pouvoirs qui lui étaient confiés [1].

L'envoyé peut quelquefois *rompre de lui-même les relations diplomatiques* sans être rappelé, lorsque son pays a été gravement offensé dans ses droits ou son honneur. Il lui appartient d'apprécier les causes d'une détermination qui peut avoir les plus graves conséquences.

Le ministre peut encore *se démettre* de ses fonctions, ou *être révoqué* par son gouvernement. *En France*, d'après le décret du 19 avril 1894, la *mise en retrait d'emploi ou en disponibilité* atteint tout agent des *services diplomatique et consulaire*, qui *contracte mariage* sans l'autorisation du ministre des affaires étrangères. En cas de mariage avec une personne de nationalité étrangère, la demande d'autorisation doit parvenir au ministre un mois au moins avant la première publication. Le ministre démissionnaire ou révoqué continue de remplir sa mission jusqu'à l'arrivée de son successeur, ou remet la direction des affaires à un secrétaire de légation.

[1] *Journ. de dr. int. pr.*, t. III, p. 44.

A l'inverse, le gouvernement du pays près duquel l'envoyé est accrédité peut refuser de le recevoir ou *lui signifier son congé*, pour des raisons d'État ou des motifs particuliers, qui pourraient, s'ils étaient insuffisants ou non justifiés, faire naître des mesures de rétorsion ou des demandes en indemnités.

Il faut remarquer que, dans tous ces cas, le caractère du ministre public survit à l'expiration de ses pouvoirs et le protège pendant tout le temps qui lui est nécessaire pour quitter le pays, alors même qu'une mésintelligence ou une guerre déclarée soit la cause de la rupture des relations diplomatiques. Il a droit à un sauf-conduit, s'il traverse des provinces occupées déjà par les forces militaires, car sa personne est inviolable même chez l'ennemi. On doit donc condamner l'usage des peuples, qui se livraient, en cas d'hostilités ouvertes entre deux États, à des actes de violence sur les ambassadeurs, ou qui les retenaient en otages, comme le faisait encore, à une époque peu éloignée, la Porte ottomane qui enfermait aux Sept-Tours les envoyés des Puissances étrangères.

3° La mort de l'agent diplomatique.

Les plus grands honneurs sont habituellement rendus à la dépouille mortelle du ministre public, à raison du caractère dont il était revêtu et pour honorer l'État dont il était le représentant. Mais il n'y a toutefois aucun cérémonial particulier, relatif à sa sépulture; et un écrivain du temps de Louis XIV s'était permis de faire cette remarque singulière : « Dès qu'un ambassadeur est mort, il rentre dans la vie privée. »

Lorsque la famille ramène le corps dans sa patrie, il est d'usage de ne pas exiger les frais mortuaires de transport sur le territoire que le convoi doit traverser.

La famille du défunt et les personnes de sa suite continuent à jouir, jusqu'à leur départ, ou pendant un délai qui leur est fixé, des immunités qui leur étaient dues pendant la vie du ministre public.

Les biens mobiliers, dépendant de la succession, sont affranchis des droits de mutation et autres charges. Le partage de la succession est régi par les lois de la patrie du défunt;

mais les créanciers du pays, où le ministre a exercé sa mission, peuvent alors faire valoir tous leurs droits.

Les scellés ne doivent être apposés, en principe, que par le secrétaire d'ambassade ou de légation ou, à défaut, par le ministre d'un gouvernement ami. A Rome, c'était autrefois le cardinal protecteur qui était chargé de cette mission. Le gouvernement, près duquel était accrédité le ministre défunt, ne peut intervenir qu'en dernier lieu, et en cas d'extrême urgence; et il doit prendre toutes les précautions nécessaires pour sauvegarder les intérêts de la Puissance étrangère.

Les pièces diplomatiques sont la propriété du gouvernement, qui est seul juge de l'opportunité de leur publication et, à la fin d'une mission, les envoyés doivent remettre au ministre des affaires étrangères tous les documents dont ils n'avaient que le dépôt.

4° La dissolution d'un État, son annexion à une autre Puissance, ou la suppression de l'ambassade, par raison d'économie ou pour tout autre motif, sont encore des causes qui mettent fin à une mission diplomatique.

SECTION III.

Des Consuls [1].

Le caractère juridique du consul diffère essentiellement de celui que nous avons reconnu à l'agent diplomatique. Son rôle a toutefois une grande importance. Nous devons l'envisager dans ses traits principaux, laissant de côté les mille détails que comportent les attributions du consul, et qui se rattachent le plus souvent au droit international privé. Voici l'ordre que je suivrai dans cette étude : *origine et caractère*

[1] Leroy, *Des consulats...* — Lewy, *Des consulats...* — De Clercq et de Vallat, *Guide pratique des consulats.* — Mensch, *Guide pratique des consulats.* — De Miltitz, *Manuel des consuls.* — De Cussy, *Dictionnaire du diplomate et du consul; Règlements consulaires.* — Engelhardt, *Condition juridique des consuls*, dans la *Rev. de dr. int.* Bruxelles, t. XXI, p. 336. — Lehr, *Réformes à apporter dans l'organisation du corps consulaire*, dans la *Rev. de dr. int.* Bruxelles, t. XXII, p. 438.

*général des consuls; conditions de leur nomination et per
sonnel consulaire; leurs attributions; leurs prérogatives; fin
des missions consulaires.*

I.

ORIGINE ET CARACTÈRE GÉNÉRAL DES CONSULS.

A. ORIGINE. — On peut, en remontant à la plus haute antiquité, rencontrer déjà des institutions établies dans l'intérêt du commerce[1]. Mais c'est en se plaçant au seuil du moyen
âge, qu'on découvre l'origine plus immédiate des consulats
modernes. A la faveur du grand mouvement des croisades, et
grâce au progrès commercial, réalisé par les Républiques
italiennes et les villes de la France méridionale, les entreprises maritimes se développent et des établissements commerciaux se forment à l'étranger : *comptoirs ou factoreries*[2].

Mais les périls, qui menacent le commerce à cette époque,
exigent la réunion des commerçants et des gens de mer sous
une juridiction indépendante de la souveraineté locale. Le
système de la *personnalité des lois*, d'après lequel chacun
suit la législation de son pays d'origine, et qui, au moyen
âge, était le droit commun, se trouve ici d'accord avec les
besoins du commerce. Les consuls étaient alors, non seulement, des *délégués élus* par la corporation des commerçants
pour protéger leurs nationaux; mais ils étaient les *juges et
les chefs* de ces petites colonies. Et comme il n'y avait pas
encore, à cette époque, de légations permanentes, ils étaient
souvent investis de fonctions diplomatiques.

Mais bientôt, l'institution du consulat se modifie sous des

---

[1] Ch. Tissot, *Des proxénies grecques, et de leurs analogies avec les institutions consulaires modernes*, 1863. — Egger, *Études historiques sur les
traités publics chez les Grecs et chez les Romains*, 1866, Introduction, p.
17.

[2] Ruffi, *Hist. de Marseille*, t. I, p. 94. — Pardessus, *Collect. des lois
marit.*, t. III, Introduction, p. 108.

influences multiples. Les souverains nomment eux-mêmes les consuls, auxquels ils délivrent une commission pour exercer leurs droits à l'étranger[1]. D'autre part, la souveraineté territoriale qui avait eu souvent des conflits avec la juridiction consulaire revendique son indépendance. Par suite d'un progrès dans les lois et dans les mœurs, des juridictions commerciales s'établissent, et des légations permanentes se forment dans chaque pays. Les consuls perdent, avec le temps, leurs attributions premières qui se limitent désormais à une *mission protectrice* dans l'intérêt du commerce et de leurs nationaux?

Toutefois, dans les pays de l'Extrême-Orient, dans les Échelles du Levant et les États barbaresques, l'institution des consuls a gardé son ancien caractère, en vertu de *capitulations* qui remontent au XVIe siècle, et dont le maintien a été garanti par des traités formels, sauf certaines modifications apportées à la juridiction consulaire, dans quelques pays et, en particulier en Égypte depuis 1876, par l'organisation des tribunaux mixtes.

B. CARACTÈRE GÉNÉRAL. — Le consul est un mandataire public et officiel, qui a pour mission de veiller, à l'étranger, aux intérêts du commerce de son pays, et de protéger ses nationaux. Il n'est pas le représentant politique d'un État et ne peut pas prétendre au caractère diplomatique. Les auteurs sont presque tous d'accord sur ce point, et un arrêt de la cour d'Aix, en date du 14 août 1829, dit que si les ministres publics représentent le gouvernement, et sont les agents directs de leur souverain, on ne peut donner ce caractère au consul qui n'est que le protecteur de ses nationaux, le mandataire du pays plutôt que du souverain. C'est en se plaçant à ce point de vue que le prince de Talleyrand répondait en ces termes à un consul qui lui demandait ses instructions. « Des instructions pour un consul! Rappelez-vous, M., que vous n'êtes rien, absolument rien, et que je n'entende jamais parler de vous. » Malgré cette plaisante réponse, le ministre

[1] *Ordonnance de la marine* de 1681, t. XI, art. 1.

diplomate n'aurait certainement jamais pardonné à un consul qui ne l'eût pas à l'instant renseigné sur des faits relatifs aux intérêts politiques de la France. Ce qui est vrai, c'est qu'à moins d'une mission diplomatique spéciale, le consul ne représente pas la politique de son souverain, mais il a le devoir d'observer, et d'informer son gouvernement de tout ce qui concerne le maintien de ses droits et de ses intérêts. S'il ne joue pas, d'ailleurs, directement un rôle politique, le consul a des attributions multiples, cumule les fonctions les plus diverses, s'occupe de la plupart des affaires que spécialisent les diverses administrations publiques. C'est ce qui faisait dire à Talleyrand qui ne pensait plus, sans doute, à la boutade que je viens de transcrire : « Quand on a été ministre habile, que de choses il faut encore savoir pour être un bon consul! »

II.

CONDITIONS DE NOMINATION. — PERSONNEL CONSULAIRE.

Tous les États jouissent, en principe, du droit d'envoyer des consuls dans les villes étrangères et les ports ouverts au commerce, pour la protection de leurs intérêts commerciaux. Mais il faut le consentement des Puissances étrangères, qui ont le droit strict de refuser l'érection d'un consulat dans les différentes villes de leur territoire. Un refus absolu serait une véritable offense pour les nations étrangères, et compromettrait en même temps l'intérêt et le développement du commerce national. Il n'y a que des raisons politiques ou militaires qui peuvent empêcher, sur certains points du territoire, la création des consulats. C'est ainsi que l'Allemagne a refusé jusqu'ici de recevoir des consuls étrangers en Alsace-Lorraine.

Le droit d'établir des consuls résulte souvent des traités de commerce et de navigation ou de conventions consulaires spéciales.

A. Conditions de nomination. — Les consuls ne peuvent entrer en fonction qu'après un accord intervenu, sur le choix de leur personne, entre les deux gouvernements intéressés. La nomination de l'agent consulaire est constatée par les *lettres de provision*, qu'on appelle aussi *commission consulaire* ou *patente*, et qui sont délivrées par le chef de l'État.

L'acceptation du consul par le souverain, sur le territoire duquel il doit exercer ses fonctions, se fait par un acte d'*exequatur* ou de *placet* « *berat* dans les pays musulmans » qui reconnaît solennellement sa qualité et autorise le libre exercice de ses fonctions. Les lettres d'*exequatur* sont remises, en général, à l'agent diplomatique qui les avait sollicitées au nom du consul, et qui se charge de les lui faire parvenir. Le consul les remet aux autorités locales qui les font enregistrer et les portent à la connaissance de leurs administrés. En France, elles sont lues à l'audience du tribunal de commerce du lieu où le consul doit résider et l'avis de leur délivrance est rendu public par la voie des journaux.

D'après les anciens règlements français, le consul, en arrivant au lieu de sa résidence, convoquait l'*assemblée de la nation*, c'est-à-dire les notables originaires de son pays pour procéder à la lecture et à l'enregistrement des lettres de provision. Cette cérémonie n'existe plus, en règle générale, et le consul prend possession de son poste par la simple remise officielle des archives du consulat.

Quant aux *conditions d'aptitude* requises pour être nommé consul, elles dépendent des lois intérieures de chaque pays. La France n'a que des *consuls envoyés* ou consuls de *carrière* qui sont des fonctionnaires, ayant droit à un traitement, mais ne pouvant pas, en vertu de l'ordonnance dn 20 août 1833, se livrer à des opérations commerciales. Les *consuls commerçants* sont choisis parmi les nationaux ou même parmi les étrangers établis déjà dans le pays, où on les charge d'exercer les fonctions consulaires. Les premiers ont une autorité plus grande par suite de leur instruction et de leur compétence spéciales, mais surtout à raison de leur complète indépendance à l'égard de leurs nationaux et des autorités locales. Les seconds, préoccupés de leurs intérêts propres, présentent moins de garantie d'impartialité. Mais comme il est difficile de placer toujours des consuls salariés dans tous les pays où les intérêts de commerce sont en jeu, la plupart des États adoptent un système mixte et confient les fonctions consulaires, tantôt à des consuls envoyés, tantôt à des consuls commerçants.

B. PERSONNEL CONSULAIRE. — On donne le nom d'*établissement consulaire* à l'ensemble des consulats dépendant d'un même chef, qui est aujourd'hui, dans la plupart des pays, l'agent diplomatique de l'État qui a institué les consuls. La France a décidé, par une disposition de 1890, qu'elle ne nommerait plus de consul, au siège de la résidence des agents diplomatiques ; en Portugal, la fusion est également faite, depuis 1891, entre les consuls généraux et les légations dans les capitales étrangères.

L'*arrondissement consulaire* est la circonscription territoriale dans laquelle s'exercent les fonctions d'un consul.

La hiérarchie, parmi les membres du personnel consulaire, peut varier suivant les temps et les législations. On peut indiquer l'ordre suivant qu'adoptent les règlements français, et que l'usage a généralement consacré :

1° Les *consuls généraux* étaient autrefois considérés dans tous les pays, comme chefs d'établissement consulaire ; mais leur titre est, aujourd'hui, purement honorifique, et tient à l'importance de la localité où ils exercent leurs fonctions. Toutefois, dans les pays où l'agent diplomatique n'est pas le chef de l'établissement consulaire, le consul général exerce un droit de surveillance sur tous les consuls d'un même établissement. Le décret promulgué en France, le 12 novembre 1891, relatif au *personnel consulaire*, porte qu'il y a 40 consuls généraux (art. 1).

2° Les *consuls* sont placés à la tête des arrondissements consulaires. Ils surveillent et dirigent les vice-consuls et agents consulaires institués dans les résidences inférieures de leur arrondissement. Les consuls peuvent être de première ou de seconde classe (Ord. du 20 août 1833). Il existe 50 consuls de

première classe, 80 de deuxième classe (Décret du 12 novembre 1891).

3° Les *vice-consuls et agents consulaires.* — L'ordonnance
de 1833 permettait aux consuls de nommer des agents ou
vice-consuls, dans les localités de leur arrondissement où ils le
jugeraient utile au bien du service[1]. Ils pouvaient les choisir
parmi les Français notables ou, à défaut, parmi les commerçants recommandables établis dans le pays de leur résidence.
Il n'y eut, jusqu'en 1880, aucune différence bien sensible
entre les vice-consuls et les agents consulaires. Mais, depuis
lors, l'institution s'est dédoublée (Décret du 18-20 septembre
1880[2]).

Les *vice-consuls* ont un caractère public, sont nommés par
le chef de l'État et exercent les fonctions de consuls.

Le décret du 12 novembre 1891 les place dans la hiérarchie
consulaire et fait du grade de vice-consul une étape nécessaire
pour les jeunes gens qui, après avoir été reçus au concours,
veulent parvenir aux emplois de consul.

Les *agents consulaires* n'ont aucun caractère public; nommés et délégués par le consul avec l'autorisation du ministre
des affaires étrangères, ils n'ont ni chancellerie, ni traitement
fixe, et ne conservent que les taxes qu'on les autorise à percevoir; leurs attributions sont limitées et ils ne jouissent d'aucune prérogative. Il n'en est pas question dans le décret du 12
novembre 1891 qui ne parle que des vice-consuls dont le nombre est fixé au chiffre de 100 par l'article 1er.

4° Les *élèves consuls* au nombre de 24 d'après le décret de
1891 sont choisis parmi les attachés reçus au concours et ayant
fait au moins un an de stage à l'administration centrale.
Après un séjour d'une année près des principales chambres

---

[1] Ajoutez : Ord. du 26 avril 1845 *sur le personnel des consulats français;* décret du 16 janvier 1877 *sur la comptabilité des chancelleries diplomatiques et consulaires.*

[2] Ajoutez : décrets des 19 janvier-27 février 1881 et 22 février-12
mars 1881 sur les attributions des *vice-consuls.*
Comparez : loi espagnole du 14 mars 1883 (Organis. du corps diplo-
mat. et consul.); loi hollandaise du 25 juillet 1871 sur la compétence
des fonctionnaires consulaires; traité du 23 mai 1878 entre les États-Unis
et les Pays-Bas.

de commerce, et trois ans de service dans leur grade dont moitié à l'étranger, ils peuvent être nommés au grade de vice-consul, dont les places leur sont réservées dans la proportion des deux tiers.

Les élèves consuls qui étaient autrefois déjà connus sous ce nom ou sous celui *d'attachés consulaires*, et que le décret du 29 février 1880 appelait *consuls suppléants*, sont placés sous l'autorité du consul près duquel on les envoie pour faire leur stage dans la carrière et assister leur chef, lorsque celui-ci le juge convenable. Ils peuvent au besoin exercer par *intérim* les fonctions consulaires.

5° Les *chanceliers*, placés près des consuls pour les assister dans leurs fonctions, remplissent, suivant les cas, le rôle de notaires, d'huissiers, ou de greffiers; ils sont agents comptables, et concentrent toutes les recettes de la chancellerie. Ils sont divisés en plusieurs classes et nommés, suivant les différents pays, ou suivant la classe à laquelle ils appartiennent par les consuls eux-mêmes sous leur responsabilité, ou par le gouvernement duquel dépendent les consuls.

En France, le décret du 12 novembre 1891 institue 75 chanceliers, 30 de la première classe et 45 de la deuxième classe; ils sont choisis parmi les élèves chanceliers ayant au moins trois ans de service et ayant satisfait à un examen spécial. Il n'y a de *chancelier titulaire* que dans les postes importants; ailleurs, le consul nomme lui-même, avec l'agrément du ministre des affaires étrangères, la personne qu'il investit des fonctions de chancelier (art. 9-13).

6° Enfin, dans les pays du Levant ou de l'Extrême-Orient, il y a des *secrétaires interprètes* et des *drogmans*, nommés par le chef de l'État, et qui ont pour mission d'assister les consuls et leurs compatriotes près des autorités locales et de traduire les pièces officielles dont ils certifient la conformité à l'original.

Le décret du 12 novembre 1891 institue 30 drogmans, 10 de première classe, 20 de deuxième classe et 12 interprètes, 4 de première classe et 8 de deuxième classe (art. 14-17).

L'objet essentiel de ce décret, dont je viens de résumer les principales dispositions, est « de recruter les agents du service consulaire plus largement que par le passé par la voie du concours d'admission à l'entrée des carrières diplomatique et consulaire, de donner à l'instruction professionnelle un élément nouveau, celui d'études faites sur place dans nos centres commerciaux et industriels, dans nos grands ports de commerce, de favoriser le séjour aussi prolongé que possible des agents dans la même résidence[1] ».

Tous les membres du personnel consulaire français sont tenus de ne pas faire le commerce, et doivent, en général, s'abstenir de toute opération qui pourrait porter atteinte à la dignité de leur caractère.

Dans tous les États, les *consuls relèvent du ministre des affaires étrangères*, sauf en Autriche où ils dépendent du ministre du commerce. En France, au siècle dernier, le service consulaire fut, à différentes époques, rattaché au ministère de la marine; mais depuis le décret du 14 février 1793, il dépend du ministère des affaires étrangères. C'est la solution qu'il faut maintenir, malgré la variété des attributions des consuls. Car ils sont subordonnés au service diplomatique; et ils ne peuvent exercer les fonctions qui se rattachent plus spécialement à d'autres ministères que sous la protection des traités et des principes du droit international. Or, c'est le ministre des affaires étrangères qui est avant tout le ministre des relations internationales.

Un décret du 17 juin 1890 institue auprès du ministre des affaires étrangères un *comité consultatif des consulats*, dont le rôle est de donner son avis sur toutes les questions relatives au fonctionnement des consulats, au choix des villes où ils doivent être établis et à l'ensemble des renseignements commerciaux que les consuls doivent envoyer au ministère.

Ce conseil est composé de sénateurs, de députés, des présidents des Chambres de commerce et d'un certain nombre de directeurs des ministères des affaires étrangères, du commerce, et des colonies.

Le décret du 12 novembre 1891 a été rendu sur le rapport du ministre des affaires étrangères et *sur l'avis du comité consultatif des consulats.*

---

[1] Rapport du ministre des affaires étrangères, *Journ. off.* du 13 nov. 1891.

Le *Bulletin consulaire français*, qui était un recueil mensuel contenant les rapports commerciaux rédigés par nos consuls, est aujourd'hui remplacé par des *publications détachées* paraissant dès la confection des rapports.

III.

ATTRIBUTIONS DES CONSULS.

En précisant le caractère des consuls, nous avons fait remarquer qu'ils ne sont pas des ministres publics, pouvant traiter les questions politiques avec les autorités étrangères. Ce n'est qu'en l'absence d'agents diplomatiques, accrédités par le gouvernement dans le pays de leur résidence, qu'ils peuvent être investis d'une mission politique pour laquelle ils reçoivent alors des lettres de créance, indépendamment de leur commission consulaire. Ils doivent, d'ailleurs, en tant que consuls, informer leur gouvernement de tout ce qui intéresse sa politique et, en cas de violation des traités, recourir aux autorités locales et au besoin à la légation et au ministre des affaires étrangères de leur pays. Mais en dehors de ce rôle d'*information politique*, les attributions qui caractérisent surtout la mission du consul, se réfèrent aux cas suivants, que je vais indiquer brièvement; car ils ne se rattachent en grande partie qu'indirectement au droit international public. Ces attributions se présentent dans l'*intérêt du commerce, en matière administrative, civile et judiciaire.*

A. Intérêt du commerce. — C'est l'attribution première et essentielle des consuls. Ils doivent renseigner leur gouvernement sur l'état commercial, maritime et industriel de leur arrondissement consulaire, indiquer les progrès réalisés, la condition des échanges, envoyer même des échantillons des produits étrangers et tout ce qui peut, par l'étude et la comparaison, augmenter le développement commercial de leur pays. Ils doivent réclamer en faveur de leurs nationaux, négociants et navigateurs, les droits et avantages stipulés dans les traités, faciliter leurs opérations, et écarter tous les obstacles qui peuvent nuire au progrès du commerce et de la navigation.

B. Matière administrative. — Les consuls agissent comme agents d'administration : 1° lorsqu'ils délivrent des *passeports*, ou apposent leur *visa* sur ceux qui leur sont présentés; lorsqu'ils donnent des *légalisations*, des certificats de vie ou d'inscription sur le registre matricule des nationaux tenu à la chancellerie du consulat; 3° lorsqu'ils certifient l'*origine des marchandises* expédiées sur tel navire; 4° en concourant à l'application des lois de *recrutement*, et en adressant, dans ce but, chaque année, au ministre des affaires étrangères, la liste des jeunes gens français nés ou établis à l'étranger; 5° en *rapatriant* aux frais du trésor, dans le cas d'extrême nécessité, leurs *nationaux indigents*, en remettant une feuille de route aux déserteurs amnistiés, avec les secours nécessaires pour rentrer dans leur patrie. Quant aux *déserteurs* non amnistiés, les consuls peuvent recevoir leur soumission et leur délivrer une feuille de route qui contient l'ordre de se présenter, dès leur arrivée, à l'autorité militaire; 6° les consuls suppléent les agents de l'administration de la marine, à l'égard des vaisseaux de guerre et des bâtiments de commerce. Ils peuvent, en cas d'extrême nécessité, faire appel aux forces navales. Ils ont un *droit de police sur les navires de la marine marchande;* ils dirigent les opérations nécessaires au *sauvetage* des navires échoués, constatent les *avaries*, apposent les scellés, dressent les inventaires et liquident les biens laissés par leurs nationaux décédés à bord des navires. Certaines conventions consulaires décident que les autorités locales ne peuvent pénétrer à bord du navire de commerce, sans avoir averti le consul de la nation à laquelle appartient le navire; 7° on peut ajouter, enfin, que les consuls exercent les fonctions administratives en ce qui concerne la *police sanitaire*, lorsqu'ils délivrent les patentes de santé aux navires, pour indiquer l'état sanitaire du lieu de la provenance. Ils doivent, d'ailleurs, renseigner leur gouvernement sur les épidémies qui peuvent se déclarer dans le lieu de leur résidence, afin qu'on puisse prendre toutes les mesures destinées à prévenir la contagion.

C. MATIÈRE CIVILE. — Les consuls peuvent remplir, à l'étranger, dans l'intérêt de leurs nationaux, les fonctions d'officier de l'*état civil*, dans les limites fixées par la législation de leur pays. Ils peuvent célébrer les *mariages* contractés par leurs nationaux entre eux, et même avec des étrangers, si la loi consulaire de leur pays les y autorise et ne trouve aucun obstacle dans la législation locale [1].

Les consuls de France, à l'étranger, ne célèbrent que les mariages contractés entre leurs nationaux et lorsque l'un d'eux est domicilié, depuis au moins six mois, dans leur arrondissement consulaire. Ils peuvent exempter les parties de la seconde publication et accorder même des dispenses d'âge, dans les pays situés au delà de l'Atlantique, pour des causes graves dont ils doivent rendre compte immédiatement au ministre des affaires étrangères.

D'après les ordonnances et les règlements français [2], les chanceliers exercent, à l'étranger, les fonctions de *notaire* : seuls et directement, s'ils sont de première classe et nommés alors par le chef de l'État ; avec l'assistance du consul qui les nomme, lorsqu'ils appartiennent à une classe inférieure. Leurs actes ne font foi, dans tous les cas, en France, qu'autant que leur signature a été légalisée par le consul. Les simples agents consulaires, n'ayant pas de chancelier, exercent par eux-mêmes les fonctions notariales. La législation de chaque pays et celle du gouvernement local peuvent d'ailleurs contenir des règles particulières. Les conventions consulaires ont précisément pour but d'obtenir le consentement des États pour déterminer l'étendue des attributions du consul. Celle qui est

[1] Stocquart, *Le privilège d'exterritorialité spécialement dans ses rapports avec la validité des mariages célébrés à l'ambassade ou au consulat*, dans la *Rev. de dr. int.*, Bruxelles, t. XX, p. 260. — Ernest Lehr, *Compétence..., comme offic., de l'état civil*, dans la *Rev. de dr. int. public* Paris, 1894, p. 97. — Fleischlen, *Attribution des consuls en matière de notariat et d'état civil*, 1892.
[2] *Ord. de la marine de 1681.* — Instruction du 30 novembre 1833.

intervenue, le 7 janvier 1876, entre la France et la Grèce, a prévu, sous ce rapport, différents points importants [1].

La compétence notariale est le plus souvent générale, et quant *aux actes*, et quant *aux personnes*, auxquelles ces actes se réfèrent.

Quant *aux actes*, les consuls peuvent donner l'authenticité à tous ceux qui sont, en France, de la compétence des notaires, même aux testaments, malgré la formule restrictive de l'article 999 du Code civil qui n'a pourtant pas abrogé, sur ce point, les droits accordés par l'ordonnance de 1681 aux chanceliers des consulats. C'est ce qui a été reconnu d'ailleurs par une circulaire du ministre des affaires étrangères, du 22 mars 1834, qui reconnaît, en outre, aux chanceliers, le droit de recevoir des testaments mystiques et d'en dresser l'acte de suscription en se conformant aux règles du Code civil (art. 976-979).

Quant aux *personnes*, la compétence des consuls peut s'appliquer non seulement à leurs nationaux, mais encore à des citoyens du pays où ils résident, et même à des personnes étrangères. Dans le premier cas, c'est-à-dire s'il s'agit d'actes passés entre leurs nationaux, il n'y a pas à distinguer l'endroit où ces actes doivent s'exécuter. Lorsqu'il s'agit, au contraire, de conventions intervenues entre toutes autres personnes, ou même entre nationaux et étrangers, les consuls ne sont compétents que pour celles qui sont relatives à des immeubles situés dans le pays d'origine du consul, ou à des procurations pour des affaires à traiter dans ce même pays. Il faut remarquer que l'acte du consul, destiné à produire son effet en France, y est de plein droit exécutoire, et peut constituer une hypothèque sur les immeubles qui s'y trouvent situés.

La *tutelle* et la *curatelle* des incapables sont également confiées à la sollicitude des consuls, en vertu de clauses prévues dans les conventions consulaires. Si la famille néglige de veiller aux intérêts de ces personnes, le consul, qui est le pro-

---

[1] De Clercq, *Recueil des traités de la France*, t. XI, p. 412, 414 et suiv.

tecteur naturel de ses nationaux, doit, après avoir averti les
autorités locales, prendre, lorsque celles-ci refusent d'intervenir, toutes les mesures nécessaires pour sauvegarder les
droits confiés à sa sollicitude. Des traités peuvent lui permettre d'agir sans avoir même besoin de prévenir les autorités du
pays.

L'intervention des consuls, relative aux *successions* de |leurs
nationaux, présente un grand intérêt et devient souvent une
cause de conflits avec les autorités territoriales. Les traités
et, à défaut, les lois de l'État sur le territoire duquel ils résident doivent indiquer aux consuls leur règle de conduite.

Lorsque le défunt a fait un *testament* déposé au consulat,
l'instruction française du 29 novembre 1833 ordonne aux consuls de provoquer l'ouverture de cet acte par l'autorité locale
compétente. Ils ne peuvent pas l'ouvrir eux-mêmes, à moins
d'y être autorisés par les traités, mais ils ont le droit de surveiller la gestion des exécuteurs testamentaires dans l'intérêt
des parties intéressées.

Lorsqu'il n'existe pas de testament, le consul doit pourvoir, en l'absence des héritiers, à la conservation des biens
de la succession. L'instruction de 1833 donne aux consuls le
droit d'apposer les scellés, seuls ou avec le concours des autorités locales, et de faire l'inventaire ou d'y assister. Les
conventions consulaires modifient souvent, sur ce point, les
lois intérieures de chaque pays. Je puis citer parmi les traités de cette nature, ceux que la France a conclus avec l'Espagne, le 7 janvier 1862; avec l'Italie, le 26 juillet 1862; avec
le Portugal, le 11 juillet 1866; avec l'Autriche, le 11 décembre 1866; avec la Russie, le 1er avril 1874; avec le Salvador,
le 5 juin 1878[1].

Le traité du 26 juillet 1862, conclu entre la France et l'I-
talie, a été méconnu, au mois de janvier 1888, par les magistrats de *Florence*, dans un incident regrettable, où la conduite
du consul français avait été irréprochable. Il s'agissait de
l'hérédité laissée par un général tunisien, et dont le consul

---

[1] De Clercq, *Recueil des traités de la France*, t. VIII, p. 374, 381, 427,
431; t. IX, p. 582, 585, 669, 672; t. XI, p. 184, 189; t. XII, p. 141, 144.

de France, en vertu du traité de protectorat, avait le droit
d'opérer la liquidation. Le consul avait invité les autorités
italiennes à mettre leurs scellés à côté des siens ; il s'était con-
formé, en un mot, à toutes les clauses de la convention consulaire. Malgré cela, l'autorité italienne prescrivit la mise sous
séquestre des biens de la succession, ordonna de faire l'inventaire d'après les règles de la procédure italienne et condamna
le consul de France aux dépens. Enfin, par une dernière ordonnance, elle fit saisir, dans les archives du consulat français,
divers papiers dépendant de la succession. Cette *violation des
archives consulaires* donna lieu à un échange de notes diplomatiques, et le gouvernement italien fut forcé de blâmer la
conduite des autorités de Florence. Il faut d'ailleurs reconnaître que les jurisconsultes italiens ont eux-mêmes déclaré,
avec la plus grande impartialité, que le consul français avait
agi dans la limite de ses droits, et que les magistrats de Florence avaient méconnu les traités et les principes du droit
international[1].

Les consuls peuvent accepter les *dépôts* de sommes d'argent, de valeurs et de marchandises faits par leurs nationaux
(Décr. du 20 déc. 1890).

D. MATIÈRE JUDICIAIRE[2]. — a) *Dans les pays de chrétienté.* —
Les consuls n'exercent, en principe, dans ces pays, *aucune
juridiction civile et criminelle* sur leurs nationaux. Ils peuvent, seulement, en vertu des usages, régler, à l'amiable, ou
par voie d'arbitrage, les différends qui surviennent entre leurs
nationaux, les contestations entre le capitaine et l'équipage,
et exercer un droit de police intérieure sur les navires et les
gens de mer de leur nation. Ils ont le droit de réclamer les
marins déserteurs et de faire arrêter, par les agents territoriaux, ceux qui ont commis des infractions sur la haute mer,
afin de pouvoir les livrer à la justice de leur pays. Mais, en
dehors de là, ils n'ont aujourd'hui sur leurs nationaux aucun

---

[1] Gabba, *L'incident consulaire franco-italien à Florence,* dans la *Rev.
de dr. int.,* Bruxelles, t. XX, p. 229.
[2] Lawrence, *Étude sur la juridiction consulaire,* dans la *Rev. de dr.
int.,* Bruxelles, t. X, p. 285 ; t. XI, p. 45.

pouvoir de haute police, semblable à celui que leur accordait l'ordonnance de 1681, et qui leur permettait même d'exclure leurs nationaux de l'arrondissement consulaire. Ils ne peuvent agir, à moins de modifications dans les traités, que par la voie des avertissements officieux.

Quant à l'exécution des commissions rogatoires, qui peuvent leur être adressées par les tribunaux de leur pays, les consuls n'ont qu'à obéir aux clauses des traités, et, à défaut, aux lois ou aux coutumes territoriales.

Mais si le consul n'exerce pas de juridiction sur ses nationaux, il doit leur prêter son assistance pour protéger leurs droits, devant les autorités locales, sans pouvoir cependant prendre le rôle d'un mandataire et agir d'office en leur nom.

b) *Dans les pays hors chrétienté.* 1° *Juridiction consulaire relative aux nationaux.* — Dans le Levant, l'Extrême-Orient et les pays barbaresques, les consuls ont, sur leurs nationaux, *une juridiction criminelle* plus ou moins grande, suivant les traités et les usages.

D'après la loi française du 28 mai 1836, s'appliquant aux infractions commises dans les Échelles du Levant et de Barbarie, le consul statue seul en matière de simple police; les délits de police correctionnelle sont jugés par le *tribunal consulaire*, composé du *consul et de deux notables*, et les appels sont portés devant la Cour d'Aix qui est également compétente pour connaître des affaires criminelles. Les consuls n'ont, dans ce dernier cas, qu'une juridiction d'instruction.

Cette loi a été étendue, par des lois postérieures, aux délits commis par des Français, en Chine, au Japon, dans le royaume de Siam, dans les États de Mascate. Les appels de police correctionnelle sont portés, pour les trois premiers pays, à la cour de Saïgon, et pour le dernier pays, à celle de la Réunion. Une loi du 18 mai 1858 a soumis aux mêmes règles la juridiction des consuls français en Perse [1].

[1] Ajoutez : loi du 8 juillet 1852 ; loi du 28 avril 1869. Toutes ces lois n'ont fait qu'appliquer les principes stipulés dans les traités conclus entre la France et ces divers États : traités des 24 octobre 1844, 27 juin 1858 et 25 octobre 1860 avec la Chine; du 15 août 1856 avec Siam, du 17

D'après l'édit de 1778, les consuls ont un droit de *haute police* et peuvent *expulser* ceux qui, dans leur circonscription territoriale, compromettent la sûreté du commerce français et les relations de la France avec l'État sur le territoire duquel ils résident[1].

Le consul est encore le juge *de ses nationaux* dans toutes les *contestations civiles et commerciales*; et, dans les différends que ceux-ci peuvent avoir *avec les sujets du pays*, *l'autorité locale*, appelée à en connaître, ne peut ni procéder contre eux, ni prononcer un jugement, sans la participation du consul et la coopération de son interprète. *Entre étrangers* appartenant à des nations différentes, le *consul du défendeur*, ou des *commissions mixtes*, jugent sur les procès en matière civile.

Les *capitulations*, qui ont posé les règles de la juridiction consulaire, trouvent leur modèle dans l'acte du 28 mai 1740 qui renouvelait les traités anciens entre la France et la Porte ottomane, et dont le premier, portant la date de 1535, se rattachait à l'alliance conclue entre François Ier et Soliman le Magnifique. Elles trouvent leur raison d'être dans la différence qui sépare la civilisation chrétienne de l'islamisme, dans le caractère des mœurs et des institutions que nous offrent les peuples orientaux. Il n'en est pas moins vrai que ce droit de juridiction est une atteinte à la souveraineté d'États indépendants, et qu'il y a souvent des abus et des conflits; mais on peut affirmer qu'il sera nécessaire, pendant longtemps encore, de laisser aux *étrangers*, dans les pays d'Orient, leurs lois propres et leur juridiction spéciale, pour la sauvegarde de leurs intérêts et de leurs droits.

2o *Droits des nationaux.* — Ce ne sont pas, en effet, les consuls seuls qui ont, dans ces pays, des prérogatives prévues par les capitulations, et il appartient aux représentants des États de faire respecter les droits stipulés, dans les traités, en faveur de leurs *nationaux*.

novembre 1844 avec les États de Mascate, du 9 octobre 1858 avec le Japon, du 12 juillet 1855 avec la Perse. — De Clercq, *Rec. des traités*, t. V, p. 233 et suiv., t. VIi, p. 115, 138, 142, 512, 514; t. VI, p. 571, 572.
[1] Féraud-Giraud, *Du droit d'expulsion attribué aux consuls sur leurs nationaux dans les pays hors chrétienté*, dans la *Rev. de dr. int.*, Bruxelles, t. XIX, p. 1 et suiv.

C'est pour obéir à ce devoir que le marquis *de Reverseaux*, agent et consul général de France, au Caire, s'est opposé, dans le courant du mois d'octobre 1891, à l'inspection, par les préposés aux services sanitaires, des *pharmacies* appartenant à des Français. Un cawas et un délégué français furent envoyés devant ces pharmacies pour faire respecter le principe consacrant l'inviolabilité du domicile des Européens en pays d'Orient. Le droit du gouvernement égyptien de faire des règlements de police n'implique nullement, en effet, l'abrogation d'un principe quelconque des capitulations.

Les *étrangers* ne peuvent pas être *expulsés* des territoires régis par les capitulations sans l'intervention de leur consul. La France invoqua ce principe, au mois de décembre 1891, lorsque le gouvernement bulgare eut prononcé l'expulsion de M. *Chadourne*, sujet français, sans avoir eu soin de recourir à l'intermédiaire de l'agent diplomatique français à Sofia. La principauté de Bulgarie qui, aux termes du traité de Berlin de 1878, est sous la suzeraineté de la Sublime Porte, fait partie de l'empire ottoman et se trouve encore soumise au régime des capitulations. La France avait donc le droit de protester contre la mesure qui venait d'être prise et l'on dut faire droit à ses réclamations[1]. « Les immunités et privilèges des étrangers, aussi bien que les droits de juridiction et protection consulaires établis par les capitulations et les usages resteront en vigueur aussi longtemps qu'ils n'auront pas été modifiés avec le consentement des parties intéressées » (art. 8, traité de Berlin).

3° *Restrictions apportées à la juridiction consulaire.* — La *juridiction exceptionnelle* prévue par les capitulations s'est d'ailleurs restreinte dans ces dernières années. L'*Algérie* et la *Tunisie* se trouvent aujourd'hui sous la domination ou le protectorat de la France.

La juridiction française a été organisée, *en Tunisie*, par la loi du 27 mars 1883, que le temps et les circonstances devront modifier et compléter. Les sujets des Puissances qui renon-

---

[1] Mérignhac, *Les capitulations et l'incident franco-bulgare de* 1891, dans la *Rev. de dr. int.*, Bruxelles, t. XXIV, p. 147.

cent à leur juridiction consulaire deviennent justiciables des
tribunaux français (ordonnance du bey de Tunis du 27 mars
1883). Plusieurs États, l'Allemagne, la Grèce, l'Autriche,
l'Italie, par exemple, ont profité de cette ordonnance pour
supprimer leurs tribunaux consulaires[1].

L'occupation de la *Bosnie* et de l'*Herzégovine* par l'Autriche
y a fait cesser la juridiction consulaire.

En *Roumanie* et dans la *Serbie*, elle peut également cesser
d'exister avec le consentement des Puissances intéressées,
d'après le traité de Berlin du 13 juillet 1878 (art. 37, 49[2]).

Dans certaines localités du Levant, des tribunaux mixtes
ont été institués pour juger les différends entre Turcs et
étrangers.

En *Turquie*, les *tribunaux ottomans* ont une compétence
exclusive *en matière immobilière* ; c'est ce qui résulte des traités conclus avec les Puissances par la Sublime Porte, lorsque
celle-ci eut autorisé, par la loi du 10 juin 1867, les étrangers
à devenir propriétaires d'immeubles dans l'empire ottoman.

En *Égypte*, l'organisation judiciaire, inaugurée, le 1er février 1876, a contribué puissamment à restreindre la juridiction consulaire dans ce pays. Le délai de cinq ans fixé pour
l'essai de cette réforme, a été, depuis 1881, successivement
prorogé (Loi française du 30 janv. 1894). Les *tribunaux
mixtes* ont une compétence exclusive pour connaître des contestations *en matière civile et commerciale* entre indigènes et
étrangers, et entre étrangers de nationalités différentes. Cette
règle comporte, d'ailleurs, certaines exceptions : les tribunaux
mixtes ne connaissent point des questions de statut personnel,
de tutelle, de curatelle, des droits de succession naturelle ou
testamentaire, du statut matrimonial, *même si les parties sont
de nationalités différentes*. Ils sont compétents, au contraire,
pour connaître de toutes *actions réelles immobilières entre
toutes personnes*, même appartenant à la même nationalité.
Les tribunaux indigènes conservent, d'ailleurs, la connais-

---

[1] Loi *allemande* du 27 juillet 1883, loi *grecque* du 3 mars 1884; loi *autrichienne* du 22 avril 1884; loi *italienne* du 7 juillet 1884. *Ann. de législ.
étr.*, t. XIII, p. 116, 764; t. XIV, p. 288, 386.

[2] Traité de la Serbie avec la France du 18 juin 1883.

sance de tous les procès qui s'élèvent exclusivement *entre indigènes*. Les *consuls étrangers*, les fonctionnaires qui dépendent de leur autorité, et les établissements religieux ne sont pas justiciables des nouveaux tribunaux.

En *matière répressive*, les tribunaux mixtes ne sont compétents que pour les contraventions de *simple police*, jugées par un magistrat étranger délégué par ses collègues. La connaissance des *crimes* et *délits* est réservée aux consuls ou à la cour compétente (la Cour d'Aix, pour la France), sauf pour certaines infractions, strictement limitées, et constituant des attentats contre l'organisation des tribunaux mixtes. Pour ces cas, la cour d'assises ou les tribunaux correctionnels établis en Égypte sont compétents[1].

Dans l'*île de Chypre*, que la convention du 4 juin 1878 a placée sous le protectorat de l'Angleterre, une haute-cour britannique a été substituée à la juridiction consulaire[2].

Le *Japon* a signé avec l'*Angleterre*, le 16 juillet 1894, et avec les *États-Unis*, le 23 novembre 1894, des conventions abrogeant toute immunité de juridiction antérieure. Ces

---

[1] Les *trois tribunaux de première instance*, institués à Alexandrie, au Caire, à Mansourah, sont composés chacun de sept juges, quatre étrangers et trois indigènes; les jugements sont rendus par trois juges étrangers et deux indigènes. Dans les *affaires commerciales*, le tribunal s'adjoint deux négociants, un indigène et un étranger ayant voix délibérative et choisis par voix d'élection.

La *cour d'appel d'Alexandrie* se compose de onze magistrats, sept étrangers et quatre indigènes; les arrêts sont rendus par cinq conseillers étrangers et trois indigènes.

Le *tribunal correctionnel* comprend trois juges (un indigène et deux étrangers et quatre assesseurs étrangers pris pour moitié parmi les nationaux du prévenu, si celui-ci en fait la demande).

La *Cour d'assises* comprend trois conseillers à la cour d'Alexandrie, dont l'un qui doit toujours être un indigène a le rôle de président, les deux autres sont des étrangers; les douze jurés sont tous étrangers et six d'entre eux sont pris parmi les nationaux de l'accusé, si ce dernier l'exige.

Féraud-Giraud, *Les justices mixtes dans les pays hors chrétienté*. — Jozon, *Étude sur l'organisation des nouveaux tribunaux égyptiens*. — Louis Renault, *Bull. de la soc. de législ. comp.*, 1875, p. 255. — Pradier-Fodéré, t. IV, et les auteurs qu'il cite p. 793, note 1. — P. Fauchille, *Les tribunaux mixtes d'Égypte*, dans la *Rev. de dr. int.* Paris, 1894, p. 196.

[2] Saripoulos, *La législation anglaise dans l'île de Chypre*. — Esperson, dans la *Rev. de dr. int.* Bruxelles, t. X, p. 587.

conventions ne doivent entrer en vigueur que cinq ans après leur signature[1].

IV.

PRÉROGATIVES DES CONSULS.

Nous conserverons encore ici une distinction semblable à celle que nous venons de faire pour les attributions des consuls en matière de juridiction.

a) *Dans les pays de chrétienté*. — Bien que les consuls ne soient pas considérés comme des ministres publics et ne puissent prétendre aux privilèges diplomatiques, ils ont cependant les immunités nécessaires au libre exercice de leurs fonctions. Ces prérogatives sont indiquées dans les *conventions consulaires* ou dans les *lois* de chaque pays, et les plus importantes sont habituellement réservées aux *consuls envoyés* par l'État qui les nomme. Car l'*exequatur* du *consul négociant* contient souvent cette réserve : « Sans préjudice de ses devoirs civils. »

Les consuls sont, en général, exempts du service de la milice, du jury et autres *services publics*, des logements militaires et du paiement des contributions directes. On les dispense même parfois de venir *témoigner en justice*[2].

On rencontre une dispense de cette nature dans une convention conclue, le 23 février 1853, entre la France et les États-Unis. Malgré ce traité, un consul français, M. *Dillon*, fut, en 1855, sommé de comparaître, *comme témoin*, devant

---

[1] Ernest Lehr, *La nouvelle organisation judiciaire du Japon...* dans la *Rev. de dr. int.* Bruxelles, t. XXVII, p. 97.

[2] Conventions consulaires entre la Belgique et les États-Unis, du 26 février 1881 ; entre les Pays-Bas et l'Italie, du 3 août 1875 ; entre la France et l'Espagne, du 13 mars 1869 ; entre la France et l'Italie, du 16 juillet 1862 ; entre la France et la Grèce, du 7 janvier 1876. *Ann. de législ. comp.*, t. XI, p. 410. — De Clercq, *Rec. des traités*, t. I, p. 106 ; t. VIII, p. 427 ; t. XI, p. 412.

la cour du district. Le consul, ayant refusé d'obéir à la citation, fut arrêté et conduit, par la force, devant le tribunal.
Le cabinet de Washington dut pourtant reconnaître le fondement du droit qu'avait invoqué le consul, et fit des excuses
pour l'excès de pouvoir commis par les magistrats américains.
Une frégate américaine salua de vingt et un coups de canons
le pavillon français qui fut aussitôt arboré au-dessus de la
maison consulaire.

Les consuls sont, en principe, soumis à la *juridiction civile* de leur résidence pour les obligations qu'ils ont contractées, mais sans être astreints à la contrainte par corps, si ce
n'est pour faits de commerce, dans le cas où il s'agit de consuls négociants et dans les pays où existe cette voie d'exécution.

En ce qui concerne la *juridiction pénale*, les traités et les
conventions n'autorisent la poursuite que pour les faits qualifiés crimes. On peut dire qu'à part cette exception, les consuls jouissent, d'après la règle internationale, de l'*immunité
personnelle*.

Mais il importe que ces prérogatives et ces immunités personnelles soient prévues par les lois ou les conventions. En
l'absence de dispositions formelles, la jurisprudence des États
ne pourrait reconnaître aux consuls que des privilèges restreints [1]. Dans tous les cas, on ne poursuit jamais criminelle-
ment un consul, sujet ou non de l'État qui le nomme, avant
de lui avoir retiré l'*exequatur*, sauf le cas de flagrant délit.

Tous les consuls, d'ailleurs, qu'on leur reconnaisse ou non
un caractère public, ont droit à l'inviolabilité des *archives
consulaires* [2].

---

[1] La convention consulaire, conclue à Washington, le 23 février 1853,
entre la France et les États-Unis, accorde l'immunité personnelle aux
consuls des deux pays « *hormis le cas de crime* ». On trouve des expressions analogues dans les conventions de la France, avec la République
de Vénézuéla (24 oct. 1856); avec le Portugal (11 juill. 1866); avec le
Brésil (10 déc. 1860); avec la Russie (1er avril 1874), etc... — De Clercq,
Rec. des traités, t. VI, p. 290; t. VII, p. 179; t. IX, p. 582, 583; t. XI,
p. 177. — Engelhardt, *Condition juridique des consuls*, dans la *Rev. de
dr. int.*, Bruxelles, t. XXII, p. 336.

[2] Engelhardt, *De l'inviolabilité des archives consulaires*, dans la *Rev. de
dr. int.* Bruxelles, t. XX, p. 505.

Ils ne peuvent, en outre, être cités par les autorités locales pour répondre des actes accomplis dans la limite de leurs attributions sur l'ordre de l'État dont ils sont les mandataires. Des arrangements diplomatiques pourraient seuls aplanir les difficultés, et les mesures de rigueur ne seraient possibles que si le consul se rendait coupable d'*actes personnels* en dehors des instructions envoyées par son gouvernement.

On ne peut rattacher qu'*indirectement* à cette situation l'affaire du missionnaire *Pritchard*, consul anglais à Taïti, et qui, par ses agissements à l'égard des indigènes, menaçait de compromettre la souveraineté de la France que l'amiral Dupetit-Thouars tentait, en 1843, de substituer au protectorat établi par le traité conclu, le 9 septembre 1842, avec la reine Pomaré. Le consul anglais amena son pavillon et déclara qu'il cessait toute fonction consulaire. Mais ses menées contre la France devinrent telles que le commandant d'Aubigny le fit enfermer dans un blockaus, puis expulser de l'île. On craignit que cet incident ne fût la cause d'une guerre entre la France et l'Angleterre. Pour apaiser l'émotion suscitée dans ce dernier pays, le ministère français consentit à donner à M. Pritchard une indemnité de 25,000 fr. Cette décision du ministère Guizot fut considérée en France comme un acte de faiblesse, en présence des faits justifiant les mesures de rigueur dont M. Pritchard avait été victime, d'autant plus que ce dernier n'était plus consul et agent de l'Angleterre au moment de son arrestation. On peut lire avec intérêt le récit des incidents diplomatiques et parlementaires auxquels donna lieu cette affaire dans les mémoires de M. Guizot [1].

Le drapeau et les armes consulaires protègent la maison des consuls, sans que celle-ci puisse toutefois constituer un droit d'asile.

b) *Dans les pays hors chrétienté.* — Les consuls jouissent dans ces pays, en vertu des capitulations et des traités, des immunités réservées aux agents diplomatiques.

Leur personne et leur domicile sont inviolables; ils sont

---

[1] Guizot, *Mémoires pour servir à l'histoire de mon temps*, t. VII, p. 40.

indépendants de toute juridiction territoriale, exempts de toute contribution et jouissent du libre exercice de leur culte. Leur famille et toutes les personnes de leur suite participent à ces immunités [1].

En *Syrie*, le quartier qu'ils habitent s'appelle le *quartier franc* et se trouve en entier sous la protection de leur pavillon. Dans quelques États barbaresques et dans le Levant, le consul a droit à une garde d'honneur qui ne relève que de lui; au *Maroc*, les consuls français sont logés dans une maison appartenant au Sultan [2].

Les traités conclus, à différentes époques, par les États de l'Europe et ceux de l'Extrême-Orient, ne posent, le plus souvent, que le principe de l'immunité, sans développer toutes les conséquences qui en découlent.

V.

FIN DES MISSIONS CONSULAIRES.

La mort du consul, son rappel, ou son changement de résidence, le retrait de l'*exequatur*, et la déclaration de guerre, mettent fin aux missions consulaires. Mais comme le consul n'est accrédité ni près du chef de l'État, ni près du ministre, il n'a pas, en quittant son poste, de lettres de rappel à remettre. Le gouvernement territorial est prévenu de son changement par le ministre public du pays auquel le consul appartient. Comme il ne joue pas un rôle politique et que ses

---

[1] Capitulations et traités de la *Porte Ottomane*, avec la France, 28 mai 1740, 25 juin 1802, 25 novembre 1838, etc.; avec l'Angleterre, en septembre 1675; avec la Russie, 10 juin 1783, 2 septembre 1829; avec l'Autriche, 25 mai 1747; de la *France*, avec Tripoli, 19 juin 1801, avec le Maroc, 28 mai 1767. — De Clercq, *Rec. des traités*, t. I, p. 21, 588, t. IV, p. 439. — De Cussy, *Règlements consulaires des principaux États maritimes de l'Europe et de l'Amérique*. Part. 1, sect. I, p. 51 et suiv.

[2] Ajoutez, en ce qui concerne ce dernier pays, la convention relative à l'exercice *du droit de protection* au Maroc, conclue à Madrid, le 3 juillet 1880, entre le Maroc, les États européens et les États-Unis d'Amérique. — De Clercq, *Rec. des traités*, t. XII, p. 578.

fonctions sont relatives à des intérêts permanents, il n'a pas besoin d'un nouvel *exequatur*, lorsqu'il survient une modification dans la forme du gouvernement du pays où il réside. De même, la nomination d'un consul, dans un pays où la souveraineté extérieure n'est pas encore reconnue, n'implique pas l'adhésion au gouvernement de fait. L'Espagne, en 1867, déclara que la permission accordée à ses bâtiments de s'adresser, pour leurs affaires, au consul du roi Victor-Emmanuel n'impliquait nullement pour elle la reconnaissance du roi d'Italie.

Dans le cas de décès, les officiers du consulat procèdent à l'apposition des scellés et à l'inventaire de la succession, préviennent les autorités locales et, en outre, l'agent diplomatique et le ministre des affaires étrangères desquels ils relèvent. L'intérim est confié à l'officier consulaire qui a le grade le plus élevé parmi les fonctionnaires de la résidence.

CHAPITRE II.

Relations juridiques des États.

LES TRAITÉS [1].

Le droit international trouve sa source la plus importante et la plus féconde dans les traités qui donnent naissance aux *droits accidentels* des États.

Leur étude, aux différentes époques de la vie des peuples, nous montre l'état des esprits et des mœurs, les tendances qui s'accusent et les progrès qui se réalisent. C'est l'histoire, qui vient apporter, au philosophe et au jurisconsulte, comme à l'homme d'État, les leçons de l'expérience, et qui fait servir les gloires ou même plus encore les défaillances et les

[1] Jellineck, *Die rechtliche natur der staaten verträge* (Nature juridique des traités), 1880 (*Pour les recueils de traités*, voir page 5).

erreurs de l'humanité à l'amélioration et au développement des institutions sociales.

Les traités de l'ancien monde et du moyen âge se renferment dans un cercle restreint et s'occupent de rapports éphémères et d'importance minime. Plus tard, les intérêts commerciaux font naître des conventions multiples. La lutte se termine au XVIIe siècle par une transaction dont la portée fut immense. La politique des rois intervient pour maintenir le principe de l'équilibre; l'ère des Congrès et des coalitions s'ouvre pour empêcher des prépondérances menaçantes.

De nos jours, les traités étendent leur domaine : le commerce, la navigation, les voies de transport, l'industrie, les arts et la littérature trouvent leur protection ou leur développement dans les conventions internationales.

Certains traités sont *relatifs à des intérêts particuliers*, à une affaire déterminée, et se bornent à constituer le droit conventionnel de deux ou plusieurs États. D'autres ont une portée plus large. Ils posent des *principes généraux*, des règles qui ont en vue l'avenir, appellent l'adhésion de tous les États, et attestent les progrès du droit international. La déclaration de Paris du 16 avril 1856, la convention de Genève du 22 août 1864 sont des exemples de ces traités qui fondent le droit commun des nations et assurent une amélioration réelle dans les rapports des peuples.

Un ouvrage élémentaire doit nécessairement se restreindre dans cette étude des traités qui demanderait de longs et importants développements. Après avoir parlé des traités en général, je me bornerai à donner des notions sommaires sur les différentes et principales natures des traités internationaux.

SECTION I.

Des traités en général.

Je vais préciser sous ce titre *la nature et la forme des traités*, les règles relatives *à leur conclusion et à leurs conditions de validité*, à *leur ratification et à leurs effets*, à *leur durée et aux moyens de les garantir.*

I.

NATURE ET FORME DES TRAITÉS.

Dans un sens large et général, les traités sont les contrats des États et ont pour but d'établir, de modifier ou de détruire des liens juridiques. Cet accord de volontés nécessaire pour faire naître l'obligation a revêtu différents noms.

Le *traité*, dans une acception dès lors moins large, s'occupe de questions complexes et différentes, d'actes politiques, d'intérêts permanents entre deux ou plusieurs États, comme les traités de paix, de commerce, d'alliance.

La *convention* règle des actes dont la portée est restreinte, et dont l'objet est plus spécial, comme les conventions postales et monétaires. Mais on emploie souvent ces deux mots l'un pour l'autre, et on applique des principes identiques aux traités et aux conventions.

La *déclaration* est l'acte par lequel les États affirment s'être entendus sur certains principes généraux, qu'ils acceptent de prendre comme règle de conduite dans certains cas déterminés. Elle est signée par les souverains ou par les agents diplomatiques qui ont conduit la négociation, et doit être sanctionnée et promulguée, suivant la constitution de chaque État, pour faire désormais partie de son droit public. C'est ce que l'on fit, par exemple, pour la déclaration du Congrès de Paris, du 16 avril 1856, relativement à certains principes de droit international maritime. Les déclarations ne sont pas d'ailleurs des contrats obligatoires, lorsqu'il résulte des circonstances que les États n'ont voulu qu'exprimer leurs intentions actuelles, sans contracter un engagement formel.

Les *protocoles* sont les procès-verbaux des délibérations prises par les diplomates réunis en conférence. Si l'on s'en tient à leur nature première, ils prouvent les solutions acceptées, sans être par eux-mêmes une source d'obligations. Mais des protocoles peuvent donner naissance à des obligations, et souvent on désigne sous ce nom la délibération elle-même. Je puis citer, comme exemple, les obligations nées du *protocole* signé, le 10 novembre 1874, entre le ministre de la justice du khédive et le consul général de France, et relatif à l'adhésion du gouvernement français à la réforme judiciaire en Egypte.

Les *lettres* échangées entre souverains ou les *notes* entre gouvernements peuvent produire des engagements, dans la limite déterminée par la teneur des lettres ou des notes échangées.

Les *cartels* désignent les accords qui interviennent en temps de guerre entre les généraux des deux parties belligérantes, tels qu'un échange de prisonniers, un armistice.

Un *accord verbal*, entre deux chefs d'administration, appartenant à deux pays différents, peut encore devenir la source d'une obligation internationale.

Enfin des *règlements généraux* consentis par deux ou plusieurs Etats peuvent engendrer des engagements : tel est le règlement arrêté à Londres, en 1843, sur les pêcheries entre les côtes de France et d'Angleterre.

Parmi toutes ces sources d'engagements, les *traités* et les *conventions* constituent la forme la plus solennelle des relations juridiques entre les Etats. Pour indiquer leur nature et leur portée, on les qualifie de *traités publics*. On ne donne pas ce nom aux conventions, conclues entre les chefs d'Etats pour leurs intérêts personnels ou entre un Etat et des particuliers, même quand il s'agit de services publics.

Les traités portent dans leur *préambule* une invocation à la Divinité, sous des titres qui varient suivant les cas. Le traité de Paris du 30 mars 1856 et celui de Berlin du 13 juillet 1878 portent ces mots : « Au nom de Dieu tout-puissant. » De simples conventions commencent quelquefois par ces mots : « Au nom de la très sainte Trinité, » comme nous le montre un traité de navigation fluviale, conclu le 22 octobre 1858, entre le Pérou et le Brésil. L'invocation varie dans sa formule, et l'usage n'en est pas universel, bien qu'il soit naturel, comme le dit Pradier-Fodéré, que les Etats « placent leurs délibérations et leurs traités sous l'invocation de la Divinité qui fait la prospérité et la grandeur des nations. Pour les peuples, comme pour les individus, rien ne peut être grand ni durer sans l'idée de Dieu[1]. »

Les traités contiennent, après le préambule, la désignation des chefs d'États, le nom des négociateurs et la preuve de leur qualité, puis les clauses qui constituent le corps des traités, la fixation du délai pour la ratification des Puissances, l'indication du lieu où le traité est conclu, sa date, et enfin la signature et le sceau des plénipotentiaires.

Chaque traité est rédigé en autant d'originaux qu'il y a de parties contractantes. Chaque souverain, en vertu de l'*alternat*, est désigné en tête de l'exemplaire qui doit lui rester, et son ministre signe à la première place sur cette première expédition. Les autres Puissances sont ensuite désignées sur cet exemplaire, ou par lettre alphabétique, ou dans un ordre que le sort doit indiquer. Lorsque des États, qui sont d'un rang égal, n'admettent pas l'alternat, on fixe l'ordre du nom et des signatures par des arrangements particuliers.

Il faut maintenant, après avoir étudié les formes du traité, connaître les personnes qui ont le droit de le conclure et d'y figurer.

II.

CONCLUSION ET CONDITIONS DE VALIDITÉ DES TRAITÉS.

Les conditions essentielles à la formation des contrats, dans le droit civil, sont : la capacité des parties, leur consentement, un objet, et une cause licite. Nous allons voir si le droit international exige les mêmes conditions pour la validité des traités.

A. CAPACITÉ. QUI A LE DROIT DE CONCLURE LES TRAITÉS ? — 1° *Jouissance du droit.* — Les États *souverains* et indépendants ont seuls, en principe, le droit de conclure des traités.

[1] Pradier-Fodéré, *Dr. int. publ.*, t. II, n° 1086, p. 756.

Les États *mi-souverains*, ne jouissant pas de la souveraineté extérieure, ne peuvent avoir le droit de négocier que dans les limites fixées par les lois qui les rattachent à la Puissance suzeraine. L'Égypte, qui est un État mi-souverain, peut, en vertu du firman du 30 juillet 1879, faire des conventions relatives au commerce, aux douanes, à la police, et à tous les besoins des affaires intérieures, à la charge de les communiquer à la Porte avant leur promulgation par le khédive. Mais ce dernier ne pourrait consentir aucun traité politique sans porter atteinte aux droits de l'État suzerain.

Les États *protégés* ont le droit de négocier, pourvu que le traité de protectorat ne s'y oppose pas et que les conventions acceptées ne portent pas atteinte aux droits de l'État protecteur.

En résumé, tous les États ont le droit de conclure des traités dans la mesure où ils peuvent exercer leur souveraineté.

2° *Exercice de ce droit.* — Mais les États ne peuvent pas exercer ce droit par eux-mêmes. Les personnes juridiques ont besoin de représentants pour parler en leur nom et faire naître les droits et les obligations. Les États sont représentés par leur gouvernement qui, par l'entremise de son chef, ou le plus souvent de ministres publics, négocie les conventions internationales. La constitution de chaque pays indique la personne qui a le pouvoir d'engager l'État dans ses relations avec les puissances étrangères. Dans tel pays, ce sera le souverain ou le pouvoir exécutif seul ; dans tel autre, ce sera le pouvoir législatif qui interviendra, tout au moins pour donner sa sanction définitive.

En France, la législation a varié suivant les époques. Avant 1789, le roi avait seul le pouvoir de faire tous les traités. En 1791, le roi négociait, et le pouvoir législatif devait toujours donner sa ratification. C'est le système que consacrèrent la Constitution de l'an III et plus tard celle de 1848. Celle de l'an VIII restreint le droit du Parlement aux traités de paix, d'alliance et de commerce. Sous le régime des Chartes de 1814, de 1830 et de la Constitution de 1852, le chef de l'État seul a le droit de conclure les traités. Le sénatus-consulte de 1852 donnait à l'empereur le droit de faire tous les traités de commerce, *même ceux qui contenaient des modifications de tarifs.*

Cette disposition spéciale visait une difficulté qui, sous le régime de la Charte de 1814, avait été soulevée par Casimir Périer, à propos d'un traité de commerce conclu avec l'Angleterre en 1824, et qui établissait un droit sur les navires des deux nations. N'était-ce pas là un impôt, qui ne pouvait être perçu qu'avec l'approbation du pouvoir législatif? Les principes commandaient une solution affirmative et c'est pour éviter toute difficulté qu'une loi constitutionnelle donnait au chef de l'État un pouvoir sans limites, pour la modification des tarifs. Plus tard, le sénatus-consulte du 8 septembre 1869, modifiant la Constitution de 1852, exigeait, dans son article 10, la sanction de l'autorité législative pour toute modification apportée à des tarifs internationaux.

Il faut reconnaître, en effet, que le pouvoir exécutif n'a jamais seul le droit d'engager les *finances* de l'État, et qu'une loi doit toujours être nécessaire pour ouvrir un crédit relatif à l'exécution d'une convention internationale. En 1831, le roi de France avait promis une indemnité de 25 millions aux États-Unis pour terminer un litige qui remontait aux guerres du premier empire[1]; la Chambre refusa le crédit. Des lettres de change tirées par les États-Unis sur notre ministre des finances furent protestées et, après l'envoi de notes diplomatiques et surtout après la chute du ministère qui déplaisait aux Chambres, le crédit fut voté et le traité conclu par le roi put recevoir son exécution.

De 1871 à 1875, l'Assemblée nationale qui était souveraine avait seule le droit de conclure des traités au nom de l'État.

Actuellement, en vertu de la *loi constitutionnelle du 16 juillet 1875,* le président de la République négocie et ratifie les traités. Il en donne connaissance aux Chambres, aussitôt que l'intérêt et la sûreté de l'État le permettent. Les traités de paix, de commerce, ceux qui engagent les finances de l'État, ou qui sont relatifs à l'état des personnes et aux droits de pro-

---

[1] Convention conclue à Paris le 4 juillet 1831, et dont les ratifications ont été échangées à Washington, le 2 février 1832.

priété des Français à l'étranger ne sont définitifs qu'après avoir été votés par les deux Chambres. Nulle cession, nul échange et nulle adjonction de territoire ne peuvent avoir lieu qu'en vertu d'une loi.

L'énumération, que contient la loi constitutionnelle, semble indiquer, malgré l'opinion contraire de quelques auteurs, qu'en dehors des cas prévus, le président peut seul négocier les traités, sans avoir besoin de demander la sanction des Chambres. Le traité de Berlin du 13 juillet 1878 n'a été conclu et ratifié que par le chef de l'Etat; une convention, du 30 août 1890, entre la France et l'Angleterre, relative au traitement réciproque des paquebots-poste a été ratifiée sans approbation des Chambres, par un décret du 1er avril 1891[1]. Il est vrai que certains traités d'extradition, dont l'article 8 de la loi ne parle pas, ont été soumis à l'approbation du Parlement.

En Allemagne, l'empereur conclut les alliances et autres traités avec les Etats étrangers; mais il faut, pour les affaires communes à l'Empire, le consentement le plus souvent préalable du Conseil fédéral et la ratification postérieure du Reichstag. Les Etats fédérés de l'Allemagne, n'ayant plus de véritable souveraineté extérieure, ne peuvent faire que des traités sans importance.

En Autriche, l'empereur a un droit analogue; mais le Parlement autrichien (Reichsrath) intervient pour ratifier, lorsque les traités entraînent des obligations à la charge de l'Empire.

En Angleterre, le souverain a le droit, en principe, de faire seul tous les traités, sauf à en donner connaissance au Parlement qui n'a le droit de ratification que pour les traités modifiant les tarifs de douane, le territoire, les lois en vigueur, ou qui créent des charges pour l'Etat, ou pour les particuliers.

Aux États-Unis, c'est le président qui fait les traités avec l'assentiment du Sénat. En *Suisse*, c'est le Conseil fédéral qui exerce ce pouvoir, et les cantons ne peuvent conclure que des conventions sur des objets concernant l'économie politique,

---

[1] Félix Moreau, *Précis. élém. de dr. const.*, 1892, n° 402, p. 345.

les rapports de voisinage et de police, et ils doivent se servir de l'intermédiaire du Conseil fédéral.

En Russie, le czar est souverain absolu, et a le droit de conclure seul tous les traités.

En résumé, les chefs d'Etats ont rarement le droit de négocier seuls, et l'on peut poser, comme règle générale, qu'ils ne peuvent engager l'Etat sans l'assentiment des pouvoirs représentatifs.

3° *Délégation de l'exercice du droit. — Négociation.* — Les chefs d'Etats n'exercent pas eux-mêmes le droit de négocier, mais ils délèguent leurs pouvoirs au ministre accrédité près de l'Etat avec lequel ils traitent ou à des envoyés spéciaux dont le nom et le caractère varient, suivant les circonstances. Ces négociateurs doivent avoir un titre public indiquant leur qualité et les pleins pouvoirs de représenter l'Etat dont ils sont les mandataires; les négociations ne peuvent s'entamer, avant que les ministres n'aient produit, vérifié et *échangé leurs pleins pouvoirs*. Les négociations importantes s'effectuent le plus souvent dans des *congrès* ou *conférences*. Ces deux expressions sont synonymes, bien qu'on réserve surtout le nom de *Congrès* aux réunions les plus solennelles et les plus importantes : *Congrès* de Wesphalie (1648), de Vienne (1815), de Paris (1856), de Berlin (1878); *Conférences* de Berlin (1885), de Bruxelles (1890). La dernière séance aboutit à la signature du *traité*, du *protocole* final résumant tous les procès-verbaux ou protocoles de chaque séance; l'avis de la majorité n'oblige pas, d'ailleurs, les Etats dissidents.

Les engagements qui sont passés au nom d'une Puissance par des personnes sans mandat, ou en dehors des termes de leurs pouvoirs, portent le nom de *sponsions*[1]. Ce mot, employé par les auteurs, répond assez mal à l'idée de la *sponsio* romaine qui était la promesse faite par un débiteur accessoire, et acceptée par les créanciers. C'était un contrat verbal donnant naissance à une obligation civile. La sponsion du droit international est sans valeur juridique, à moins que l'Etat ne rati-

[1] Grotius, *Le droit de la guerre et de la paix*, trad. de Pradier-Fodéré, t. II, p. 239. — Vattel, édit. Pradier-Fodéré, t. II, p. 203.

fie l'engagement que l'on vient de contracter en son nom et sans mandat.

Il peut d'ailleurs se faire que des conventions interviennent sans un titre contenant des pouvoirs exprès, mais en vertu d'une délégation générale et implicite se rattachant aux fonctions qu'on exerce. C'est ainsi que le gouverneur d'une place de guerre et le général qui l'assiège peuvent convenir de la capitulation. Il n'est besoin, dans ce cas, d'aucune ratification, si l'acte intervenu n'en contient pas la réserve, et si les parties contractantes sont restées dans les limites de leurs attributions.

B. Consentement, objet, cause licite. — Ces trois conditions qui, d'après le droit commun, sont nécessaires à la validité des contrats ne présentent le plus souvent, en droit international, qu'un intérêt théorique.

Le traité n'existe, en réalité, qu'au moment où les parties sont tombées d'accord sur les points soumis à leurs délibérations. Les notes préparatoires, les communications faites par les plénipotentiaires, les propositions déjà même acceptées dans le cours d'une conférence, n'engagent pas avant l'adhésion définitive à l'ensemble de la négociation.

Il en est ainsi, à plus forte raison, lorsque l'État invité à une *conférence internationale*, n'accepte d'y envoyer des représentants qu'à la condition de ne reconnaître aux décisions qui y seront prises que la nature de simples propositions. C'est le caractère de la conférence qui s'est ouverte à Berlin, le 15 mars 1890, au sujet de l'organisation du travail[1].

C'est donc la *volonté formelle de s'engager* qui détermine le moment où le traité prend naissance.

L'accord verbal suffit pour fonder un lien juridique et, en temps de guerre, de simples signaux peuvent suffire; mais en temps normal, la pratique des États admet, par la force même des choses, qu'il n'y a pas de convention *sans écrit*, et de lien juridique sans la signature des contractants.

Les vices du consentement, l'erreur, le dol, la violence,

---

[1] Note de M. Spuller, ministre des affaires étrangères, à l'ambassadeur de France à Berlin (mars 1890).

peuvent, en théorie, être considérés comme des causes de nullité des traités ; mais il sera bien difficile de supposer en fait l'erreur et le dol dans les négociations internationales. Les instructions données au mandataire, la vigilance des pouvoirs, l'intérêt de toute une nation, l'attention des ministres publics, toujours en éveil, ne permettent guère de supposer que le négociateur puisse se laisser facilement tromper.

La violence peut se comprendre dans le cas où elle s'exerce sur la personne du représentant dont on exige la signature par la force ou la menace. Dans ce cas, l'obligation ne saurait exister. Mais il peut y avoir une contrainte subie par l'Etat lui-même, auquel un Etat vainqueur impose un traité désastreux et humiliant. Admettre, dans ce cas, que le traité n'est pas valide, ce serait détruire la force obligatoire de tous les traités de paix. Il faut, au contraire, reconnaître leur validité, car elle a pour base la nécessité de mettre un terme aux conflits sanglants des nations et d'empêcher l'extermination des peuples. Mais il est vrai de dire que si ces traités dépassent les limites de la justice, et les légitimes réparations, nées de la guerre, ils ne font que consacrer le droit de la force brutale et doivent disparaître un jour sous l'influence d'une cause identique.

Toutes les choses, dont un Etat peut légitimement disposer, peuvent faire l'objet d'un traité. On ne pourrait pas concevoir une convention sans objet.

Il faut aussi que la cause qui sert de fondement à l'obligation soit licite. Serait nul le traité par lequel un Etat s'engagerait à protéger l'esclavage, à mettre obstacle à la liberté des mers, à refuser tout droit aux étrangers sur son territoire, ou qui tendrait à supprimer une nation. De telles conventions seraient contraires aux droits de la liberté humaine et violeraient les principes sur lesquels repose l'ordre moral du monde.

III.

RATIFICATION DES TRAITÉS.

La négociation du ministre public se termine par la rédaction et la signature du traité qui n'est parfait qu'après la ratification.

1° *Fondement de la ratification.* — En étudiant les formes des traités, nous avons vu qu'il est d'usage de réserver par une clause formelle la ratification ; on doit même présumer que cette formalité est obligatoire, pour donner au traité sa sanction définitive. Le mandataire du droit civil, qui ne dépasse pas les termes de sa procuration, n'a pas besoin de demander à son mandant de ratifier l'acte intervenu. Mais on ne peut prétendre assimiler le chef d'un Etat à un propriétaire qui confie à une personne l'administration de son domaine. Le souverain tient de la Constitution des pouvoirs qu'il ne peut déléguer, et ses envoyés diplomatiques ne font que préparer un projet qu'ils doivent lui soumettre. Les pleins pouvoirs, qui leur sont donnés, leur laissent souvent la liberté d'agir suivant les circonstances, et il ne faut pas que des actes aussi graves, pour la vie des nations, puissent enchaîner définitivement, sans un dernier examen. Aujourd'hui, d'ailleurs, d'après la plupart des Constitutions et dans les cas importants, il faut, outre la ratification du chef de l'Etat, la sanction de la puissance législative. Les traités, qui, le plus souvent, créent des droits ou des obligations pour les nationaux, sont promulgués ensuite dans chaque pays respectif.

2° *Caractère de la ratification.* — La ratification est donc l'acte par lequel l'autorité souveraine accepte et confirme le traité, conclu par les plénipotentiaires. Si le chef de l'Etat ratifie le traité, avant que les Chambres ne l'aient sanctionné, dans le cas où la loi constitutionnelle du pays leur réserve ce pouvoir, on dit qu'il y a *ratification incomplète*. Le traité n'est pas encore exécutoire et le souverain doit, par égard pour l'État étranger, avec lequel il traite, aussi bien que par respect pour la Constitution de son pays, s'abstenir de ratifier un traité avant d'avoir obtenu l'approbation du pouvoir législatif.

On trouve un exemple de *ratification incomplète* dans l'approbation donnée par le roi à la convention du 4 juillet 1831, qui stipulait une indemnité de 25 millions au profit des États-Unis et dont j'ai parlé ci-dessus (page 295). La Chambre refusa tout d'abord de voter le crédit nécessaire au paiement de l'indemnité, et la ratification du traité ne devint complète que le jour où le pouvoir législatif voulut approuver la décision prise par le roi.

Les États ne peuvent pas, d'ailleurs, modifier la promesse solennelle d'engagements faite par leurs mandataires; ils doivent l'accepter ou la répudier tout entière. S'il y a lieu d'*interpréter* une clause obscure, il n'appartient qu'aux États signataires d'en donner le sens exact ou la portée, soit par des articles additionnels, soit par déclarations annexées au traité. Les *tribunaux* d'un État ne peuvent en interpréter les clauses que dans la limite des *intérêts privés* qui seraient soumis à leur appréciation[1].

3° *Refus de ratification.* — Le refus de ratification, dont l'autorité souveraine reste seule juge, est un fait dont il est facile de comprendre la gravité. C'est le désaveu des négociateurs, c'est parfois, suivant les circonstances, une atteinte portée à l'autorité de l'État et à l'honneur du pays. Cette situation ne peut, d'ailleurs, se présenter aujourd'hui que bien rarement. La facilité des communications permet au ministre public d'être en rapport constant avec son gouvernement, et il ne doit pas signer, avant d'avoir acquis la certitude qu'il ne sera pas désavoué.

Je me borne à mentionner ici quelques exemples de traités, n'ayant pas reçu de ratification. En 1841, le roi de France refusa de ratifier le traité conclu à Londres, en vue de prendre des mesures communes contre la traite des nègres, parce que

---

[1] Cour de cassation française, 24 juin 1839, Dall., *Jurispr. génér.*, v° *Tr. int.*, n° 156. Cass., 27 juill. 1877, Dalloz, *Rec. périod.*, I, 137, 139.

la Chambre des députés ne voulut pas reconnaître aux vaisseaux étrangers le droit de visiter les navires de commerce,
portant le pavillon français. Le traité de commerce, conclu
entre la France et l'Italie en 1877, n'obtint pas également la
ratification du Parlement français. En 1879, la Chine refusa
de ratifier un traité conclu avec la Russie, parce que son
ambassadeur, qu'elle fit même exécuter, avait dépassé ses
instructions. La Chambre des députés de France à décidé,
dans sa séance du 25 juin 1891, de surseoir à la ratification
de l'Acte général adopté à la suite de la conférence anti-escla-
vagiste de Bruxelles, du 2 août 1890, et a remis cet Acte au
gourvernement; elle ne l'a ensuite ratifié que *partiellement*
par la loi du 23 décembre 1891.

4° *Échange des ratifications.* — Les ratifications doivent
être échangées dans un délai fixé habituellement par l'une
des clauses du traité. L'*échange des pouvoirs* était la preuve
de la qualité des négociateurs; l'*échange des ratifications* est
la garantie de l'exécution réciproque des traités, dont une
clause spéciale détermine ordinairement l'époque, à partir de
laquelle commence leur force obligatoire. Ce moment est le
plus souvent l'échange des ratifications, ou l'expiration d'un
délai fixé après l'accomplissement de cette formalité, ou même
le jour où l'on signe le protocole final de la convention, si les
parties contractantes en reportent l'effet à cet époque.

Dans les cas d'urgence, les plénipotentiaires peuvent même,
en vertu de leurs pleins pouvoirs, consentir à l'exécution immédiate, dès la signature du traité, et sans attendre l'échange
des ratifications. C'est ce qui fut décidé pour la convention
conclue à Londres, le 15 juillet 1840, en vue de la pacification
du Levant.

IV.

EFFET DES TRAITÉS.

1° *Effet relatif. Réconciliation des traités.* — Entre les Puissance contractantes, les traités produisent un lien juridique,

que chacune d'elles doit respecter. La loi morale, à laquelle nul ne peut se soustraire, et l'intérêt suprême qui s'attache à la confiance inspirée par la fidélité à ses engagements, imposent aux États le devoir de ne jamais manquer à la foi promise et à la parole donnée. Si l'on pouvait se soustraire à ses obligations, le fondement même des relations internationales s'écroulerait, et un sentiment de défiance réciproque empêcherait, à l'avenir, la conclusion d'engagements sur le maintien desquels on n'aurait plus le droit de compter [1].

A l'égard des États, qui n'ont pas figuré dans la négociation, le traité ne peut avoir, en principe, aucun effet. Il ne peut détruire les obligations contractées, à leur égard, en vertu d'actes antérieurs. Le respect des droits acquis doit conduire à ce résultat équitable qu'on appelle la *réconciliation des traités*. Deux États ne peuvent donc pas faire entre eux des traités qui rendent impossible l'exécution de ceux qui les lient envers d'autres États. Ces derniers conservent intacts les droits que leur accordent des conventions antérieures.

C'est ainsi que le *traité anglo-allemand*, du mois de juin 1890, qui permet à l'Angleterre de placer sous son protectorat le sultanat de *Zanzibar*, n'a pu nullement porter atteinte à la déclaration, signée en 1862 par l'Angleterre et la France, et qui garantissait l'indépendance du royaume de Zanzibar. L'Allemagne avait adhéré à cette déclaration en 1886. Il faut observer, en outre, que la conférence de Berlin du 26 février 1885 oblige toute nation, qui veut établir un protectorat en Afrique, à en faire la notification aux autres États.

Aussi des déclarations échangées, le 5 août 1890, entre les gouvernements français et anglais, sont venues modifier la déclaration antérieure de 1862. En échange de son adhésion au protectorat britannique sur Zanzibar, la France obtient de l'Angleterre la reconnaissance du protectorat français à Madagascar, le droit pour son résident général dans ce pays de donner l'*exequatur* aux agents britanniques, et, en outre, la faculté d'étendre l'influence française en Afrique dans une

---

[1] Bluntschli, *Dr. int. codifié*, art. 410, écrit : « Le respect des traités est une des bases nécessaires de l'organisation politique et internationale du monde. » Ahrens, *Cours de dr. nat.*, 1860, p. 405.

zone que le traité détermine. A Zanzibar, comme à Madagascar, l'établissement du protectorat ne peut nuire aux droits
et immunités des nationaux des États signataires qui s'engagent, d'ailleurs, à donner leur protection la plus complète aux
missionnaires des deux pays et à garantir la liberté pour tous
les cultes et pour l'enseignement religieux.

Trois mois plus tard, l'Allemagne reconnaissait également
le protectorat français sur Madagascar, en échange de l'abandon par la France des réserves faites au sujet de la cession à
l'Allemagne, par le sultan de Zanzibar, d'une partie de la
côte orientale d'Afrique.

Une Puissance se réserve souvent, dans les traités de commerce, les avantages accordés à *la nation la plus favorisée.*
Elle peut, en vertu de cette clause, invoquer aussitôt le bénéfice des traités conclus postérieurement, avec d'autres pays,
par l'État qui s'est engagé à lui accorder des faveurs équivalentes.

Des États peuvent se trouver encore liés par les clauses
d'un traité, lorsque, sans participer directement à la négociation, ils donnent mandat de les représenter, ou se trouvent
placés sous la suzeraineté de l'une des Puissances contractantes.

2° *Approbation, adhésion et accession aux traités.* En dehors
de ces cas, les États, qui n'ont pas conclu le traité, peuvent
cependant en tenir compte dans une certaine mesure. On distingue, sous ce rapport, l'approbation, l'adhésion et l'accession.

L'*approbation* est le jugement favorable qu'une tierce Puissance vient rendre au profit d'un traité. Elle lui donne plus de
solennité et plus de garantie de durée, en montrant ainsi qu'il
est conforme aux principes généraux du droit international.

L'*adhésion* est plus qu'un hommage; elle est l'assentiment
que l'on donne à des principes posés dans un traité, ou à des
engagements acceptés par certains États. Elle ne produit pas,
il est vrai, des obligations et des droits; elle manifeste seulement la volonté d'accepter les principes généraux, conformes
à la raison et à la justice, et d'y conformer sa conduite. Mais
l'État ne devient pas immédiatement partie contractante par

une simple adhésion générale, indéfinie, et qui ne révèt pas le caractère d'une accession expresse et formelle.

L'*accession* est l'acte par lequel un État s'approprie le traité conclu entre d'autres Puissances et en accepte les charges et les bénéfices. Cet État devient alors partie contractante et sa volonté se manifeste, soit par un échange de ratification, soit par une déclaration officielle faite à tous les États signataires, ou à celui d'entre eux qui avait été chargé de recevoir les accessions. Il faut, en effet, que l'accession à un traité soit acceptée par les Puissances signataires, et souvent une clause spéciale exige le consentement unanime de tous les contractants pour autoriser l'accession d'une tierce Puissance.

La déclaration du 16 avril 1856, faite à Paris pour régler différents points de droit maritime, contenait la disposition suivante : « Les gouvernements des plénipotentiaires s'engagent à porter cette déclaration à la connaissance des États qui n'ont pas été appelés à participer au Congrès de Paris et à les inviter à y *accéder*. »

On trouve des clauses semblables dans les conventions monétaires, télégraphiques ou postales de ces dernières années. La convention de Genève du 22 août 1864, pour l'amélioration du sort des blessés en temps de guerre, et la déclaration de Saint-Pétersbourg du 29 novembre 1868 sur les balles explosibles ont été acceptées par tous les États qui n'avaient pas figuré dans le traité originaire.

On confond d'ailleurs facilement l'adhésion et l'accession, malgré la différence qui les sépare.

Le procédé, que nous venons d'indiquer, permet ainsi de généraliser des règles importantes et utiles qui deviennent le fondement même du droit international. Ces règles obligent alors toutes les parties qui les ont acceptées, soit à l'origine en signant les traités, soit plus tard en y accédant, et un État ne peut pas les méconnaître ou s'en prévaloir à son gré, suivant l'intérêt du moment, ou sous l'empire de circonstances qui modifient ses décisions.

V.

DURÉE DES TRAITÉS.

Les effets que nous venons de préciser s'imposent aux parties contractantes, et nul ne peut, en principe, s'y soustraire par un seul acte de sa volonté. Une convention nouvelle est nécessaire pour modifier ou briser les liens juridiques d'un traité, qui n'a pas encore perdu sa force obligatoire.

On peut considérer les traités, au point de vue de leur durée, sous un double aspect. Ils sont temporaires ou perpétuels.

1º *Traités temporaires.* — Les traités *temporaires* n'ont pas, en général, un caractère politique et prennent fin à l'arrivée du terme fixé par la convention. Mais ils peuvent contenir une clause de renouvellement, en vertu de laquelle ils conservent leurs effets, soit après une déclaration spéciale des Etats contractants, soit même de plein droit par une tacite reconduction, lorsque, dans un délai déterminé, le désir de les abroger n'a pas été manifesté. En l'absence d'une clause semblable, les Etats peuvent, par un acte nouveau, proroger les traités dont ils reconnaissent l'importance et l'utilité.

La convention, dont l'objet est déterminé, prend fin dès que les parties ont exécuté leur obligation, et dans le cas même où il s'agit d'obligations successives, les parties peuvent s'y soustraire, en dénonçant le traité, lorsqu'elles se sont réservé ce droit par une clause explicite et formelle.

2º *Traités perpétuels.* — Les traités *perpétuels*, conclus pour un temps indéterminé, ne peuvent régulièrement disparaître que par l'accord unanime des Etats contractants. Dénoncer le traité, dans ce cas, c'est le violer ; c'est en supprimer les effets par un acte de force et méconnaître l'engagement auquel on s'était volontairement assujetti. Ce principe a été reconnu dans le protocole, qui fut signé à Londres, le 17 janvier 1871, à la suite de la conférence, ayant pour but la revision du traité de Paris, du 30 mars 1856, qui restreignait les droits de la Russie sur la mer Noire. Les plénipotentaires des Puissances reconnurent, comme un principe essentiel de droit des gens, qu'aucun Etat ne peut se délier des obligations d'un traité, ni en modifier les clauses, qu'à la suite de l'assentiment des parties contractantes, au moyen d'une entente amicale.

Lorsque l'un des Etats *refuse de remplir ses engagements*, il est permis à l'autre partie contractante de s'en affranchir à son tour, dans le cas même où le traité ne serait violé que dans une seule de ses dispositions.

Si toutefois cette règle est vraie pour des *traités spéciaux* existant entre deux nations, elle n'est plus exacte pour des *traités généraux* consacrant un principe de droit international. Le traité ne disparaît pas, dans ce dernier cas, par la violation qu'il subit de la part de l'une des parties, qui s'expose seulement à des représailles à raison de l'oubli de ses engagements[1].

L'*état de guerre*, survenu entre les parties suspend l'effet des traités, à l'exception de ceux qui ont été conclus, en vue même de cette éventualité. Les principes de droit maritime, proclamés en 1856, la convention de Genève et celle de Saint-Pétersbourg trouvent alors leur application. Mais les traités, qui sont faits en vue des relations pacifiques, ne s'appliquent plus à partir de l'ouverture des hostilités; et, au rétablissement de la paix, on les remet en vigueur par des clauses spéciales, ou l'on substitue des dispositions nouvelles aux traités anciens.

Les Puissances *confirment* parfois, dans des conventions nouvelles, les *anciens traités* qui consacrent des principes importants, et dont elles veulent assurer le maintien et confirmer l'autorité. C'est ainsi que le traité d'Utrecht, de 1713, a été confirmé dans la plupart des conventions qui l'ont suivi et qu'il est encore rappelé dans le traité de paix de 1814.

Cette confirmation peut encore être demandée, lorsqu'il s'opère dans un Etat des révolutions fréquentes, modifiant le

---

[1] Holtzendorf, *Elém. de dr. int. publ.*, trad. par Zographos, 1891, p. 125.

caractère des pouvoirs ou la forme du gouvernement. L'instabilité de l'autorité sociale est un signe de faiblesse dans les
mœurs et les institutions, et une cause de méfiance dans les
rapports internationaux. Cette situation précaire diminue le
prestige d'un État, et autorise les autres Puissances à garantir, par des promesses nouvelles, le maintien des traités.

Il faut, d'ailleurs, admettre que les traités des États sont
aujourd'hui toujours *réels*, c'est-à-dire indépendants des personnes qui les gouvernent, et qu'à moins de circonstances
exceptionnelles, les traités qualifiés autrefois de *personnels*,
ne sont plus que les contrats particuliers des souverains et
n'ont pas le caractère de traités publics.

Mais si les traités perpétuels ne dépendent pas des changements apportés à la direction politique des États, ils n'échappent cependant pas à l'instabilité des choses humaines. Les
traités de paix commencent par cette formule imposante : « *Il
y aura paix et amitié perpétuelle entre les parties contractantes.* » Rien n'est moins inaltérable que cette promesse de con-
corde éternelle, et le jour où, après de nouvelles hostilités,
les États signent encore un traité, ils confirment un engagement dont la perpétuité ne sera pas moins éphémère que la
précédente.

Un traité, conclu pour des intérêts permanents, doit cesser
avec les causes qui l'ont fait naître. Il y a des principes immuables de justice que la conscience des peuples peut avoir
consignés dans les clauses d'un traité ; mais les conventions
d'ordre purement politique sont soumises aux variations multiples des événements humains et ne peuvent engager l'avenir
de toutes les générations. Il faut seulement apprécier, avec le
sentiment de l'équité, les circonstances qui viennent enlever
à une convention sa raison d'être, pour ne pas s'exposer à
rejeter, pour des prétextes futiles, les conséquences d'obligations onéreuses.

Les traités temporaires, ou les clauses de revision, peuvent
prévenir les difficultés futures et empêcher de résoudre, par
la violence d'un seul, des liens formés par la volonté commune des États.

VI.

GARANTIE DES TRAITÉS.

Afin de remplacer la protection qu'une autorité supérieure donnerait aux droits méconnus, les États cherchent à entourer l'exécution des traités de certaines garanties, qui varient suivant les temps et les mœurs.

Les *garanties directes* émanent des parties contractantes elles-mêmes, et sont de différentes natures que j'indique dans l'ordre suivant :

1° Le *serment* fut employé surtout par les peuples de l'antiquité et du moyen âge. On en rencontre cependant encore des exemples au xviii° siècle ; l'alliance conclue en 1777, entre la France et la Suisse, a été garantie par le serment des parties contractantes dans la cathédrale de Soleure. Les Papes se reconnurent souvent le droit de relever les signataires d'un traité du serment que ceux-ci avaient prêté. A notre époque, on ne l'exige plus, si ce n'est parfois des peuples barbares.

2° Les *otages* sont encore donnés à la France par l'Angleterre, pour garantir la restitution du cap Breton, en vertu du traité d'Aix-la-Chapelle du 18 octobre 1748. Mais cet usage que pratiquait le monde ancien ne peut se rencontrer aujourd'hui qu'au milieu d'une guerre, ou en temps de paix avec des tribus sauvages, dont on est forcé d'accepter des garanties conformes à leur civilisation ;

3° Le *nantissement* est l'acte par lequel un État remet un territoire ou une ville à une Puissance étrangère, qui l'administre comme sa chose, tant que l'obligation n'a pas été exécutée. Cette garantie, qui n'est plus aujourd'hui pratiquée, offre de nombreux dangers, et ne peut être qu'une source de conflits ;

4° L'*occupation militaire* peut se présenter dans deux conditions bien différentes.

Elle peut avoir pour but de garantir une obligation exactement déterminée, telle que l'acquittement d'une dette. C'est ainsi que le traité de Francfort, du 10 mai 1871, stipulait l'occupation d'une partie du territoire français, jusqu'au paiement de l'indemnité de guerre, imposée à la France par l'Allemagne. Cette clause de garantie ne pouvait donner lieu à aucune interprétation arbitraire. Et le jour où, même avant le délai fixé, la France, dont le crédit n'avait pas été atteint par ses désastres, put payer sa dette de cinq milliards, l'occupation dut cesser immédiatement[1].

La seconde condition où cette sûreté se présente est moins bien définie. On peut vouloir garantir une clause politique d'un traité, par exemple, le rétablissement, dans un pays, de la paix sociale ou d'une forme de gouvernement. Cette immixtion, dans les affaires intérieures d'un État, laisse à la Puissance qui occupe le territoire étranger le soin d'apprécier le moment où elle doit se retirer, et menace de devenir ainsi une source perpétuelle de conflits.

Mais il faut remarquer la nature de l'occupation militaire qui, à la différence du nantissement, laisse à l'État dont le territoire est occupé, son administration propre et l'exercice de ses droits souverains.

Les *garanties indirectes* sont fournies par des États qui, sans être liés par le traité, ont intérêt à en assurer l'exécution. Ils peuvent se porter garants au profit de toutes les Puissances contractantes, ou de l'une d'elles seulement. Les États signataires d'un traité peuvent aussi, par une clause formelle, se rendre les uns envers les autres réciproquement garants de son observation.

La garantie doit être certaine et acceptée par tous ceux entre lesquels elle doit produire son effet.

La Puissance garante ne peut intervenir que sur l'invitation qui lui en est faite par l'État garanti, à moins qu'il ne s'a-

[1] De Clercq, *Rec. des tr. de la France*, t. X, p. 430, 434. On trouve d'autres exemples de l'occupation militaire, dans la détention des places *prussiennes,* qui devaient rester au pouvoir de l'armée française jusqu'au paiement de l'indemnité stipulée par le traité du 8 septembre 1808 (De Clercq, t. II, p. 270); et dans la détention d'une partie du territoire *français,* par une armée alliée, à la suite de la convention du 20 novembre 1815 (De Clercq, t. II, p. 651).

gisse d'un traité dont le but est d'assurer une mesure d'intérêt général, comme une neutralité perpétuelle. Dans ce cas, l'État garant peut intervenir spontanément et son action ne peut être entravée par l'abstention des autres Puissances, qui avaient promis leur garantie collective.

SECTION II.

Des différentes sortes de traités.

NOTIONS SOMMAIRES.

Si l'on voulait analyser les différents aspects que peuvent présenter les traités, on trouverait des distinctions multiples tenant à leur caractère, à leur durée, à leur effet transitoire ou permanent, au lien unilatéral ou synallagmatique qu'ils engendrent[1]. Mais je veux me borner ici, dans cette étude générale et sommaire, à les envisager dans leur objet.

A ce point de vue, je les divise en traités généraux et en traités spéciaux.

I.

TRAITÉS GÉNÉRAUX.

On appelle ainsi les traités qui embrassent toutes les relations ou un ensemble de rapports entre les différents États.

A. — *Les traités généraux de l'ordre politique* déterminent les relations internationales des pouvoirs souverains. Ce sont les traités de paix, d'union politique, d'alliance, d'amitié, de subsides, de garanties, de protection, de neutralité, de cession de territoire.

---

[1] On peut voir de nombreuses divisions des traités dans Pradier-Fodéré, *Dr. int. publ.*, t. II, nos 898 et suiv., p. 488.

1° Traités de paix. — Ils ont pour but de constater solennellement la fin d'une guerre et le rétablissement des relations pacifiques entre les États belligérants. Nous en parlerons plus loin en étudiant les règles qui concernent la fin des hostilités.

2° Traités d'union politique. — Ce sont les conventions en vertu desquelles deux ou plusieurs États s'entendent pour confondre leur souveraineté en une seule, ou pour l'enchaîner par des liens dont le pacte d'union détermine le caractère et l'étendue. En étudiant la nature différente des États, nous avons vu les applications de ces traités dans les unions réelle et personnelle et dans les confédérations d'États.

3° Traités d'alliance, d'amitié, de subsides. — Les traités d'alliance unissent les États qui s'engagent à mettre en commun leurs forces en vue d'une politique générale, ou d'un résultat déterminé.

L'*Alliance générale* arrive à confondre les intérêts de deux États, au point de leur imposer toujours une même ligne de conduite et de leur attribuer les mêmes droits et les mêmes devoirs. Elle trouve son exemple le plus frappant dans le *pacte de famille* conclu, le 15 août 1761, entre la France et l'Espagne : mais son caractère propre l'empêchera toujours d'avoir de fréquentes applications.

Il n'en est pas de même de l'alliance *offensive et défensive* qui oblige les États à se soutenir mutuellement dans toutes les entreprises où ils peuvent se trouver engagés, et de l'alliance purement *défensive*, dont le but est de résister aux atteintes portées à leurs droits ou à leur indépendance. Ces alliances peuvent être *perpétuelles* ou *temporaires*, mais elles revêtent le plus souvent ce dernier caractère.

Ces traités se comprennent mieux que l'alliance générale et répondent à un but déterminé.

Les États peuvent parfois, sans contracter un engagement précis, conclure des traités d'*alliance*, afin de constater l'entente qui existe entre eux et le désir de suivre, en général, une politique conforme à leurs devoirs et à leurs intérêts communs. Ce fut l'objet du traité d'Aix-la-Chapelle du 15 novembre 1818, consacrant l'union des souverains qui avaient déjà conclu le traité de la Sainte-Alliance (14-26 septembre 1815).

Les traités de paix contiennent parfois une clause d'alliance et d'*amitié* qui n'est alors qu'une formule de courtoisie dont le but est d'attester solennellement la réconciliation des contractants.

On peut voir une alliance indirecte dans les traités de *subsides*, par lesquels un État promet de fournir à un autre État des secours en argent afin de l'aider dans une entreprise où il se trouve engagé.

4° TRAITÉS DE GARANTIE, DE PROTECTION, DE NEUTRALITÉ. — Les traités de garantie peuvent présenter des caractères multiples.

Ils peuvent avoir pour but de garantir les possessions territoriales des États et sont le plus souvent le complément des traités d'alliance.

La garantie peut encore avoir en vue, comme nous l'avons précédemment démontré, d'assurer l'exécution des traités.

Celle qui se propose de protéger un Etat contre ses révolutions intérieures, de maintenir une forme de gouvernement, consacre l'intervention dans les affaires d'un pays et viole les droits d'indépendance et de souveraineté. C'est, d'ailleurs, comme l'expérience l'a démontré, une garantie impolitique et illusoire. Les souverains, qui se soumettent à ce contrôle étranger pour sauvegarder leur autorité, constatent leur propre impuissance.

Les traités de *protection* se rattachent à l'idée de la garantie, mais ils la rendent plus profonde et plus efficace; l'Etat protecteur s'engage à défendre l'Etat protégé en toutes circonstances. C'est une garantie permanente, résultant du lien même qui rattache un Etat faible à une nation puissante et qui le plus souvent lui enlève une partie de sa souveraineté.

Les traités de *neutralité permanente* ont pour but de placer un Etat dans une situation de paix perpétuelle, sous la garantie collective des Puissances.

Les Etats, qui veulent rester étrangers à une guerre, peuvent aussi, par un accord mutuel, garantir leur neutralité, en s'engageant à ne pas intervenir, sans une entente préalable. S'ils se promettaient un secours réciproque, dans le cas où leur neutralité serait menacée, la garantie serait alors une alliance défensive en vue d'un cas déterminé.

5° TRAITÉS DE CESSION DE TERRITOIRES. — Ces traités de cession se comprenaient, lorsque le territoire d'un Etat était considéré comme la propriété du souverain qui pouvait, en vertu de son droit, en disposer librement. Mais le souverain n'est vraiment que le dépositaire de l'autorité dans la nation, et n'a pas le droit de briser l'unité d'un pays dont il a la garde et le commandement.

La nation elle-même ne peut séparer et diviser arbitrairement des provinces que le temps, les mœurs et la tradition ont unies ensemble, et un pouvoir étranger, qui obtient par la violence des cessions de territoires, commet, contre la liberté des nations, un attentat que le droit international moderne doit flétrir et condamner. Je renvoie, pour l'appréciation des traités de cession, en temps de paix, ou après une guerre, à ce que j'ai dit déjà précédemment, surtout à l'occasion de la théorie des nationalités (voir pp. 60, 180).

B. — *Les traités généraux de l'ordre économique* sont les traités de commerce et ceux d'union douanière.

1° TRAITÉS DE COMMERCE. — Les Etats cherchent par ces traités à concilier leurs droits et intérêts respectifs dans leurs rapports d'échange et de production. Leur objet principal est de fixer des taxes conventionnelles qui doivent être appliquées aux produits étrangers, ou, dans certains cas, leur entrée en franchise, de régler, en un mot, l'exportation, l'importation, et le transit des marchandises.

La clause *de la nation la plus favorisée,* que l'on trouve dans la plupart des traités de commerce, assure d'avance aux États contractants tous les avantages que chacun d'eux peut accorder dans la suite à d'autres États.

Ces traités donnent à l'industrie et au commerce une garantie de stabilité, qui permet de ne pas reculer devant les grandes entreprises, et de réaliser chaque jour de nouveaux progrès, sans craindre de se voir entravé tout à coup par des tarifs généraux, qu'une loi peut imposer ou modifier. Ils protègent encore la richesse industrielle et commerciale contre les changements de la politique et contre toutes les vicissitudes qui peuvent compromettre son développement régulier.

Ces traités n'ont cependant pas échappé à la critique de ceux qui regrettent de voir le gouvernement aliéner sa liberté fiscale, et se mettre dans l'impossibilité de demander aux douanes l'équilibre du budget. On trouve que le régime conventionnel ne donne pas toujours lieu à une réciprocité sincère et n'a pas de meilleurs défenseurs que les pays dont l'industrie puissante et expansive peut défier toute concurrence.

Une convention, signée à Bruxelles, le 5 juillet 1890, entre la plupart des États, a créé une association sous le titre de « *Union internationale pour la publication des tarifs douaniers.* » Le but de cette Union est de publier, à frais communs, et de faire connaître, aussi promptement et aussi exactement que possible, les tarifs douaniers des divers États du globe et les modifications que ces tarifs subiront dans la suite. Cette publication doit se faire dans un recueil intitulé : « *Bulletin international des douanes.* » Un *bureau international*, créé à Bruxelles, et dont le personnel est nommé par les soins du ministre des affaires étrangère de Belgique, est chargé de la traduction et de la publication de ces tarifs. On adopte, pour la publication du Bulletin, les langues commerciales les plus usitées (allemand, anglais, espagnol, français et italien).

Pour faciliter la tâche du Bureau international, les États contractants doivent lui envoyer deux exemplaires : 1° de leur loi douanière et de leur tarif douanier; 2° des dispositions qui les modifient; 3° des instructions envoyées par les gouvernements à leurs bureaux de douane; 4° de leurs traités de commerce, conventions internationales et lois intérieures qui ont un rapport direct avec les tarifs douaniers en vigueur (art. 1, 2, 3, 4, 12; art. 1er du règlement d'exécution).

Cette convention offre ce caractère spécial et vraiment remarquable que *certaines colonies* ont été représentées, dans
les négociations, par des plénipotentiaires, ayant un pouvoir
propre et un titre égal à celui des représentants de leur
métropole et des diverses puissances. On a vu, en effet, à
côté de la France, de l'Autriche, de l'Angleterre, de l'Italie,
signer l'Inde, le Canada, l'Australie, Terre-Neuve, le Cap,
la Tasmanie. Les colonies ont même accepté le principe d'un
versement annuel qui les identifie à de véritables Puissances
souveraines. On peut se demander si un tel droit, reconnu à
des collectivités, qui pouvaient avoir leur Parlement local et
une organisation propre, mais qui étaient dépourvues jusqu'ici de rôle international et de représentation diplomatique,
n'est pas un indice des futures indépendances coloniales?

Les Chambres françaises ont ratifié la convention de Bruxelles par la loi du 2 janvier 1892 [1].

2° TRAITÉS D'UNION DOUANIÈRE. — Si les traités de commerce
concilient l'intérêt respectif des États, les traités d'union
douanière ont pour effet de le confondre, en supprimant toute
ligne de douane entre les États qui les concluent. Il y a fusion
complète des intérêts commerciaux et maritimes.

On trouve un exemple bien connu de cette association d'intérêts dans l'union douanière allemande, le *Zollverein*. Elle
n'a été qu'un acheminement vers l'unité politique et a préparé l'hégémonie et la domination de la Prusse sur les États
fédérés. Le Zollverein, qui n'existe plus comme institution
séparée, se trouve aujourd'hui soumis à la direction supérieure du gouvernement impérial.

Il existe entre la France et Monaco une union douanière,
conclue à Paris, le 9 novembre 1865, en vertu de laquelle la
ligne frontière est supprimée entre les deux États. La France
a la direction des intérêts communs, impose son administration, ses lois et règlements, nomme les employés des douanes,

[1] *Journ. off. de la Rép. franç.*, 8 janvier 1892, p. 109, 112. Voir à la
page 112 la convention de Bruxelles avec le décret qui la promulgue. —
La part contributive de la France dans les frais du bureau international
est de 9,566 fr.; comme il s'agit d'une matière commerciale, c'est le ministre du commerce qui enregistre cette dépense.

qu'elle a sous sa juridiction, et, en échange de l'abandon que
e prince de Monaco a fait de ses droits de douane, elle lui
donne une indemnité annuelle de vingt mille francs.

II.

TRAITÉS SPÉCIAUX.

On entend par traités spéciaux ceux qui sont relatifs à un
objet déterminé des relations internationales. Leur nombre
peut être égal aux rapports multiples que les États ont entre
eux. Il faut donc se borner à un aperçu des traités spéciaux
les plus importants.

A. *Traités spéciaux se rattachant plus spécialement à l'ordre politique.* — 1° TRAITÉS DE LIMITES OU DE BARRIÈRE; DE
FIXATION DE ZONES D'INFLUENCE. — Les premiers ont pour
but de déterminer ou de rectifier la ligne frontière qui sépare
des États limitrophes. Les seconds déterminent le pays (*Hinterland*) sur lequel les États colonisateurs se réservent une
sphère d'influence.

2° TRAITÉS DE SERVITUDES INTERNATIONALES. — Ils servent à
constater ou à établir les restrictions apportées à la souveraineté territoriale des États et dont nous avons fait précédemment l'étude. Ils les constatent, lorsqu'elles doivent leur origine à d'anciennes coutumes, ils les établissent à la suite
d'une guerre ou de remaniements territoriaux.

3° LES TRAITÉS D'ÉTABLISSEMENT déterminent les conditions de
résidence des nationaux de l'un des États contractants sur le
territoire de l'autre État (Conv. franco-suisse, 23 févr. 1882).
Certaines conventions sont même relatives à l'application des
lois réglant le SERVICE MILITAIRE entre deux pays (Conv. entre
la France et la Belgique du 30 juillet 1891).

4° TRAITÉS DE CONVENTIONS CONSULAIRES, CAPITULATIONS ET
TRAITÉS DE JURIDICTION. — Les *conventions consulaires* déter-

minent les pouvoirs, privilèges et immunités des consuls,
et les obligations auxquelles ils doivent se soumettre dans les
Etats contractants.

Les *capitulations* fixent, dans les pays hors chrétienté, la
situation exceptionnelle des sujets relevant des Puissances
européennes, les attributions et les prérogatives de leurs consuls.

Les traités de *juridiction* sont destinés à régler les conflits
qui peuvent s'élever, au sujet de certaines affaires spéciales,
ou concernant des personnes de nationalités différentes. La
réforme judiciaire, élaborée en Egypte par la conférence du
Caire et qui a conduit à la création des tribunaux mixtes,
nous en donne un exemple. Les mesures prises pour établir
la police de navigation sur les fleuves communs peuvent aussi
donner lieu à des traités de juridiction.

5° CONVENTIONS RELATIVES A L'ÉCHANGE DES DOCUMENTS OFFICIELS,
A LA PUBLICATION DES TRAITÉS INTERNATIONAUX. — Cet échange
des documents officiels, parlementaires et administratifs, mé-
nage une preuve facile des lois étrangères devant les tribunaux
de tous les pays. Il existe une convention de cette nature entre
la France et la Belgique, du 3 août 1891; elle a été ratifiée le
16 mai 1892, publiée et promulguée en France le 14 mai
de la même année.

L'*Institut de droit international*, qui s'était occupé de cette
question dans sa session de Hambourg en 1891, a voté dans
celle de Genève, en 1892, l'avant-projet d'une convention
d'*Union internationale pour la publication des traités*. Le
Recueil des traités publié, à frais communs, par les soins
d'un *bureau international* établi à Berne ferait preuve devant
les tribunaux des Etats signataires. Ce projet facilite une publication universelle, prompte et uniforme des traités et conventions; il faut espérer qu'une conférence internationale
voudra bientôt se l'approprier et lui donner une sanction diplomatique [1].

_____

[1] *Rev. de dr. intern.*, Bruxelles, t. XXIII, p. 525; XXIV, p. 247 à 534.
Rev. de dr. intern., Paris, 1894, p. 135.

6° TRAITÉS D'EXTRADITION [1]. — Les Etats, dont les droits de souveraineté expirent à la frontière, ne peuvent poursuivre un coupable qui se réfugie sur le territoire étranger. Ils ont besoin, pour l'atteindre, de réclamer l'assistance de l'autorité locale, afin d'obtenir l'*extradition*.

Ce mot désigne l'acte par lequel un Etat livre un individu, coupable d'une infraction commise hors de son territoire, à un autre Etat qui le réclame et qui est compétent pour le juger et le punir. Les traités d'extradition déterminent les conditions dans lesquelles cette assistance peut être réclamée et obtenue. Je vais, pour en indiquer l'importance et l'utilité, examiner successivement l'origine et le fondement de l'extradition, ses conditions, sa procédure et ses effets.

A. *Origine et fondement.* — Il ne faut chercher l'origine de l'extradition, ni au milieu de l'état d'isolement hostile du monde ancien, ni dans les institutions du moyen âge où la livraison d'un coupable à une autorité étrangère n'était qu'un fait accidentel, provoqué par la complaisance ou la menace. On comprend l'existence, à cette époque, d'un droit d'asile pour les étrangers, alors que la justice locale elle-même était forcée de s'arrêter devant les temples et les églises qui servaient de lieu de refuge. L'asile ecclésiastique qui, naguère encore, en Espagne, permettait aux coupables de se soustraire à la peine de mort, n'a été supprimé qu'en 1877.

Ce n'est qu'à la fin du xviii° siècle que l'extradition devint l'objet des rapports internationaux, en vertu du principe de réciprocité, et sous l'influence de la solidarité morale unissant davantage les nations. Elle n'était accordée que pour les grands crimes, sans en exclure, comme on le fait aujourd'hui, les délits politiques.

Les traités d'extradition se sont multipliés dans le cours de ce siècle, à mesure que les communications devenaient plus rapides, et que la plupart des pays supprimaient la formalité des passeports pour pouvoir franchir leurs frontières.

---

[1] Billot, *Tr. de l'extradition*, 1874. — Fiore, *Tr. de dr. pénal. intern.*, et de l'extradition (traduit par Antoine, 1880). — Bernard, *Tr. de l'extradition* (2° édit. revue par Weiss et Louis Lucas). — Bomboy et Gilbrin, *Tr. pratique de l'extradition.* — Weiss et Louis Lucas, *Extradition appliquée aux délits politiques.* — Holtzendorf, *Die Auslieferung der Verbrecher und asylrecht* (L'extradition des délinquants et le droit d'asile). — Wallon, *Du droit d'asile.*

Les législations de plusieurs Etats venaient, en même temps, s'ajouter aux conventions internationales pour fixer les principes généraux et la procédure de l'extradition.

La France a conclu, avec les Puissances étrangères, de nombreux traités sur l'extradition, mais elle n'a pas, sur ce point, de loi générale. Le projet, présenté au Sénat le 2 mai 1878, a été depuis lors abandonné. C'était la première tentative que l'on faisait depuis la résolution prise par l'Assemblée constituante, en 1791, de poser les principes de l'extradition dans une loi. Il semble qu'on obéit à cette idée que l'extradition relève du pouvoir exécutif et rentre dans le domaine des conventions internationales, plutôt que dans celui des législations de chaque pays. On peut encore observer que, depuis la loi constitutionnelle de 1875, les traités d'extradition sont, *en fait*, soumis à l'approbation des Chambres qui, sous forme de ratification, transforment chaque traité en loi d'extradition. Mais, *en droit*, le chef de l'Etat peut négocier seul les traités d'extradition qui ne sont pas indiqués dans la Constitution parmi ceux qui doivent être soumis à la sanction des Chambres. La loi de 1875 comprend, sans doute, au nombre de ces derniers, les traités relatifs à l'état des personnes; mais ce n'est que par un véritable abus de langage que l'on peut faire rentrer, sous ce titre, des traités politiques, relatifs à des questions de droit public et d'ordre social. Alors même que le gouvernement continuerait à soumettre aux Chambres les traités d'extradition, ces lois spéciales n'ont qu'un effet relatif, et ne remplacent pas une loi générale formulant des principes qui serviraient de base à tous les traités, et détermineraient les conditions générales, et la procédure de l'extradition.

Mais s'il n'existe pas de lois sur cette matière dans tous les Etats, le fondement sur lequel repose l'extradition n'est aujourd'hui méconnu par aucun d'eux. L'intérêt commun leur impose l'obligation de respecter les droits de la justice universelle, et de veiller à leur propre conservation, en sauvegardant leur intégrité morale contre des malfaiteurs qui viendraient dans un pays pour y chercher l'impunité[1].

[1] Beccaria, *Tr. des délits et des peines*, § 25, des asiles. — Louis Renault, *Ann. de l'Institut de dr. intern.*, 1881-1882, p. 71.

L'extradition n'est pas d'ailleurs un droit que peut imposer l'État qui la réclame. Car il méconnaîtrait ainsi l'indépendance et la souveraineté de la Puissance étrangère qui ne peut être liée que par une convention formelle.

Le pays refuge qui ne peut se soustraire aux clauses d'un traité, est libre d'accorder l'extradition en dehors des cas prévus textuellement, sans que le coupable ait le droit d'invoquer les termes d'une convention dans laquelle il n'est pas partie contractante. L'État refuge ne pourrait être lié que par une loi intérieure limitant les cas où l'extradition pourrait s'accorder.

Mais s'il faut un traité, pour que les États aient un droit positif à l'extradition, rien n'empêche de l'accorder pour des faits antérieurs à la conclusion du traité. Cet effet rétroactif est, dans ce cas, pleinement conforme aux principes du droit. Le traité ne fait que transformer un devoir moral en une obligation formelle, dont il détermine les conditions.

On convient d'ailleurs quelquefois, par une clause expresse, que l'extradition pourra s'appliquer aux faits antérieurs à la conclusion du traité. Mais il faut au moins que le délit ne soit pas encore prescrit au jour de la demande. La pratique internationale tient compte de la législation du pays requis pour déterminer si le coupable est libéré par la prescription. Cet usage est contraire à une saine doctrine, et il faut admettre que la loi de l'État requérant doit seule être prise en considération, puisque c'est au nom de cette loi que le coupable doit être jugé et puni.

B. *Conditions nécessaires pour accorder l'extradition.* — Ces conditions peuvent se référer soit aux personnes, soit aux faits.

I. *Conditions relatives aux personnes.* — En principe, toute personne accusée ou condamnée, qui se réfugie sur le territoire étranger, peut être soumise à l'extradition. La présence involontaire du fugitif sur un territoire où une force majeure, un naufrage par exemple, l'aura jeté, n'est pas, d'après les règles de la justice stricte, une raison suffisante pour empêcher l'extradition. Mais un sentiment de générosité peut inspirer une solution contraire que beaucoup d'auteurs et d'arrêts ont consacrée.

Les principes du droit et la jurisprudence internationale ont fait toutefois admettre deux exceptions : la première est relative aux esclaves fugitifs; la seconde aux nationaux des pays refuges.

Esclavage. — Cette institution, si contraire à la nature de l'homme, a malheureusement existé depuis les temps les plus reculés, et c'est seulement dans ce siècle que les États civilisés ont proclamé son abolition et se sont concertés, à plusieurs reprises, pour hâter sa disparition complète.

Or, je suppose qu'un esclave parvienne à s'enfuir dans un autre pays. Que va-t-il arriver dans le cas où l'État duquel il dépend le réclame? Si le pays refuge admet l'esclavage, il le livrera sans aucun doute, alors même que cet esclave n'a commis aucune infraction, et qu'on ne puisse lui reprocher que sa fuite. Mais si l'État refuge ne reconnaît pas l'esclavage, il refusera de procéder à son extradition. Cette solution s'impose dans le cas où l'esclave a cherché par la fuite à reconquérir sa liberté. Car l'État requis violerait les principes sur lesquels reposent ses institutions, s'il livrait un esclave qui est devenu libre en touchant le sol de son pays.

Mais que faut-il décider s'il a voulu se soustraire ainsi aux conséquences d'un crime ou d'un délit dont il s'est rendu coupable? Il est réclamé non comme esclave, mais comme criminel. Refuser alors l'extradition, ne serait-ce pas accorder à l'esclave, à raison de sa qualité, un privilège et lui assurer l'impunité?

Les faits peuvent tout d'abord se lier intimement à la liberté qu'il a voulu conquérir, lorsque, par exemple, il a tué ou blessé ceux qui veulent le retenir ; mais il faut refuser de le livrer, alors même que les actes ont tous les caractères d'un crime de droit commun. Les tribunaux de l'État requérant n'offrent pas, dans ce cas, toutes les garanties d'impartialité, et il faudrait, pour accorder l'extradition, être assuré d'avance qu'on traiterait le coupable comme un homme libre.

L'attention des publicistes avait été, en 1842, attirée sur cette question, à propos de l'affaire du navire américain *la Créole*. Ce navire avait à son bord, comme passager, un planteur américain qui était accompagné de ses esclaves, au nombre de 135. Pendant la traversée, les esclaves se révoltent, tuent leur maître, mettent le capitaine aux fers, blessent plusieurs officiers de l'équipage, et prennent possession du navire qu'ils conduisent dans le port de Nassau, colonie anglaise. Le consul américain réclama l'arrestation des coupables, et les États-Unis demandèrent leur extradition. Le gouverneur anglais fit mettre en liberté la plupart des esclaves, retint en prison ceux qui lui étaient signalés comme ayant pris part à la révolte et au crime d'assassinat, et fit demander, à leur égard, des instructions en Angleterre. Le gouvernement britannique se retranchant derrière ce fait, que le traité de 1794, relatif à l'extradition entre l'Amérique et la Grande-Bretagne, avait cessé d'exister, répondit qu'il lui était impossible d'accorder l'extradition[1].

Nationalité du coupable. — Il faut distinguer trois hypothèses relativement à la nationalité du coupable. La demande d'extradition peut, en effet, se référer à un coupable, sujet de l'État requérant, de l'État requis, ou d'une tierce Puissance.

1º Si le coupable est sujet de l'État requérant sur le territoire duquel a été commise l'infraction, on ne fait en le livrant que le remettre à ses juges naturels et l'extradition trouve, dans ce cas, une application qu'on ne peut contester.

2º La question est plus délicate, lorsque celui qui a commis un crime sur le territoire d'un État se réfugie dans son propre pays. On se demande alors si l'État refuge peut livrer son propre sujet à la justice étrangère? La règle d'après laquelle les nationaux de l'État requis ne peuvent être soumis à l'extradition se trouve consacrée dans tous les traités conclus entre les Puissances. Ce principe de droit conventionnel est également formulé dans les législations intérieures de la plupart des États[2].

[1] Wheaton, *Rev. étrang. et franç. de législ.*, t. IX, p. 345. — Wheaton, *Hist.*, t. II, p. 343.
[2] Code pénal allemand, du 1er janvier 1871, art. 9; Belgique, loi du 15 mars 1874; Code pénal d'Italie, du 1er janvier 1890, art. 9; Hollande, loi du 6 avril 1875, art. 16, 22. — Salem, *Le droit d'extradition en Turquie, Rev. de dr. int.*, Bruxelles, t. XXIII, p. 354. — *Journ. de dr. int. pr.*, 1876, p. 425.

En France, aucune loi générale n'interdit de livrer le Français à la justice étrangère. Un décret du 23 octobre 1811
organisait, au contraire, la procédure pour la livraison des
nationaux coupables d'infractions commises à l'étranger. Cependant l'exposé des motifs de la loi de 1866, relative aux
modifications apportées au Code d'instruction criminelle, disait
que, depuis la Charte de 1830, l'interdiction de livrer un
Français à la justice étrangère est devenue un principe de
notre droit public. L'article 3 du projet voté par le Sénat, en
1879, interdisait l'extradition des nationaux. Mais comme la
loi n'a pas reçu sa consécration définitive, on peut dire que
ce principe de droit public n'est consacré en France que par
la coutume et les traités internationaux.

La loi belge du 15 mars 1874 n'autorise, dans son article
premier, que l'extradition des étrangers; il en est ainsi dans
l'article 2 de la loi suisse du 22 janvier 1892[1].

On invoque, pour justifier ce principe, la protection que
tout Etat doit à ses sujets, le sentiment de la dignité nationale, la défiance pour les législations étrangères. Mais il est
facile de répondre que les juges naturels sont ceux du pays
où l'infraction a été commise. La répression s'impose dans
l'endroit même où l'ordre public a été troublé; c'est là d'ailleurs que l'on peut le plus facilement réunir les preuves et
arriver à la découverte de la vérité. Il ne faut pas qu'un sentiment exagéré des droits de la souveraineté sur ses nationaux
fasse oublier les avantages d'une bonne administration de la
justice répressive. Et l'on ne peut sérieusement se fonder sur
l'insuffisance des législations étrangères. N'a-t-on pas rendu
hommage aux droits et aux institutions des autres États, en
concluant avec eux des traités d'extradition; et, en l'absence
de conventions, on peut refuser de livrer un sujet de son
pays, dans le cas où l'on aurait de justes raisons de se défier
de l'organisation de la justice étrangère.

Lorsqu'un coupable n'acquiert la nationalité du pays où il
s'est réfugié que depuis l'accomplissement de son crime, il
ne peut profiter du privilège accordé aux nationaux du pays.

[1] Berney, *Rev. de dr. int.*, Bruxelles, t. XXIV, p. 212.

Cette naturalisation intempestive est entachée de fraude ; et il faut tenir compte uniquement de la nationalité qu'avait le coupable, au moment où il a commis l'infraction. La plupart des traités contiennent cette décision qui est la seule conforme à la justice et à la raison[1].

3° Il faut enfin supposer que le coupable n'appartient, par sa nationalité, ni à l'État requérant sur le territoire duquel il a commis le crime, ni au pays dans lequel il est venu se réfugier.

L'État refuge conserve toujours le droit de livrer le coupable à la juridiction du pays où l'infraction s'est effectuée, sauf à prévenir, par pure courtoisie, la Puissance à laquelle l'accusé se rattache par son origine. Mais on ne peut pas soutenir que le consentement de l'État d'origine est nécessaire, pour que l'extradition soit accordée par le pays refuge au pays requérant, à moins de conventions formelles en sens contraire. On trouve, en effet, dans quelques traités, des clauses qui réservent ce consentement ou qui, tout au moins, exigent qu'on avise la Puissance tierce, afin qu'elle indique les motifs qu'elle peut avoir pour s'opposer à l'extradition. L'*Institut de droit international* (session d'Oxford, 1880), admet que, dans le cas où l'extradition est demandée pour le même fait par plusieurs États, on doit préférer celui sur le territoire duquel l'infraction a été commise.

II. *Conditions relatives aux faits.* — Il importe, pour les connaitre, de distinguer, en l'absence des traités internationaux, suivant la gravité et le caractère des infractions commises.

Gravité des faits. — L'extradition ne peut être demandée que si le fait est puni par la législation de l'État requérant et de l'État requis, sauf dans le cas où, à raison de circonstances particulières au pays de refuge, le délit ne puisse jamais s'y commettre. La Hollande, par exemple, a besoin de pro-

---

[1] Convention d'extradition entre la France et la Grande-Bretagne, du 14 août 1876 ; De Clercq, *Rec. des traités...*, t. XI, p. 455. — L'*Institut de droit international* a, dans sa session d'Oxford, émis un vœu conforme au principe énoncé au texte. *Annuaire de l'Institut de dr. int.*, 1881-1882, p. 128.

téger ses digues par des lois spéciales; la Suisse ne pourrait pas refuser l'extradition d'un coupable qui aurait enfreint ces lois, sous prétexte qu'elle n'a pas à craindre l'irruption de la mer. Il n'est pas d'ailleurs nécessaire que, pour un fait reconnu comme illicite par les deux pays, la peine ait un caractère identique.

D'après l'usage général, on accorde l'extradition pour les crimes et délits d'une certaine gravité, mais non pour les délits spéciaux, et les contraventions de simple police[1].

Caractère des faits. — L'ordre moral universel est toujours troublé par les infractions de droit commun; mais il n'en est pas de même pour les crimes ou délits dont le caractère est spécial et qui, le plus souvent, sont soumis à une juridiction exceptionnelle, ou entraînent des peines d'une nature particulière. Parmi ces infractions spéciales, les plus importantes se réfèrent aux crimes et délits politiques, à l'insoumission et à la désertion des militaires.

a) Crimes et délits politiques. — L'extradition n'est jamais admise pour les infractions de cette nature. Si, dans le siècle dernier, les États livraient des réfugiés politiques, on trouve un principe nouveau consacré dès le début du XIXe siècle. Le premier consul écrivait au sénat de Hambourg qui venait de livrer à l'Angleterre trois Irlandais compromis dans l'insurrection de leur pays, « Vous avez violé les lois de l'hospitalité d'une manière qui aurait fait rougir les tribus nomades du désert. »

Mais si le principe est incontesté, il n'est pas toujours d'une application facile. Lorsqu'on reste sous l'empire d'une idée générale en reconnaissant, comme délit politique, tout fait qui porte atteinte à l'organisation des autorités sociales, à la sûreté intérieure et extérieure de l'État, on peut admettre et appliquer, sans le moindre doute, le principe qui fait rejeter l'extradition. L'ordre public international n'est pas, en effet,

[1] Conventions du 22 novembre 1834, du 22 septembre 1856, du 29 avril 1869 et du 15 août 1874, entre la France et la Belgique ; du 14 août 1876, entre la France et l'Angleterre ; De Clercq, t. IV, p. 278; t. X, p. 278. Convention du 12 mai 1870 entre la France et l'Italie ; De Clercq, t. X, p. 358; t. XI, p. 318.

troublé; le délit politique ne viole pas la loi morale et positive de toutes les nations, et se rattache aux institutions de
chaque société. Le coupable n'inspire aucune crainte sérieuse
à l'État sur le territoire duquel il se réfugie.

Mais il arrive rarement que l'État seul se trouve lésé dans
sa souveraineté. L'infraction se complique d'ordinaire et nous
apparaît sous différents aspects.

Elle est *complexe*, lorsqu'un même fait porte à la fois préjudice à l'ordre politique et au droit commun; l'assassinat d'un
souverain, dans un but politique, nous en offre un exemple.

Elle est *connexe*, lorsqu'au fait délictueux de l'ordre politique vient s'ajouter un second fait constituant un délit de droit
commun, comme dans le cas où des insurgés pillent des bou-
tiques d'armuriers, démolissent ou incendient des maisons.

Dans tous ces cas, doit-on accorder l'extradition du coupable qui se réfugie sur un territoire étranger? Il faut pour résoudre cette question distinguer deux hypothèses.

1° Si le délit de droit commun, inspiré par la passion politique a été commis en dehors de toute insurrection et de
guerre civile, l'extradition ne peut être refusée. Ce n'est pas
le motif qu'il faut considérer, mais l'acte lui-même dans son
caractère propre et distinctif. L'attentat contre la vie d'un
souverain n'est donc pas un crime politique, mais un crime
de droit commun. Le juge peut apprécier le mobile du coupable, pour déterminer la peine, mais non pour dénaturer le
caractère de l'acte incriminé. Il n'y a pas d'assassinat, d'incendie ou de vol politique[1].

La plupart des lois et des traités sur l'extradition ont, depuis 1856, consacré ce principe. Ils décident que l'attentat
contre le chef d'un gouvernement étranger ou contre les membres de sa famille n'est pas considéré comme un délit politique, lorsque cet attentat constitue le fait de meurtre, d'assassinat ou d'empoisonnement. Les États qui, comme la Suisse,
l'Italie et la Grande-Bretagne, n'ont pas voulu mettre cette
clause dans leurs traités, n'en rejettent pas pour cela le prin-

[1] Louis Renault, *Des crimes politiques en matière d'extradition*, Journ.
de droit int. pr., t. VII, p. 75 et suiv. — Weiss et Louis-Lucas, *Droit d'extradition appliqué aux délits politiques*, 1885.

cipe; mais ils ont entendu garder leur liberté d'appréciation pour chacun des cas qui leur seront soumis[1].

2° Lorsqu'il s'agit d'infractions commises, au milieu d'une insurrection ou d'une guerre civile, on peut, pour apprécier le caractère de l'acte, admettre la distinction que l'*Institut de droit international* a proposée dans sa session d'Oxford (1880).

Si les crimes de droit commun sont la conséquence immédiate et nécessaire de la guerre civile, si par exemple, les émeutiers blessent ou tuent dans la lutte les soldats de l'armée régulière, l'extradition devra être refusée, car c'est le caractère politique qui prévaut et donne à l'acte sa nature distinctive.

Mais si des attentats contre les personnes ou les propriétés se commettent à la faveur d'une insurrection, en dehors d'un combat, alors que le droit international les réprouverait dans un état de guerre régulier, ils conservent leur caractère de crimes de droit commun et ne doivent pas empêcher l'extradition[2]. Les assassins du général Bréa, en 1848, ceux des otages, pendant la Commune, ne devraient pas être considérés comme des criminels de l'ordre politique.

Mais si cette théorie a pour elle les principes de la justice et de la raison, il faut reconnaître que la pratique des États lui est contraire. L'extradition n'est pas, en général, accordée lorsqu'un délit de droit commun vient se joindre au délit politique.

Dans sa session de Genève, en 1892, l'Institut de droit international a modifié son ancienne rédaction; elle voudrait que les faits, commis dans une insurrection ou dans une guerre civile, ne puissent donner lieu à extradition que s'ils constituent par eux-mêmes « des actes de barbarie odieux ou de vandalisme inutile. » L'extradition ne serait, de plus, possible qu'après la fin de la guerre civile.

[1] Pradier-Fodéré, *Dr. int. public*, t. III, n° 1871. Note échangée à Saint-Pétersbourg entre la Russie et l'Allemagne, relativement à l'extradition *pour certains crimes*, 23 janvier 1885; *Journ. de dr. int. pr.*, t. II, p. 18.
[2] *Annuaire de l'Institut*, t. V, 1881-1882, p. 127 à 130.

Une autre disposition, également votée à Genève, ne reconnaît pas comme délits politiques « les faits délictueux qui sont dirigés contre les bases de toute organisation sociale et non pas seulement contre tel Etat déterminé ou contre telle ou telle forme de gouvernement. » Cette disposition a pour but de viser les *exploits des anarchistes* qui n'ont aucune aspiration politique et qui ne sont dignes de la clémence d'aucun peuple[1].

b) Délits militaires. — Les lois pénales militaires n'existent que dans l'intérêt exclusif d'une nation pour assurer l'organisation et la discipline de son armée. Un État ne livre pas celui qui vient lui demander un refuge, afin d'échapper à la loi de recrutement dans son pays, d'autant plus qu'une raison politique peut parfois influer sur la décision de l'insoumis, lorsqu'il se trouve sous la domination d'un État usurpateur. Il ne faut pas davantage autoriser l'extradition des *déserteurs*. Les États admettent presque tous aujourd'hui ce principe pour les soldats de l'*armée de terre*. Mais l'extradition peut être accordée dans le cas où un délit de droit commun s'ajoute au délit militaire. On convient alors que le coupable ne sera jugé que pour l'infraction de droit commun devant la juridiction ordinaire.

La plupart des traités d'extradition conclus par la France, au dix-huitième siècle, s'appliquaient aux déserteurs. Dans notre siècle, nous rencontrons encore quatre conventions négociées par la France et relatives à l'extradition des soldats qui ont déserté[2]. Ces traités n'ont jamais été dénoncés. Toutefois, on peut les considérer comme tombés en désuétude, puisque, depuis 1830, on admet comme principe que l'extradition n'a lieu que pour les crimes et délits de droit commun. Le rapport du garde des sceaux, sur le compte général de l'administration de la justice criminelle pour 1864, dit également : « A l'exception des crimes et délits politiques et de la *désertion*, qui sont soigneusement et formellement exceptés de tous les traités souscrits au nom de la France, les faits

[1] *Rev. de dr. int.*, 1892, Bruxelles, t. XXIV, p. 527.
[2] Traités conclus par la France, avec la Sardaigne, le 9 août 1820; avec la Bavière, le 10 mars 1827; avec les Pays-Bas, le 20 octobre 1821; avec la Prusse, le 25 juillet 1828.

graves, réprimés par toutes les législations, donnent lieu désormais à la remise de l'accusé. »

Les *matelots déserteurs* et tous individus faisant partie des *équipages* des navires de guerre ou de commerce, sont soumis à l'extradition qui s'obtient, dans ce cas, d'une manière expéditive et sans formalités. Le consul du pays auquel appartient le coupable adresse une réquisition aux autorités locales et le matelot est ramené à bord. Cette différence, entre les déserteurs des armées de terre et ceux de la marine, s'explique par les besoins impérieux de la navigation et les intérêts du commerce.

Les ordonnances des 29 octobre et 7 novembre 1833 ont tracé aux consuls français les règles à suivre dans le cas de désertion des marins dans les ports étrangers. Les Puissances maritimes ont, en outre, prévu cette question, par une clause formelle insérée dans les conventions consulaires ou dans les traités de commerce et de navigation.

« Les consuls généraux, consuls et vice-consuls ou agents consulaires pourront faire arrêter ou renvoyer, soit à bord, soit dans leur pays, les *marins* et *toute autre personne* faisant, à quelque titre que ce soit, partie des *équipages* des navires de leur nation et qui auraient déserté » (Conv. du 26 juillet 1862 entre la France et l'Italie, art. 14)[1].

On voit, par cette disposition, que l'on ne distingue pas entre les *militaires* appartenant à l'*armée de mer* et les *matelots* faisant partie des navires de guerre ou de commerce[2].

L'*Institut de droit international*, dans sa session d'Oxford, a émis le *vœu* suivant : « L'extradition ne doit pas s'appliquer à la désertion des *militaires* appartenant à l'armée de *terre* ou de *mer* et aux délits purement militaires. L'adoption de cette règle ne fait pas obstacle à la livraison des *matelots* appartenant à la marine d'État ou à la marine marchande. »

---

[1] *Dans le même sens*, déclaration du 8 novembre 1872 entre la France et l'Italie; convention de navigation, du 5 février 1873, entre la France et la Belgique, et d'autres traités cités par Billot, *Traité de l'extradition*, p. 99.

[2] Perels, *Auslieferung desertirter Schiffsmannschaften* (extradition des matelots déserteurs), 1883. — Bulmerincq, *Rev. de dr. int.*, Bruxelles, t. XV, p. 527.

C. *Procédure d'extradition.* — L'État requérant procède à la demande d'extradition par la voie diplomatique. En France, le procureur de la République, dès qu'il apprend le lieu de résidence du coupable, adresse un rapport au procureur général qui transmet au garde des sceaux toutes les pièces constituant le dossier de l'affaire. Le ministre des affaires étrangères le transmet ensuite à son représentant dans le pays étranger où s'est réfugié le coupable.

La procédure d'extradition dans le pays de refuge varie suivant les législations; on peut les ramener aux trois systèmes suivants.

1° Système anglais : l'autorité judiciaire est chargée d'examiner la demande d'extradition, et prend elle-même la décision définitive;

2° Système français : c'est l'autorité administrative qui prend seule la décision. Autrefois, le gouvernement statuait sans avoir entendu l'étranger et constaté son identité. En 1875, une circulaire de la chancellerie reconnut la nécessité de faire appel au concours de l'autorité judiciaire. L'étranger doit être conduit devant le procureur de la République de l'arrondissement où son arrestation a été opérée. Ce magistrat procède à l'interrogatoire du coupable et dresse un procès-verbal qu'il transmet, avec son avis motivé et les observations du procureur général, au garde des sceaux. C'est après l'examen de ces pièces que le ministre de la justice propose un décret d'extradition à la signature du chef de l'État;

3° Système belge : l'autorité judiciaire et l'autorité administrative ont toutes les deux une part d'attribution. C'est un système mixte. Le réfugié comparaît, en audience publique et assisté d'un conseil, devant la Chambre des mises en accusation qui, sur les conclusions du procureur général, donne un avis motivé sur la régularité de l'extradition, mais sans prendre de décision. Le gouvernement n'est pas lié par l'avis de la Cour et prononce définitivement sur la demande qui lui a été adressée par la Puissance étrangère.

Le projet de loi voté par le Sénat français en 1879 s'inspirait de ce système intermédiaire.

D. *Effets de l'extradition.* — L'individu extradé ne doit être poursuivi ou puni dans le pays requérant qu'à raison des chefs d'accusation ou de condamnation pour lesquels on a demandé son extradition. Il peut arriver, d'ailleurs, que par suite des débats la *qualification* du fait se trouve changée : mais la poursuite conserve le caractère régulier qu'elle avait dès l'origine, puisqu'elle se rattache au fait qui était prévu dans la demande d'extradition.

La jurisprudence admet, en général, que l'extradé n'a pas le droit de demander la nullité de l'extradition, sous prétexte que le chef d'accusation pour lequel il a été livré n'était pas prévu dans le traité, ou que les formes de l'extradition n'ont pas été remplies. On se fonde, pour admettre cette décision, sur le caractère du traité qui est un acte international dans lequel l'extradé n'est pas partie contractante.

Mais on peut, à bon droit, critiquer cette doctrine, et se rallier au vœu adopté par l'*Institut de droit international* (session de Paris, mars 1894) : « L'extradé aura le droit de se prévaloir des prescriptions des traités, des lois du pays requérant relatives à l'extradition, de l'acte même d'extradition et, le cas échéant, d'en opposer la violation à titre d'exception. »

Lorsqu'un coupable demande à être livré à l'État requérant avant l'accomplissement de toutes les formalités de l'extradition, il peut être poursuivi pour toute espèce d'infractions dont il s'est rendu coupable, en dehors même de celle qui a motivé, dans l'État refuge, son arrestation provisoire. On n'applique pas, dans ce cas, à celui qui se livre volontairement les effets limités de l'extradition véritable.

7° Conventions relatives à l'exécution des jugements et a l'assistance judiciaire. — Elles ont pour but soit de rendre obligatoires, dans chaque pays, les jugements rendus par les tribunaux de l'autre pays contractant, de leur faire produire leurs effets naturels tels que l'hypothèque, et d'assurer ainsi l'action régulière de la justice civile et commerciale, soit de garantir aux sujets respectifs des nations signataires le bénéfice de l'assistance judiciaire, telle qu'elle est organisée dans chaque État[1].

[1] Asser, *L'assist. judic. et la conv.* du 31 octobre 1892 entre la Belgique et

B. Traités spéciaux se rattachant plus spécialement à l'ordre économique. — 1º TRAITÉS DE NAVIGATION MARITIME ET FLUVIALE. — Ceux qui ont pour objet la *navigation maritime* établissent les avantages réservés aux nationaux qui font le commerce de navigation dans les États respectifs. Ils indiquent les règles concernant l'admission des navires étrangers, les droits de navigation, l'exercice de la pêche et du cabotage, les caractères par lesquels chacun des contractants établit, à l'égard de l'autre, la nationalité de ses navires; ils fixent la nature des marchandises qui peuvent être importées ou exportées.

Les traités de *navigation fluviale* règlent le péage, le transit des marchandises, la police de navigation dans les fleuves et rivières qui séparent ou traversent les territoires de plusieurs États. Ces traités de navigation sont, le plus souvent, annexés aux traités généraux de commerce.

2º CONVENTIONS POSTALES, TÉLÉGRAPHIQUES ET RELATIVES AUX CHEMINS DE FER. — Les *conventions postales* ont pour but de concilier les intérêts respectifs des États au sujet de la transmission des correspondances nationales et étrangères. Elles fixent les tarifs et arrêtent les mesures nécessaires pour assurer le service des postes[1].

Les conventions internationales intervenues, à différentes époques, entre les États, sont toutes dominées par le *traité conclu à Berne*, le 9 octobre 1874, et qui a jeté les bases de l'*Union postale universelle*, titre adopté par le *Congrès de Paris* du 1er juin 1878. Un congrès postal s'est encore réuni à Vienne en 1891, et il est à croire que de nouveaux progrès à réaliser susciteront encore des réunions dans l'avenir. Mais le principe d'unité internationale restera comme le fondement de toutes les améliorations. La *convention de Vienne*, du 4

les Pays-Bas, *Rev. de dr. int.*, Bruxelles, t. XXVI, p. 331. — Rouard de Card, *Études de droit int., l'assistance judiciaire et les étrangers en France* p. 151.

[1] *Rév. de dr. int.*, Bruxelles, t. XVIII, p. 92 et s. — Louis Renault, *La poste et le télégraphe.* — Fischer, *Die telegraphie und das Völkerrecht* (La télégraphie et le droit des gens).

juillet 1891, concernant le tarif des envois de valeurs a été promulguée en France le 26 juin 1892.

Le *Bureau international* ou *office central*, qui fonctionne
à Berne, sert de trait d'union entre les États pour publier
tous les renseignements, donner son avis sur les questions litigieuses et préparer ou instruire les modificatiens qui peuvent s'imposer.

Les *conventions télégraphiques* ont pour objet de régler la
transmission des dépêches et les tarifs à percevoir. Les traités
spéciaux, conclus dès l'année 1851 entre divers États, sont
venus se résoudre dans l'unité juridique qui fut l'œuvre de la
conférence internationale, réunie à Paris le 1er mars 1865, et
dont les travaux se terminèrent par l'Acte signé le 17 mai de
la même année. Les découvertes qui se rattachent à la télégraphie électrique et les progrès qu'elle comporte doivent amener des révisions successives. Dès 1868, un acte modificatif,
signé à Vienne le 21 juillet, créa le *Bureau international
des administrations télégraphiques*, siégeant a Berne et dont
le but est le même que celui de l'union postale. Quelques
années plus tard, on dut procéder encore à de nouvelles améliorations. Les conventions conclues à Rome, le 14 janvier
1872, a Saint-Pétersbourg, le 22 juillet 1875, à Londres, le
28 juillet 1879, à Berlin, le 17 septembre 1885, à Paris, en
1890, s'inspirent des progrès de la science et du développement à donner aux communications entre les peuples. Dans
le règlement nouveau de la conférence de Berlin, on a réservé
même une section au *service téléphonique*, qui pourra, dans
un avenir prochain, prétendre à l'unité juridique internationale. Une convention pour le service téléphonique a été signée entre la France et la Belgique le 31 août 1891.

Je ne fais que rappeler ici la convention du 14 mars 1884,
relative à la protection des *câbles sous-marins*, et dont j'ai
déjà parlé en traitant de la liberté des mers.

Les conventions relatives aux *chemins de fer* ont pour but
de régler, entre les États, l'établissement et le service des
voies ferrées qui relient leurs frontières, les conditions du
transit des voyageurs et des marchandises à travers leurs
pays respectifs, l'organisation des douanes, des gares mixtes,

la surveillance à exercer et les travaux à exécuter en commun[1]. La Suisse émit en 1874 l'idée d'un projet de *convention générale internationale* destinée à régler les questions relatives aux transports internationaux par voie ferrée. L'Institut de droit international, dans sa session tenue à Zurich, en 1877, applaudit à la démarche du gouvernement fédéral, et les années suivantes, des conférences furent tenues à Berne, par les représentants de la plupart des États, dans le but d'arriver à une convention définitive.

Le 14 octobre 1890, une convention internationale sur le *transport des marchandises* par chemin de fer a été conclue à Berne, et une nouvelle union vient ainsi s'ajouter à celle que certains rapports économiques ont déjà fait naître.

3° CONVENTIONS DES POIDS ET MESURES; CONVENTIONS MONÉTAIRES. — La loi du 19 frimaire an VIII, complétant le système d'unité des *poids et mesures*, décrété par la Convention nationale, décidait que le mètre et le kilogramme de platine étaient les mesures de longueur et de poids admises désormais dans toute la France. L'adoption du système métrique devait se généraliser.

Une commission internationale du mètre se réunit à Paris, en 1870; mais les événements la forcèrent de s'ajourner à une autre époque. Ce fut en 1872 qu'elle put arriver à prendre des résolutions, dont l'effet aboutit à la convention, conclue à Paris, le 20 mai 1875. Il est établi, d'après les termes de cette convention, *un Bureau international des poids et mesures* dont le siège est à Paris, et qui fonctionne sous la direction d'un *comité international*, et *d'une conférence générale* des poids et mesures formée de délégués de tous les États contractants. Il a pour mission de comparer et de vérifier les nouveaux prototypes du mètre et du kilogramme, et d'arriver à l'unification internationale du système métrique.

[1] Voir dans Pradier-Fodéré, *Dr. int. publ.*, t. IV, n°s 2212-2217 les différentes conventions conc ues entre les États, pour *l'exploitation des chemins de fer*, le *raccordement des lignes*, les *gares mixtes*, la *construction de ponts* pour relier les voies ferrées. N. Droz, *L'union int. des chem. de fer*, *Rev. de dr. int. public*, Paris, 1895, p. 669.

Les *conventions monétaires* ont pour but d'établir entre les États une circulation monétaire commune. Mais on est encore loin de voir se réaliser l'unité des monnaies et, malgré les efforts dirigés vers ce but, *l'union latine*, fondée, le 23 décembre 1865, entre la France, la Belgique, l'Italie, la Suisse, et à laquelle la Grèce s'est plus tard adjointe, s'impose seule à notre attention. Cette union renouvelée pour six ans, le 5 novembre 1878, s'est reconstituée sur de nouvelles bases par la convention du 6 novembre 1885. Son article premier porte que la France, la Grèce, la Suisse et l'Italie sont constituées à l'état d'union pour ce qui regarde le titre, le poids, le diamètre et le cours de leurs espèces monnayées d'or et d'argent. La Belgique qu'une difficulté avait empêchée d'adhérer tout d'abord à cette union, l'accepta quelques semaines plus tard, sous certaines réserves. La durée de la convention est fixée à cinq années, avec faculté de renouvellement par tacite reconduction[1]. En vertu de la *convention monétaire du mois de novembre* 1893, conclue avec l'Italie, les autres États membres de l'union latine s'engagent à retirer de la circulation les pièces d'argent divisionnaires italiennes et à les remettre à l'Italie, en échange du remboursement de leur valeur. Les caisses publiques desdits États cesseront de recevoir ces monnaies italiennes, quatre mois après l'échange des ratifications de ce présent arrangement, qui modifie sur ce point la convention de 1885. Une union monétaire existe également depuis 1873 entre le Danemark, la Suède et la Norwège.

En présence de la baisse continue de l'argent depuis vingt ans, baisse due surtout à la production considérable de ce métal, les États-Unis ont provoqué une conférence internationale qui s'est réunie à Bruxelles le 22 novembre 1892. Elle s'est ensuite ajournée au 6 juin 1895 et finalement n'a pas abouti.

'4° CONVENTIONS RELATIVES A LA PROPRIÉTÉ LITTÉRAIRE ET ARTISTIQUE, ET A LA PROPRIÉTÉ INDUSTRIELLE. — Les conventions relatives à la *propriété littéraire et artistique*, sont conclues

---

[1] Eugène van der Rest, *L'union monétaire latine*, *Rev. de dr. int.*, Bruxelles, t. XIII, p. 268 et suiv.

dans le but d'assurer aux écrivains et aux artistes la propriété personnelle de leurs œuvres dans les pays étrangers.

Les législations de chaque pays peuvent déjà, par un sentiment de justice et de générosité, admettre les étrangers à jouir des mêmes droits que les nationaux. La France s'était inspirée de cette idée dès l'année 1852; et le Congrès de Bruxelles en 1858 ne fit que proclamer les mêmes principes.

Une *association littéraire internationale* fut fondée à Paris, en 1878. Ce fut grâce à son initiative, qu'une conférence, destinée à poser les bases d'une convention, ayant pour objet de protéger les œuvres des écrivains et des artistes, se réunit à Berne, en 1883, sous la présidence d'un membre du gouvernement fédéral. Un projet fut rédigé et soumis à une conférence diplomatique qui, après plusieurs réunions successives, aboutit à la convention du 9 septembre 1886 en vertu de laquelle les pays contractants sont constitués à l'*état d'union* pour la protection du *droit des auteurs* sur leurs œuvres littéraires et artistiques. On n'a pas voulu mettre le mot de *propriété* que certains auteurs et certaines législations n'appliquent pas aux productions de l'intelligence et de la pensée[1]. La convention de 1886 établit, sous le nom de *bureau de l'union internationale pour la protection des œuvres littéraires et artistiques*, un office central que l'administration supérieure de la Confédération suisse a sous sa surveillance et son autorité[2].

Les conventions relatives à la *propriété industrielle* étaient souvent annexées à un traité de commerce ou à une convention relative à la propriété littéraire ou artistique. Ce ne fut

[1] En *France*, le mot de *propriété* qu'emploient la loi du 19 juillet 1793 et le décret du 29 octobre 1887, a passé dans l'usage. Il en est de même en Espagne, en Portugal, en Suisse, dans les États de l'Amérique du Sud et du Centre.
Les lois *allemandes* de 1870 et de 1876, les lois *hongroises, belge, italienne*, et celles des Pays-Bas se servent du mot *droits d'auteur*.
On trouve dans les lois *anglaises* et dans celles des *États-Unis de l'Amérique du Nord*, le mot de *droit de copie : Copyright*. Lyon-Caen et Delalain, *Lois françaises et étrangères sur la propriété littéraire...*, t. I, p. 28, 1889.
[2] *Journ. de dr. int. pr.*, t. X, p. 562; t. XI, p. 441; t. XII, p. 481; t. XIV, p. 780; *Rev. de dr. int.*, Bruxelles, t. XVI, p. 533; t. XVIII, p. 35 et suiv.

que le 20 mars 1883, qu'une *convention internationale* fut conclue à Paris, entre un grand nombre d'États, pour la protection de la propriété industrielle. La règle fondamentale de cette convention repose sur la réciprocité, entre les États contractants, en ce qui concerne les brevets d'invention, les dessins et modèles industriels, les marques de fabrique et le nom commercial. Les sujets de chaque État contractant doivent, sous tous ces rapports, jouir des avantages que les lois respectives accordent actuellement ou accorderont par la suite aux nationaux. Une clause spéciale organise un *Bureau international* placé sous le contrôle de l'autorité suisse[1]. Des articles additionnels ajoutés à cette *convention d'Union générale*, à la suite de la conférence de Rome, le 11 mai 1886, n'ont pas reçu l'adhésion de tous les États signataires et en particulier de la France.

Ce Bureau[2], comme tous ceux que nous avons déjà rencontrés précédemment, forme un centre collectif de renseignements et d'action; mais il ne constitue pas une personne internationale. Sa langue officielle est la langue française qu'il emploie dans ses correspondances et dans la rédaction des journaux qu'il publie. La *conférence qui s'est réunie à Madrid*, en 1890, a eu pour objet principal la conclusion d'un arrangement destiné à réprimer les fausses indications de provenances sur les marchandises; le résultat de ses travaux a été publié par les soins du bureau international. Les États, signataires de la convention de Madrid, du 14 avril 1891, forment

---

[1] De Clercq, *Rec. des tr. de la France*, t. XIV, p. 203. — Lyon-Caen, *La conférence internationale pour la propriété industrielle...*, *Rev. de dr. int.*, Bruxelles, t. XIV, p. 191; t. XV, p. 272. — Droz, *Additions à la convention internationale de 1883*, *Journ. de dr. int. pr.*, t. XIII, p. 257.

[2] G. Moynier, *Les bureaux int. des unions universelles*, 1892. — Tous les *Bureaux internationaux* qui existent jusqu'ici sont ceux : 1º des administrations télégraphiques (1er janv. 1869); 2º de l'union postale (15 sept. 1875); 3º des poids et mesures (20 mai 1875); 4º de la protection industrielle et 5º de la protection du droit des auteurs (même date et même personnel, 1er janv. 1888); 6º de l'association géodésique internationale (1886); 7º le bureau maritime de Zanzibar, les bureaux auxiliaires et le bureau spécial de Bruxelles, décrétés par l'Acte de 1890 et relatifs à la traite des esclaves africains; 8º pour la publication des tarifs douaniers (20 avr. 1891); 9º l'office central pour le transport des marchandises par chemins de fer en vertu du traité de 1890.

une *Union restreinte* pour les arrangements spéciaux auxquels les autres Etats peuvent accéder. La France a ratifié par la loi du 13 avril 1892 les trois premiers protocoles de cette convention relatifs : 1° à la fausse indication de provenances; 2° à l'enregistrement international des marques ; 3° à la dotation du Bureau international de Berne[1].

5° DES CONVENTIONS SANITAIRES. — Ces conventions s'imposent aux nations désireuses de s'unir dans une action commune contre le danger des épidémies, sans porter atteinte à la liberté commerciale. A la suite d'essais d'abord infructueux, un *projet de règlement sanitaire international* fut signé à Paris le 3 février 1852, mais les ratifications de ce traité ne furent échangées qu'entre la France et la Sardaigne, le 18 mai 1853. Plus tard, un arrangement, signé à Paris le 24 juin 1864, a étendu l'application du règlement à toute l'Italie.

Des conférences internationales se sont réunies postérieurement, à Constantinople en 1866 et 1871, à Vienne en 1874, à Rome en 1885, à Venise en 1892, pour essayer d'arriver à un accord diplomatique concernant les questions sanitaires.

La *Convention de Venise*, du 31 janvier 1892, a pour but d'organiser *la protection de l'hygiène publique et la surveillance du choléra à sa sortie de la mer Rouge, au canal de Suez*. Elle prend des mesures pour le passage des navires en quarantaine dans le canal, modifie la composition du conseil sanitaire d'Alexandrie et s'occupe des attributions de ce conseil; elle institue un corps de gardes sanitaires pour la surveillance du passage en quarantaine et fixe les ressources financières en vue des frais que l'exécution des mesures prises peut entraîner.

La *convention de Dresde*, du 15 avril 1893, établit *tout un système de constatation, de publicité et de préservation;* elle prescrit les mesures destinées à sauvegarder la santé publique en temps d'épidémie cholérique, sans apporter d'entraves inutiles aux transactions commerciales et au mouvement des voyageurs.

[1] Consultez mon *Cours de Législation industrielle*, p. 430 et passim...

La *convention de Paris*, du 3 avril 1894, s'est surtout préoccupée *de poursuivre le choléra vers sa source, vers l'Asie
centrale*. Elle édicte des mesures préventives à prendre dans
les ports des Indes et sur les navires pour assurer la salu-
brité des pèlerins se rendant à la Mecque; elle organise une
surveillance minutieuse dans la mer Rouge et le golfe Persi-
que; elle crée ou réorganise des stations sanitaires et des précautions spéciales pour le retour des pèlerinages. C'est pour
rendre efficace l'application de cette convention, que le *gouverneur général de l'Algérie* (mai 1895) a prescrit une réglementation nouvelle pour les pèlerinages à la Mecque des indigènes
algériens.

6° DE QUELQUES AUTRES CONVENTIONS. — Je signale encore les
conventions destinées à protéger le *bétail* contre les maladies
contagieuses d'animaux, ou les *produits de la terre* contre les
fléaux qui peuvent les atteindre. La convention conclue entre
l'Autriche et la Suisse, le 30 mars 1883, prévoit le premier
danger; celle qui a été signée, le 17 septembre 1878, par le
plus grand nombre des États européens, se réfère au second,
par l'adoption de mesures propres à empêcher l'introduction
et la propagation du *phylloxéra*[1].

Les États peuvent aussi conclure des conventions relatives
à certaines immunités accordées aux *produits* admis dans les
expositions internationales, ou concernant certaines mesures
de protection destinées à sauvegarder la *propriété industrielle*
des exposants[2].

Des *règlements* prévoient la répression des délits, en matière rurale, forestière et de chasse, la surveillance et l'administration de certaines parties du territoire qui, à raison de
leur situation ou de la proximité de la frontière, intéressent
les *États limitrophes*[3].

---

[1] *Annuaire de législation étrangère*, t. XIII, p. 318. — De Clercq, t. XII,
p. 351 et suiv.

[2] Convention du 20 mars 1883 (art. 11), pour la protection de la propriété industrielle. De Clercq, *Rec. des tr. de la France*, t. XIV, p. 203.

[3] Conventions franco-suisse du 30 juin 1864, du 23 février 1882, du 25
juin 1895, pour la surveillance des forêts limitrophes. De Clercq, t. IX,
p. 105; t. XIII, p. 296.

CHAPITRE III.

Des obligations internationales formées sans convention.

A côté des engagements contractuels que les traités font naître, il peut y avoir certaines obligations *quasi-contractuelles*, naissant de *faits licites*, qui se présentent rarement dans la pratique des nations, mais dont le droit public ne peut méconnaître la force obligatoire. Qu'il s'agisse de la restitution de sommes indûment perçues ou d'une gestion d'affaires entreprise, ou d'une communauté accidentelle entre deux États; dans tous ces cas, il faudra tenir compte des obligations unilatérales ou synallagmatiques que ces différents faits auront engendrées, pour en apprécier les conséquences au nom de la justice et du droit.

Mais ce sont surtout des *faits illicites* qui peuvent imposer aux États des obligations, semblables à celles qui naissent des *délits* ou des *quasi-délits* prévus par le droit civil interne.

Les droits des États n'existent pas sans devoirs réciproques, et la Puissance, qui méconnaît le lien de solidarité la rattachant aux autres nations, qui manque à la justice et porte atteinte aux intérêts, à la liberté ou à l'honneur placés sous la sauvegarde du droit des gens, est obligée de réparer le dommage matériel ou le préjudice moral qu'elle a fait subir. Des indemnités pécuniaires, des excuses ou des explications, des garanties pour l'avenir seront, suivant les cas, autant de moyens destinés à réparer les atteintes portées aux droits lésés.

Mais il faut, pour apprécier l'étendue de la responsabilité des États, à l'égard des Puissances étrangères ou des personnes qu'elles ont mission de protéger, distinguer deux hypothèses : 1° responsabilité de l'État à raison des actes commis

par ses agents ou ses nationaux *dans les limites de sa juridiction territoriale ;* 2° responsabilité de l'État à raison des
faits accomplis par ses représentants *à l'étranger.*

I.

*Responsabilité de l'État à raison des actes commis par ses
agents ou ses nationaux, dans les limites de sa juridiction
territoriale.* — Les faits illicites, accomplis par un *agent de
l'autorité* ou par un simple *particulier,* dans l'intérieur du
pays auquel ils appartiennent, doivent tomber sous l'application des lois pénales de ce pays, et l'État ne serait responsable envers une Puissance étrangère, que s'il avait lui-même
ordonné l'accomplissement des actes coupables ou refusait
d'en faire justice. En fait, cependant, les Etats accordent
toujours des réparations pécuniaires ou d'honneur pour les
injures, dont leurs nationaux se rendent coupables envers les
Etats, souverains ou ministres publics et étrangers, alors
même qu'ils n'ont nullement inspiré ces faits répréhensibles [1].

L'insuffisance de la législation intérieure d'un Etat ne
déchargerait nullement celui-ci de la responsabilité qu'il
encourt, à raison des actes contraires au droit des gens
commis par ses nationaux. L'Angleterre ne pouvait donc pas
invoquer, pour se soustraire aux réclamations des Etats-Unis,
dans *l'affaire de l'Alabama* dont je parlerai plus loin, l'insuffisance de sa législation sur la neutralité. Elle fut condamnée
par le tribunal arbitral et, en 1878, elle combla, par une loi
sur la neutralité, les lacunes de sa législation.

Les Etats-Unis ne devaient pas, à leur tour, refuser satisfaction à l'Italie, *lors de l'incident des Italiens assassinés dans
la prison de la Nouvelle-Orléans,* en 1891, sous prétexte que
le gouvernement américain ne peut intervenir dans les affaires
des Etats formant l'Union, car tout gouvernement doit se

---

[1] Ch. de Martens, *Causes célèbres,* I, p. 47 ; II, p. 271, 391, 399, 405,
414, 497. — Clunet, *Offenses et actes hostiles commis par des particuliers contre un Etat étranger,* J. Clunet, p. 5.

procurer les moyens de protéger les étrangers contre l'injustice, sur tous les points de son territoire.

L'attitude provocatrice des représentants d'une Puissance ne peut même pas excuser les outrages faits à ses nationaux. C'est pourquoi le *gouvernement du Chili* ne pouvait pas refuser la satisfaction, exigée par le cabinet de Washington, pour les mauvais traitements infligés aux hommes du navire américain *le Baltimore*. Les procédés du ministre des Etats-Unis, pendant la guerre civile qui avait divisé le Chili dans le courant de l'année 1891, et sa partialité au profit du dictateur Balmacéda contre le parti du Congrès ne pouvaient justifier les outrages dont les matelots américains avaient été victimes.

Mais les dommages, que des étrangers peuvent éprouver à la suite d'actes qui sont le résultat de l'exercice du pouvoir public ou de la force majeure, ne peuvent engager la responsabilité de l'Etat. On peut, à cet égard, admettre, comme règle absolue, que les étrangers ne peuvent avoir plus de droits dans un pays que les nationaux eux-mêmes, et nulle Puissance n'a le droit, en prétextant la *protection des étrangers*, de s'arroger, dans les autres pays, une situation privilégiée. Elle ne peut soustraire ses sujets aux mesures d'ordre public ou à l'application des lois générales de l'Etat dans lequel ils résident, à moins qu'ils ne doivent à leur caractère diplomatique la jouissance de certaines immunités.

Les dommages éprouvés par des étrangers, dans les temps de *troubles intérieurs* ou de *guerres civiles*, ne peuvent pas davantage justifier des obligations pécuniaires ou l'intervention diplomatique. C'est aux tribunaux du pays, et conformément à ses lois, que la partie lésée, quelle que soit sa nationalité, doit demander justice.

C'est le principe que les hommes d'État de France et d'Angleterre, le baron Gros, au moment de sa mission médiatrice en Grèce, en 1849, et lord Stanley, au sein du parlement anglais, ont proclamé, à l'occasion des réclamations pécuniaires de *Don Pacifico*. Cette règle a été maintenue à l'époque de la guerre civile, entre les États-Unis d'Amérique, de 1860 à 1865, et lors du dernier soulèvement de la Pologne, en 1862. Elle a été consacrée par le droit conventionnel dans plusieurs traités conclus entre quelques républiques américaines et les États européens.

Les *faits de guerre extérieure* sont soumis à l'empire du même principe, et lorsque les législations intérieures des États accordent des indemnités, pour réparer les conséquences de ces faits comme celles des luttes intestines, elles leur donnent le caractère de *secours* que la bienfaisance ou l'équité suggèrent, et non d'une obligation découlant d'une responsabilité légale [1].

J'ai déjà parlé de l'*arrêt de prince*, et des mesures de contrainte connues sous le nom d'*angarie*, et j'ai indiqué comment on peut réparer les dommages causés par ces moyens extrêmes que peut excuser la raison d'État, mais qui sont une atteinte profonde portée à la liberté des transactions commerciales.

En résumé, un État ne peut être responsable, à l'égard des autres nations, pour des actes qui peuvent leur causer un préjudice ou nuire aux intérêts de leurs sujets, lorsque l'impartialité, la justice et le sentiment de l'égalité des droits inspirent sa conduite.

Toutefois les gouvernements restent armés, à l'égard des étrangers, d'un droit qui sépare profondément ceux-ci des nationaux; je veux parler du *droit d'expulsion*. Les *traités d'établissements* peuvent, dans certains pays, notamment en Suisse, limiter l'exercice de ce droit souverain toujours laissé, en principe, à l'autorité administrative, pour se prémunir contre les étrangers qui troublent la tranquillité et l'ordre publics. L'expulsion doit, en effet, reposer sur des motifs sérieux, sous peine d'exposer l'État qui abuse de ce droit, à des mesures de rétorsion et à des réclamations diplomatiques.

Un projet de règlement international, relatif au *droit d'ex·*

---

[1] Loi du 10 vendémiaire an IV, sur la police intérieure des communes. Décret du 24 décembre 1851 sur la création d'un fonds spécial de secours. Lois du 6 septembre 1871, du 7 avril 1873 allouant des secours aux départements victimes de l'invasion allemande. Wharton, *International Law*, II, § 223, p. 576. — *Rev. de dr. int.*, Bruxelles, t. XXIII, p. 76, 585.

pulsion des étrangers, présenté par MM. Féraud-Giraud et de Bar, à l'*Institut de droit international*, dans sa session de Hambourg, le 7 septembre 1891, a été voté l'année suivante, dans la session de Genève le 5 septembre 1882. Son but est de formuler des principes généraux qui, tout en respectant le droit souverain des États, garantissent la liberté des personnes. Il exprime le désir que l'admission et l'expulsion des étrangers soient réglées par des lois, que les taxes, frappant l'entrée ou le séjour des étrangers, ne soient pas excessives, que l'expulsion ne soit prononcée que pour un intérêt général et non pour un intérêt privé; il distingue entre les expulsions individuelles et les expulsions extraordinaires ou en masse et indique les causes qui peuvent y donner lieu; il prend des mesures en vue de protéger surtout les étrangers domiciliés, résidants ou ayant un établissement commercial dans le pays qui veut les expulser [1].

II.

Responsabilité de l'État à raison des faits accomplis par ses représentants à l'étranger. — Les actes illicites peuvent émaner, par exemple, d'agents diplomatiques, ou de commandants des forces navales. L'État, duquel relève ce représentant, peut sans doute désavouer l'acte commis et infliger à son auteur un blâme ou des peines plus sévères. Mais, tout en déclinant la responsabilité des faits accomplis, l'État n'est pas dispensé, s'il y a lieu, de réparer les préjudices soufferts par les personnes lésées.

C'est ainsi, qu'en 1868, le cabinet de Londres dut désapprouver la conduite du capitaine d'un bâtiment de guerre anglais qui, sans ordre de ses supérieurs hiérarchiques, avait bombardé la ville du *Cap Haïtien* et mis le blocus devant le port. Le gouvernement anglais indemnisa les commerçants français et allemands dont les propriétés et les marchandises avaient été détruites.

---

[1] *Rev. de dr. int.*, Bruxelles, t. XXIII, p. 408; t. XXIV, p. 529.

Une responsabilité de même nature existera dans le cas de violation de frontières, d'abordage commis par un navire de la marine militaire, de capture illégale d'un vaisseau en pleine mer, etc...

La négligence des simples *devoirs d'assistance mutuelle*, rentrant dans les *offices d'humanité*, peut constituer la violation d'une obligation morale, mais n'engage pas la responsabilité juridique des États.

CHAPITRE IV.

Appendice.

DE LA PAPAUTÉ EN DROIT INTERNATIONAL.

APERÇU HISTORIQUE. — Si l'on veut, en remontant le cours des âges, avoir un aperçu rapide des rapports de la puissance spirituelle des Papes avec le pouvoir temporel des États, on peut résumer les grands faits de l'histoire sur ce point, en se plaçant en face de trois phases distinctes.

I. — Après la chute de l'empire romain, et sur le seuil même du moyen âge, l'Eglise nous apparaît, avec une influence politique et sociale que la conscience des peuples réclame, comme une protection contre la force pure et le brigandage de ces temps barbares. Elle est le pouvoir supérieur auquel les rois soumettent leurs conflits et dont ils acceptent l'arbitrage. Il y a plus encore : les Papes, qui trouvent, à cette époque, dans l'exercice de la souveraineté temporelle, le droit de se mêler aux relations internationales et aux luttes de la politique, participent encore, comme chefs de la religion, au gouvernement intérieur des Etats, par des représentants dont la mission est moins de remplir le rôle d'agents diplomatiques que celui de juges suprêmes et d'administrateurs souverains. L'Eglise a, dans chaque pays, ses tribunaux, son domaine et le droit de lever certains impôts.

Mais bientôt, le pouvoir civil revendique, dans la sphère des intérèts temporels, son indépendance et sa souveraineté. Saint Louis prohibe les levées d'argent imposées par la cour de Rome sans l'autorisation du Roi. Les légats et les nonces deviennent de simples représentants diplomatiques et perdent tout droit de juridiction. La politique des rois a désormais pour but de rejeter l'autorité du Pape en dehors du droit public national, et de considérer le Souverain Pontife, sous ce rapport, comme un souverain étranger auquel on attribue du reste les plus grands honneurs et la préséance.

II. — Ce désir de la puissance civile d'entrer en possession d'elle-même, et la crainte des Papes de voir leur suprématie même religieuse et les intérèts des peuples catholiques succomber dans la lutte, créèrent entre les deux Puissances un besoin de concessions réciproques : c'est l'ère des *concordats*. La première convention de cette nature, qui fut conclue entre le pape Calixte II et l'empereur d'Allemagne, nous apparaît, comme un traité de paix, après la longue guerre des investitures, qui avait duré près de cinquante ans. Ce fut quatre siècles plus tard qu'un concordat fut signé pour la France, en 1516, par Léon X et François Iᵉʳ. Les autres Puissances en obtinrent également à différentes époques; et celui qui fut conclu par le Pape et le premier Consul, en 1801, régit encore aujourd'hui les rapports de l'Eglise et de la France, au point de vue des intérèts catholiques.

A côté de la souveraineté spirituelle, la Papauté put jouir, pendant de longs siècles et jusqu'en 1870, d'un pouvoir temporel que les Puissances catholiques garantissaient pour sauvegarder l'indépendance des Souverains Pontifes. Napoléon Iᵉʳ, dont les projets ambitieux ne s'arrètaient devant aucun obstacle, voulut faire du Pape l'un de ses sujets sous prétexte de donner à la religion un appui plus efficace. Le Pape, qui refusa de se faire le complice de la politique conquérante de l'empereur, fut, au mépris des droits de la justice, emmené en captivité et soumis aux traitements les plus rigoureux. Rendu à la liberté, après la chute de Napoléon, il fut remis en possession de son autorité temporelle par le Congrès de Vienne.

Lorsque en 1870, Victor-Emmanuel crut le moment favorable pour violer la convention du 15 septembre 1864, par laquelle il s'était engagé à respecter les Etats pontificaux, il écrivit à Pie IX que son devoir de roi catholique l'obligeait à garantir la sécurité du Saint-Siège. Comme Napoléon Ier, il envahissait les Etats de l'Eglise, en se donnant le titre de protecteur de celui qu'il voulait dépouiller de sa souveraineté temporelle.

III. — La loi du royaume d'Italie, promulguée à Turin le 13 mai 1871, a pour but de rassurer les Puissances catholiques en garantissant au Pape la liberté de son ministère spirituel. Elle est connue sous le nom de *loi des garanties*. Je vais indiquer en quelques mots les principales dispositions de cette loi et l'apprécier dans son caractère juridique.

1° La loi des garanties déclare que la personne du Pape est sacrée et inviolable, et doit être protégée contre les attentats, offenses et injures. Elle lui reconnaît le droit à des honneurs particuliers, et soustrait à la juridiction italienne les palais qui servent à la résidence habituelle ou temporaire du Souverain Pontife, ou qui sont occupés par un conclave ou un concile œcuménique.

L'immunité de toute juridiction criminelle et civile est la conséquence nécessaire de l'indépendance souveraine et de l'inviolabilité reconnues au Souverain Pontife. Léon XIII a, par un acte du 25 mai 1882, érigé, dans l'intérieur du Vatican, des tribunaux chargés de juger les contestations qui peuvent s'élever entre les diverses administrations pontificales et entre ces administrations et leurs employés. L'un de ces derniers, refusant d'accepter cette nouvelle juridiction, voulut, en juillet 1882, recourir à la justice italienne. Le tribunal civil de Rome et la Cour d'appel se déclarèrent compétents. Mais ils n'osèrent pas tirer les conséquences du principe qu'ils venaient de poser, et, tout en s'attribuant la connaissance de l'affaire, ils refusèrent de l'examiner, en déboutant le demandeur imprudent qui avait eu confiance en leur justice. La décision des magistrats italiens était fausse dans son principe et illogique dans ses résultats; on ne s'attribue pas la compétence d'un procès que l'on ne peut ni instruire ni faire exécuter; et c'est commettre un déni de justice que de condamner, sans examen, un plaideur au profit duquel on se reconnaît le droit de rendre justice.

En déclarant le Pape sacré et inviolable, l'Italie a proclamé indirectement qu'il était irresponsable. En vertu même de la situation qui lui est faite, et par suite de la loi des garanties, le Pape n'est ni souverain territorial, ni sujet; il n'est dès lors exposé ni aux revendications des Puissances étrangères, ni aux poursuites légales du gouvernement italien. Cette souveraineté insaisissable ne trouve aucune analogie dans le droit public international. Certains auteurs, et en particulier Bluntschli[1], se sont demandé si l'Italie ne devrait pas être déclarée responsable des actes du Souverain Pontife. La question ne présente pas, il me semble, un grand intérêt pratique. Ce ne sont pas, évidemment, les forces militaires du Pape qui peuvent effrayer les Puissances, et je ne crois pas qu'on puisse songer sérieusement à rendre l'Italie responsable des mesures spirituelles qui émanent du Vatican, bien qu'au milieu de sa lutte avec la Papauté, le prince de Bismarck ait songé à s'en prendre au gouvernement italien des discours et des anathèmes de Pie IX.

La loi des garanties donne au Pape le droit de recevoir des envoyés qui jouissent des immunités diplomatiques; elle confère les prérogatives d'usage aux représentants du Pape qui traversent le territoire italien. Nous retrouverons, dans un instant, ces privilèges en parlant des relations diplomatiques du Saint-Siège avec les Puissances.

2º Cette loi, dont je viens d'indiquer sommairement les dispositions les plus importantes, peut s'apprécier d'une façon aussi brève que précise. Elle ne constitue ni un traité international, conclu avec les États étrangers, ni une convention acceptée par le Souverain Pontife qui n'a jamais sanctionné les faits accomplis, et n'a pas voulu profiter de la dotation annuelle que lui accordait la loi des garanties.

Cette loi appartient au droit public national de l'Italie, et même, à ce point de vue, elle ne participe pas du caractère

---

[1] Bluntschli, *De la responsabilité et de l'irresponsabilité du Pape dan le droit international.*

immuable que la constitution d'un pays présente, au moins
dans une certaine mesure. C'est une loi ordinaire qui, de-
main, peut être modifiée ou abrogée par les Chambres et
qui, pour son maintien ou son application, est livrée à toutes
les vicissitudes de la politique intérieure.

Cet aperçu rapide nous a montré la situation de la Papauté
aux trois principales époques de son histoire. Dans les deux
premières, elle unit à la souveraineté spirituelle le pouvoir
temporel qui garantit sa liberté et son indépendance, dans la
dernière, elle est dépouillée de son patrimoine séculaire, de
toute souveraineté et propriété territoriales. Le Pape ne possède, en effet, que la jouissance de certains biens.

Mais, c'est surtout avec le chef de l'Église catholique, dans
l'exercice de son pouvoir spirituel, que les États entretenaient
et entretiennent encore des relations. C'est la nature de ce
rapport qu'il faut maintenant indiquer pour compléter cette
étude, et nous verrons que les événements accomplis, en
1870, n'ont nullement enlevé au Saint-Siège son caractère de
Puissance souveraine, pouvant être assimilée à un État étranger. C'est ce que vient de décider un *tribunal Français*, en
reconnaissant que le Pape Léon XIII avait pu être valablement
institué légataire, comme chef de la Puissance désignée, en
droit international public, sous le nom de Saint-Siège ou
Papauté[1].

RELATIONS DIPLOMATIQUES DE LA PAPAUTÉ.

Droit de légation actif. — On peut rattacher l'origine du
droit actif de légation, dont les Papes ont l'exercice, à la coutume qu'ils avaient, dès les temps anciens, d'envoyer, auprès
des empereurs romains de Constantinople et des rois francs,
des mandataires permanents connus sous le nom de *apocri-
siarii responsales*.

---

[1] *Tribunal de Montdidier*, 4 févr. 1892. Affaire de la succession Plessis-
Bellière. *Contrà, Cour d'Amiens*, 21 févr. 1893. Voir Ducrocq, *Personnalité civile du Saint-Siège... Rev. de dr. public et de la science politique*,
1894, p. 47. — Michoud, *Capacité des personnes morales étrangères...,
Rev. de dr. int.*, Paris, 1894, p. 193.

Les agents diplomatiques des Papes sont les légats, les nonces et les internonces.

1° Les *légats* sont des envoyés en mission extraordinaire qui, suivant la dignité dont ils sont revêtus, prennent le nom de *legati a latere* ou de *legati missi*. Les premiers sont des cardinaux qui, siégeant à côté du Pape, s'en éloignent pour remplir une mission. Ils prennent le premier rang parmi ceux qui sont honorés d'une légation. Un légat *a latere*, le cardinal Caprera, vint en France en 1802, pour rétablir et réorganiser le culte catholique. Les *legati missi* diffèrent des premiers en ce qu'ils ne sont pas cardinaux. On donne le nom d'*ablégat* à l'envoyé n'ayant aucune mission politique, à celui, par exemple, qui est chargé par le Saint-Siège d'apporter à un souverain le chapeau que celui-ci doit remettre à un cardinal nouvellement créé. On donne aussi le nom de *legati nati* à des archevêques au siège desquels est attaché ce titre d'honneur, qui ne confère ni prééminence, ni fonctions;

2° Les *nonces* sont les représentants ordinaires et permanents du Saint-Siège, et ne sont pas choisis parmi les cardinaux. Ils appartiennent comme les légats à la première classe des envoyés diplomatiques d'après le règlement du Congrès de Vienne (19 mars 1815). Les ambassadeurs des Puissances catholiques cèdent le pas et le rang au nonce qui se trouve être ainsi le doyen-né du corps diplomatique, dans le cas même où il est arrivé le dernier au lieu de sa résidence. Le nonce qui, malgré son élévation au cardinalat, conserve temporairement sa mission diplomatique, prend le titre de *prononce*.

3° Les *internonces* appartiennent à la deuxième classe des envoyés diplomatiques. Le Saint-Siège est représenté par un internonce en Hollande, bien que ce pays n'accrédite aucun représentant près du Souverain Pontife.

Les représentants du Pape sont accrédités, près des chefs d'État, par des bulles qui leur servent à la fois de lettre de créance et de pouvoir général. Leurs affaires sont du ressort du ministre des affaires étrangères et non du ressort du ministre des cultes. Leurs attributions ne diffèrent pas de celles qui sont reconnues aux autres agents diplomatiques. Ils doivent se borner à servir de mandataires au chef de l'Eglise près des Puissances étrangères, mais sans pouvoir exercer ni juridiction, ni contrôle sur les actes du gouvernement près duquel ils sont accrédités. Toutefois, ils peuvent instruire au for apostolique les candidatures des évêques nommés par le chef de l'Etat; et, du consentement au moins tacite du gouvernement, ils transmettent à l'épiscopat les actes officiels du Souverain Pontife.

Il ne faut pas hésiter à reconnaître aux représentants du Pape le droit de jouir de toutes les prérogatives et immunités qui sont accordées aux agents diplomatiques.

Droit de légation passif. — Ce droit est également accordé au Saint-Père par la plupart des Puissances, et le corps diplomatique accrédité près du Vatican se compose d'ambassadeurs, de ministres plénipotentiaires ou de chargés d'affaires, suivant les usages propres aux différents États. La mission des envoyés est permanente. Mais il peut y avoir, suivant les circonstances, des ministres publics chargés de missions extraordinaires. Autrefois, les Papes recevaient, comme je l'ai déjà fait remarquer, lors de leur avènement, une ambassade qu'ils qualifiaient d'*obédience*, mais que les souverains préféraient appeler ambassade de *révérence*. Le dernier ambassadeur de cette nature envoyé par la France est le duc de Créquy, chargé de représenter, en 1633, Louis XIII auprès du pape Urbain VIII.

Le ministre public, reconnu par le Saint-Siège, n'a pas besoin de nouvelles lettres de créance pour être accrédité, soit près des cardinaux réunis en conclave, soit près du nouveau chef de l'Église.

La loi des garanties du 13 mai 1871 a reconnu au Souverain Pontife le droit de légation actif et passif. Les auteurs italiens considèrent que cette loi fait au Pape une concession purement gracieuse, sous prétexte que, juridiquement, la perte du pouvoir temporel ne peut se concilier avec le maintien des relations diplomatiques. C'est une erreur; du temps même où les Papes étaient princes temporels, les envoyés pontificaux représentaient avant tout les Papes comme chefs de l'Église catholique, et non comme souverains d'un petit État qui n'était que l'accessoire de leur puissance spirituelle. La loi des garanties n'a donc fait que reconnaître une situation, dont elle ne pouvait pas modifier le caractère international.

RELATIONS JURIDIQUES DE LA PAPAUTÉ
AVEC LES ÉTATS.

Lorsque le Souverain Pontife jouissait des attributs du pouvoir temporel, il pouvait entretenir avec les autres Puissances toutes les relations que commandaient les intérêts matériels et politiques de son territoire. C'est ainsi, pour ne citer qu'un exemple, qu'un traité d'extradition avait été conclu, le 20 octobre 1859, entre la France et les États pontificaux.

Mais ce sont les relations juridiques de la Puissance spirituelle avec les États qu'il faut surtout envisager. Elles trouvent leur application la plus importante dans les concordats qui, comme nous l'avons vu, remontent à une origine déjà lointaine, et dont il me reste à déterminer ici la nature.

CONCORDATS. — Je ne veux pas entrer dans les longues discussions qu'a fait naître le caractère juridique des concordats. Je me borne à exposer, en quelques mots, la doctrine qui me paraît le plus conforme à la justice et au droit, et qui a reçu l'approbation des meilleurs jurisconsultes.

Les concordats sont des traités publics d'une nature particulière, conclus par le Saint-Siège et les Puissances catholiques dans le but de régler les rapports de l'Eglise et de l'Etat, en ce qui concerne surtout la nomination aux sièges épiscopaux, l'organisation des diocèses et du clergé. Sans doute, les traités sont habituellement les conventions qui interviennent d'Etat à Etat, de nation à nation. Mais si ce caractère manque dans le cas qui nous occupe, on est bien forcé d'admettre que les concordats règlent les rapports des Puissances temporelles avec une Puissance spirituelle externe, et qu'on se trouve en présence de deux personnes également indépendantes, revêtues d'un caractère souverain et qui

20°

s'entendent sur des questions de droit public. Les concordats ne rentrent donc pas dans le domaine du droit constitutionnel, mais dans celui du droit international.

Qu'on les appelle traités, conventions, contrats ou transactions, le mot importe peu, ils résultent d'un accord de volonté, intervenu librement, qui impose une obligation réciproque, dont le lien ne peut être brisé ou modifié par l'une des parties sans le consentement de l'autre. Ce n'est pas un indult que le Pape concède temporairement et peut retirer quand il lui plaît. L'Église n'a jamais d'ailleurs émis une prétention semblable. Dans la plupart des concordats, on trouve une clause comme celle-ci : « Cette convention durera désormais, tant qu'elle ne sera pas changée dans un futur concile, avec le consentement de la nation elle-même[1]. » Le concordat, conclu en 1516 entre Léon X et François Ier, portait que « cette convention devait être inviolablement observée et obtenir la force d'un *vrai contrat*, entre le Siège apostolique et le royaume de France[2]. » Les concordats ne peuvent pas davantage être abrogés par une loi intérieure de l'État dont ils règlent les rapports avec le Saint-Siège, au point de vue des intérêts catholiques. Ils ne peuvent perdre leur force qu'en vertu des causes qui font disparaître les traités publics ordinaires.

[1] Concordat du pape Nicolas V, en 1447.
[2] Bulle de Léon X, *Primitiva Ecclesia*.

LIVRE IV.

LE CONFLIT DES ÉTATS OU LITIGES INTERNATIONAUX.

———

Nous venons de voir les États investis de tous les droits nécessaires à leur existence, entretenant ensemble des relations qui se multiplient chaque jour sous l'empire de besoins nouveaux et de progrès incessants. Mais il est impossible que, dans ces rencontres d'intérêts divers, il n'y ait pas des conflits qui surgissent, des droits violés ou des intérêts méconnus.

Un État peut se dérober aux obligations d'un traité, porter atteinte à l'honneur d'une Puissance étrangère ou à la dignité de ses représentants. Il peut refuser de garantir, aux sujets étrangers qui résident sur son territoire, la protection de ses lois et de ses tribunaux, laisser impunis les crimes ou les délits dont ils sont victimes, et ne s'inquiéter nullement des préjudices qui leur sont causés, afin d'avantager ses propres sujets.

La Puissance, dont les droits ou ceux de ses sujets sont ainsi méconnus, a pu demander des réparations dont la nature varie suivant les faits illicites dont elle a souffert. Ce sont, comme nous venons de le voir, des explications, une amende honorable, des excuses et des garanties pour l'avenir, ou même des indemnités pécuniaires dans le cas d'un préjudice matériel, causé à un État ou à un particulier. Et si la conduite d'un État constitue un danger, qui trouble profondément l'ordre international, toutes les Puissances peuvent réunir leurs efforts, pour contribuer au rétablissement du droit.

Mais comment arriver, si l'illégalité du préjudice causé

n'est pas reconnue, à trancher les différends qui peuvent naître, à résoudre les conflits, à faire la part des responsabilités, en l'absence d'un tribunal suprême? Quels moyens peuvent employer les parties intéressées avant d'en venir à une guerre dont l'issue est incertaine, et dont les conséquences sont toujours désastreuses. Il peut y avoir des solutions de différentes natures que je vais envisager successivement.

CHAPITRE I.

Solutions pacifiques.

Les *négociations directes*, les *Congrès et les conférences*, la *médiation* et l'*arbitrage international* sont autant de solutions pacifiques auxquelles les Etats peuvent avoir recours.

I.

MOYENS DIPLOMATIQUES. — 1° *Négociations directes.*

Les Etats, entre lesquels surgit un conflit, peuvent s'éclairer mutuellement sur la nature de leurs revendications, sans recourir à l'intervention d'une Puissance étrangère. Ils négocient directement entre eux par la communication des documents relatifs au point en litige, par l'exposé de la situation, afin de pouvoir arriver à une entente amiable.

Il peut y avoir, à la suite de ces négociations diplomatiques, ou l'abandon des prétentions émises par l'un des Etats, ou la reconnaissance du droit d'autrui, ou une transaction qui fait succéder, à un droit douteux, un droit conventionnel précis et déterminé.

Lorsque le litige soulève des difficultés d'un ordre spécial, administratif ou financier, ou ayant un caractère technique, comme dans le cas de délimitation de frontières, les parties peuvent nommer une Commission internationale, dont les membres, munis des pouvoirs nécessaires, sont chargés de résoudre le conflit.

2° *Congrès et conférences.*

Les États se réunissent en Congrès ou en conférences pour discuter leurs prétentions et trancher des difficultés relatives à des intérêts généraux et collectifs. Bien qu'on emploie souvent ces deux termes indifféremment, le mot de *Congrès* désigne surtout les assemblées des souverains ou plutôt, comme je l'ai déjà dit, celles dans lesquelles on discute des *questions importantes et générales*, et qui sont habituellement formées par les *ministres des affaires étrangères* des États qui y participent. On réserve le nom de *conférences* aux réunions des ambassadeurs ou ministres plénipotentiaires, chargés de préparer la solution de *questions* plus *spéciales et plus restreintes*, et de faciliter la conclusion des traités (Voir page 297). Nous en avons déjà rencontré de nombreux exemples, parmi lesquels je me borne à rappeler les Congrès de Vienne, d'Aix-la-Chapelle, de Berlin, en 1815, 1818, et 1878, les conférences de Berlin et de Bruxelles, en 1885 et 1890. J'ajoute celles de Vienne (15 mars 1855), dans lesquelles l'Autriche, la France et la Grande-Bretagne essayèrent d'empêcher la guerre entre la Russie et la Porte ottomane, et qui nous offrent ainsi l'exemple d'une *médiation commune.*

Nous avons vu que les décisions prises dans ces conférences sont parfois dictées par l'intérêt des plus forts et arrivent à consacrer l'ingérence dans les affaires intérieures des États faibles.

On a proposé d'organiser des *Congrès permanents* pour la solution des questions internationales (tentative de Napoléon III, 4 nov. 1863). Cette question se rattache à celle d'un tribunal permanent d'arbitrage dont je parlerai plus loin.

3° *Bons offices. Médiation.*

Il peut se faire qu'il n'y ait pas lieu, à raison de la nature des intérêts en présence, à la réunion de plénipotentiaires, et que cependant l'entente directe et amiable soit difficile, par suite des rapports déjà tendus qui existent entre les Etats.

Une Puissance amie peut alors offrir librement ses *bons offices* pour conjurer le conflit, ou les parties elles-mêmes peuvent avoir recours à son influence pour trancher le différend qui les sépare.

La *médiation* est la suite normale et habituelle des services offerts et acceptés. Elle a pour but d'arriver avec le consentement des deux parties à poser les bases d'une entente amiable et d'un arrangement. Le médiateur n'impose pas sa volonté, et ne rend pas un jugement; il ne fait que suggérer les décisions équitables qui lui paraissent de nature à concilier les droits et les intérêts de chacun. Il doit rester entièrement impartial et éviter toute menace qui le ferait sortir de son rôle de conciliateur.

S'il réussit à rétablir l'accord entre les deux parties, il n'est pas obligé, à moins de conventions formelles, de garantir la promesse qu'elles ont échangée.

Les traités peuvent quelquefois imposer à deux États l'obligation de ne jamais recourir à la force, avant d'avoir demandé la médiation d'une Puissance neutre. Par le protocole du 14 avril 1856, les Etats signataires du *traité de Paris* s'engageaient, pour le cas où un dissentiment menacerait leurs relations amicales, à prévenir l'emploi de la force par une action médiatrice. Et, comme cette clause n'obligeait que les parties contractantes, les représentants des Puissances au Congrès de Paris, émirent le vœu « que les Etats entre lesquels s'élèveraient des dissentiments sérieux, avant d'en appeler aux armes, eussent recours, tant que les circonstances l'admettraient, aux bons offices d'une Puissance amie. »

L'expression de ce vœu n'a pas empêché, depuis lors, de sanglants conflits, bien que la médiation soit venue parfois en reculer le moment. L'Angleterre prévint, en 1867, la guerre qui était imminente entre la France et la Prusse, lorsque celle-ci voulut tenir garnison dans la forteresse fédérale du Luxembourg. La *conférence de Londres* termina le différend, en ordonnant la démolition de la forteresse, et en proclamant la neutralité perpétuelle du Luxembourg. Ce fut en s'appuyant sur le protocole du traité de 1856, que les Puissances se réunirent en conférence à Paris, le 9 janvier 1869, pour poser les bases d'un arrangement destiné à mettre fin au conflit existant entre la Turquie et la Grèce, au sujet de l'appui prêté par ce dernier État à l'île de Candie, révoltée contre la Sublime Porte[1]. Cette conférence eut le mérite d'empêcher un conflit qui aurait pu compromettre la paix européenne; mais elle eut le tort de ne pas reconnaître aux deux parties en litige un droit égal, et d'admettre à la conférence la Turquie avec voix délibérante, tandis qu'elle n'accordait à la Grèce que voix consultative.

En vertu de l'article 12 de l'acte général de la *Conférence de Berlin*, les signataires s'engagent, en cas de conflit relatif à leurs possessions africaines, à ne pas en appeler aux armes avant de recourir à la *médiation* d'une ou de plusieurs Puissances amies.

L'empire allemand et l'Espagne choisirent, en 1885, le Souverain Pontife comme médiateur dans leur différend, relatif à l'affaire des *Carolines*, et l'arrangement proposé par le Pape fut accepté par les deux Puissances qui conclurent le traité de Rome, le 20 décembre de la même année.

La médiation, d'ailleurs, n'apparaît pas toujours comme une offre librement acceptée, ou comme un service réclamé par les parties en litige, elle est parfois *imposée* par les grandes Puissances à des États faibles pour mettre fin à une guerre ou trancher un différend[2]. C'est la *médiation armée* dont la raison politique détermine seule le caractère et l'étendue.

[1] Rolin-Jacquemyns, *Rev. de dr. int.*, Bruxelles, t. I, p. 442.— Rouard de Card, *L'arbitrage international*, p. 39.

[2] Le 21 mai 1659, la France, l'Angleterre et la Hollande s'interposèrent comme médiatrices entre le Danemark et la Suède, au moment où ce dernier État allait conquérir entièrement le premier. Travers-Twiss, *Le droit des gens*, II, n° 7.

II.

MOYEN JURIDIQUE. — *Arbitrage international*[1].

Les moyens, que nous venons de voir jusqu'ici pour résoudre les conflits internationaux, se rattachent à des négociations diplomatiques. L'arbitrage nous apparaît, au contraire, avec un caractère essentiellement juridique. Deux États délèguent, d'un commun accord, à des arbitres le soin de décider, comme juges, sur la contestation qui leur est soumise. Ce n'est plus un arrangement que l'on propose, comme dans la médiation, c'est un *jugement* qui est prononcé et qui oblige les parties, en vertu même du traité qui a choisi les arbitres.

Telle est l'idée générale. Je vais, pour la compléter, déterminer les règles relatives à la nomination des arbitres et à la décision qu'ils prononcent, et indiquer brièvement l'origine, les principaux cas d'application et les limites de l'arbitrage international.

A. MISSION ET NOMINATION DES ARBITRES. — Les Etats qui consentent à soumettre leur différend à des arbitres, signent, en général, un *compromis* dont le but est de préciser la question à débattre, la limite des droits accordés aux arbitres, le lieu où ils doivent siéger, et l'engagement d'exécuter la sentence qui sera rendue.

La *mission normale* des arbitres est de résoudre une question de fait ou de droit et de mettre fin au litige par un ju-

---

[1] Bellaire, *Etude historique sur les arbitrages.* — Rouard de Card, *L'arbitrage international dans le passé, le présent et l'avenir.* — Jules Clère, *Etude historique sur l'arbitr. intern.* — De Laveleye, *Des causes actuelles de guerre et de l'arbitrage.* — Revon, *L'arbitr. intern., son passé, son présent, son avenir,* 1892. — Dreyfus, *L'arbitr. intern.,* 1892. — Kamarowski, *Le tribunal int.* — Mills, *Le tribunal int.* — Larroque, *Création d'un code de dr. int. et de l'instit. d'un haut tribunal.* — Lemonnier, *Formule d'un traité d'arbitr. perm. entre nations.*

gement; ils doivent se prononcer pour l'une ou l'autre des prétentions émises par les parties. Quelquefois cependant le compromis étend les pouvoirs de l'arbitre, et l'autorise à donner une *solution équitable de la difficulté* en dehors des droits revendiqués, à remplacer le jugement disant le droit par une *solution transactionnelle*. Je donnerai plus loin quelques exemples de cette mission étendue.

Le traité désigne aussi parfois les personnes qui doivent composer le tribunal arbitral et fixe le mode de leur élection.

Les États peuvent choisir, pour arbitres, des souverains, des tribunaux, une Faculté de droit, ou même de simples particuliers. La Cour de cassation française fut choisie comme arbitre, en 1879, dans un différend entre le gouvernement français et celui de Nicaragua[1].

Les souverains peuvent déléguer le mandat qu'on leur donne et n'intervenir directement que pour sanctionner par leur signature la sentence définitive. Les autres arbitres qui ne doivent leur mandat qu'à la réputation de leur science ou de leur intégrité, doivent juger eux-mêmes la difficulté qui leur est soumise. Leur honneur est engagé, et leur responsabilité est dès lors plus grande que celle qui pèse sur les délégués d'un souverain que l'on a choisi comme arbitre. On ne peut cependant pas, sur ce point, formuler une règle absolue, et le choix des arbitres doit varier suivant la nature du litige et les intérêts politiques qu'il peut soulever.

Rien n'empêche qu'on ne comprenne dans le tribunal arbitral les représentants des deux États en désaccord, à côté des délégués de Puissances neutres.

Lorsque les parties ne peuvent s'entendre sur le choix des arbitres, chacune d'elles en désigne un nombre égal et, pour prévenir les difficultés qui naîtraient en cas d'un partage égal de voix, elles nomment un *sur-arbitre* ou en confient le choix à une Puissance neutre. Ce sur-arbitre peut être, en outre, chargé de diriger les discussions, et d'imprimer plus d'unité à la procédure. *L'Institut de droit international* a proposé,

---

[1] Louis Renault, *Un litige devant la Cour de cassation de France, Rev. de dr. int.*, Bruxelles, t. XIII, p. 22.

en 1874 et en 1875, *un projet de règlement pour la procédure arbitrale*, en le recommandant à l'attention des États qui concluraient un compromis[1].

B. DÉCISION DES ARBITRES. — Le tribunal arbitral, une fois constitué, forme un corps judiciaire indépendant, investi du droit de réunir toutes les preuves nécessaires à la découverte de la vérité. Il peut faire aux parties des propositions équitables, dans le but d'arriver à une transaction, et à défaut de tout arrangement, il rend une sentence qui est prise à la majorité des voix, et qui *oblige* les États signataires du compromis. Ce jugement est *sans appel;* mais les arbitres n'ont aucun moyen de contraindre les parties à son exécution. La décision du tribunal ne peut être attaquée sous prétexte qu'elle préjudicie aux intérêts de l'une des parties ou repose sur un principe erroné. Elle n'est considérée comme nulle que dans le cas de violation du mandat, d'erreur matérielle ou d'injustice évidente.

C. ORIGINE, CAS D'APPLICATION ET LIMITES DE L'ARBITRAGE INTERNATIONAL. — 1° *Origine.* — On peut faire remonter l'origine de l'arbitrage aux temps les plus reculés, et l'on en trouve des exemples à toutes les phases de l'histoire. Les Grecs soumettent leurs différends à des villes alliées; à Rome, l'ancienne institution de la *recuperatio* sert à concilier les intérêts du peuple romain avec les nations étrangères. Le moyen âge nous offre de nombreux exemples d'arbitrage. Saint Louis est souvent pris pour arbitre, et l'empereur Frédéric II se déclare prêt à lui soumettre sa querelle avec le Pape. Les jurisconsultes de Bologne tranchent les différends entre les États italiens; et les Papes interviennent souvent à cette époque, comme nous l'avons vu, pour statuer sur les contestations entre les princes.

Dans les siècles qui suivirent le moyen âge, on trouve encore quelques exemples d'arbitrage, même sur des affaires

[1] Voir ce projet dans Bluntschli, *Dr. int. codifié*, Appendice IV, p. 363.

qui touchent à l'honneur des États ; et ce sont des jurisconsultes ou des Parlements qui sont pris comme arbitres.

2° Cas d'application au xixe *siècle*. — Le xixe siècle, surtout, nous offre des cas nombreux, où des arbitres se sont prononcés sur des questions d'indemnités, dues pour offenses envers les représentants d'un État ou pour violation des devoirs de la neutralité, sur des différends relatifs à des fixations de frontières, des possessions de territoires, à des saisies de navires, à des droits de pêche et de navigation. Je ne puis étudier ici tous ces cas d'arbitrage, et je dois me borner aux plus importants et surtout à celui qui mit fin, en 1872, à un différend entre l'Angleterre et les États-Unis.

Affaire de l'Alabama[1]. — Cet exemple tire son importance de la valeur des intérêts en jeu, de la solennité apportée à la formation du tribunal arbitral, et du mouvement considérable qu'il fit naître, dans l'opinion publique, en faveur des tribunaux d'arbitrage pour régler les conflits internationaux.

Lorsque la guerre civile de la sécession éclata en Amérique, en 1861, l'Angleterre montra, dès le début, des sentiments favorables à la cause des confédérés du Sud. Elle voyait dans la scission qui s'opérait, une cause d'affaiblissement pour une grande Puissance rivale, et ses intérêts commerciaux la faisaient pencher du côté des États révoltés qui étaient libre-échangistes. Ses sympathies la portèrent à reconnaître aussitôt la qualité de belligérants aux confédérés du Sud. Jusque-là, elle ne dépassait pas son droit, mais elle allait bientôt violer les devoirs de la neutralité en prêtant une assistance occulte, mais formelle, aux États révoltés. Ces derniers qui n'avaient pas de marine, voulurent y suppléer, en faisant construire et équiper des navires de guerre dans certains ports de la Grande-Bretagne.

Au nombre de ces corsaires, se signala surtout la canonnière *l'Alabama*, sortie du port de Liverpool, le 19 juillet

[1] Rivier, *L'affaire de l'Alabama et le tribunal arbitral de Genève*, (Bibliothèque universelle et Revue suisse, 1872). — Pradier-Fodéré, *La question de l'Alabama et le droit des gens*, 1872. — Rolin-Jacquemyns, *Rev. de dr. int.*, Bruxelles, 1872, t. IV, p. 127 ; Même revue, t. VII, p. 57.

1862, et qui, dans sa courte carrière de deux ans, fit éprouver des pertes condidérables à la marine américaine. Elle se trouvait au mois d'août 1864 en rade de Cherbourg en même temps que la frégate *Kearsage* de la marine fédérale. Celle-ci sortit la première et attendit au large le départ du corsaire confédéré. Le capitaine Semmes qui commandait l'*Alabama* ne voulut pas refuser le rendez-vous d'honneur, que semblait lui offrir la frégate ennemie et, malgré son infériorité, il résolut d'affronter un combat inégal, et paya de la perte de son navire son héroïque témérité[1].

Le gouvernement des États-Unis accusa l'Angleterre d'avoir violé la neutralité, en favorisant dans ses ports et ses colonies les manœuvres des corsaires confédérés. Après de longues discussions sans résultat, les deux Puissances convinrent, par le traité de Washington du 8 mai 1871, de déférer leur litige à un tribunal composé de cinq arbitres, nommés par le Président des États-Unis, la reine d'Angleterre, le roi d'Italie, le Président de la confédération Suisse et l'empereur du Brésil. Ce tribunal se réunit à Genève, et rendit, le 14 septembre 1872, une sentence qui condamna l'Angleterre à payer aux États-Unis une somme de quinze millions cinq cent mille dollars en or à titre d'indemnité. Le traité de Washington, avec les conséquences qui devaient en être la suite, fut ratifié par le Sénat américain et le Parlement anglais.

Tel fut l'exemple donné par deux grandes nations. Il devint le point de départ de ce mouvement en faveur de la paix qui s'est manifesté depuis avec tant d'éclat.

Autres cas d'arbitrage. — L'*empereur d'Allemagne* fut choisi comme arbitre entre les États-Unis et l'Angleterre, le 20 octobre 1872, pour fixer les limites des deux États dans le canal qui sépare le continent américain de l'île de Vancouver. Le *baron Lambermont*, ministre d'État de S. M. le roi des Belges, a rendu, le 17 août 1889, une sentence arbitrale au sujet de l'affermage des douanes et de l'administration de l'*île de Lamu* située sur la côte orientale d'Afrique, en acquit du

---

[1] D'autres navires, la *Georgia*, la *Florida*, le *Shenandooh*, furent également armés dans des ports anglais, et s'y procuraient des vivres et des munitions.

mandat que l'Allemagne et l'Angleterre lui avaient conféré.

L'empereur de Russie a été pris comme arbitre, en vertu d'une convention conclue à Paris le 28 avril 1890 , pour trancher un différend entre la France et la Hollande, au sujet des *limites de leurs possessions dans la Guyane*. Cette convention offre une particularité remarquable. Elle donne à l'arbitre, pour le cas où il n'arriverait pas, *en droit*, à désigner l'une des limites contestées et indiquées dans la convention, la faculté d'*imposer*, *en fait*, une *solution transactionnelle*. L'arbitre devient, dans l'espèce, un *médiateur* d'une nature toute spéciale. Il ne dit pas de quel côté est le droit, à l'aide des documents existants, comme doit le faire l'arbitre; il ne se borne même pas à proposer un arrangement que les parties acceptent librement, comme le fait le médiateur ordinaire. Il se réserve le droit d'*imposer* une solution à sa convenance, suivant la nature des faits, dans le cas où il ne peut arriver, après examen, à se décider sur les points spécialement indiqués [1].

On trouvait une extension analogue du pouvoir donné aux arbitres, dans la mission confiée au *Président de la République française*, chargé de régler un conflit entre le Portugal et la Grande-Bretagne, au sujet des possessions de ces deux États en Afrique (Protocole dressé à Lisbonne le 25 septembre 1872). L'arbitre pouvait donner « une *solution équitable de la difficulté* » mais il n'eut pas à user de ce pouvoir extraordinaire et trouva les prétentions du Portugal « dûment prouvées et établies » (sentence du 24 juillet 1875).

C'est surtout la convention d'arbitrage du 15 août 1893, relative aux *pêcheries de Behring*, qui nous met en présence de pouvoirs considérables donnés aux arbitres. Ceux-ci pouvaient en effet, après avoir résolu la question litigieuse, faire des règlements, en vue de l'avenir, pour la protection et la conservation des phoques en dehors des limites juridictionnelles des gouvernements respectifs (voir page 145) [2].

On pourrait citer encore d'autres exemples qui serviraient

[1] Rolin-Jacquemyns, *Rev. de dr. int.*, Bruxelles, t. XXII, p. 349, 360; t. XXIII, p. 83.
[2] L. Renault, *Rev. génér. de dr. int. public*, Paris, 1894, p. 44.

à montrer que l'arbitrage international peut être appelé à jouer, dans l'avenir, un rôle important pour prévenir les conflits et assurer la paix du monde.

3° *Arbitrage permanent.* — Il ne faut pas cependant se laisser aller à de trop grandes illusions, et croire que l'arbitrage s'imposera dans toutes les circonstances comme un moyen nécessaire et toujours accepté par les nations. Lorsque l'honneur est compromis, ou que l'indépendance d'un pays et l'intégrité de son territoire sont menacés, il y a peu d'espoir d'éviter un conflit en laissant à une Puissance amie le soin de juger les intérêts majeurs d'un État.

On ne peut guère, en présence de l'état actuel des esprits, songer à imposer l'arbitrage comme *règle générale et permanente.* A l'adresse proposée dans ce but, par M. Henry Richard, en 1873, à la Chambre des communes, la reine d'Angleterre fit répondre qu'elle ne manquerait pas de recourir, comme par le passé, à l'arbitrage pour mettre fin aux différends « toutes les fois qu'il paraîtrait possible de le faire *utilement* ».

Toutefois, cette pensée de l'*arbitrage permanent* a été souvent émise et même consacrée par quelques traités depuis une vingtaine d'années. Dès 1874, la *ligue internationale de la paix* votait « le principe d'un traité d'arbitrage permanent » et l'*Institut de droit international* adoptait ce principe l'année suivante. Des motions furent faites plus tard, dans le même but, devant les Parlements de différents pays (Italie, Angleterre, Suède, Belgique, Espagne, Hollande, France 21 janvier 1887 et 21 avril 1888) et l'on trouve, dans quelques conventions, des clauses d'arbitrage en vue de difficultés éventuelles. Le traité de Berne de 1874, sur l'*Union postale universelle*, contient une clause de cette nature, mais c'est surtout le *traité de Washington*, conclu, le 18 avril 1890, entre *dix-sept républiques américaines* qui consacre ce principe d'une façon solennelle, confirmant ainsi les décisions adoptées précédemment par quelques États de l'Amérique centrale. Ce traité n'a pas empêché la paix d'être troublée peu de temps après et il faut remarquer la clause, contenue dans l'article 4 de cette convention, et d'après laquelle l'*arbitrage n'est plus obligatoire* pour les questions qui, au jugement de l'une des nations en conflit, pourraient *mettre son indépendance en péril*.

Il n'y a qu'un traité, du 24 juillet 1889, entre les États-Unis et la Suisse, qui rend l'arbitrage obligatoire pour toutes difficultés, quels qu'en soient la cause et l'objet.

Ce n'est donc qu'entre certains États dont la situation est inégale, les intérêts très éloignés ou pour des questions spéciales, ou encore avec certaines restrictions que l'arbitrage est inséré dans des traités.

Un tribunal permanent, constitué à l'avance en Cour suprême internationale, pour juger tous les conflits qui se présenteraient, est incompatible avec l'indépendance souveraine des États, qui ne peuvent pas ainsi se lier, pour l'avenir, *d'une façon générale et absolue*. La *grande alliance* entre les souverains, rêvée par l'abbé de Saint-Pierre qui reprenait la pensée d'Henri IV et de Sully, restera longtemps dans le domaine de l'utopie, et dans les mystères d'un avenir encore lointain. Napoléon III, au moment où il compromettait le prestige et les intérêts de la France dans les entreprises les plus chimériques, et les princes qui ont le moins reculé devant les hasards et les horreurs de la guerre, ont proclamé la nécessité de la paix et de l'arbitrage permanent.

Il faut ajouter, que les sentences de cette haute Cour de justice, faisant respecter les lois internationales dont on espère aussi la codification, ne pourraient pas s'exécuter sans la volonté des États en cause, à moins d'admettre une intervention continuelle des autres Puissances qui, suivant les intérêts de la politique, arriveraient souvent à substituer, aux luttes isolées de deux parties, des guerres générales et sans fin.

CHAPITRE II.

Solutions violentes ou coercitives.

Lorsque les moyens d'arriver à un arrangement amiable ont échoué, l'État lésé peut encore essayer d'obtenir justice, avant de recourir aux armes, par des mesures de coercition ou des voies de fait, dont la gravité varie suivant le préjudice souffert. Ces mesures se présentent sous forme de rétorsion ou de représailles.

TITRE I.

RÉTORSION. REPRÉSAILLES. EMBARGO.

BLOCUS PACIFIQUE.

1° *La rétorsion* est l'acte par lequel un État applique à un autre pays les mêmes règles et les mêmes procédés que celui-ci emploie à son égard. Elle s'inspire du principe de réciprocité et de respect mutuel que toute nation doit avoir à l'égard des autres. Elle n'a pour but de punir ni un acte d'injustice, ni la violation d'un droit. L'État, contre lequel on prend cette mesure, avait agi dans les limites strictes de son pouvoir, mais d'une façon peu équitable; il refuse, par exemple d'accorder aux étrangers les mêmes droits civils qu'il accorde à ses nationaux, ou il frappe les marchandises étrangères de droits d'entrée exorbitants. Par des mesures semblables prises à l'égard de cet État, on veut lui montrer le caractère étroit et égoïste de ses procédés, afin d'arriver à une législation plus large et plus équitable.

2° *Les représailles* sont des moyens de contrainte, plus ou moins rigoureux, dont un État se sert pour obtenir la réparation d'une injustice commise à son égard par un autre État. User de représailles, c'est d'après le sens étymologique du mot, *reprendre* les biens qu'on nous a enlevés et, à défaut, faire subir un préjudice qui oblige, par la nécessité de le faire cesser, à nous donner satisfaction.

Les *représailles* sont *positives*, si l'on saisit, comme gage, des biens appartenant à l'État étranger; *négatives*, si l'on dénonce les traités conclus avec cet État en refusant de lui accorder désormais les avantages dont il jouissait précédemment.

L'État doit seul aujourd'hui faire usage de représailles, sans pouvoir autoriser les particuliers, dont les intérêts sont lésés par les citoyens d'un autre pays, à s'emparer, à titre d'indemnités, de biens appartenant à des personnes de ce même pays. En 1778, les sieurs Basmarin et Raimbaux s'étaient vu capturer onze de leurs navires par des corsaires anglais. Pour réparer ce préjudice, Louis XVI leur délivra des *lettres de représailles*, les autorisant à saisir des marchandises, effets et biens appartenant aux sujets du roi d'Angleterre, jusqu'à concurrence de la valeur des onze navires capturés. Cette ancienne coutume, qui frappait des innocents, était trop contraire à la justice pour être maintenue. Elle n'a laissé de vestiges, qu'en temps de guerre maritime, dans les *lettres de marque*, délivrées à des corsaires, et dont la plupart des Puissances ont, même pour ce cas, depuis 1856, condamné le principe et proclamé l'abolition.

C'est donc l'État seul qui peut user de ce moyen de coercition, lorsqu'un droit certain et bien défini se trouve violé, et il doit s'abstenir de porter atteinte aux droits des particuliers, sous prétexte de venger les offenses commises par leur gouvernement. L'arrestation des personnes à titre d'otages, le séquestre de leurs biens, ne peuvent se justifier alors même qu'un autre État aurait usé de procédés semblables. La peine du talion est contraire à la morale et ne peut se comprendre dans les relations des peuples civilisés. Une nation est vraiment grande et forte, lorsqu'en face même d'une violation de son droit, elle ne cesse jamais d'être juste.

Pour venger les mesures iniques dont les Français étaient victimes, en 1832, de la part du roi de Portugal, dom Miguel, la France fit saisir par représailles toute la flotte portugaise et les *navires de commerce*, appartenant à cette nation, qui se trouvaient dans les eaux du Tage. Le séquestre ne fut levé qu'après que le gouvernement portugais eut fait droit aux réclamations contenues dans l'*ultimatum* signifié par le contre-amiral Roussin, commandant l'escadre française [1].

---

[1] Guizot, *Mémoires pour servir à l'histoire de mon temps*, t. II, p. 307.

Sans doute, on ne peut dénier à un État le droit d'exiger des réparations à raison des outrages reçus ou des préjudices soufferts, mais le droit international doit condamner toutes les mesures qui portent atteinte, surtout en pleine paix, à la liberté et aux intérêts des particuliers qui ne doivent pas être responsables des fautes de leurs gouvernements.

3° *Pour exercer des représailles*, les États maritimes se servent parfois de l'*embargo*, c'est-à-dire de la saisie des navires étrangers, qui se trouvent dans leurs ports ou dans leurs eaux territoriales. Cette mesure d'origine anglaise ne peut se justifier d'après les principes du droit; elle constitue un véritable abus de la force, et atteint les propriétaires des navires de commerce qui ne sont pas responsables des injustices commises par l'État dont ils relèvent. Des traités, conclus entre certains États, le proscrivent dans leurs rapports respectifs et ne l'admettent qu'à la suite d'une déclaration de guerre.

L'embargo fut mis, en 1832, par la France et l'Angleterre sur les navires appartenant à la Hollande qui refusait d'exécuter le traité qui consacrait l'indépendance de la Belgique.

Il ne faut confondre cet *embargo par représailles*, ni avec l'*embargo pour cause d'angarie*, qui n'existe plus en temps de paix et qui consiste à requérir des navires pour un service public, ni avec l'*embargo de vaisseaux ennemis dans un port au moment de la déclaration de guerre*, ni surtout avec l'*embargo civil* ou *arrêt de prince*, qui s'exerce, lorsqu'on défend à des navires de quitter pour le moment leur mouillage, soit pour faciliter des recherches de police, soit pour empêcher la divulgation de nouvelles importantes (Voir page 214).

4° *Le blocus commercial ou blocus pacifique*[1] est encore une voie de représailles qui consiste dans l'investissement d'une place, ou plus spécialement d'un port maritime ou fluvial, dans le but de lui interdire toute communication avec le dehors, toute introduction de marchandises, toute entrée ou sortie de navires.

---

[1] Bulmerincq, *Le blocus pacifique et ses effets sur la propriété privée*, Journ. de dr. int. pr., t. XI, p. 569. — Geffcken, *Le bloc. pacif.*, dans la Rev. de dr. int., Bruxelles, t. XIX, p. 377. — Perels, *Le droit de blocus en temps de paix.*

Approuvé par les uns sous prétexte qu'il évite une guerre ouvertement déclarée, il est vivement critiqué par un grand nombre d'auteurs à raison de son caractère exorbitant et des effets qu'il engendre. Il ne peut être efficace que si tous les États neutres le respectent, et c'est leur défendre, en temps de paix, de continuer avec un pays leurs relations commerciales. Il n'y aurait pas, en effet, de véritable blocus, si l'on admettait, comme le font certains auteurs, que les Puissances tierces ne sont pas atteintes par la déclaration régulière de cette voie de coercition. Lorsqu'en 1885, la France déclarait qu'elle n'était pas en état de guerre avec la Chine, et que le blocus de Formose était un blocus pacifique, elle se reconnaissait cependant le droit de capturer les bâtiments neutres qui l'auraient violé. La *jurisprudence française* admet en effet la *confiscation des navires neutres* violant le blocus, et seulement le *séquestre des navires des pays bloqués* jusqu'à la fin du blocus (Conseil d'État, 1er mars 1848). L'*Angleterre* admet la confiscation des uns et des autres.

Les États puissants trouvent dans cette mesure le moyen d'imposer leur volonté à des États faibles, sans encourir la responsabilité d'une guerre. Si le *blocus par représailles* mérite d'être critiqué, le *blocus à titre d'intervention* peut encore moins se justifier, car il porte atteinte à l'indépendance des États.

En 1827, la France, l'Angleterre et la Russie, en exerçant le blocus contre les côtes grecques de la Turquie, prétendaient rester en paix avec la Sublime Porte. On peut citer encore un grand nombre de cas, où le blocus a été exercé par différentes Puissances : par la France, contre le Portugal, en 1831, contre le Mexique en 1843 ; par l'Angleterre, contre la Grèce [1], en 1850 ; par la France et l'Angleterre, pendant plus de dix-sept ans, à l'embouchure de la Plata, par la France contre le Siam en 1893. Toutefois, la proposition de Gladstone de bloquer Smyrne, en 1880, pour faire céder la Porte dans l'af-

---

[1] Le blocus de 1850 était ordonné par l'Angleterre pour forcer la Grèce à payer à *Pacifico* l'indemnité qu'il réclamait à raison du pillage de sa maison, en 1847, à Athènes. Voir le récit de l'affaire *Pacifico*, dans Pradier-Fodéré, *Dr. int. public*, t. V, nº 2481.

faire du Monténégro, fut repoussée par tous les États.

Le blocus que les Puissances établirent sur les côtes de la Grèce, le 8 mai 1886, pour forcer ce pays à désarmer et à éviter tout conflit avec la Turquie, a un caractère tout particulier. Il n'atteignait que les navires *sous pavillon grec;* les États se bornaient à interdire l'accès et le départ des côtes bloquées aux navires de la nation contre laquelle le blocus était établi, et les mettaient sous séquestre jusqu'à la fin du blocus.

Cette restriction, qui réalise un progrès auquel on ne peut qu'applaudir, et dont l'*Institut de droit international* a renouvelé le principe, en 1887, dans sa session d'Heidelberg, enlève au blocus pacifique son caractère exorbitant. Mais on ne peut songer à l'appliquer en toutes circonstances; tout dépend du but que l'on poursuit et du caractère de l'État qu'on veut atteindre. Il est évident que la France, en décrétant, soit au mois d'avril 1890, soit, deux années plus tard, le 15 juin 1892, le blocus sur la côte des Esclaves, au Dahomey, dans le but d'empêcher surtout l'importation des armes de guerre dans ce pays, ne pouvait ordonner qu'un blocus général s'imposant à toutes les Puissances.

Le blocus doit être notifié aux nations maritimes, et avoir un caractère effectif, d'après les règles et les conditions dont nous ferons l'étude en traitant de l'état de guerre.

TITRE II.

DE LA GUERRE.

Les moyens violents, que nous venons d'exposer, n'avaient pas encore détruit les devoirs mutuels des États, résultant de leurs relations pacifiques. Mais si tout espoir d'obtenir justice est perdu, ou si le désaccord tient à des causes profondes qui mettent en jeu des passions ou de graves conflits d'intérêts, la guerre, comme recours suprême, devient inévitable. Les rapports hostiles, qui vont pour un temps s'établir entre les États, sont en dehors de l'idée véritable du droit; car c'est la force qui se substitue à l'action de la justice. Il y a cependant des règles qui viennent limiter et contenir cet emploi de la force, et qui constituent ce qu'on appelle le *droit de guerre*.

Je vais, pour les préciser, me placer en face de ces trois grandes divisions : *de la guerre, en général, ou guerre continentale; de la guerre maritime ; de la neutralité.*

SECTION I.

De la guerre, en général, ou guerre continentale[1].

I.

DÉFINITION ET CARACTÈRES GÉNÉRAUX.

1° *Guerres publiques ou d'État à État.* — La guerre est l'acte par lequel deux États en désaccord recourent à la lutte armée, afin qu'elle décide lequel d'entre eux pourra, par la force, imposer à l'autre sa volonté.

Les caractères généraux de la guerre vont découler de cette définition. En principe, la lutte armée n'existe qu'entre les *États indépendants* qui ne sont soumis, pour la sauvegarde

---

[1] Bluntschli, *Le droit de la guerre*, dans la *Rev. de dr. int.*, Bruxelles, t. VIII, p. 663. —Brocher, *Les principes naturels du droit de la guerre*, dans la *Rev. de dr. int.*, t. IV, p. 1. — Moria, *Les lois relatives à la guerre selon le droit des gens modernes.* — Pillet, *Le droit de la guerre.* — Sumner-Maine, *La guerre.* — Dahn, *Le droit de la guerre exposé succinctement...* — Den Beer Portugael, Het Oorlogsrecht (Le droit de la guerre, en langue hollandaise). — Nys, *Le droit de la guerre et les précurseurs de Grotius.* — Salières, *La guerre, ses causes et ses résultats.* — Villiaumé, *L'esprit de la guerre.* — Rouard de Card, *Le droit int. moderne et la codification des lois de la guerre*, dans les *études de dr. int., La guerre continentale et la propriété.* — Guelle, *Précis des lois de la guerre; La guerre continentale.* — Rolin-Jacquemyns, *La guerre actuelle.* — De Landa, *Droit pénal de la guerre, Rev. dr. int.*, Bruxelles, t. X, p. 182. — De Laveleye, *Les actes de la confér. de Bruxelles.*

de leurs intérêts politiques, à aucune autorité supérieure. La guerre entre particuliers ne peut aujourd'hui se comprendre. Le duel judiciaire du moyen âge est incompatible avec l'administration moderne de la justice et la souveraineté de l'État. Les compagnies commerciales n'auraient pas davantage ce droit, à moins de constituer, comme autrefois la Ligue Hanséatique, une société politique indépendante.

2º *Guerres civiles*. — L'état de guerre entre deux Puissances souveraines a donc seul un caractère vraiment international. Mais une difficulté peut naître au sujet d'une *guerre civile* entre les partis politiques qui, dans un même État, se disputent le pouvoir, ou dont l'un veut conquérir son indépendance; la question qui se pose est alors uniquement une question de fait. S'il s'agit d'une révolte passagère et aussitôt étouffée, les révoltés seront traités en criminels et soumis aux lois pénales de l'État, dont ils ont méconnu l'autorité. Mais lorsqu'on se trouve en présence de deux pouvoirs politiquement organisés, avec des chefs reconnus, des armées disciplinées, on peut dire qu'il y a, en fait, un état de guerre et l'on doit reconnaître aux rebelles la *qualité de belligérants*.

L'Autriche, en 1849, ne voulut pas accorder cette faveur aux *Hongrois révoltés*, bien qu'elle n'ait pu les ramener sous sa puissance qu'avec l'intervention de la Russie. Le *parti du Congrès*, dans sa lutte contre le dictateur Balmaceda, pendant la *guerre civile du Chili*, en 1891, n'a été reconnu comme belligérant par aucune Puissance, à l'exception de la Bolivie, bien qu'il eût une armée et une marine régulières et disciplinées. On peut considérer ces faits comme de véritables anomalies. Mais on dut reconnaître ce caractère aux *colonies anglaises de l'Amérique du Nord*, lorsqu'à la fin du siècle dernier, elles proclamèrent leur indépendance, et aux colonies de l'*Amérique du Sud* qui, quelques années plus tard, s'affranchirent de la domination espagnole. Et, plus récemment encore, en 1861, lors de la guerre de la sécession américaine, les *États fédérés du Sud* furent reconnus comme belligérants. Ce dernier exemple montre que la nature de l'État fédéral n'empêche pas de donner la qualité de belligérant à l'État confédéré qui se soulève contre le gouvernement central, bien qu'il y ait dans ce cas une autorité commune et supérieure.

Il faut, d'ailleurs, ne pas oublier qu'en accordant au parti révolté la qualité de belligérant, on ne reconnaît pas encore en lui un nouvel État souverain. Il faut avant tout qu'il ait pu définitivement établir son pouvoir. Mais on doit, dans un intérêt d'humanité et en présence d'une lutte qui offre tous les caractères d'une guerre normale, suspendre la rigueur des lois criminelles.

En résumé, il n'existe, en droit, de guerre véritable qu'entre deux États indépendants; mais, en fait, on applique les usages et les lois de la guerre à ceux qui, relevant d'une autorité commune, entrent en lutte avec elle, pour des intérêts politiques, avec une armée régulièrement organisée.

Il ne faut pas toutefois reconnaître la qualité de belligérants à des *brigands*, alors même qu'ils seraient organisés militairement; car leurs crimes rentrent dans le droit commun et relèvent de la juridiction pénale ordinaire.

3° *But et légitimité de la guerre.* — Les États qui font la guerre ont pour but d'imposer, après la victoire, leur volonté. Les philosophes et les moralistes ont longuement disserté sur ce moyen d'assurer le droit du plus fort. Les uns *glorifient la guerre*, et la considèrent comme utile au progrès de l'humanité, les autres la *condamnent toujours*, comme étant la violation du droit et la négation de la justice.

En présence du fait positif de la guerre, les théories, qui tendent à l'exalter ou à la flétrir, ne peuvent pas avoir, pour le jurisconsulte, un intérêt plus réel que l'idée chimérique de la paix perpétuelle. Nous dirons donc que la paix est le plus précieux des biens, que les États ont le devoir de l'assurer et de la maintenir, en la conciliant avec la justice et l'honneur, mais nous dirons aussi que la guerre est un mal inévitable et parfois nécessaire. Son issue ne prouve ni ne sanctionne le droit qui peut être du côté du plus faible; elle ne fait qu'assurer le triomphe du plus fort.

Les publicistes se sont plu à en donner des divisions variées et multiples qui tiennent à ses caractères ou à ses causes: guerres offensives et défensives; guerres politiques ou de religion; guerres d'indépendance ou d'intervention; guerres de conquête; guerres justes ou injustes.

Il est souvent difficile de se rendre compte de la *légitimité* d'une guerre. Si l'on ne veut la justifier que par la nécessité absolue, la guerre défensive sera toujours juste; mais la guerre offensive ne l'est pas moins, lorsqu'elle a pour but de venger la violation des droits les plus sacrés de l'État. L'a gresseur n'est pas toujours celui qui attaque le premier, mais celui qui rend la guerre inévitable. Lorsqu'un État devance les projets d'un ennemi qui prépare une coalition pour l'écraser, il ne fait que veiller à sa propre conservation et défendre son existence menacée.

Pour juger tous ces points avec certitude, il faudrait apprécier les différentes causes d'une guerre et chaque Puissance les interprète souvent au gré de ses intérêts. En 1864, le prince de Bismarck, après la guerre inique de la Prusse et de l'Autriche contre le Danemarck, voulut en justifier la cause et les résultats près du gouvernement britannique. Il s'attira cette réponse de lord Russell : la guerre faite par l'Allemagne au Danemarck n'a pour fondement *ni la justice ni la nécessité qui sont les seules bases sur lesquelles la guerre puisse reposer*.

Laissons donc à l'histoire le soin d'apprécier les guerres dans leur caractère intime. Les Romains disaient que la guerre était juste, *legitimum bellum*, lorsqu'elle était régulièrement déclarée; c'est à ce point de vue que nous allons nous placer dans l'étude qui va suivre.

II.

DÉCLARATION DE GUERRE.

A. NÉCESSITÉ ET FORMES DE LA DÉCLARATION DE GUERRE. — 1° Si l'état de paix pouvait se convertir brusquement en état d'hostilités, les nations seraient toujours sous le coup d'une crainte mutuelle et d'une défiance réciproque. 2° Il importe, d'ailleurs, que les sujets des États belligérants et les gouvernements neutres connaissent le moment qui doit servir de point de départ aux obligations nouvelles que la guerre va leur imposer. 3° L'intérêt, qu'on peut avoir à mériter l'estime publique, exige encore que personne ne suspecte la loyauté de l'État qui fait la guerre, et les motifs qui l'inspirent.

L'Angleterre, en se dispensant parfois de cette formalité, a soulevé un concert unanime de blâme, et Bentham lui-même avoue qu'elle mérite le reproche d'avoir abusé de la supériorité de la force, au détriment de la justice, plus que toute autre nation.

Plusieurs raisons nécessitent donc une déclaration préalable à tout acte d'hostilités. Il faut maintenant en indiquer les formes et les effets immédiats.

Cette déclaration peut résulter de tout acte, par lequel un État fait connaître, d'une manière formelle et publique, sa volonté de recourir aux armes, pour obtenir la réparation d'un tort ou d'une injustice.

Il n'y a pas de formes sacramentelles pour faire cette déclaration. On ne saurait revenir au temps où le chef des féciaux de Rome allait à la première ville frontière exposer les griefs du peuple romain, ou à l'époque du moyen âge alors que le héraut d'armes présentait solennellement « les lettres de deffyance. »

Mais on peut adresser directement la *déclaration de guerre* au gouvernement ennemi, soit dans la *forme pure et simple*, comme le fit, en 1870, le chargé d'affaires de France à Berlin, soit dans la *forme conditionnelle*, au moyen d'un *ultimatum*, indiquant, avec ses dernières propositions précises et péremptoires, le délai après lequel, en l'absence d'une réponse favorable, l'état de guerre doit exister. Il suffit même d'exposer ses griefs dans un *manifeste* que l'on destine à toutes les Puissances, en indiquant que l'on est réduit à l'obligation d'ouvrir les hostilités. Mais le *simple rappel des ambassadeurs* n'implique pas, en principe, une déclaration de guerre et ne peut y suppléer, à moins d'être accompagné d'actes diplomatiques qui lui donnent cette signification. Certains traités font toutefois remonter les effets de la guerre et la rupture des relations pacifiques au rappel ou au renvoi des ambassadeurs respectifs.

La nature des choses indique assez qu'il est inutile de faire précéder une guerre défensive d'une déclaration de guerre, sauf à laisser, dans l'intérêt de l'équité, un délai pour sauvegarder les droits des particuliers.

Les deux États belligérants doivent d'ailleurs avertir leurs *sujets respectifs* de l'ouverture des hostilités par un acte qui constitue la *publication de la guerre*. Chacun d'eux adresse en outre aux *États neutres* des circulaires diplomatiques ou des manifestes, dont le but est d'informer officiellement les Puissances de la lutte qui se prépare et d'indiquer le fondement des droits que l'on invoque ou que l'on défend. L'*ennemi* peut même recevoir une proclamation par laquelle son adversaire lui indique les règles de conduite qu'il se propose d'observer pendant la durée des hostilités [1].

B. DROIT DE DÉCLARER LA GUERRE. — Il ne faut pas confondre la déclaration de guerre avec la décision prise, au sujet de la guerre, suivant la loi constitutionnelle de chaque pays, soit par le *chef de l'État seul* comme en Russie et en Turquie, soit *uniquement par le pouvoir législatif* comme en Suisse et aux États-Unis, soit par l'*initiative exclusive du chef de l'État, mais avec l'approbation des assemblées législatives* comme en France et dans tous les pays placés sous un régime constitutionnel et parlementaire.

Dans la pratique, on distingue les guerres proprement dites des simples *expéditions* qui se font dans un intérêt colonial, sous forme de représailles, d'occupation de territoires et qui, au fond, sont de véritables guerres, pour lesquelles il faudrait l'approbation législative. Le gouvernement les décide cependant seul et trouve, d'ailleurs, une approbation tacite dans les votes de crédits que le Parlement ne refuse jamais au moment où la patrie est déjà engagée. C'est la justification de

---

[1] *Proclamation du roi de Prusse au peuple Français*, en 1870 : « Nous ne faisons pas la guerre aux habitants paisibles de la France, et le premier devoir d'un loyal soldat est de respecter la propriété privée... Je fais la guerre aux soldats français et non aux citoyens français... »

ce mot de Prévost-Paradol : « Le drapeau est une raison suffisamment persuasive, parce qu'il rappelle que la patrie doit être suivie même si elle se trompe... » En France, nous trouvons un exemple de ce fait dans les expéditions de Chine, du Dahomey et de Madagascar.

C. Effets immédiats de la déclaration de guerre. — Les relations pacifiques cessent temporairement entre les deux États, et la déclaration de guerre produit aussitôt des effets importants, en ce qui concerne la personne et les biens des sujets ennemis qui résident sur le territoire de l'autre État, les relations commerciales des deux nations respectives, et les traités qui les unissaient.

a) *Effets relatifs aux individus.* — 1° *Effet relatif à la personne des sujets ennemis résidant sur le territoire de l'autre État.* — Les personnes qui se trouvent sur le territoire de l'État ennemi, au moment où s'ouvrent les hostilités, ne peuvent plus être aujourd'hui considérées comme des prisonniers de guerre. Elles y sont venues sur la foi des traités et des relations pacifiques que la guerre efface dans l'avenir, mais ne peut. pas détruire dans le passé.

On leur accorde habituellement un délai raisonnable pour quitter le territoire avec leurs biens, ou la faculté d'y prolonger leur séjour en se plaçant sous la protection du représentant diplomatique d'une Puissance neutre.

Mais l'État, qui doit, avant tout, obéir aux nécessités de la guerre, est libre de prendre, dans son propre intérêt, des mesures plus rigoureuses. Il peut interdire aux sujets ennemis la résidence des places fortes, les reléguer dans certaines régions du territoire ou même les en expulser complètement. Cette dernière décision peut parfois se justifier dans l'intérêt de la défense, lorsque l'État peut craindre l'espionnage ou les complots. Au début de la guerre de 1870, les Allemands établis en France purent continuer à y séjourner librement, et ce ne fut qu'au jour où le siège de Paris était imminent qu'ils furent expulsés des départements de la Seine et de Seine-et-Oise qu'ils occupaient au nombre de trente mille environ. Après la guerre, ils voulurent, en se prétendant lésés, demander une indemnité qui leur fut à bon droit refusée [1].

Si l'État peut expulser, lorsque les circonstances l'exigent, les sujets ennemis qui habitent son territoire, il jouit, à l'inverse, du droit strict d'empêcher de sortir après la déclaration de guerre les officiers ou les soldats de l'armée ennemie, qui retourneraient dans leur pays pour combattre la nation qui leur a jusqu'ici accordé l'hospitalité. Toutefois, il est plus juste et plus généreux de leur accorder un délai pour rejoindre leur drapeau.

Les traités prévoient souvent les conditions dans lesquelles pourra s'exercer le droit d'expulsion, ou les délais qui seront accordés aux nationaux pour quitter le territoire de l'État ennemi.

2º *Biens des sujets ennemis situés sur le territoire de l'autre État* — Pendant longtemps et même jusqu'au xviiᵉ siècle, les États se reconnaissaient, après l'ouverture des hostilités, le droit de confisquer les biens appartenant à des nationaux ennemis, et qui se trouvaient situés sur leur territoire. Une pareille coutume révolterait aujourd'hui la conscience du monde civilisé. Le séquestre, bien que moins rigoureux, ne se justifie pas davantage, d'après les principes du droit.

Le progrès réalisé dans le cours de ce siècle a été plus lent pour les navires. Mais on leur accorde toujours maintenant un délai pour quitter les ports où ils se trouvent au moment de la déclaration de guerre.

3º *Relations commerciales entre les sujets des États ennemis.* — L'une des conséquences immédiates les plus importantes des hostilités, c'est l'interdiction de toutes relations commerciales entre les sujets des États belligérants, à moins de dispositions contraires, établies par des licences ou sauf-conduits qui les autorisent d'une façon toute spéciale et exceptionnelle. Les contrats passés avec l'ennemi sont donc illicites, à partir de ce moment ; il ne faut pas que les individus recherchent leur profit personnel, en nuisant à la cause commune, et se mettent, en continuant leurs relations paci-

---

[1] A. Sorel, *Histoire diplomatique de la guerre franco-allemande*, t. 1, p. 262.

fiques, en contradiction avec l'action hostile de l'État dont ils sont membres. Le banquier Güterboek, de Berlin, qui, en 1871, fit souscrire à l'emprunt Morgan, fut puni pour trahison.

Je dois noter toutefois que certains auteurs, Heffter et Neuman par exemple, renversant la proposition que j'ai admise, décident que la déclaration de guerre n'entraîne pas de rupture absolue des relations commerciales, à moins de dispositions contraires. Mais la pratique des États rejette cette doctrine. Les instructions du ministre français de la marine, en 1870, portaient dans leur article 5 : « L'état de guerre interrompant les relations commerciales entre les sujets des Puissances belligérantes..., etc. » Cette règle s'applique au commerce terrestre comme au commerce maritime [1].

b) *Effets relatifs aux États.* — 1° *Entre les États belligérants : relations diplomatiques et traités.*

La *rupture des relations diplomatiques*, lorsqu'elle n'a pas précédé l'ouverture des hostilités, est la conséquence naturelle de la déclaration de guerre. Les ambassadeurs ou ministres publics de la Puissance ennemie reçoivent leurs passeports; l'*exequatur* est retiré à ses consuls, et les nationaux de chaque État belligérant autorisés à rester sur le territoire de l'autre se placent sous la protection des représentants d'une Puissance amie.

Les traités précédemment conclus entre les deux belligérants sont-ils maintenus? Il faut distinguer : Sont certainement *maintenus* : 1° les *traités conclus en vue de la guerre* et qui trouvent leur application dès le début des hostilités, tels que ceux relatifs à la neutralisation de certains territoires, à la contrebande de guerre, à l'application des lois générales de la guerre (convention de Genève, etc.); 2° ceux qui sont conclus non seulement entre les belligérants, *mais encore avec d'autres Puissances*, tels que ceux de Paris (1856), de Berlin (1878); 3° ceux qui ont produit *leurs effets d'une façon définitive*, réglant par exemple, une limite ou une cession de territoire.

Sont certainement *résolus* les *traités politiques* qui suppo-

---

[1] Heffter, § 123, p. 271. — Geffcken, sur Heffter, § 123, note 5.

saient nécessairement l'état de paix entre les belligérants, tels que les traités d'alliance et de garantie.

Mais que décider quant aux traités concernant des *intérêts privés ou économiques*, et qui ne sont pas absolument incompatibles avec l'état de guerre : traités de commerce, de navigation, conventions douanières, postales ou relatives à la propriété industrielle, aux successions, etc. ? Le traité de Francfort du 10 mai 1871 déclarait que les *traités de commerce étaient annulés* par la guerre, et il ajoutait que les *traités de navigation et autres seraient remis en vigueur*. Il semble résulter de là que les traités seraient donc tous annulés, et que ceux qu'une clause du traité de paix n'aurait pas remis en vigueur devraient être renouvelés sur de nouvelles bases.

La *doctrine générale des auteurs* proteste aujourd'hui contre une telle pratique, qui rappelle le souvenir d'une époque, où l'on considérait la guerre comme devant abroger tous les droits existants, et l'on propose la distinction suivante : 1° tous ces traités, dans celles de leurs dispositions compatibles avec les hostilités, doivent être *maintenus* ; 2° leur *exécution* seule sera, le plus souvent, en fait, *suspendue*, par suite de tous les obstacles que l'état de guerre suscitera dans les rapports des belligérants [1].

2° *A l'égard des États non belligérants*. — Les États, unis avec l'un des belligérants par des traités d'alliance, de subside ou de garantie, doivent apprécier alors s'ils sont en présence d'un cas où leur concours peut être légitimement requis. L'autre État belligérant peut, suivant les cas, mettre *l'allié de son ennemi* en demeure de se prononcer sur sa participation à la guerre, ou attendre qu'il se déclare prêt à agir ; mais il ne peut le considérer comme ennemi qu'en présence d'un concours effectif.

J'indiquerai, sous le titre de la *neutralité*, la situation des Puissances qu'aucune alliance ne rattache aux belligérants, et celle des pays qui sont avec l'un d'eux en état d'*Union per-*

---

[1] Aix, 8 déc. 1858, *Sir.*, 59.2.605. — Saint-Quentin, 30 octobre 1885, *J. de dr. int. privé*, 1888, p. 99. — Bluntschli, *dr. int. codifié*, art. 588, note 2. Voyez toutefois Cassation franç., 23 déc. 1854, *Sir.*, 54.1.811.

sonnelle, réelle, de confédération, ou soumis à une suzeraineté ou à un protectorat.

III.

ACTES ET OPÉRATIONS DE GUERRE.

L'étude qui précède nous a mis en présence des préliminaires de la guerre. Elle est déclarée; les armées ont opéré leur mobilisation, et sont à la frontière, prêtes à en venir aux mains; le territoire de l'un des États sera bientôt envahi, et les combats vont désormais se succéder rapidement. En présence de ces faits, le droit doit-il s'arrêter impuissant et laisser à la force brutale le soin d'accomplir son œuvre, sans être contenue dans de justes limites? La raison et l'humanité protestent contre une pareille pensée, et nous indiquent que la guerre doit avoir ses lois et que les coutumes militaires doivent s'abriter sous le sentiment du devoir et de la responsabilité morale.

Les questions que nous allons résoudre vont se placer sous ces différents chefs : *principes généraux : lois de la guerre; des combattants; des moyens d'attaque et de défense, du traitement des ennemis, prisonniers ou blessés.*

A. PRINCIPES GÉNÉRAUX : LOIS DE LA GUERRE. — Les peuples du monde ancien nous ont donné trop souvent le spectacle des scènes horribles de dévastation et de massacre, pour qu'on puisse faire remonter jusqu'à eux l'origine du *droit de guerre.* Les Barbares, au début du moyen âge, ne respectent pas davantage les lois de l'humanité; mais bientôt, sous l'influence du christianisme et de l'esprit chevaleresque, le métier des armes s'ennoblit, et ne s'inspire plus de l'ancienne maxime qui voulait qu'on fît à l'ennemi le plus de mal possible.

Malgré les tristes phases que nous montre encore l'histoire des guerres modernes, on peut dire que les principes d'humanité ont adouci les coutumes anciennes, et qu'à la place

du caprice et de l'arbitraire, des lois plus justes et mieux dé-
finies se sont imprimées dans la conscience universelle.

La guerre est un mal inévitable; mais il ne faut pas que
les actes d'hostilités dépassent les limites de la stricte nécessité. Elle est une *relation d'État à État*, et non une relation
d'homme à homme. « Entre deux ou plusieurs nations belligérantes, les particuliers, dont ces nations se composent, ne
sont ennemis que par accident; ils ne le sont point comme
hommes, il ne le sont même pas comme citoyens, ils le sont
uniquement comme soldats[1]. » Le droit des gens, disait, en
1806, le prince de Talleyrand, est fondé sur ce principe :
« que les nations doivent se faire, dans la paix, le plus de
bien possible, et dans la guerre le moins de mal possible. »
Civiliser la guerre, en régler par des conventions les lois et
les usages, tel est le but auquel il faut tendre, puisqu'on ne
peut pas espérer la voir disparaître un jour.

La *convention conclue à Genève*, le 22 août 1864, et complétée par les articles additionnels signés le 20 octobre 1868,
s'occupe d'améliorer le sort des militaires blessés; la *déclaration de Saint-Pétersbourg*, du 11 décembre 1868, interdit les
balles explosibles; mais il n'y a pas encore de traité international relatif à la codification générale des lois de la guerre.
Il existe, dans beaucoup d'États, des *instructions* pour les
armées en campagne, qui sont obligatoires pour les pays où
elles sont promulguées, mais qui ne constituent pas de véritables lois internationales. C'est en *Amérique*, pendant la
guerre civile de la sécession, que le jurisconsulte *Lieber* fut
chargé d'un projet semblable, ratifié par le président Lincoln,
et promulgué en 1863[2].

L'empereur de Russie résolut, en 1874, de proposer aux
Puissances le *projet d'une convention internationale concernant les lois et les coutumes de la guerre*. Une conférence se
réunit à Bruxelles, le 27 juillet 1874, mais ne put aboutir à
transformer en traité un projet qui n'était pas encore assez

[1] Portalis, *Discours à l'inauguration du Conseil des prises*, 14 floréal
an VIII.
[2] Bluntschli, (*Dr. int. codifié*), a reproduit en entier les *Instructions
américaines;* Appendice I, p. 499.

bien préparé, mais qui pourra servir de base aux accords ultérieurs des Puissances[1].

L'*Institut de droit international*, en rédigeant dans sa session d'*Oxford*, en 1880, un *manuel des lois de la guerre*, a voulu contribuer également, en formulant des règles précises, en donnant une certitude scientifique aux principes, à préparer pour l'avenir un règlement international de la guerre[2].

Un congrès militaire hispano-portugais-américain a voté, au mois de novembre 1892, un *projet de codification* de la guerre continentale et maritime[3].

En résumé, deux principes dominent le droit de la guerre : 1° un *principe de nécessité* qui justifie l'emploi de la violence ou de la ruse ; 2° un *principe d'humanité* qui limite la guerre aux rapports des États, protège les populations inoffensives, et restreint les moyens de nuire dans une juste limite que nous indiquerons plus loin.

B. DES COMBATTANTS OU DES PERSONNES COMPRISES DANS L'ÉTAT DE GUERRE[4]. — Chez les peuples anciens, la charge du service militaire était imposée à tout membre de la cité, dès que la guerre était déclarée à un peuple voisin. Au moyen âge, les armées n'ont plus le caractère national, et se recrutent de mercenaires, vendant leurs services à celui qui leur offre le plus d'avantages. Le système des armées permanentes, établi au XVIe siècle, a toujours été depuis lors maintenu et l'organisation puissante des forces militaires pèse aujourd'hui lourdement sur les nations européennes.

Les *combattants* comprennent : 1° les *armées régulières* de l'État, sous le nom d'armée active, de réserve ou de milice nationale ; les troupes coloniales, auxquelles on ne doit pas

---

[1] Voir également la *déclaration de Bruxelles*, dans Bluntschli, Appendice II, p. 533.

[2] Bluntschli, Appendice III, p. 344, reproduit intégralement les lois d'Oxford.

[3] *Rev. de dr. int.*, Bruxelles, t. XXV, p. 321.

[4] Grenander, *Condit. nécessaires pour avoir en guerre le droit d'être considéré comme soldat*, dans la *Rev. pratique*, 1881, p. 471.

adjoindre des tribus sauvages ignorant les lois de l'honneur militaire et de l'humanité;

2° Les *corps irréguliers de volontaires*, corps francs ou francs-tireurs, pourvu qu'à l'exemple des soldats de l'armée régulière, ils soient *organisés militairement sous la direction d'un chef responsable*, et *revêtus d'uniformes* ou d'insignes reconnaissables à distance. Ils doivent, en outre, *porter les armes ouvertement* et *observer les usages de la guerre*. Mais il est inutile que chaque homme ait une autorisation spéciale du gouvernement, comme l'Allemagne avait eu la prétention inouïe de l'exiger, en 1870, des francs-tireurs français.

Il faut également appliquer les lois de la guerre aux habitants d'un territoire non occupé ou d'une place abandonnée par les troupes régulières, et qui, à l'approche de l'ennemi, prennent *spontanément* les armes et s'en servent *ouvertement* pour combattre l'invasion, alors même qu'ils n'auraient pas eu le temps de s'organiser. Ne pas admettre cette règle, que proposent la conférence de Bruxelles et l'Institut de droit international dans ses lois d'Oxford, sous prétexte que ces combattants n'ont ni costume, ni signes extérieurs; ne pas les traiter, s'ils sont faits prisonniers, d'après le droit de guerre, mais en criminels, ce serait une véritable cruauté. L'ennemi doit, dans ce cas, s'attendre à la résistance et ne peut pas se plaindre d'être victime d'une surprise provenant d'attaques d'individus isolés. La résistance héroïque de *Bazeilles* et de *Châteaudun* ne pouvait autoriser les pillages et les massacres, dont les Allemands se rendirent coupables en 1870, ainsi que le refus de considérer comme belligérants les gardes nationaux revêtus de leur uniforme.

Les corps francs, dont on ne peut que louer le sentiment patriotique, contribuent rarement au succès de la guerre. Ils sont, le plus souvent, un fléau pour les populations et rien ne peut mieux assurer la victoire à un pays qu'une armée fortement disciplinée et accoutumée à l'obéissance envers ses chefs;

3° La *levée en masse*, ordonnée par un État, transforme tout citoyen valide en belligérant, et le place, en cas de défaite, sous le régime réservé aux prisonniers de guerre. Le gouvernement doit, autant que possible, donner à tous ceux qui combattent des signes distinctifs et reconnaissables pour éviter toute difficulté avec l'ennemi; mais il serait contraire à l'humanité, comme je viens de le dire, de traiter en criminels des hommes qui, même sans uniforme, combattent *en nombre* pour la défense de leur pays.

Toutes les personnes qui ne peuvent rentrer dans ces trois catégories appartiennent à la classe des *non combattants*.

Cette classe comprend : 1° les aumôniers et tout le personnel des hôpitaux et des ambulances qui doivent être considérés comme neutres pour le libre exercice de leurs fonctions;

2° Ceux qui suivent une armée, sans en faire partie, tels que les correspondants de journaux, les vivandiers, les fournisseurs. Ils peuvent être fait prisonniers; mais il suffit de les détenir autant que les nécessités militaires l'exigent;

3° Toutes les personnes qui ne prennent aucune part à la lutte bien qu'elles se trouvent sur le territoire envahi. On peut les désigner sous le nom d'*ennemis passifs et innocents*.

Si l'une de ces personnes accomplissait un acte de guerre, elle perdrait le bénéfice de son caractère d'habitant inoffensif ou de non combattant; elle ne serait même pas considérée comme un combattant légitime, mais elle serait soumise à la loi martiale et le plus souvent punie de mort. Il faut excepter le cas où le non combattant est victime d'une attaque qu'il doit repousser et se trouve ainsi en cas de légitime défense.

C. DES MOYENS D'ATTAQUE ET DE DÉFENSE. — Les lois de la guerre n'autorisent pas, d'une façon illimitée, le choix des moyens destinés à nuire à l'ennemi. Le combat ne peut avoir pour but que d'affaiblir les forces de l'adversaire, de le mettre hors d'état de résister; mais il est inutile et cruel de prolonger les souffrances des soldats ou de rendre leur mort inévitable. Le christianisme, qui apprend aux hommes à aimer leurs ennemis, et le droit naturel, qui enseigne le respect de l'existence humaine, rejettent tout acte barbare accompli dans le seul but d'assouvir sa haine ou sa vengeance. Les lois de la guerre doivent défendre tout ce qui est contraire à l'humanité et à l'honneur.

1° *Règles générales.* — Il résulte de ces principes que l'emploi du poison ou des armes empoisonnées, déjà défendu au moyen âge par l'Église, doit être prohibé par les lois de la guerre. Il faut proscrire également toutes les armes destinées à causer des maux superflus, et l'usage des projectiles explosibles ou incendiaires au-dessous de 400 grammes prohibés par la déclaration de Saint-Pétersbourg, du 11 décembre 1868[1]. Cette défense s'applique uniquement aux balles des fusils, et non aux armes de gros calibre dont les projectiles font explosion et paraissent indispensables aux opérations de la guerre.

Le meurtre, par trahison, de militaires isolés ou de personnes inoffensives; le meurtre du soldat qui met bas les armes ou n'est plus capable de se défendre; et la déclaration qu'il ne sera pas fait de quartier sont contraires aux principes actuellement reconnus par le droit international.

Les règles de la guerre défendent également toute destruction ou saisie de propriétés ennemies, qui ne serait pas impérieusement commandée par les nécessités de la guerre.

Les *ruses de guerre* et l'emploi des moyens pour se procurer des renseignements sur les positions de l'ennemi sont considérés comme licites, pourvu qu'ils ne revêtent pas le caractère d'une trahison. On ne peut jamais faire usage, pour tromper l'ennemi, du drapeau parlementaire, et des signes tutélaires de la convention de Genève; mais une moins grande réserve est commandée à l'égard des signes et emblèmes distinctifs de l'ennemi — uniforme, drapeau, pavillon — ou des sonneries de ses clairons. Les usages de la guerre permettent de s'en servir, avant le combat, pour approcher l'adversaire ou l'attirer dans une embuscade; mais pendant la bataille, les ennemis doivent arborer leur drapeau respectif, et combattre loyalement pour s'assurer la victoire. La déclaration de Bruxelles et les lois de la guerre d'Oxford semblent toutefois prohiber, d'une façon générale, l'emploi du drapeau et des insignes de l'ennemi.

[1] Voir la *reproduction* de cette déclaration dans Travers-Twiss, II, Appendice, p. 523.

Il faut réprouver tous les stratagèmes qui constituent des violations de la foi jurée. Promettre la vie sauve à une armée, pour lui faire mettre bas les armes et la massacrer ensuite, alors qu'elle ne peut plus se défendre, ce serait une odieuse trahison. Exciter à la désertion ou à la révolte les officiers et les soldats ennemis, ce serait contraire aux lois de l'honneur. L'Autriche avait le droit de protester contre la pensée de la Prusse de former, en 1866, des légions hongroises, qui auraient combattu leur souverain. Mais les parties belligérantes peuvent accepter les offres volontaires qui leur sont faites par les sujets ennemis, pourvu qu'elles n'aient jamais pour but des crimes de droit commun, comme l'assassinat d'un souverain ou d'un chef d'armée. Elles ont le droit de recevoir des transfuges, des déserteurs, d'accueillir les propositions d'un traître, d'envoyer des *espions* ou d'entretenir des *intelligences doubles* par l'entremise de personnes qui feignent d'être de connivence avec l'ennemi pour mieux le tromper; mais l'ennemi peut de son côté se garantir de ces ruses, en punissant les espions et les traîtres de la peine de mort[1], que les *conseils de guerre* prononcent suivant les lois de l'État.

Mais il ne faut considérer, comme espions, ni les *courriers*, ni, comme la Prusse le prétendit un instant en 1870, les *aéronautes* qui transportent des dépêches ou font des reconnaissances. Il n'y a pas, dans ce cas, le secret et le déguisement qui constituent l'espionnage.

L'individu qui s'offre à l'ennemi, en vue de l'égarer et de le livrer aux soldats de son pays, est puni comme un traître. On soumet à la même peine celui qui trompe l'ennemi, lorsqu'il a été contraint de le guider, bien que, dans ce cas, l'équité commande de ne le traiter qu'en prisonnier de guerre.

On considère également, comme une ruse de guerre autorisée, l'insertion de *fausses nouvelles* dans des journaux que l'on fait distribuer à l'ennemi, afin de le démoraliser.

2° Règles spéciales aux sièges et bombardements. — On distingue habituellement les *places fortes*, que l'ennemi peut assiéger et bombarder, des *villes ouvertes* qui doivent être

[1] Articles 63, 64, 205 et suiv., Code de justice militaire français.

22*

épargnées, à moins que les habitants n'aient pris la résolution de les défendre, en se retranchant au moyen d'ouvrages ou de barricades. Toute ville qui se défend cesse d'être considérée comme ville ouverte, et l'ennemi a le droit de prendre les mesures militaires destinées à vaincre la résistance qu'on lui oppose.

Dans l'intérêt de l'humanité, *l'assiégeant doit avertir* les autorités locales du moment où l'attaque commencera, permettre aux *habitants inoffensifs* de quitter la ville assiégée. Ces deux mesures ne sont pourtant pas reconnues comme obligatoires par les usages militaires; l'assiégeant peut avoir intérêt à surprendre l'ennemi par une attaque imprévue, et à ne pas retarder la reddition de la place en diminuant le nombre des assiégés que la famine peut contraindre à capituler.

Le procédé de l'avertissement fut observé par la France devant Anvers, Rome et Sébastopol. Les Allemands ne s'y sont jamais soumis en 1870; Paris fut bombardé sans dénonciation préalable et, après les protestations du corps diplomatique, M. de Bismarck répondit que le droit de la guerre n'exigeait pas d'avertissement préalable.

L'assiégeant doit surtout *diriger le feu de ses batteries contre les travaux défensifs et les forteresses*, et respecter, autant que possible, l'intérieur de la ville. On ne peut pas excuser le bombardement des maisons particulières, en prétendant que l'on veut contraindre la population civile à demander au gouverneur de la place de capituler. Cette tentative est immorale et, de plus, inutile. Elle provoque la haine et la vengeance, et le général, aux mains duquel la place est confiée, doit à son honneur et à son devoir militaire de ne se rendre qu'à la dernière extrémité.

L'assiégeant doit épargner les édifices consacrés aux cultes, aux arts et aux sciences, les hôpitaux et les ambulances, pourvu qu'ils ne soient pas employés en même temps dans un but militaire et hostile, et les assiégés doivent avoir le soin d'indiquer ces édifices par des signes visibles et distinctifs.

Les alliés, dans la guerre de Crimée, en 1855, ne lançaient leurs projectiles que contre le fort de Malakoff; l'escadre française, en 1858, lors de son expédition au Mexique, ne dirigeait le feu de ses batteries que sur la forteresse de Saint-Jean-d'Ulloa; mais les Allemands, en 1870, épargnèrent si peu les maisons des particuliers, pendant le siège de Strasbourg, que M. Keller pouvait dire trois semaines après l'investissement de la place : « On n'a pas encore tiré un seul coup sur les remparts[1]. » Il en a été de même à Paris où les bombes furent dirigées sans ménagement sur les églises, les écoles et les établissements hospitaliers.

Pendant longtemps, il fut admis qu'une ville prise d'assaut était livrée au pillage des armées victorieuses. Cette idée est aujourd'hui condamnée par les coutumes de la guerre et les principes du droit des gens.

3° *Représailles. Sanction des lois de la guerre.* — Les moyens, mis au service de la force et de la ruse, doivent donc être réprouvés, lorsqu'ils sont illicites, au nom de la justice et de l'intérêt réciproque des belligérants. Si l'un d'eux méconnaissait les lois de la guerre, il s'exposerait à des représailles qui s'exercent par l'incendie, le pillage, le meurtre des prisonniers, la prise d'otages, la destruction des édifices publics, et qui déshonorent les armées, en donnant à la guerre un caractère sauvage et barbare. L'habitude prise, pendant la paix, de respecter la loi divine et morale, peut seule empêcher ces abus de la force et contenir des passions que la guerre alimente et développe. Les représailles, ne doivent, d'ailleurs, s'exercer : 1° que sur l'ordre d'un commandant en chef; 2° qu'en se rattachant au fait qui les provoque; 3° qu'à la condition de ne pas dépasser la gravité de l'infraction commise; et 4° sur le refus par l'ennemi de consentir à la réparation des faits qu'on lui reproche (Manuel d'Oxford, art. 85, 86). Il ne faut pas que les citoyens non combattants soient responsables des actes illicites commis par des soldats et, dans tous les cas, comme il sera difficile de punir les coupables eux-mêmes, il ne faut exercer des représailles qu'en cas de nécessité absolue.

Le progrès des sciences modernes peut rendre les guerres plus rapides, mais ne suffit pas à faire disparaître ces actes

---

[1] *Journal officiel*, 4 septembre 1870.

de cruauté, dont nous avons eu le triste spectacle dans des faits encore récents, et qui perpétuent chez les peuples des sentiments de haine et de vengeance.

Le général Chanzy, écrivait, en 1871, au commandant prussien de Vendôme, pour lui déclarer son intention de lutter « sans trève ni merci, parce qu'il s'agit de combattre, non plus des ennemis, mais des hordes de dévastateurs[1]. »

D. Traitement des ennemis : prisonniers, blessés, morts. — Les moyens d'attaque et de défense, dont nous venons d'indiquer le caractère et les limites, sont employés contre les forces organisées des nations. Le soldat, tant qu'il lutte et résiste, est exposé à toutes les rigueurs de la guerre; l'ennemi a sur lui le droit de vie et de mort. Mais s'il dépose les armes, ou ne peut plus continuer le combat, il recouvre son inviolabilité personnelle, il a droit à la vie et ne peut être que fait prisonnier de guerre. « Qui merci prie, merci doit avoir, » disait déjà une vieille maxime du xive siècle. Le « Væ victis » des Gaulois, maîtres de Rome, doit rester la maxime des conquérants dans les siècles barbares.

1° *Des prisonniers.* — Dans les temps anciens, la mort ou l'esclavage était le sort des prisonniers et, au moyen âge, les procédés barbares de l'époque n'étaient adoucis que par le sentiment chevaleresque ou le désir d'obtenir une rançon. L'Église parvint à supprimer l'esclavage des prisonniers chez les nations chrétiennes et, depuis lors, malgré de tristes exceptions qu'il faut flétrir, les coutumes et les lois de la guerre ordonnent le respect des prisonniers.

Toutes les personnes qui font partie de l'armée, prennent part à ses opérations d'une façon légitime, ou marchent à sa suite sans être des combattants, (chefs d'États, soldats, messagers et aéronautes, fournisseurs, correspondants de journaux) peuvent être soumises au sort de la captivité. Mais les *déserteurs,* capturés au milieu des rangs ennemis, ne peuvent pas invoquer le bénéfice des lois de la guerre et sont passibles des

---

[1] Sumner Maine, *La guerre*, p. 229.

peines réservées à ceux qui portent les armes contre leur patrie.

Les prisonniers de guerre sont les prisonniers de l'État, et non de celui qui les capture, ou du chef de corps auquel on les remet et qui n'a pas le droit d'en exiger une *rançon*. Ils doivent être traités avec la plus grande humanité, et la privation temporaire de leur liberté n'a pour but que de leur enlever le moyen de nuire et de prendre part aux opérations de la guerre. Tout ce qui leur appartient personnellement, les armes exceptées, doivent rester en leur possession.

Les *sous-officiers* et *soldats* sont, en général, logés et étroitement surveillés dans des casernes ou des cantonnements. Les *officiers* jouissent, au contraire, sur leur parole d'honneur, d'une liberté d'action qui les affranchit des mesures vexatoires de sûreté personnelle. Ils peuvent même, si les lois de leur pays les y autorisent, être rendus à la liberté, à la condition de remplir scrupuleusement, sous la garantie de leur honneur personnel, les engagements qu'ils ont contractés envers l'ennemi. S'ils étaient repris, les armes à la main, après avoir promis de ne plus combattre, ils pourraient être condamnés à mort[1]. Mais il convient, dans l'intérêt même de la discipline, de ne pas séparer le sort des officiers de celui du soldat et d'admettre en France comme règle pratique, la prohibition, à l'avenir, de tout engagement de cette nature (art. 209, décret du 23 octobre 1883; art. 196, décret du 4 octobre 1891).

Si l'officier, qui obtient la liberté sur parole, est désapprouvé par son gouvernement, il doit aller se remettre à la disposition de l'ennemi; mais on n'a pas le droit d'exiger de lui qu'il manque à son honneur, en le contraignant à participer encore aux hostilités.

Les prisonniers renvoyés sur parole ne peuvent donc plus prendre part au service actif pendant la durée de la guerre; mais la plupart des auteurs leur reconnaissent le droit d'employer leur activité à des services intérieurs, tels que l'ins-

[1] Articles 204, Code de justice militaire et 262, Code militaire français de la marine. Voir toutefois, Dudley-Field, art. 822.

truction des recrues et les travaux de fortification des places non assiégées.

Les prisonniers de guerre peuvent, tant que dure leur captivité, être astreints à *certains travaux*, pourvu qu'ils n'aient rien d'humiliant pour leur grade militaire, et ne se rapportent pas, d'une façon même éloignée, aux opérations de la guerre. Il est juste de rémunérer ce travail d'une façon équitable. Une partie du salaire est retenue, dans certains pays, en échange des dépenses faites pour l'entretien des prisonniers. Le gouvernement qui les détient doit, en effet, les entretenir et, à défaut de conventions spéciales, les traiter comme ses propres soldats en temps de paix. En 1870, les soldats prussiens, prisonniers de la France, outre les vivres, touchaient une solde de sept centimes, tandis que les soldats français, captifs, en Prusse, ne recevaient aucune solde.

Le prisonnier de guerre est, durant sa captivité, soumis aux lois et à la juridiction de l'ennemi. Il est tenu de déclarer, si on le lui demande, son nom et son grade, sous peine d'être privé des avantages attachés aux captifs de son rang. Des mesures rigoureuses le frappent, s'il franchit les limites imposées à sa liberté. On peut faire usage des armes contre le fugitif qui n'obéit pas à la première sommation. Mais il n'encourt aucune peine lorsqu'après avoir réussi à s'échapper, il est repris dans un combat ultérieur.

Les belligérants peuvent retenir les captifs jusqu'à la conclusion de la paix, à moins d'un échange de prisonniers résultant de conventions spéciales.

2° *Des blessés et malades : convention de Genève*[1]. — S'il est juste de soumettre les captifs à un traitement équitable, il est plus conforme encore aux lois de la justice et de l'humanité d'entourer les blessés de soins et de ménagements. Le patriotisme impose à une nation de soigner ses propres soldats, et un sentiment de pitié inspire le même devoir à l'égard des ennemis.

---

[1] Voir la *reproduction intégrale* de cette *Convention* ainsi que des *articles additionnels*, à la fin de l'ouvrage de Travers-Twiss, II, Appendice, p. 501-510; ajoutez, de Clercq, *Rec. des traités*, t. IX, p. 118; t. X, p. 209. — Lueder, *La Conv. de Genève*, — Moynier, *La croix rouge, son passé, son avenir.*

Mais les belligérants sont souvent contraints par la nécessité de la guerre d'abandonner les soldats qui tombent sur le champ de bataille; il importe que des conventions viennent régler la conduite des combattants au sujet de leurs blessés respectifs.

Dans les siècles antérieurs au nôtre, on ne rencontre, sur ce point, que des conventions temporaires ou d'une portée restreinte, comme celle du 27 juin 1743 entre le général Stairs et le maréchal de Noailles, et celle qui fut conclue entre la France et l'Angleterre, le 6 février 1759. Pendant la guerre de la sécession américaine, en 1861, plus de sept mille unions, dirigées par une Commission centrale, se consacrèrent avec un zèle admirable au secours des blessés.

Mais c'est la *convention de Genève*, du 22 août 1864, qui vint substituer aux mesures isolées, un traité international adopté aussitôt par seize Puissances, et qui, quelques années plus tard, par l'adhésion des autres États, est devenu la loi commune du monde civilisé. Cette convention a été complétée par des *articles additionnels*, et étendue à la *marine* dans une nouvelle conférence des principaux États, le 20 octobre 1868. Ces nouveaux articles ont été approuvés par tous les États signataires de la convention de Genève, sans avoir été, toutefois, *ratifiés* officiellement.

Le principe fondamental de cette convention est la *neutralisation* ou, pour mieux dire, l'*inviolabilité des ambulances et hôpitaux militaires*, de *leur personnel* et des aumôniers qui doivent se consacrer exclusivement au service des blessés. Les *établissements neutralisés* ne conservent pas leurs privilèges, s'ils sont gardés par des forces militaires (art. 1, 2). Cette restriction est conçue dans des termes peu précis et soulève des difficultés. Mais il faut, en vertu même de l'esprit qui l'a dictée, admettre que des factionnaires, destinés au maintien de l'ordre, n'enlèveraient pas aux ambulances leur caractère pacifique. C'est le but hostile que la convention a voulu surtout prévenir et empêcher.

L'invasion de l'ennemi n'empêche pas les *personnes*, attachées au service des hôpitaux et ambulances, de continuer leurs fonctions jusqu'au jour où elles cessent d'être utiles et, à ce moment-là, elles doivent être laissées libres de rejoindre l'armée de leur pays. Le secret des opérations militaires peut parfois retarder leur départ, ou les obliger à faire des détours; mais il importe que l'ennemi n'exagère pas ses droits sous ce rapport au point de violer la convention de Genève (art. 3).

Malgré l'occupation de l'ennemi, les *ambulances* qui suivent les troupes sur le champ de bataille conservent leur matériel; mais il n'en est pas de même des hôpitaux à demeure fixe, dont le matériel est soumis aux lois de la guerre, et devient la propriété de l'occupant (art 4).

Avec les grandes guerres de notre temps, le personnel officiel ne peut suffire à venir en aide à tous les blessés. Les *simples particuliers* peuvent donc, en vertu d'une disposition spéciale de la convention de Genève, constituer chez eux des ambulances qui les dispensent, dans une mesure équitable, du logement des troupes et d'une partie des contributions de guerre. Ils peuvent même venir sur le champ de bataille panser les blessés et veiller à leur transport dans les ambulances (art. 5).

Les médecins militaires des nations neutres, des infirmiers volontaires appartenant à différents États ont aussi le droit de rendre des services à la cause de l'humanité. Mais des conflits naissent souvent entre ces personnes qui ne sont pas groupées, dans une action commune, sous une autorité hiérarchique. De plus, les *infirmiers volontaires* sont trop souvent des paresseux et des ivrognes, pratiquant le vol en gens expérimentés, « véritables pirates des champs de bataille, dépouillant plus volontiers les morts qu'ils ne soignent les vivants[1]. » Le docteur Lefort, qui en fait ce triste tableau, leur oppose avec raison le dévouement admirable des ordres religieux. Il faut, pour éviter ces conflits et ces abus, que le personnel volontaire des hôpitaux et des ambulances soit, pendant la guerre, soumis à la discipline, à la hiérarchie militaire et aux ordres des commandants d'armées.

[1] *Revue des Deux-Mondes*, 1er novembre 1871. Le service de santé dans les armées nouvelles.

Les militaires, blessés ou malades, sont recueillis et soignés dans les hôpitaux et ambulances, à quelque nation qu'ils appartiennent. Le chirurgien ne connaît pas d'ennemis, et les soldats eux-mêmes partagent ce sentiment en présence des blessés : *Hostes dum vulnerati fratres*, disaient les Romains. Les blessés qui, *après leur guérison*, ne peuvent plus servir, sont renvoyés dans leur pays. Cette disposition se comprend facilement, mais on ne peut l'étendre, avec un caractère obligatoire, à ceux qui sont encore valides et peuvent reprendre leur service (art. 6). L'article 5 de la convention additionnelle de 1868 qui *ordonne* de renvoyer, à l'exception des officiers, tous les *blessés après guérison*, sous la condition de ne plus porter les armes pendant la durée de la guerre, n'a été admis par aucun État.

Le signe distinctif de la neutralité pour les hôpitaux et ambulances, consiste dans un drapeau, portant *croix rouge sur fond blanc*, et qui doit toujours être accompagné du drapeau national. Pour le personnel, un brassard revêtu des mêmes emblèmes lui est délivré par l'autorité militaire. Mais pour empêcher les abus, il serait utile d'y joindre une pièce écrite, constatant l'identité de chaque personne et la légitimité de sa mission (art. 7). Le décret du 25 août 1884 a pris, sous ce rapport, pour la France, toutes les mesures destinées à assurer l'exécution légale de la convention.

Pendant la guerre de 1877 entre la Russie et la Turquie, ce dernier État remplaça la croix rouge de Genève par le *croissant*, symbole de l'islamisme.

Le docteur Lefort exprime le regret qu'il n'y ait pas de signes distinctifs pendant la nuit, alors que ni le drapeau, ni le brassard ne sont visibles ; et il propose une lanterne, avec une croix rouge sur les verres, portée sur une longue perche, afin qu'on puisse la voir à distance.

Je viens d'exposer brièvement les dispositions de la convention de Genève qui a déjà rendu d'importants services à l'humanité. Mais cette convention est incomplète ; rédigée parfois avec peu de précision juridique, elle donne lieu à de grandes difficultés d'application. On lui repproche de ne pas sanctionner les infractions et les abus, et de n'édicter aucune règle

concernant la direction et le contrôle des services qu'elle organise. Une revision s'impose; mais telle qu'elle est, cette convention a une portée immense et les gouvernements ont le devoir de la faire connaître aux soldats de leur pays. Les sociétés
de secours aux blessés, les unions volontaires de la Croix-
Rouge qu'elle a inspirées, se sont multipliées, depuis 1871,
dans la plupart des nations européennes. Elles correspondent
avec le Comité central qui a son siège à Genève; elles ont
leurs organes de publicité, et étudient les progrès à réaliser.
En France, il est intervenu, en 1878, entre le ministre de la
guerre et la section française de la *Société de secours aux blessés*, qui est seule en rapport avec l'autorité militaire, une
convention relative au rôle de cette section en temps de guerre
(Règlement du 2 mars 1878, décret du 3 juillet 1884). On
peut ajouter à cette société, comme ayant un but analogue,
mais n'agissant que sous l'autorité de la première : l'*Association des dames françaises* et l'*Union des femmes de France*.

On ne pourra plus dire, comme en 1870, à l'époque où la
France était victime de l'incurie du gouvernement impérial
que « la convention de Genève était à peine connue de l'intendance militaire française, et que rien n'était préparé au
début de la campagne pour la mettre en pratique[1]. »

3° *Des morts.* Les belligérants doivent respecter les morts
qui tombent sur le champ de bataille, les faire inhumer et
s'assurer de leur identité (convention du 20 oct. 1868). Dépouiller un soldat mort est un crime puni, par les lois militaires, de la dégradation et même de la mort si le voleur
achève le blessé pour le dépouiller (art. 234, C. de just. mi-
lit.). Et il faut rejeter l'opinion des auteurs[2] qui enseignent
qu'on peut s'attribuer les objets trouvés sur l'ennemi, lorsqu'on ne peut avoir la preuve de son identité. N'est-ce pas
engager le soldat lui-même à en faire disparaître les traces?
N'est-ce pas l'avilir que de lui reconnaître le droit d'accomplir
un acte que l'on trouve déshonorant chez ceux qui en font le

---

[1] Paroles du docteur Lefort citées par Guelle : *La guerre continentale
et les personnes*, p. 126.
[2] Bluntschli, *Dr. int. codifié*, art. 603. — Neumann, *Elém. du dr. des
gens*, p. 192.

métier ? J'aime mieux dire avec l'article 19 des lois d'Oxford qu'il est interdit de dépouiller les *morts* gisant sur le champ de bataille. L'adoption des *plaques d'identité* en métal délivrées à chaque homme, rendra, dans l'avenir, les recherches plus faciles et plus sûres (Circul. minist. du 12 oct. 1883. décr. du 25 août 1884, art. 24, notice 1). Ce dernier décret contient encore des prescriptions minutieuses relatives à l'ensevelissement dans l'intérêt de l'hygiène publique.

IV.

RAPPORTS CONVENTIONNELS DES BELLIGÉRANTS.

Les États peuvent, au moment de l'ouverture des hostilités, conclure certaines conventions, dont le but est de régler des rapports permanents pendant toute la durée de la guerre. Je puis citer, comme exemple, les accords relatifs aux communications postale et télégraphique, au signalement et à la réception des parlementaires, au traitement des prisonniers, ou à la neutralisation de certains territoires.

Les chefs des armées belligérantes peuvent, en outre, au milieu même des opérations de la guerre, se trouver dans la nécessité d'entrer en relation et de conclure des engagements, dont le respect est confié à l'honneur des deux parties. *Fides etiam hostibus servanda est.* Cette vérité, proclamée par saint Augustin, repose sur un principe de morale universelle qu'aucun auteur ne peut contredire.

Je me borne à indiquer ici les cas principaux où les obligations des belligérants se trouvent garanties par les lois de l'honneur militaire. Les sauf-conduits, lettres de sauvegarde, et l'inviolabilité des parlementaires, protègent certaines personnes déterminées; l'échange de prisonniers, les armistices, les capitulations sont des conventions qui se réfèrent à l'intérêt général des deux armées, ou préparent la conclusion de la paix.

A. Protection de certaines personnes déterminées. —
1. *Sauf-conduits, lettres de sauvegarde.* — On donne le nom
de *sauf-conduit* à l'écrit délivré par le chef d'armée et les
commandants de corps, et qui certifie la faculté donnée à certaines personnes de circuler librement entre les lignes d'une
armée sur le territoire qu'elle occupe.

Parmi les personnes qui peuvent jouir de cette faveur, on
peut indiquer les correspondants de journaux, les officiers
d'une Puissance neutre chargés de suivre les opérations militaires. Le sauf-conduit est personnel et n'a de valeur que pour
l'armée qui l'a délivré, sur le territoire qu'elle occupe actuellement ; s'il est temporaire, il ne protège plus, après
l'expiration du temps indiqué, la personne qui en est munie,
à moins de prouver qu'une force majeure l'a empêchée de
traverser en temps utile le territoire occupé par les forces
militaires.

On appelle *lettres de sauvegarde*, celles par lesquelles on
s'engage par écrit à protéger des personnes déterminées, ou
certains établissements et biens de l'ennemi, qui sont parfois
indiqués par des *poteaux de protection*. Les belligérants doivent respecter avec soin les localités placées sous cette protection. Ils ne peuvent même pas faire prisonniers de guerre les
soldats ennemis chargés d'en assurer l'efficacité ou qui servent
d'escorte à la personne munie de la sauvegarde.

Les licences de commerce ont un but identique, et permettent de trafiquer librement et de transporter des marchandises à travers les lignes des armées sans craindre l'application
des lois de la guerre.

2º *Parlementaires.* — Les garanties, dont nous venons de
parler, résultent d'engagements écrits et formels. Celles qui
couvrent le parlementaire procèdent d'une convention tacite
résultant des coutumes de la guerre.

Le parlementaire est un messager de l'ennemi, qui s'an-
nonce de loin par un drapeau blanc et est accompagné d'un
trompette et du porte-drapeau. Il n'est pas un envoyé diplomatique proprement dit, puisqu'il ne représente pas l'État,
mais il a droit à l'inviolabilité, et ne peut jamais être traité
en ennemi. Le belligérant ne peut être, toutefois, responsable,

lorsqu'un parlementaire est tué ou blessé par une balle éga-
rée ou un soldat ignorant, ou avant qu'on ait pu apercevoir
le drapeau blanc et suspendre les hostilités.

Il serait contraire au droit de la guerre de refuser, d'une
façon générale, de recevoir des parlementaires; mais un chef
d'armée peut ne pas en accepter, pour un temps, suivant les
circonstances et dans l'intérêt de ses opérations militaires. Il
peut, en outre, lorsqu'il les reçoit, prendre toutes ses mesures pour que la présence des parlementaires ne puisse nuire
au secret de ses opérations : il est libre de leur bander les
yeux, lorsqu'ils traversent ses lignes, et de les faire reconduire ainsi, après la fin de leur mission, jusqu'à ses avant-
postes. Il peut même, en cas d'absolue nécessité, retenir provisoirement le parlementaire; mais il ne pourrait abuser de
ce droit sans manquer aux lois de l'honneur [1].

Le parlementaire qui profite de sa mission pour se livrer à
l'espionnage, s'expose à perdre tous les bénéfices dus à son
inviolabilité.

B. Conventions de guerre ou cartels. — Les conventions,
dont nous allons parler, ressemblent aux traités diplomatiques
conclus pendant la paix, et doivent avoir une valeur identique. Elles présentent toutefois deux caractères particuliers.

Les commandants militaires font les conventions de guerre
en vertu d'un pouvoir propre et résultant de la nature même
de leurs fonctions; l'agent diplomatique a besoin d'un pouvoir spécial.

En outre, le chef d'armée, responsable de la convention
qu'il signe, *n'a pas besoin de la faire ratifier par l'autorité
souveraine*. Il ne peut y avoir d'exception à cette règle,
comme nous le verrons, que pour l'armistice général.

1° *Échange de prisonniers.* — Le plus ancien cartel de cette
nature porte la date de 1673. L'échange de prisonniers peut
surtout avoir lieu lorsque la guerre se prolonge et qu'il est
de l'intérêt d'un État de recouvrer ses soldats plutôt que de

---

[1] Ordonnance française du 3 mai 1832 (art. 94); Décret du 23 octobre
1883 (art. 174, § 5).

retenir ceux de l'ennemi. Il s'opère à équivalent de grade, ou suivant des compensations déterminées par les belligérants. Les prisonniers échangés peuvent de nouveau prendre part aux opérations de la guerre, à moins d'une clause contraire insérée formellement dans la convention.

2° *Suspension d'armes.* — Lorsque deux commandants veulent faire cesser le combat entre les troupes placées sous leurs ordres, pour un temps limité et ordinairement fort court, ils concluent une suspension d'armes. Elle a pour but l'enlèvement des blessés, l'ensevelissement des morts, la célébration d'une cérémonie funèbre, comme celle qui fut accordée, en 1796, pour les funérailles du général Marceau, ou la négociation relative à un armistice. L'autorité supérieure ne peut jamais révoquer l'engagement qu'un commandant de corps d'armée a garanti sur sa parole.

3° *Armistice ou trêve.* — L'acte qui met fin à l'ensemble des opérations militaires porte le nom d'armistice, et précède, en général, d'une façon immédiate, la conclusion du traité de paix; son importance exige qu'il émane de l'autorité suprême de l'État ou d'un représentant muni de pouvoirs spéciaux.

L'armistice suspend les hostilités, d'une façon absolue et sur les points que la convention détermine [1]; il arrête tous les mouvements offensifs des belligérants qui doivent conserver leurs positions respectives. Mais, en dehors du terrain de la lutte, ils sont libres de leurs mouvements, pour se fortifier, déplacer les troupes ou préparer des armements.

L'armistice n'emporte pas de plein droit la faculté pour l'assiégé de *ravitailler* la place entourée par les forces ennemies; les circonstances indiquent la solution. Mais l'humanité ordonne de ne pas refuser le ravitaillement, lorsque la conclusion de la paix est imminente.

---

[1] En 1871, le général Clinchant, commandant en chef de l'armée de l'Est, reçut avis, le 29 janvier, de l'armistice conclu entre la France et l'Allemagne; mais on oublia de lui dire que son armée était exceptée de la convention. Il suspendit la retraite de ses troupes; cet arrêt permit au général de Manteuffel de l'envelopper, et il dut, pour échapper à l'ennemi, se réfugier en Suisse.

Il est juste, d'ailleurs, d'accorder, sinon un ravitaillement complet, du moins un ravitaillement proportionnel, permettant aux assiégés de se trouver, à la fin de l'armistice, sous le rapport des vivres, dans une situation identique à celle qu'ils avaient au moment où il a été conclu[1].

Pour éviter aux *soldats* les occasions de rencontre, et les conflits qui peuvent en résulter, la convention fixe habituellement une zone neutre entre les deux armées. C'est ainsi que, par l'armistice de Versailles (28 janvier 1871), on interdit le terrain entre les forts et la place de Paris. Quant aux *habitants*, la faculté de circuler entre les deux armées résulte des circonstances ou d'une clause spéciale de la convention d'armistice. On peut exiger un laisser-passer signé par le chef d'état-major des deux belligérants.

Lorsque l'armistice est déterminé dans sa durée, il cesse de plein droit au jour fixé; s'il est, au contraire, indéterminé, il prend fin par une dénonciation dont la nature a dû être indiquée par une clause de la convention.

Dans le cas de violation de l'armistice, par des soldats isolés ou des habitants du pays, le belligérant lésé ne peut exiger que la réparation du préjudice causé; mais si elle émane des autorités, l'autre partie peut immédiatement dénoncer l'armistice et reprendre les hostilités.

4° *Capitulation.* — Lorsqu'un corps de troupes ou une place forte ne peuvent plus utilement continuer la lutte, il intervient une convention, désignée par le nom de capitulation, dont le but est de déterminer les conditions sous lesquelles l'armée vaincue se rend à l'ennemi. On indique le désir de capituler en arborant le drapeau blanc, et la négociation se fait par l'entremise de parlementaires.

Un officier qui signe une capitulation n'a que les pouvoirs nécessaires à l'exercice de son commandement, et ne peut traiter d'une cession de territoire ou de l'attribution définitive d'une place de guerre, et prévoir des conditions se rattachant à un traité de paix. Les clauses ordinaires de la capitulation

[1] *Revue des Deux-Mondes*, 15 décembre 1870, *Du ravitaillement dans les armistices*, par M. de Bourgouing.

se réfèrent donc au sort des officiers et des soldats de l'armée qui se rend, à la remise de la place, des armes et munitions, au respect dû à la personne et aux biens des habitants. Elles peuvent varier suivant les nécessités de la guerre, le caractère du vainqueur, et le désir qu'il peut avoir de rendre hommage à la résistance héroïque de son ennemi. Pendant la guerre de 1870, la garnison de *Belfort*, qui continua la lutte jusqu'à l'armistice général, obtint de quitter la place avec tous les honneurs de la guerre, de conserver ses armes et bagages, et ne dut remettre à l'ennemi que le matériel de la place (*Convention relative à Belfort*, 15 février 1871).

Un commandant, forcé de capituler, doit prendre ses mesures pour ne pas laisser tomber aux mains de l'ennemi ce qui peut lui servir, et surtout les armes, les munitions et les drapeaux. Mais il ne pourrait pas, sans manquer à la foi jurée, détruire les objets qu'il a promis de remettre à l'ennemi, au moment de la signature de la capitulation[1].

La capitulation peut, d'ailleurs, avoir lieu quelquefois *sans négociation préalable et sans écrit*. On en trouve un mémorable exemple dans la reddition de *Phalsbourg*, que fit le commandant Taillant, le 12 décembre 1870, à l'époque de la guerre franco-allemande. N'ayant plus de vivres pour pouvoir prolonger la résistance, l'héroïque commandant détruisit son artillerie, ses munitions et ses drapeaux, fit ouvrir les portes de la place, en annonçant à l'ennemi qu'il se rendait à discrétion. Sa conduite valut à ses soldats des faveurs spéciales et obtint les éloges du conseil d'enquête français, réuni le 22 avril 1872.

La *capitulation des places de guerre* devient donc souvent une triste nécessité à laquelle le commandant supérieur ne doit se résoudre, que si le dernier terme de la résistance est arrivé et après avoir pris l'avis de son conseil de défense.

La *capitulation en rase campagne* se conçoit moins bien, et nous lisons le passage suivant dans le *Mémorial de Sainte-Hélène* : « Les dangers d'autoriser les officiers et les généraux

---

[1] Instructions, en 1863, pour les armées en campagne des États-Unis, art. 145. — Art. 288, § 5, service en campagne français.

à poser les armes en vertu d'une capitulation particulière, dans une autre position que celle où ils forment la garnison d'une place forte, sont incontestables. » Napoléon félicite le maréchal Ney qui, avec quatre mille soldats cernés par cinquante mille hommes, refusa de se rendre et réussit à percer les lignes ennemies. Le commandant d'une troupe *en rase campagne* et le gouverneur *d'une place forte* qui capitulent, sans avoir épuisé tous les moyens de défense et fait tout ce que prescrivent le devoir et l'honneur, sont condamnés à mort avec dégradation militaire; le premier encourt même dans tous les autres cas, la destitution, le second doit toujours passer devant un conseil d'enquête (art. 209, 210, Code de just. mil. français; voir décret du 4 oct. 1891, art. 195 et 196).

V.

EFFETS DE L'OCCUPATION MILITAIRE SUR LES PERSONNES ET LES BIENS DE L'ENNEMI.

Le principe, qui domine les effets dont nous allons parler, repose sur l'importante distinction qui sépare la conquête ou possession provisoire de l'annexion définitive d'un territoire, en vertu d'un traité.

Pendant l'occupation, la Puissance conquérante ne substitue pas son propre gouvernement à celui de la Puissance vaincue; elle se charge uniquement d'appliquer la constitution et le système gouvernemental de l'État envahi, en tant qu'ils se concilient avec ses intérêts de belligérant. Nous allons appliquer ce principe sous le double aspect des personnes et des biens.

A. EFFETS RELATIFS AUX PERSONNES. — Je vais, pour mieux les préciser, les envisager à deux points de vue, suivant qu'il s'agit de l'intérêt public ou de l'intérêt privé des habitants.

1° *Intérêt public. Actes de souveraineté.* — L'occupation d'un territoire par l'ennemi n'enlève pas à l'État envahi sa *souveraineté*, mais suspend, pour un temps, l'exercice de son pouvoir. La *législation locale* conserve toute sa valeur, tant qu'elle peut se concilier avec les nécessités de la guerre. La Cour de Metz [1] avait reconnu, le 29 juillet 1871, que les *lois douanières* devaient s'appliquer sur les territoires occupés provisoirement par l'ennemi. L'occupant peut, au contraire, empêcher l'application des lois de *conscription* dans le territoire envahi et prendre les mesures nécessaires pour assurer l'exécution de sa défense. Il peut retenir, comme prisonniers de guerre, ceux qui tentent de se soustraire à ses ordres ; mais des peines plus rigoureuses, comme la confiscation et le bannissement, que l'Allemagne prononçait en 1870, sont des rigueurs excessives et constituent des abus de la force.

Tout en s'abstenant d'actes législatifs proprement dits, l'occupant peut faire des *règlements de police* pour assurer la sécurité de son armée et déclarer les habitants justiciables, sous ce rapport, des conseils de guerre. *La juridiction de l'armée d'invasion* est donc compétente pour punir tous les faits qui portent atteinte à la sécurité de cette armée. La *loi martiale* s'applique pour réprimer les *insurrections* et actes de violence dirigés contre l'envahisseur. Le *soulèvement en masse*, avec l'observation des conditions imposées aux belligérants, devrait être distingué des actes d'insurrection isolés, mais l'occupant ne sera que trop disposé à n'admettre aucune distinction et à vouloir appliquer dans tous les cas les rigueurs de la loi martiale. Mais la *juridiction civile et pénale* suit son cours régulier pour l'application du droit existant, et les tribunaux doivent rendre la justice au nom de l'État duquel ils relèvent et dont la souveraineté n'a pas été supprimée par l'occupation. Après le 4 septembre 1870, la Cour de Nancy voulut, avec raison, mettre en tête de ses arrêts : Au nom du peuple français et, comme l'Allemagne lui imposait de juger encore au nom de l'empereur déchu, ou au nom des Hautes Puissances occupant la Lorraine, la Cour préféra suspendre ses séances. La difficulté venait de ce que l'Allemagne n'avait pas reconnu le gouvernement de la Défense nationale. On au-

[1] Dall., P. 71.2.132.

rait pu mettre, dit Bluntschli, pour éviter toute difficulté : au nom de la loi, ou supprimer toute formule. A Laon, les Allemands s'étaient déclarés prêts à se contenter de la formule : au nom de la loi, mais le tribunal civil décida, le 15 octobre 1870, qu'il ne se reconnaissait pas le droit de substituer une formule à celle qui était seule déclarée exécutoire.

L'occupant, chargé de pourvoir à l'administration du territoire, peut maintenir les *autorités locales*, à la condition qu'elles se soumettent aux décisions du pouvoir militaire; mais il ne peut exiger d'elles le serment de fidélité[1], ni rien qui soit contraire à l'honneur. La proclamation allemande, du mois d'août 1870, qui enjoignait aux maires de dénoncer les francs-tireurs, était contraire à la justice et à la morale.

En général, l'occupant respecte les autorités judiciaires, municipales, et celles qui ont un caractère purement administratif; mais il ne maintient pas les fonctionnaires qui, comme les préfets ou gouverneurs, ont un caractère politique, et dont il peut craindre la résistance.

Les *agents diplomatiques* des pays neutres qui se trouvent sur le territoire envahi cessent de plein droit leurs fonctions, puisqu'ils ne sont pas accrédités près de l'occupant : mais ils peuvent continuer, en fait, à jouir de leurs droits et immunités. Les consuls qui n'ont pas le caractère représentatif, et dont la fonction est de protéger leurs nationaux, continuent leur mission tant que l'occupant ne leur retire pas l'*exequatur*.

2° *Intérêt privé des habitants.* — L'envahisseur avait souvent coutume, dans les temps anciens, de massacrer les habitants en état de porter les armes et, quelquefois même, les femmes et les enfants n'étaient pas épargnés. De nos jours, les lois de la guerre exigent que le vainqueur respecte la vie et la liberté des habitants inoffensifs et qu'il ne leur impose rien de contraire à l'obéissance qu'ils doivent encore à leur souverain et aux lois de leur pays. Il ne peut exiger

[1] *Manuel* (français) *de droit international à l'usage des officiers*, p. 98. *En sens contraire*, Bluntschli, *Dr. int. codifié*, art. 551, *Instructions pour les armées des États-Unis*, art. 26.

d'eux *aucun serment de fidélité*, ni porter atteinte à leurs *droits de famille et à l'exercice de leur religion*[1].

L'occupant ne doit pas contraindre la population à prendre, sous une forme quelconque, une part directe ou indirecte à la guerre; car ce serait la forcer à trahir sa patrie. Mais les coutumes n'ont pas encore, sur ce point, un caractère assez précis et assez certain. On ne songe pas, sans doute, à enrôler d'office les habitants dans l'armée; mais on les oblige à réparer les ponts, les fortifications, à servir de guides, sous des menaces de mort. Ces *corvées ou réquisitions personnelles* sont bien des actes de coopération à la guerre, que l'occupant impose en violant la conscience des populations et que la déclaration de Bruxelles défend de faire exécuter, même par des prisonniers de guerre.

Les jurisconsultes allemands ont eux-mêmes condamné la mesure inqualifiable prescrite par le préfet allemand de Nancy, le comte Renard, qui, en 1871, demanda cinq cents ouvriers pour rétablir un pont détruit par les francs-tireurs, menaçant d'en faire fusiller un certain nombre, si ces ouvriers ne se présentaient pas.

Les habitants doivent, d'ailleurs, s'abstenir envers l'armée d'invasion de tout acte d'hostilité; car ils s'exposeraient, comme je viens de le dire, aux mesures les plus rigoureuses. La passion fait édicter trop souvent des peines qui dépassent le but et frappent sans ménagement et sans preuve. La *loi martiale* doit se soumettre elle-même aux règles générales de toute justice et ne pas procéder du pur arbitraire des commandants militaires. Si la répression, même sévère, qui frappe les coupables dont la faute a pu être établie, est légitime, il n'en est pas de même des châtiments appliqués à des personnes simplement soupçonnées et même innocentes.

Lorsque les Allemands, pour garantir la sécurité des voies ferrées, faisaient monter, en tête des trains, des notables du pays, capturés comme *otages*, ils portaient gravement atteinte aux droits des citoyens pacifiques[2]. Et lorsque, le 29 octobre

---

[1] Art. 38, *Déclaration de Bruxelles;* Art. 49, *Manuel de l'Institut de dr. int.* (lois d'Oxford).

[2] Jacqmin, *Les chemins de fer pendant la guerre de 1870-1871.* A Nancy,

1870, l'autorité militaire prussienne, se fondant sur ce qu'un sous-officier avait été tué la veille, sur le territoire de la *commune de Vaux*, dans un engagement avec des francs-tireurs, fit fusiller trois habitants de cette commune, sans jugement et sans leur imputer aucune faute, elle commit un crime odieux au point de vue du droit positif comme au point de vue de l'humanité.

La *presse* peut être soumise à des règles exceptionnelles, mais si les *imprimeries* peuvent être occupées, moyennant indemnité, il est injuste de contraindre les *ouvriers* du pays à participer à la publication de documents favorables à l'ennemi ou d'obliger les habitants à s'abonner aux journaux publiés par l'armée d'occupation.

B. Effets de l'occupation relatifs aux biens. — Le principe des lois anciennes, d'après lequel le vainqueur était maître absolu des personnes, s'appliquait également aux biens. Par le fait de l'invasion, les biens de l'ennemi devenaient la chose de l'armée victorieuse qui pouvait les détruire et en disposer à son gré. Les édifices publics et privés, les campagnes et les villes, les temples et souvent même les tombeaux n'échappaient pas à cette destruction. Les lois actuelles s'inspirent d'un autre esprit et conduisent à des effets différents. Il faut, pour les étudier, distinguer les biens de l'État et ceux des particuliers.

a) *Biens de l'État.* 1° *Biens mobiliers.* — L'armée victorieuse a le droit de s'emparer en toute propriété de la fortune *mobilière* qui appartient à l'État ennemi, et qui *est de nature à servir aux opérations de la guerre*. Elle peut donc saisir les armes et les chevaux, les munitions et les vivres, les voitures et autres moyens de transports destinés à l'armée, tous les trésors de guerre, les capitaux et valeurs exigibles qui appartiennent en propre à l'État. Mais les dépôts confiés par les

---

c'est M. le procureur général Izoard qui, le premier, est monté sur la locomotive le 22 octobre 1870, pour aller de Nancy à Lunéville. A Reims, le nombre des otages exigés atteignit le chiffre de 12 par jour. — Bluntschli, art. 600.

particuliers aux caisses d'épargne ou de consignation doivent être respectés par l'ennemi.

Si l'un des États est *débiteur* de l'autre, il peut, pendant la guerre, refuser le paiement du capital ou des intérêts de sa dette.

L'occupant peut même, pour priver l'ennemi de ressources pécuniaires, empêcher un débiteur quelconque de s'acquitter envers le gouvernement territorial, pendant la durée des hostilités. Mais l'armée victorieuse ne peut avoir la prétention de remplacer le véritable créancier pour exiger le paiement des dettes même échues, sous prétexte qu'elle est en possession des titres de créance.

Le paiement, indûment fait entre les mains de l'occupant, ne libérerait pas le débiteur envers l'État créancier, à moins que celui-ci n'ait profité des sommes payées ou n'ait reconnu, dans les clauses d'un traité postérieur, la validité du recouvrement des créances opéré par son adversaire.

L'occupant ne peut, dans l'avenir, que percevoir les *impôts* déjà établis par les lois de l'État envahi; et il doit s'en servir pour les besoins de l'administration du pays, dans la mesure où le gouvernement légal y est obligé. A défaut d'un personnel au courant du service, il en établira la perception *par équivalence*, à l'aide d'une évaluation approximative du rendement des contributions dans le territoire occupé.

Le *matériel des chemins de fer*, appartenant à l'*État* ou à des *sociétés privées*, se trouve soumis à un droit de *séquestre*. L'occupant peut s'en servir pour faciliter ses opérations militaires, à la charge de le restituer à la conclusion de la paix. Mais il ne peut le détruire intentionnellement, à moins d'y être forcé par les nécessités de la guerre.

Je ne fais donc aucune distinction, au point de vue de l'acquisition de la propriété, entre le matériel des chemins de fer appartenant à l'État et celui qui appartient à des Compagnies privées [1]. L'occupant n'a toujours qu'un simple droit de

---

[1] *En ce sens*, art. 6, *Déclaration de Bruxelles* du 27 août 1874; art. 51, Manuel des lois d'Oxford (1880). — J. Guelle, *Précis des lois de la guerre*, II, p. 90. — *En sens contraire*, Rouard de Card, *La guerre continentale et la propriété*, p. 54 et suiv.

séquestre et de jouissance. Ce droit lui suffit pour avoir dans ses mains un matériel qui ne sert à la guerre que par accident, et dont la destination première et habituelle est de faciliter les transactions commerciales et les relations pacifiques.

J'admettrai toutefois une distinction. Les revenus, résultant de l'exploitation d'un réseau de l'État, sont acquis définitivement à l'occupant, tandis que les sociétés particulières ont droit à une indemnité pour les détériorations et les pertes subies [1].

En ce qui concerne les *postes*, les *télégraphes* et les *téléphones*, l'occupant a le droit de s'en servir dans l'intérêt de ses communications, et de profiter des revenus auxquels donne lieu l'échange des correspondances privées. Les questions relatives aux indemnités dues au moment de la conclusion de la paix doivent être résolues, d'après la distinction admise à l'occasion des chemins de fer, en tenant compte du caractère public ou privé des administrations postales et télégraphiques.

Les *collections scientifiques et artistiques* (galeries de tableaux, manuscrits, bibliothèques), ne sont plus considérées comme susceptibles d'appropriation. Napoléon Ier, suivant d'ailleurs l'usage des siècles précédents, avait méconnu ce principe, et, bien que le changement de propriété eût été parfois sanctionné par des traités, les Puissances alliées obligèrent le gouvernement français, en 1815, à restituer certains chefs-d'œuvre au pays qui les avaient produits. On doit, cependant, admettre que la revendication ne pouvait strictement s'appliquer aux objets cédés à la France par des traités, et devait se limiter aux dépouilles de guerre dont aucune clause spéciale n'avait légitimé la possession.

Il faut réprouver plus encore tout acte qui aurait pour but de détruire ou de dégrader les richesses artistiques et intel-

[1] Massé, *Le droit commercial dans ses rapports avec le droit des gens moderne de l'Europe*, t. I, p. 133. — *Le droit international des chemins de fer en temps de guerre*, par MM. de Stein, Moynier, Buzzati, *Rev. de dr. int.*, Bruxelles, t. XVII, p. 332; t. XX, p. 362, 383. — De Formanoir, *Des chemins de fer en temps de guerre*.

lectuelles des nations. Les troupes allemandes, en 1870, ont respecté soigneusement les collections de la manufacture de Sèvres, et les musées de Versailles, de Saint-Germain et de Fontainebleau.

2° *Biens immobiliers de l'État.* — Quant aux *immeubles* appartenant à l'État, l'occupant n'acquiert sur eux aucun droit de propriété, tant que la conquète ne s'est pas transformée, par le traité de paix, en annexion définitive. Il peut, sans doute, prendre possession de tous les *édifices publics*, tels que forteresses, résidence du souverain, palais des ministères, hôtels de ville ou de préfecture, il peut s'emparer des gares, utiliser le réseau pour son propre compte; mais il n'a qu'un droit d'administration et de jouissance. Il perçoit, à ce titre, les revenus du domaine dont il s'empare, dans les justes limites des droits d'un usufruitier, à la charge de veiller à son entretien, et de sauvegarder les droits de l'État envahi.

Il peut bien, sans doute, détruire les remparts, les forteresses, magasins d'armes, tout ce qui peut servir à la défense d'un pays, couper les routes, faire sauter les ponts, détruire les gares, supprimer les rails, pour arrêter l'ennemi dans sa marche; mais toute destruction volontaire de voies de communication, de ports, de phares doit ètre condamnée par le droit international, si les opérations militaires ne la rendent pas indispensable. Le duc de Wellington s'opposa justement, en 1815, à la destruction de la colonne Vendôme et du pont Iéna que réclamaient les Prussiens, et l'on doit condamner l'incendie du palais d'Été lors de l'expédition de Chine, en 1860, et les ravages de toute nature dont la guerre de 1870 nous donne de trop nombreux exemples.

Le respect et même la protection sont dus aux Églises, musées, hôpitaux, écoles et à tous autres établissements de bienfaisance, dont on doit, autant que possible, maintenir la destination, que signale un drapeau blanc arboré sur l'édifice.

S'il s'agit de *forêts domaniales*, l'occupant ne peut, en dehors des besoins de la guerre, qu'ordonner les coupes d'usage; il doit s'abstenir de tous actes d'aliénation qui dépasseraient l'étendue de ses droits de jouissance. La cour de Nancy, par un arrêt du 3 août 1872, a déclaré nulle une vente faite par les Allemands, de quinze mille chênes, à prendre dans les forêts domaniales de la Lorraine[1]. Cet arrêt, fortement motivé, limite le droit du vainqueur, sur les immeubles de l'État, à la possession temporaire et à la perception des fruits et revenus.

Qu'il s'agisse du *domaine public* ou du *domaine privé immobilier* de l'État, dans tous les cas, l'ennemi ne peut s'en considérer comme maître définitif et faire des actes de disposition opposables au vrai propriétaire. C'est donc *dans une certaine limite seulement, que la propriété de l'État est soumise au droit de butin*, mais on peut admettre que, dans la mesure indiquée, elle est acquise au vainqueur immédiatement après la capture.

b) Biens des particuliers. — 1° *Principe général.* — La propriété privée, individuelle ou collective, doit être respectée par l'ennemi, et ne peut jamais être confisquée. Ce principe s'applique aux *meubles* comme aux *immeubles*, en faveur des *particuliers*, ou même des *souverains* qui peuvent avoir un patrimoine propre, en dehors des propriétés publiques dont ils ont la jouissance et qui, par leur caractère, restent soumises, comme nous l'avons vu, à toutes les conséquences de l'occupation.

La dévastation des cultures, l'incendie des maisons, le vol d'effets d'habillement, de bijoux, des armes de luxe ou de chasse dont l'ennemi ne peut exiger le dépôt qu'en échange d'un reçu garantissant la restitution, tous les dommages volontaires, en un mot, sont contraires au droit international. Il faut flétrir tous les actes de dévastation, comme ceux que l'histoire nous montre dans l'horrible incendie du Palatinat, ordonné par Louis XIV en 1689, et dans tous ces actes de cruauté accomplis en 1870 par les généraux allemands qui livraient aux flammes des villages entiers, comme Bazeilles et Chérisy, coupables d'abriter des francs-tireurs ou d'opposer une résistance héroïque. La *nécessité absolue* peut seule justi-

[1] Nancy, 3 août 1872, Dalloz, 72.2.229.

fier cette destruction des choses de l'ennemi, et un État peut parfois, sous l'empire d'un sentiment élevé de patriotisme ravager son propre territoire envahi pour arrêter l'ennemi dans sa marche en lui enlevant tous les moyens qui la facilitent. *Les préjudices résultant des opérations militaires* ne sont que des accidents que doivent subir les parties lésées. Elles peuvent seulement, à la fin de la guerre, demander une indemnité à leur gouvernement; mais celui-ci n'est pas contraint de la leur accorder. La France, en 1871, consentit à indemniser les victimes nécessiteuses de la guerre, sans distinction de nationalité, mais *à titre de secours*, et sans reconnaître aux particuliers une créance véritable contre l'État (Lois du 6 sept. 1871 et du 7 avr. 1873).

Nous avons vu qu'un État peut refuser, pendant la guerre, de payer sa *dette* à l'État ennemi; mais il est obligé de s'acquitter envers les sujets de la Puissance qu'il combat et même de leur servir fidèlement les intérêts. En 1753, lorsque la guerre éclata entre la Grande-Bretagne et la Prusse, la dette de *Silésie* fut mise sous séquestre au préjudice des créanciers anglais. Frédéric II comprit que cet acte violait les principes du droit international, et il voulut le justifier en invoquant la faculté qu'il avait d'user de représailles envers l'Angleterre, à raison des dommages causés par des corsaires anglais à des navires de commerce prussiens.

L'occupant ne peut pas davantage s'attribuer les sommes dues par ses propres sujets aux créanciers de l'État ennemi. Le paiement ainsi fait ne serait pas libératoire; les *créances* subsisteraient, à moins qu'elles n'aient été saisies comme mesure de représailles envers un ennemi dont les actes sont contraires aux lois de la guerre.

Les *choses incorporelles* doivent suivre, en un mot, les règles tracées pour les *choses corporelles*.

Le droit de faire du butin, avec les biens des particuliers, est donc aujourd'hui prohibé, et ce principe qui n'a triomphé que dans ce siècle fait disparaître une profonde injustice.

Les chefs d'armée ne peuvent pas, sous prétexte d'exciter leurs troupes au combat ou à l'assaut d'une place forte, leur romettre le *pillage*. « Ce ne sont pas les particuliers qui font

la guerre, comme le remarque Bluntschli, on ne peut donc
pas donner leurs vies et leurs biens en prime aux passions
brutales des soldats[1]. » Si l'ennemi peut, comme nous l'avons
vu, s'emparer des armes et de l'équipement qui sont plutôt la
propriété de l'État que celle du militaire auquel on les confie
pour la défense du pays, on ne peut pas dépouiller le prisonnier de l'argent ou des bijoux qu'il peut avoir sur lui, et
j'ai déjà dit que l'on ne doit pas s'attribuer les objets trouvés
sur l'ennemi qui tombe sur le champ de bataille.

2° *Réquisitions réelles et contributions pécuniaires.* —
Malgré le respect dû à la propriété privée, l'ennemi peut y
porter atteinte, en exerçant des *réquisitions* ou des *contributions* autorisées, dans une certaine limite, par les usages de
la guerre, à raison des *nécessités* qu'elle impose et de la *souveraineté de fait* que l'ennemi exerce sur le territoire occupé.

La *réquisition réelle* impose à tout habitant, *national* et
étranger, des *services en nature* destinés à l'entretien et au
logement des troupes, à leur transport, et à celui du matériel
de guerre[2]. L'absence des propriétaires a souvent donné lieu,
dans la guerre franco-allemande, à des dévastations de propriété contraires au droit des gens. L'ennemi pouvait, sans
doute, ouvrir par la force les portes qu'il trouvait fermées,
exercer lui-même, dans ce cas, son droit de réquisition; mais
il devait s'abstenir de détruire les choses, sous prétexte de
punir le propriétaire de son absence. En règle générale, il
convient de faire les réquisitions par l'intermédiaire des autorités locales, pour éviter des difficultés et des conflits avec les
habitants. Ce droit de réquisition est exercé par celui qui commande en chef dans la localité occupée.

Les soldats ennemis qui, sans réquisition de leurs chefs et
isolément, s'emparent d'objets appartenant aux habitants d'un
territoire occupé, commettent un acte de vol et de pillage. Et
si ces soldats échappent, par l'effet de l'occupation, à la juri-

[1] Bluntschli, *Dr. int. codifié*, art. 661.
[2] Lois françaises sur les réquisitions, du 3 juillet 1877 et 5 mars 1890.
— Morgand, *Les réquisitions militaires.*

diction du gouvernement territorial, les complices non étrangers qui les ont guidés dans l'accomplissement du délit ne
peuvent se soustraire aux lois pénales de l'État dont ils sont
les sujets. C'est ce que la Cour de cassation française décida
dans l'affaire relative au vol commis, le 6 décembre 1870, au
préjudice de l'entrepreneur du buffet à la gare de *Gisors*[1].
Deux soldats prussiens, conduits par un habitant français,
enlevèrent par force de la cave appartenant au gérant du buffet les vins que celui-ci y tenait enfermés. Le délinquant français fut traduit devant le tribunal correctionnel comme complice du vol et il ne put faire admettre devant la justice que le
fait incriminé fût permis par le droit international.

La *contribution* impose des services pécuniaires. Autrefois,
les populations, dont le territoire était envahi, payaient des
contributions en argent pour éviter le pillage. Il ne peut plus
être question désormais de racheter un prétendu droit qui est
condamné par les principes de la civilisation moderne. Les
contributions en argent ne peuvent être prélevées que comme
*équivalent d'impôts ou de prestations en nature non fournies,
ou encore à titre d'amende.*

Mais, le plus souvent, comme en 1870, ces contributions
sont exorbitantes, et les amendes sont prononcées contre des
innocents à raison d'une prétendue responsabilité collective
injuste et vexatoire. Elles ne servent qu'à satisfaire la cupidité
de l'envahisseur et à lui faciliter, grâce à l'argent des habitants, le moyen de continuer la guerre qui n'est cependant
dirigée que contre l'État. Dans ces conditions, l'exercice d'un
tel droit manque d'une base raisonnable et légitime.

Les règles que doivent suivre les États qui veulent appliquer, d'une façon équitable, ce droit de *réquisition* et de
contribution, sont les suivantes : 1° ne jamais exiger de réquisitions ou de contributions, au delà des besoins actuels
de leur armée et des ressources des habitants ; 2° donner aux
habitants, en cas de réquisition en nature, une *indemnité* ou
un *bon* de réquisition et, en cas de contribution pécuniaire,
un *reçu*, afin que ceux-ci puissent, par ce bon ou ce reçu, se

---

[1] Cassation, Dalloz, 72.2.74.

faire indemniser, s'il y a lieu, par leur gouvernement;
3° procéder au prélèvement des contributions d'après les règles
de la répartition des impôts dans le territoire occupé; 4° exiger les contributions, comme je l'ai dit pour l'exercice du
droit de réquisition, sous la responsabilité du général en chef
ou de l'autorité civile supérieure établie par l'ennemi sur le
territoire occupé (art. 41 de la déclaration de Bruxelles).

3° *Recours des habitants en cas de réquisitions et de contributions.* — L'ennemi, qui a délivré les reçus, devrait acquitter les engagements qu'il a contractés envers les habitants.
Mais, en fait, c'est toujours au gouvernement territorial que
le réquisitionné présente sa créance. En effet, l'ennemi, auteur des réquisitions, est-il définitivement vainqueur? il laisse
expressément ou tacitement l'acquittement de ses obligations
à la charge du vaincu. Est-il, au contraire, battu et repoussé
derrière ses frontières, la contribution de guerre qu'on lui
impose d'habitude permet à l'État vainqueur d'indemniser en
partie ceux de ses sujets qui ont éprouvé un dommage dans
la lutte [1].

En 1870, les bons étaient parfois délivrés avec cette formule : « *payables par le gouvernement français ou par le
gouvernement allemand, d'après les conventions qui inter-
viendront à la fin de la guerre entre les deux États.* »

Le gouvernement national auquel, en général, on présente
les bons ou les reçus n'admet pas le *droit à une indemnité*,
mais il accorde, par équité, un *dédommagement*. Le gouvernement français n'a fait, en 1870, pour en répartir le montant, *aucune distinction basée sur la nationalité* des personnes
lésées (L. 6 septembre 1871).

Le réquisitionné peut, d'ailleurs, toujours agir efficacement
contre la *commune*, s'il prouve que les réquisitions, qu'il a
subies ou que les contributions qu'il a acquittées, ont profité
à la généralité des habitants.

---

[1] Féraud-Giraud, *Recours en raison des dommages causés par la guerre.*
— Lœning, *Rev. de dr. int.* Bruxelles, 1872, p. 645.

VI.

FIN DE LA GUERRE.

Deux points s'imposent à notre examen : le premier est relatif aux moyens de terminer la guerre, et le second aux conséquences qui découlent du rétablissement de la paix.

I. — Moyens de mettre fin a l'état de guerre. — Ces moyens sont les suivants :

A. *La cessation générale des hostilités et le rétablissement des relations pacifiques antérieures.* — Il n'intervient, dans ce cas, aucun traité pour fixer d'une façon certaine les relations des deux adversaires et de leurs sujets. On se trouve dans une situation indécise qui n'est ni l'état juridique de paix, ni l'état juridique de guerre. C'est un grave inconvénient qui explique la rareté des cas où la guerre s'est terminée dans de semblables circonstances. On en trouve l'application, de nos jours, dans les relations de l'Espagne avec ses colonies révoltées et, plus tard, avec le Chili, et dans celles que le Mexique avait encore, en 1872, avec la France et l'Angleterre. En 1716, la guerre entre la Suède et la Pologne se termina par une simple *suspension des hostilités*, qui vient parfois attester l'impuissance des belligérants à établir le droit du plus fort.

B. *La soumission absolue de l'État qui succombe et qui est absorbé par la conquête.* — L'État vaincu est, dans ce cas, anéanti au point de vue de son existence politique et de son droit souverain ; l'usurpateur n'abrite même pas sa conquête sous la sanction d'un traité. C'est la force seule qui est la base de son pouvoir, et qui peut imposer l'obéissance au peuple vaincu. Ce fut la condition du Hanovre et de la Hesse vis-à-vis de la Prusse en 1866. Les personnes et les propriétés privées sont d'ailleurs respectées; l'ancienne *deditio* romaine, soumettant le vaincu à la discrétion de l'ennemi, a disparu de la pratique moderne.

C. *La conclusion d'un traité de paix.* — C'est le mode normal de terminer la guerre, et de déclarer, d'une manière solennelle, la fin des hostilités.

Le *traité de paix* est la convention par laquelle les deux belligérants indiquent, d'après les résultats de la guerre, les conditions et les bases nouvelles de leurs rapports pacifiques. Je vais me borner à déterminer, en quelques mots, le caractère des négociations et préliminaires, et les clauses habituelles que les traités de paix contiennent.

Négociations et préliminaires de paix. — L'ouverture des négociations peut avoir lieu sur la demande de l'un des États ennemis, ou sur celle d'une tierce Puissance qui offre ses bons offices ou sa médiation, dans l'intérêt général de la paix ou pour son profit personnel.

Lorsqu'un État neutre veut imposer ses propositions, il les appuie de démonstrations militaires. C'est ce qu'on appelle la *médiation armée;* elle équivaut le plus souvent à une alliance avec l'un des belligérants.

Les premières négociations aboutissent aux *préliminaires de paix* qui servent de base au traité définitif, et en contiennent les clauses essentielles. Les préliminaires signés à Versailles, le 26 février 1871, furent suivis du traité, conclu à Francfort, le 10 mai suivant, entre la France et l'Allemagne.

Clauses habituelles des traités de paix. — Elles peuvent varier suivant la nature des relations antérieures et des forces de chaque Puissance, et suivant l'esprit de justice et de modération qui anime ses hommes d'État. La paix sera d'autant plus efficace que le vainqueur n'aura pas été uniquement guidé, dans les stipulations qu'il impose, par l'ambition et la cupidité.

a) *Les clauses générales* se réfèrent à plusieurs ordres d'idées que j'indique dans l'ordre suivant.

1°) La fin des hostilités et le rétablissement des relations pacifiques sont tout d'abord solennellement constatés. Le *traité de Bukarest*, du 3 mars 1886, qui est intervenu après la guerre engagée entre la Bulgarie et la Serbie, s'est borné à cette simple constatation. L'armée d'occupation doit quitter le territoire, remettre les places de guerre, s'abstenir de tout acte d'autorité, et du droit d'exiger des réquisitions sur le territoire envahi. Toute opération de guerre donnerait lieu désormais à une réparation ou à une indemnité, alors même qu'elle serait excusée par l'ignorance et la bonne foi.

2°) Le traité peut encore contenir une renonciation générale aux prétentions qui ont servi de cause ou de prétexte à la guerre. Cette clause est même sous-entendue, lorsqu'on a omis de l'insérer formellement; car tous les anciens différends doivent être écartés, et toutes les offenses oubliées par la conclusion de la paix.

3°) Une amnistie, c'est-à-dire, la cessation de toute poursuite à l'occasion des actes délictueux et préjudiciables commis, pendant la guerre, par les sujets de l'un des États belligérants envers les sujets de l'autre, est habituellement accordée par le traité de paix. L'ennemi ne peut plus agir, par exemple, pour la répression des actes de pillage, ou des homicides, dont se sont rendus coupables, pendant la guerre, des soldats de l'autre Puissance, ou même des non combattants qui, surexcités par la lutte, ont pris part aux hostilités. S'il s'agit des rapports d'un État avec ses propres sujets, une loi intérieure d'amnistie peut leur assurer le pardon des infractions commises pendant la guerre; mais une clause spéciale du traité place, dans ce cas, l'impunité et l'oubli sous la sauvegarde du droit international. Dans le traité de Francfort, la France avait stipulé qu'aucun habitant du territoire cédé ne serait poursuivi pour sa conduite pendant la guerre. C'était une décision destinée à garantir nos compatriotes de l'Alsace-Lorraine contre toute vexation de la Puissance conquérante.

L'amnistie ne peut s'étendre, de plein droit, aux délits antérieurs à la guerre, et à tous ceux qui, même dans le cours des hostilités, sont indépendants des opérations militaires.

4°) Une clause formelle du traité de paix détermine habituellement les mesures nécessaires pour la remise et le rapatriement des prisonniers de guerre des deux États. Ils ne peuvent plus être retenus pour des faits contraires à la discipline militaire, pour insubordination ou tentative d'évasion, par exemple ; car ces faits n'étaient punis qu'en raison des nécessités de la guerre qui disparaissent après la conclusion du traité de paix. Mais, en commettant des infractions de droit commun, ils ont violé la loi territoriale et doivent subir leur peine, avant qu'on puisse exiger leur libération.

5°) Une disposition expresse stipule enfin le rétablissement des anciens traités annulés ou suspendus par la déclaration de guerre, ou leur transformation par des clauses nouvelles destinées à régler désormais les relations pacifiques des belligérants.

b) *Les clauses spéciales* sont surtout relatives aux *cessions de territoires* et à l'*indemnité de guerre*.

1° Le traité de paix donne à la conquête sa base légale. L'État vaincu doit la subir, alors même que sa loi constitutionnelle proclame l'indivisibilité du territoire national, et la contrainte n'enlève pas au traité sa force et sa valeur juridique. Je n'ai pas à revenir sur l'appréciation des clauses relatives aux cessions de territoires, dont j'ai eu déjà plusieurs fois l'occasion de parler (V. pages 60 et 179).

2° Le vainqueur en imposant une *indemnité de guerre* poursuit un double but. Il veut : 1° compenser en argent les pertes qu'il a subies ; 2° s'enrichir et s'assurer les moyens de perfectionner tous les éléments de sa puissance, en appauvrissant, en retour, la nation vaincue, pour l'empêcher de recouvrer sa force et son influence. Ce dernier but peut ne pas être complètement atteint, si le peuple vaincu trouve dans les conditions économiques de son activité sociale, dans les ressources de son industrie et de son travail, la puissance et l'énergie de faire revenir dans le patrimoine national des capitaux qui n'étaient, pour son vainqueur, qu'un élément de fortune artificiel et passager[1].

---

[1] Depuis l'année 1795, les indemnités de guerre ont atteint le chiffre de 7,235,700,000 francs. Dans ce chiffre énorme, les indemnités stipulées par la Prusse pour les deux campagnes de 1866 et de 1870 y figurent pour 5,225,500,000 francs. « Devant de telles énormités, dit Calvo, il y a

Le paiement de cette indemnité est *garanti*, en général, par l'*occupation*, à titre de gage, d'une partie du territoire.

Mais cette occupation n'a plus désormais le caractère d'une mesure de guerre. Toute réquisition en argent ou en nature demeure interdite; et les autorités du pays exercent le pouvoir, sauf à se conformer aux prescriptions prises par les chefs de l'armée d'occupation dans l'intérêt de la sûreté et de l'entretien de leurs troupes. Le traité de paix contient d'ailleurs les clauses relatives au mode de paiement et à la garantie territoriale.

II. — CONSÉQUENCES DU RÉTABLISSEMENT DE LA PAIX. — Pour éviter toute confusion sur ce point, il faut avoir soin de distinguer deux hypothèses dont les effets sont différents.

Première hypothèse. — *Si l'ennemi se retire des provinces* qu'il avait occupées temporairement, l'*État envahi* reprend l'exercice de ses droits souverains. Il doit sans doute respecter toutes les conséquences légales des actes civils, judiciaires et purement administratifs, qui se sont produites pendant la possession intermédiaire. Mais il peut révoquer, pour l'avenir, les décrets ou règlements de l'envahisseur, méconnaître les aliénations des biens de l'État, qui dépassent les droits d'un administrateur et d'un usufruitier. Tous les actes qui ont un caractère essentiellement politique peuvent être déclarés sans effet, et l'État qui recouvre son territoire occupé n'est même pas tenu de reconnaître les dettes contractées par l'ennemi dans l'intérêt du pays envahi.

Le traité de paix, qui viendra, d'ailleurs, dans cette première hypothèse, compléter les effets naturels du rétablissement des choses dans l'état antérieur, fixera les conditions des changements que les parties doivent y apporter.

Ces effets que je viens d'indiquer reçoivent également leur application, alors même qu'avant toute conclusion de la paix, l'ennemi est expulsé du territoire qu'il occupe par une reprise offensive de son adversaire, ou par l'intervention d'une

lieu de se demander où s'arrêtera cette progression croissante de l'avidité des vainqueurs, si l'on ne parvient à y mettre un frein efficace. » t. III, § 1791, p. 237.

tierce Puissance. Cette dernière peut, dans ce cas, prendre part aux négociations, destinées à régler le sort du pays délivré; mais elle commettrait un abus de la force, en disposant à son gré du pays qu'elle vient d'affranchir, sans tenir compte de la volonté et de l'intérêt des populations.

Jusqu'ici, je n'ai parlé que des droits de l'État. Quant aux *simples particuliers*, la guerre ne leur enlève aucun de leurs droits. Ils peuvent donc revendiquer les immeubles dont l'ennemi les aurait dépossédés, ou qu'il aurait même aliénés. Un droit semblable leur appartient sur les meubles, sauf à respecter les dispositions restrictives apportées à la revendication des meubles dans l'intérêt des tiers de bonne foi (art. 2279, Code civil français).

Les auteurs ont l'habitude de donner, aux effets que je viens d'indiquer, un principe qu'ils désignent sous le nom de *droit de postliminie*. Cette base est inutile et serait la source d'une erreur, si l'on confondait les effets indiqués avec ceux du *postliminium* romain qui était une fiction d'après laquelle le captif recouvrait rétroactivement des droits qui étaient perdus. La guerre actuelle ne fait perdre aucun droit; la paix ne peut donc pas les faire recouvrer. Il n'y a, dans l'effet produit, aucune fiction, mais la simple constatation d'un fait réel, c'est-à-dire de la faculté que l'on a de mettre en œuvre des droits dont l'exercice se trouvait momentanément empêché.

Seconde hypothèse. — L'état de guerre, en fait, a cessé; mais *l'ennemi n'a pas quitté le territoire envahi*, soit parce que l'État vaincu est absorbé, soit parce que ses provinces occupées restent sous l'autorité de la Puissance victorieuse, dont la conquête n'est pas consolidée par un traité de paix. Plus tard, à la suite d'événements politiques ou militaires, la Puissance usurpatrice est dépouillée du territoire qu'elle occupait pacifiquement, et l'ancien État en reprend possession. Quel va être l'effet de cette restauration sur les actes juridiques accomplis en état de paix par l'usurpateur?

La solution est entièrement différente de celle que nous avons donnée dans la première hypothèse. Il faut admettre que, dans ce cas, l'État dépossédé doit respecter tous les faits accomplis par la Puissance ennemie qui jouissait du droit de souveraineté. On ne se trouve plus, en effet, en présence d'une occupation temporaire, pendant la guerre, mais d'une possession consacrée, non par un traité, il est vrai, mais par un état de paix qui donne à l'ordre de choses établi un caractère légal vis-à-vis des tiers dont les droits ne peuvent pas être méconnus. Lorsqu'en 1813, l'électeur de Hesse rentra dans ses États, il devait respecter les aliénations des domaines de la couronne opérées, de 1806 à 1813, par le gouvernement de Westphalie. La Faculté de droit de Kehl, jugeant comme arbitre, en 1831, dans un cas semblable, reconnut, que la fin d'un *interrègne* ne peut permettre à l'État restauré d'annuler les actes consentis par l'usurpateur. Mais il ne faut pas assimiler aux domaines de l'État les biens particuliers du souverain qui, comme toutes les propriétés privées, ne sont nullement à la disposition de l'État, et doivent rester en dehors de toute atteinte.

SECTION II.

De la guerre maritime[1].

Les caractères généraux, sous lesquels se présente la lutte entre les forces navales de deux Puissances ennemies, sont les mêmes que ceux de la guerre continentale. Cette ressemblance s'affirme dans les formes de la déclaration de guerre, dans la plupart des usages suivis pour l'attaque et la défense, dans le traitement des prisonniers et des blessés, dans les conventions de guerre et les causes qui mettent fin aux hostilités.

---

[1] Aube, *Nouveau dr. maritime int.* — Azuni, *Droit maritime de l'Europe.* Carlos Testa, *Le dr. public maritime* (trad. du portugais par Boutiron). De Cussy, *Phases et causes célèbres du dr. maritime.* — Jouffroy, *Le droit des gens maritime universel.* — Nys, *La guerre maritime.* — Liebrecht, *La guerre maritime.* — Pallu de la Barrière, *Le bâtiment de combat et la guerre sur mer.* — Du Pin de Saint-André, *Torpilleurs et bâtiments.* — De Boeck, *De la propriété privée ennemie sous pavillon ennemi.* — Hautefeuille, *Questions de dr. marit. int.* — De Laveleye, *Respect de la propr. privée sur mer, Rev. de dr. int.,* Bruxelles, t. VII, p. 598; t. XVI, p. 568. — Emile Carron, *La course maritime.* — Mas-Latrie, *Du droit de marque et du droit de représailles,* (Ajoutez auteurs cités, pp. 141, 182).

Mais la guerre maritime obéit encore aujourd'hui à des règles spéciales, que l'intérêt des États continue à maintenir, malgré les vives critiques qu'elles suscitent de la part des jurisconsultes inspirés par l'équité et les principes du droit. Ce sont ces règles particulières, constituant le plus souvent des différences profondes avec la guerre continentale, que je vais uniquement signaler en me plaçant aux points de vue suivants : effets de la déclaration de guerre, moyens de nuire à l'ennemi, des combattants auxiliaires ou de la course, des droits sur la liberté des personnes inoffensives et sur la propriété privée.

1.

EFFETS DE LA DÉCLARATION DE GUERRE.

1° *Embargo*. — L'ouverture des hostilités n'entraîne pas, dans la guerre continentale, la confiscation des propriétés appartenant à des sujets ennemis et situées sur le territoire de l'un des belligérants. Dans la guerre maritime, les Puissances se reconnaissent le droit, d'après les décisions constantes de la jurisprudence anglaise, de mettre l'*embargo*, c'est-à-dire, de s'emparer des navires ennemis qui se trouvent dans leurs eaux territoriales, au moment de la déclaration de guerre. Toutefois, d'après la pratique la plus récente, un certain délai est accordé aux bâtiments ennemis pour se retirer. Lors de la guerre de Crimée, l'Angleterre et la France ont, par une déclaration du mois de mars 1854, permis aux navires russes de quitter, pendant un délai de six semaines, leurs ports respectifs, pour regagner leur patrie. La France, en 1870, accorda, dans le même but, un délai de trente jours aux vaisseaux allemands.

2° *Licences de commerce*. — Un effet, résultant de l'ouverture des hostilités, et qui s'applique dans la guerre maritime comme dans la guerre continentale, consiste dans l'interruption des rapports commerciaux entre les belligérants. Ceux-ci peuvent toutefois, en accordant des *licences de commerce* aux capitaines marchands, leur permettre de continuer les relations commerciales avec l'ennemi, sans craindre que leur bâtiment soit capturé; un État peut accorder cette licence à quelques-uns de ses sujets ou même à des ennemis, et, suivant les cas, permettre, d'une façon générale, la continuation des rapports commerciaux avec son adversaire. Les licences peuvent donc être, sous ce rapport, *générales* ou *spéciales*.

A l'époque où la France et l'Angleterre firent la guerre à la Chine, les commerçants français et anglais purent continuer librement leur commerce avec l'empire chinois. Lors de la guerre de Crimée, en 1854, des proclamations spéciales apportèrent de notables dérogations à la règle qui prohibe tout rapport commercial avec l'ennemi. Mais des décisions spéciales étaient nécessaires pour modifier le principe et pour empêcher les tribunaux de prises de prononcer la confiscation, car l'Angleterre et la France admettent comme règle absolue l'interdiction du commerce entre belligérants.

La protection, résultant de la licence, couvre le navire pendant la période de temps et pour les trafics qui s'y trouvent mentionnés. Elle s'arrête, d'ailleurs, devant des blocus régulièrement établis, ou devant la prohibition générale qui frappe la contrebande de la guerre.

II.

MOYENS DE NUIRE A L'ENNEMI.

Les guerres navales sont plus cruelles et plus meurtrières que les guerres continentales.

1° *Torpilles.* — Les *torpilles*, dont on a déjà fait l'expérience dans des guerres récentes, suffisent pour anéantir d'un seul coup des navires entiers. On s'est demandé si de tels ravages, effrayants par leur caractère soudain et général, n'étaient pas contraires aux lois de la guerre. Il est cependant difficile d'en défendre l'emploi, comme moyen de défense, pour empêcher les navires ennemis de pénétrer dans les eaux territoriales. On pourrait comprendre plus facilement la prohibition des torpilles mobiles comme moyens d'attaque en pleine mer ; mais il est peu probable que les États maritimes veuillent renoncer aux moyens les plus rapides et les plus puissants d'anéantir les forces navales de l'ennemi. Il faudrait, dans tous les cas, pour arriver à un pareil résultat qu'un accord intervînt entre toutes les Puissances maritimes[1].

2º *Bombardement.* — Le *bombardement*, dans les guerres continentales, ne peut avoir lieu que pour les places fortes, ou pour les villes ouvertes qui opposent de la résistance à l'ennemi. Mais, dans la guerre maritime, la coutume l'autorise même pour les ports de commerce ou villes qui ne se défendent pas, afin de hâter la destruction de la richesse commerciale de la Puissance ennemie. Il faut condamner, sans hésitation, un tel acte de barbarie lorsqu'il n'est pas impérieusement commandé par les nécessités de la guerre. En 1878, la flotte turque n'hésita pas à bombarder, sans aucune utilité, certaines places ouvertes des côtes russes de la mer Noire. Sans la présence des escadres étrangères dans les parages du Chili, lors de la guerre civile, en 1891, les deux partis auraient pu continuer le bombardement des places ouvertes, auquel ils commençaient à se livrer. Cette destruction des propriétés privées, le long des côtes, est un moyen de nuire qui déshonore l'État qui l'emploie, et que le droit public moderne doit rejeter des coutumes de la guerre. Déjà, Garnier-Pagès, en présentant au Corps législatif, le 9 juillet 1870, un projet de loi pour protéger la propriété privée dans les guerres maritimes, demandait, par l'article 2 de son projet, d'interdire tout bombardement, par les bâtiments de l'État, des entrepôts, villes de commerce et villes ouvertes des nations qui accepteraient la réciprocité, l'attaque restant limitée aux ports et villes militaires. Les événements qui suivirent empêchèrent la discussion de ce projet qui deviendra, nous l'espérons, la loi de l'avenir.

3º *Ruses de guerres.* — Certaines *ruses de guerre*, qui sont

[1] Geffcken, *La guerre maritime de l'avenir, Rev. de dr. int.,* Bruxelles, t. XX, p. 451 ; t. XXIII, p. 580.

interdites dans la guerre continentale, le sont également dans la guerre maritime. Au moment où le combat va s'engager entre les escadres ennemies, chacune d'elles doit arborer son véritable pavillon. Les anciennes ordonnances françaises défendaient de donner le coup de semonce sous un faux pavillon; et le décret du 15 août 1851 ordonne, qu'avant de commencer l'action, le commandant en chef fasse arborer les marques distinctives et hisser les pavillons français sur tous les bâtiments. Dans aucun cas, il ne doit combattre sous un autre pavillon. Dans les combats de nuit, un fanal doit être placé au-dessus du pavillon de poupe. Il faut ajouter, comme nous l'avons déjà dit, qu'on ne peut, dans aucune guerre, abuser du pavillon parlementaire ou des insignes de la Convention de Genève.

Les lois de la guerre interdisent de faire feu sur un navire qui amène son pavillon et manifeste ainsi l'intention de se rendre.

4° *Blocus maritime.* — Le *blocus* est une mesure de guerre qui, à la différence du siège dans les guerres continentales, s'applique aux ports non fortifiés comme aux places de guerre. Je préciserai ses caractères et ses conditions d'existence, *en étudiant la neutralité.*

III.

COMBATTANTS AUXILIAIRES : DE LA COURSE.

Nous avons vu les conditions requises, dans la guerre continentale, pour l'organisation des corps francs à côté de l'armée régulière. Dans la guerre maritime, les corsaires ont, pendant longtemps, combattu, dans l'intérêt du pays qui leur délivrait des lettres de marque, comme auxiliaires des forces navales de l'État, en faisant la guerre de course, sous l'autorité de l'amiral commandant la flotte de guerre. L'un des principes, admis dans la déclaration de Paris du 16 avril 1856, et reconnu par toutes les Puissances, à l'exception de trois seulement, est conçu en ces termes : *la course est abolie.* Je vais, pour compléter cette première idée générale, indiquer l'origine et le caractère de la course, les causes et les conséquences de son abolition.

1° *Origine et caractère de la course.* — A l'époque du moyen âge, les commerçants s'entendent pour *voyager de conserve*, afin de se garantir mutuellement contre les périls de la navigation. Ils s'unissent pour se défendre contre les attaques des pirates qui dévastent les mers, ou pour reprendre des biens dont ils viennent d'être dépouillés. Pour réprimer les abus qui naissaient de ces guerres privées, les États défendent aux navires marchands de courir la mer, pour faire des prises, sans une autorisation de leur souverain. Ce n'est qu'après avoir vérifié le préjudice éprouvé par le navire, qu'on accorde à l'armateur l'autorisation d'exercer des représailles. Son navire reçoit une marque comme signe de l'autorisation, et de là vient le nom de *lettres de marque.* Les bâtiments corsaires font désormais la guerre de course pour exercer des représailles, avec l'agrément du souverain qui les oblige, plus tard, à donner caution, et les déclare responsables des actes commis en dehors des limites fixées par l'autorisation.

Au xviiiᵉ siècle, les guerres maritimes des États ont surtout pour but de conquérir la suprématie commerciale, afin de ruiner plus sûrement la richesse des Puissances rivales. Les gouvernements prennent alors, comme auxiliaires de leur flotte de guerre, les corsaires auxquels ils délivrent une *commission spéciale de guerre* ou *lettres de marque*, et qu'ils encouragent par la promesse de partager les prises faites pendant la guerre.

C'est donc à partir de cette époque que les corsaires prennent part aux guerres publiques de l'État, comme auxiliaires de la marine militaire. Ils dépendent de l'amirauté et obéissent à ses ordres. La course est alors réglementée par les législations de tous les États. En France, elle était régie par un règlement du 2 prairial an XI qui comprenait 133 articles. Les dispositions principales étaient les mêmes dans la plupart des pays. Les corsaires devaient : *a*) avoir une autorisation expresse qui devait être renouvelée après le délai fixé dans leurs lettres de marques ; *b*) donner une caution destinée à

garantir l'application des règlements ; c) et leurs prises n'é-
taient définitives qu'après jugement. Ce n'est qu'en observant
les conditions requises qu'ils pouvaient faire légalement la
course et ne pas être considérés comme des pirates. Ces derniers, en effet, qui ne peuvent s'abriter sous aucun pavillon
reconnu, sont en dehors du droit international ; ils n'ont aucune commission, et leurs prises ne sont jamais régulières.

La course est un avantage pour les États qui, n'ayant pas
une marine militaire puissante, jouissent d'une marine marchande nombreuse, et peuvent facilement armer des corsaires
pour lutter contre les forces navales de l'ennemi. Mais les
corsaires n'étaient, en somme, que des *pirates patentés*, et
plusieurs causes devaient contribuer à la disparition de ceux
qui, sous le nom de *gueux de la mer*, *de flibustiers* ou *bou-
caniers*, au temps de Louis XIV, ont fait des expéditions qui
sont restées tristement célèbres.

2° *Abolition de la course ; causes et effets.* — La course
avait produit, dès son origine, de nombreux abus. Elle était
l'occasion de véritables actes de piraterie qui compromettaient
la sécurité des neutres et faisaient naître des conflits entre les
Puissances, dont la responsabilité était engagée par la protection même qu'elles promettaient aux corsaires. L'application des règlements était le plus souvent éludée avec la complicité des États qui tenaient à se ménager le concours de
leurs auxiliaires, pour combattre efficacement le commerce
de leurs ennemis.

Les publicistes de l'époque protestèrent contre une pareille
institution au nom des principes de l'humanité et du christianisme, et, dès la fin du siècle dernier, des tentatives furent
faites pour l'abolir. Franklin fit insérer, dans un traité conclu
entre les États-Unis et la Prusse, le 10 septembre 1785, une
clause par laquelle les deux Puissances contractantes s'engageaient à ne pas délivrer des lettres de marque dans une
guerre entre les deux pays. Une proposition semblable faite
par la France en 1792 ne fut accueillie avec faveur que par
la ville de Hambourg et les villes Hanséatiques. Et enfin,
après les tentatives également infructueuses faites, en 1823,
par Chateaubriand, ministre des affaires étrangères de

France, et par le Président des États-Unis, Monroë, la course, abolie, en fait, lors de la guerre de Crimée, fut solennellement supprimée par l'article premier de la *déclaration de Paris*, le 16 avril 1856. Quarante États acceptèrent les principes de cette déclaration et s'engagèrent à renoncer à la course. Trois Puissances, les États-Unis, l'Espagne et le Mexique refusèrent leur adhésion. Les États-Unis ne sont cependant pas opposés, en principe, à l'abolition de la course; mais ils veulent, avant de l'admettre, qu'on supprime le droit pour les vaisseaux de guerre de capturer les navires de commerce; car n'ayant pas de marine militaire, ils ne pourraient lutter efficacement contre les flottes des autres États qu'en armant des corsaires.

La déclaration de Paris exprime, pour les États qui l'ont admise, une règle de droit conventionnel et, pour tous, un principe de droit international fondé sur la raison et l'équité.

Tout d'abord, les Puissances, qui ont accepté l'abolition de la course, ne peuvent songer à en faire usage sans violer leur engagement, à moins de l'employer, à titre de représailles, contre ceux qui, n'ayant pas adhéré à la convention de Paris, armeraient des corsaires. Les prises maritimes ne peuvent donc plus être faites, en principe, que par les navires de guerre. L'abolition de la course n'empêche pas d'ailleurs que des hommes de la marine marchande ne soient incorporés, à titre de *volontaires*, et avec leurs navires, dans les forces navales de l'État. La Prusse l'avait ainsi décidé en 1870; la France crut y voir une violation de la déclaration de Paris, et protesta; mais les jurisconsultes de la couronne, en Angleterre, reconnurent la légitimité de cette mesure, et assimilèrent cette *marine volontaire*, placée sous l'autorité directe de l'État, aux corps francs de l'armée de terre. Il faut, toutefois, admettre qu'il peut y avoir là, pour les États, un moyen d'éluder l'abolition de la course. Le décret du roi de Prusse ne put d'ailleurs s'exécuter.

Quant aux trois États, qui ont réservé leur liberté, ils peuvent encore strictement faire la guerre avec des navires armés en course; mais ils se mettent ainsi en dehors du droit international maritime consacré par les progrès de l'humanité. Dans la guerre de la sécession américaine, en 1861, les États confédérés du Sud accordèrent des lettres de marque à des bâtiments corsaires qui causèrent au commerce des pertes considérables, et l'on vit renaître les abus déplorables des siècles précédents, sans pouvoir les empêcher par des lois qui restaient impuissantes. Après avoir dépouillé les navires capturés, les corsaires les brûlaient en pleine mer, et abandonnaient les équipages presque nus dans le premier port de relâche. Ces faits peuvent servir d'exemples à ceux qui pensent encore à rétablir la course, en espérant qu'on peut la discipliner.

Beaucoup d'auteurs *regrettent* cependant l'*abolition de la course*, utile à beaucoup d'États et, en particulier à la France. Ils espèrent que la constitution d'une *flotte volontaire*, comme celle dont la Prusse a tenté l'essai en 1870, sera la course de l'avenir avec une réglementation qui empêchera les crimes des anciens corsaires.

IV.

DROITS SUR LES PERSONNES INOFFENSIVES ET SUR LA PROPRIÉTÉ PRIVÉE ENNEMIE DANS LA GUERRE MARITIME. DROIT DE PRISE MARITIME.

Nous avons pu voir déjà, par le bombardement des places ouvertes et la capture des navires marchands, que la propriété privée n'était pas respectée en cas de guerre maritime; nous nous trouvons ainsi en face d'une profonde différence avec la guerre continentale. Il faut, pour mettre mieux en relief cette règle à peine entrevue, en étudier l'*application dans la pratique actuelle*, les *exceptions qu'elle comporte*, les *dérogations que lui ont apportées des traités et des lois*, les *motifs qui la justifient*, et l'apprécier, en outre, au point de vue des *progrès du droit international*.

A. PRATIQUE ACTUELLE RELATIVE AUX PERSONNES. Les habitants inoffensifs, les non combattants sont respectés dans la guerre continentale. Dans la guerre maritime, les *équipages* des navires de commerce peuvent, bien qu'ils n'appartiennent pas à la marine militaire, être faits prisonniers et internés dans une ville située à l'intérieur du territoire ennemi. Cette mesure est conforme à la pratique constante des États. La France ne dépassait nullement son droit, en 1870, lorsqu'elle fit interner à Clermont-Ferrand, quarante hommes de la marine de commerce allemande et la Prusse obéit à un sentiment injustifiable en ordonnant, en retour, l'arrestation de quarante notables des villes de Dijon, Gray et Vesoul, pour les envoyer comme otages en Allemagne. On ne peut pas, d'ailleurs, faire prisonniers les *passagers* nationaux de l'État ennemi, ni les marins, *sujets d'une puissance neutre*, qui feraient partie de l'équipage d'un vaisseau de commerce ennemi.

B. Pratique actuelle relative a la propriété privée. — Les *navires de commerce* et les *marchandises* transportées par mer, qui sont des propriétés privées, peuvent être *capturés sur la haute mer ou dans les eaux territoriales des belligérants* par les vaisseaux de guerre, par les corsaires des États qui n'ont pas encore renoncé à la course, et par les autorités publiques de l'État (préfets maritimes, fonctionnaires de la douane). Les *marchandises ennemies* ne sont pas, d'ailleurs, saisissables, si elles sont embarquées sous pavillon neutre et tant que leur chargement n'est pas effectué sur navire ennemi ; elles cessent également de l'être, dès qu'elles sont déchargées des navires.

a) *Navires de commerce.* — La capture ne peut, en principe, s'appliquer qu'aux *navires de l'ennemi*, dont le *caractère hostile* se détermine par des règles différentes suivant les États. Faut-il attribuer ce caractère au propriétaire du navire, en tenant compte de sa *nationalité* ou de son *domicile*.

1° *Système de la jurisprudence française.* — En France, les tribunaux de prises admettent que la *nationalité* détermine le caractère ennemi ou neutre de la personne[1] ; le navire

---

[1] Conseil des prises, 31 déc. 1870 ; Barboux, *Jurispr. du conseil des prises pendant la guerre de* 1870, p. 104.

est donc ennemi s'il appartient à un *propriétaire citoyen de l'État ennemi*, et s'il a, en outre, *le droit de porter le pavillon* qui le couvre, d'après les lois du pays dont il arbore les couleurs. Cette double condition constitue la *nationalité du navire*, et indique la *nature de la propriété*, propriété *indivisible*, au point de vue de l'exercice des droits de guerre, en ce sens qu'un navire battant pavillon ennemi pourra être capturé, même dans le cas où il appartiendrait en partie à des neutres.

La nationalité d'un navire se constate : 1° par les pièces de bord, 2° par tous autres actes justificatifs. Bien que les premières constatations faites par le capteur aient fait présumer que le navire était ennemi, ses propriétaires peuvent prouver le contraire, en montrant qu'ils n'arborent un pavillon étranger qu'en l'absence d'un pavillon spécial à leur pays. Nous en verrons plus loin un exemple à l'occasion du navire suisse *la Palme*.

Le navire garde son caractère ennemi, malgré la *vente faite à des neutres* dans le cours des hostilités; on ne maintient que les ventes faites par acte authentique avant la déclaration de guerre (Règlement du 26 juillet 1778, art. 7).

2° *Système des jurisprudences anglaise et américaine.* — D'après ces jurisprudences, c'est le *domicile*, la résidence permanente, qui détermine le caractère hostile du propriétaire et, par suite, du navire. La durée de l'établissement et les intentions de la personne, qui peuvent être appréciées par les cours de prises, donnent lieu à de grandes difficultés pratiques. Mais le *droit d'arborer tel pavillon*, avec une licence régulière, est un élément constitutif du caractère hostile, prédominant même et n'admettant pas de preuves contraires. Les armateurs suisses qui n'ont pas de pavillon national n'éviteront pas la capture, s'ils ont arboré un pavillon étranger appartenant à un État actuellement en guerre avec la puissance qui a saisi leur navire. Cette jurisprudence admet encore moins la divisibilité de la propriété, si le navire *battant pavillon ennemi* appartient en partie à des neutres, mais, par un singulier manque de logique, elle rejette ce principe et confisque pour partie le navire *battant pavillon neutre* et appartenant partiellement à des propriétaires ennemis.

Toutefois, elle valide les *ventes* de navires faites à des neutres, pendant les hostilités, sauf à exiger la bonne foi et la sincérité de l'acte consenti.

b) Marchandises ou cargaison. — 1° *Jurisprudence française.* — La *nationalité* du propriétaire sert, comme pour les navires, à indiquer le caractère ennemi de la cargaison. C'est le *destinataire*, aux risques duquel voyagent les marchandises, qui en est considéré comme le propriétaire, à moins d'une convention contraire, non frauduleuse, qui en réserve la propriété et les risques à l'*expéditeur*. Les marchandises, chargées à bord d'un navire ennemi, sont présumées ennemies ; les pièces de bord seules servent de preuve et les intéressés peuvent obtenir un délai des tribunaux de prises pour démontrer leur caractère neutre (Arrêts des 7 janvier et 23 février 1871).

2° *Jurisprudences anglaise et américaine.* — Le *domicile* du propriétaire démontre le caractère hostile de la cargaison, mais c'est *toujours le destinataire* qui, nonobstant toute convention contraire, sera considéré comme ayant le droit de propriété sur les marchandises expédiées. La propriété ne peut même pas changer de nature *pendant le cours du voyage* (*in transitu*). Une marchandise ennemie, vendue à un neutre pendant le voyage, conservera le caractère hostile qu'elle avait au début. Une telle décision ne peut se justifier, en l'absence de fraude, et ne s'explique que par le désir des belligérants d'étendre le droit de prise dans leur propre intérêt.

C'est dans cette même pensée que la jurisprudence anglo-américaine, en dehors de la nationalité ou même du domicile du propriétaire, arrive à donner aux choses un caractère ennemi, en tenant compte de l'*origine* de cette propriété née sur le territoire ennemi, ou du *genre de commerce* dans lequel cette propriété est engagée. Une même personne peut avoir ainsi à la fois un caractère ennemi pour certains actes de commerce, et un caractère neutre pour d'autres actes qui sont en dehors du commerce général d'un belligérant.

En résumé, *comme principe général,* la *jurisprudence française* tient compte de la *nationalité du propriétaire,* la *jurisprudence anglo-américaine* s'occupe du *domicile.* La première opinion restreint le droit de prise et évite les difficultés nombreuses relatives aux conditions nécessaires pour déterminer l'acquisition du domicile commercial, au point de vue du droit de guerre. Il est vrai qu'elle n'est pas elle-même à l'abri de la critique, si on veut la concilier avec la principale raison qui sert de base au droit de capture de la propriété ennemie, c'est-à-dire l'affaiblissement de la puissance maritime des belligérants. Dans le cas, par exemple, où une guerre existe entre la France et l'Angleterre, est-il logique de considérer le commerce maritime d'un Français établi en Amérique comme une source de richesse pour sa patrie d'origine?

L'équité semblerait exiger, en présence de ces difficultés, que la propriété fût considérée comme ennemie, lorsque le *propriétaire est citoyen de l'État ennemi et a, en outre, son domicile ou tout au moins un établissement commercial important sur le territoire de cet État.*

Je complèterai l'étude relative au droit de capture, en retrouvant les prises maritimes comme sanction des restrictions apportées au commerce des neutres, et en étudiant les règles concernant la juridiction des tribunaux de prises.

B. EXCEPTIONS AU DROIT DE CAPTURE. — Le droit international coutumier exempte du droit de prise certains bâtiments que je vais énumérer dans l'ordre suivant :

1° Les *bateaux* destinés à la *pêche côtière*, à raison d'un principe d'équité et du but pacifique de leur petite industrie. La France n'a jamais validé la saisie de canots pêcheurs, même par voies de représailles. L'Angleterre, au contraire, détruisait, pendant la guerre de Crimée, les intruments de pêche et même les cabanes de pêcheurs, construites, le long des côtes, dans la mer d'Azoff.

Il ne faut pas, d'ailleurs, étendre cette exception à la grande pêche qui se fait dans l'Océan, et qui a le caractère d'une véritable opération commerciale ;

2° Les bâtiments *naufragés* peuvent être exempts du droit de capture, bien que certains auteurs veuillent leur refuser ce privilège, qu'ils trouvent inspiré par la grandeur d'âme mais non par la stricte justice; la législation française est contraire à cette exemption ;

3° On peut l'accorder aux vaisseaux destinés à des *missions scientifiques* ou à des voyages d'exploration, comme on le fit, sous les règnes de Louis XV et de Louis XVI, pour les voyages de Bougainville et de la Pérouse, et, plus tard, pour les navires envoyés à la recherche de Franklin. Mais ces bâtiments ne doivent faire aucun acte d'hostilité et l'État ennemi doit être avisé du caractère de leur mission.

4° Les *navires de commerce*, destinés à servir d'*hôpitaux*, doivent jouir de la neutralité garantie par les articles ajoutés, le 21 octobre 1868, à la convention de Genève. Il en est de même des *navires hospitaliers*, équipés par les sociétés de secours reconnues par les gouvernements, et munis d'une commission officielle, et d'un document de l'autorité maritime attestant le but de leur mission. La peinture extérieure de ces navires est blanche avec batterie rouge (art. 13).

Le gouvernement français a proposé de leur assimiler les *navires impropres au combat* et qui déjà, pendant la paix, auraient été destinés à servir d'hôpitaux maritimes.

Les *embarcations*, qui recueillent les blessés ou les naufragés pour les porter à bord des navires hospitaliers, doivent être respectées, pendant la durée de leur mission, autant que les circonstances peuvent le permettre (art. 6).

Les blessés et naufragés doivent s'engager à ne plus servir pendant la durée de la guerre.

Les navires qui veulent profiter, pour leur matériel et leur personnel, du bénéfice de la neutralité, doivent arborer, comme *signe distinctif*, le pavillon blanc à croix rouge à côté du pavillon national. Les belligérants ont toujours le droit de *contrôle* et de *visite*, sur ces navires, et même celui de les éloigner, si la gravité des circonstances l'exigeait (art. 10, 12, 13).

La neutralité qui couvre le navire de commerce, dans ce cas spécial, s'applique aux marchandises, sauf dans le cas où elles constitueraient la contrebande de guerre (art. 10).

Les belligérants ont le droit de prévenir et de réprimer les abus que l'on pourrait faire des insignes de la convention de Genève et du traité additionnel.

D'après l'article 9, les bâtiments *hôpitaux-militaires* ne sont pas neutralisés et peuvent devenir la propriété de l'ennemi qui doit, toutefois, maintenir leur destination spéciale pendant la durée de la guerre; ils sont distingués par une peinture extérieure blanche avec batterie verte.

5° Les navires *parlementaires* ou *navires de cartel* doivent, pour jouir de l'immunité inhérente à leur caractère, avoir soin de hisser un pavillon spécial, et d'agir avec une entière bonne foi dans les négociations dont ils sont chargés. L'exception s'applique, dans ce cas, aussi bien aux navires de guerre qu'aux navires de commerce.

Quant aux navires *postaux*, que des conventions spéciales peuvent, pendant la paix, assimiler aux navires de guerre, ils n'échappent pas à la capture, à moins de dispositions contraires résultant de traités internationaux.

Je rappelle ici que les *câbles sous-marins* ne sont nullement protégés pendant l'état de guerre, si l'un des belligérants croit utile d'interrompre les communications avec un État neutre.

C. Dérogations a la coutume générale par suite de traités ou de lois. — En mettant à part les exceptions que je viens de signaler, on peut dire que le *droit de capture des biens de l'ennemi* est conforme à la *coutume générale* des États qui peuvent, toutefois, par des *traités* ou des *lois* spéciales, apporter des modifications au droit commun. Dans le traité conclu par Franklin avec la Prusse, le 10 septembre 1785, les deux parties renonçaient mutuellement au droit de prise; mais quatorze ans plus tard, en 1799, lorsqu'on renouvela le traité, cette clause ne fut plus reproduite, elle n'a été remise en vigueur que par le traité de 1828. Les *États-Unis* ont toujours montré leur attachement à ce principe de l'inviolabilité de la propriété privée sur mer, comme l'attestent la proposition de Monroë aux Puissances en 1823 et diverses déclarations postérieures.

La France a respecté la propriété privée ennemie dans l'expédition d'Espagne en 1823 (Circul. de Chateaubriand), et le même principe a été admis, en 1866, dans la guerre entre l'Autriche et la Prusse. Cette dernière puissance fit, au début de la guerre de 1870, une déclaration pour renoncer au droit de prise. Mais elle revint plus tard sur sa décision, par suite de la volonté de la France de persister dans l'application de la coutume générale admise pour les guerres maritimes. La guerre russo-turque de 1878 n'a montré aucune modification apportée à l'ancien principe et le droit de prise maritime a été maintenu.

L'Italie a déclaré, dans l'article 211 de son Code de la marine marchande, renoncer au droit de capture sous la *condition de réciprocité* de la part des autres États, à l'exception de la contrebande de guerre. Ce principe a inspiré le traité de commerce conclu par cette nation avec les États-Unis, le 26 février 1871.

Certains traités ou même de simples décrets unilatéraux consentent à la *restitution des navires*, dont la saisie n'est pas ratifiée par les tribunaux de prises au jour de la conclusion de la paix (En ce sens, traités de Zurich, 10 nov. 1859; de Vienne, 30 oct. 1864; de Francfort, 10 mai 1871; décret français du 25 mars 1865 relatif aux navires mexicains).

En résumé, la *coutume générale* actuelle admet la capture de la propriété ennemie sur mer; mais on trouve une tendance, dans la *pratique de certains États*, à proclamer un principe contraire sous l'influence de causes que je vais apprécier.

D. Motifs qui justifient la capture de la propriété privée, et appréciation de cette coutume. — Si la guerre ne met en présence que les forces militaires de deux États, pourquoi les simples particuliers ne sont-ils pas à l'abri de ses atteintes dans la guerre maritime? Je me borne à résumer les raisons principales par lesquelles on peut justifier le droit de capturer les navires de commerce ennemis et de faire prisonniers leurs équipages.

a) *Motifs justifiant la coutume générale.*

1° Les nécessités de la guerre légitiment le droit de prise, parce que, pour contraindre l'ennemi à conclure la paix, il faut détruire ses forces, paralyser son commerce, et ce but ne peut être atteint que par la capture de ses navires et de leur cargaison. Sur terre, le droit de prise s'exerce indirectement par des réquisitions régulières qui constituent une sorte de capture collective de la propriété privée. Les armées qui envahissent un territoire, les opérations militaires qui s'y accomplissent, causent des ravages dont l'étendue est infiniment supérieure aux pertes résultant de la capture des navires de commerce. Dans la guerre franco-allemande, le préjudice causé à l'Allemagne par les croiseurs français n'a pas dépassé six millions; l'invasion sur le territoire français a causé aux propriétés privées des dommages qui se sont élevés à plus de soixante millions. La capture des navires marchands est donc nécessaire pour contribuer à la ruine de l'ennemi et pour remplacer le droit de réquisition, car la guerre doit vivre de la guerre;

2° Les navires de commerce sont, pour une nation, un élément de puissance dont il faut tenir compte. Ils peuvent être employés aux transports de troupes et se transformer en instruments de guerre. Leur personnel peut servir à recruter la marine militaire et l'État belligérant ne fait que remplir le but des hostilités, en supprimant par la capture, tout ce qui peut, à un moment donné, devenir une force pour son ennemi;

3° La guerre maritime deviendrait sans objet, si les navires de commerce pouvaient traverser librement la mer, sans avoir rien à craindre de la marine de guerre ennemie. Si l'un des belligérants ne possède pas de vaisseaux de guerre, ou les met à l'abri dans ses ports sous la protection de torpilles fixes, la guerre maritime ne se borne plus, pour son adversaire, qu'à l'attaque des côtes ou au blocus des ports. Ces actes d'hostilité peuvent être des accessoires d'une guerre continentale; mais la guerre navale proprement dite n'existerait plus. Or c'est là un idéal que les grandes Puissances maritimes ne peuvent pas accepter [1].

b) *Critiques et tendances nouvelles.* Malgré la force de ces raisons, les tendances qui se manifestent aujourd'hui dans les Chambres de commerce, chez les meilleurs publicistes, et même parmi les représentants des pouvoirs publics d'un

---

[1] La *Rev. de dr. int.*, Bruxelles, 1875, p. 675 et suiv. donne l'opinion des publicistes anglais.

grand nombre d'États, ont pour but d'arriver à la *suppression du droit de prise* et au respect de la propriété privée sur mer.

1° On invoque tout d'abord la *raison de droit*. La guerre n'est entreprise que *contre l'État ennemi*; les droits individuels doivent être inviolables; or la différence du théâtre de la guerre ne peut modifier un principe de justice. Le but de la guerre est en effet de nuire à l'ennemi, mais l'ennemi, c'est l'État et non l'armateur et le commerçant inoffensifs. Aucun acte de guerre n'est licite, s'il a pour objet l'attaque directe contre des particuliers qui ne prennent aucune part active aux hostilités. Il ne suffit pas, qu'à un moment donné, les navires ou leur personnel puissent augmenter les forces militaires de l'État, pour les saisir actuellement. Il faudrait admettre alors, dans la guerre continentale, qu'on a le droit de faire prisonniers tous les hommes valides, en état de porter les armes, bien qu'ils ne soient pas actuellement sous les drapeaux.

Si l'on considère, en outre, que les navires marchands servent aux fins de la guerre, en procurant des ressources à l'État ennemi, il suffit de les soumettre à un droit de *séquestre*, sauf à les restituer, à la conclusion de la paix, comme on le fait pour les chemins de fer, dans la guerre continentale.

Ils resteraient, d'ailleurs, toujours exposés aux *réquisitions* de l'ennemi pour un service public (*angarie*), au *droit de préemption* ou de saisie d'objets indispensables actuellement à l'adversaire, tels que vivres et houille, sauf indemnité pour la valeur de ces objets et enfin au droit de capture en cas de violation de *blocus*, ou de transport d'objets rentrant dans la *contrebande de la guerre*.

2° J'ajoute à cette raison de droit des *considérations pratiques* d'autant plus importantes que les États maritimes, qui maintiennent l'ancienne coutume du droit de prise, ne sont guidés que par leur intérêt.

Le droit de capture manque le but pour l'avantage duquel on le revendique. Il n'y a pas d'exemples dans l'histoire que les pertes éprouvées par des particuliers aient forcé un gouvernement à faire la paix. C'est ce qu'affirmait lord Palmersion, le 10 novembre 1856, à la Chambre de commerce de Liverpool, en proclamant le respect de la propriété dans la guerre maritime, principe qu'il reniait, six ans plus tard, alors qu'il était devenu ministre, et réclamait le droit de capture, comme nécessaire à la suprématie maritime de la Grande-Bretagne.

Dans les guerres du premier Empire, la marine marchande française avait été anéantie; mais ce ne sont que les défaites de ses armées par l'Europe coalisée qui ont pu maîtriser la France,

Les gouvernements ignorent souvent, jusqu'à la conclusion de la paix, le nombre des prises; ce n'est donc pas la capture de la propriété privée qui peut hâter la fin de la guerre.

En laissant le commerce libre, on évite de donner à l'ennemi la faculté d'employer le matériel de sa marine marchande et ses équipages pour fortifier sa marine de guerre. Les flottes militaires, n'ayant plus à protéger le commerce, peuvent servir aux Puissances maritimes, d'une façon plus efficace, pour attaquer l'ennemi, bloquer ses ports et intercepter la contrebande. Les navires, qui forceraient un blocus, pourraient sans doute être saisis et confisqués; mais la liberté de la pleine mer ne doit pas être entravée, puisque nul État ne peut y exercer une possession effective.

Enfin, la garantie reconnue aux droits des particuliers mettrait fin aux nombreuses difficultés, qui s'élèvent sans cesse, devant les tribunaux de prises, sur la nature de la propriété capturée, et sur les droits des neutres. Elle serait le complément naturel de la déclaration de Paris, qui protège la propriété ennemie sous pavillon neutre, et défend la course qui était un moyen efficace et rapide de s'en emparer. Il faut respecter *la propriété ennemie même sous pavillon ennemi*, car c'est le commerce international tout entier, qui se trouve atteint par le droit de prise maritime. C'est l'intérêt même des Puissances neutres qui se trouve lésé, en même temps que celui des sujets des nations belligérantes.

C'est pourquoi nous avons constaté que déjà certains États ont, par des traités, répudié la pratique générale. Parmi les manifestations des commerçants pour faire déclarer inviolable la propriété sur mer, l'une des plus importantes est celle des armateurs et négociants réunis a Brème, en 1859, et à laquelle ont adhéré de nombreuses Chambres de commerce. L'*Institut de droit international*, dans sa session de 1877, à Zurich, a émis le vœu suivant : L'institut, en rendant témoignage des progrès faits par la conscience publique, et qui sont constatés par des faits nombreux et notoires, propose la règle suivante, comme une réforme indispensable du droit international : *la propriété privée neutre ou ennemie, naviguant sous pavillon ennemi ou sous pavillon neutre, est inviolable*[1]. »

Telle est la règle qui serait certainement consacrée par un traité international, si l'Angleterre n'avait jusqu'ici, dans l'intérêt de sa prépondérance maritime, opposé une résistance invincible.

SECTION III.

De la neutralité[2].

Les peuples de l'antiquité et du moyen âge n'avaient pas la notion de la neutralité. L'état de guerre entre deux nations ne pouvait laisser les États limitrophes indifférents ; ils étaient amis ou ennemis. Ce sont encore ces expressions que l'on rencontre dans le *Consulat de la mer*. Grotius emploie le mot *medii* pour désigner ceux qui ne participent pas à la guerre. Mais l'idée première de la neutralité qui apparaît au début de l'ère moderne est encore bien incomplète. Jusqu'à la fin du XVIIe siècle, on voit des États, qui prétendent s'abstenir de tout acte de guerre, venir en aide à l'un des belligérants. Les lois et les principes, à peine mis au jour par les

---

[1] *Annuaire de l'Inst. de dr. int.*, 1878, p. 55, 152. *Rev. de dr. int.*, 1875 p. 560, 637.

[2] Hautefeuille, *Droits et devoirs des nations neutres.* — Danewski, *Aperçu historique de la neutr.* — Lorimer, *The obligations of neutrals.* — Telens, *Considérations sur les droits des belligér. et des neutres sur mer.* — Gessner, *Le droit des neutres sur mer.* — Hübner, *Saisie des bâtiments neutres.* — Lampredi, *Commerce des neutres en temps de guerre.* — Fauchille, *La diplomatie franç. et la ligue des neutres de 1780* (Ajoutez auteurs cités, pp. 141, 182, 424).

publicistes, sont violés par les États dont la puissance prépondérante, surtout sur mer, ne trouve pas d'obstacle dans
les forces réunies des autres nations. Et de nos jours encore,
certains États, qui revendiquent avec énergie, pendant la
paix, les droits des neutres, exagèrent ensuite à leur profit,
lorsqu'ils font la guerre, les pouvoirs arbitraires des belligérants.

Il faut donc, pour perfectionner cette théorie toute moderne de la neutralité, substituer aux règles encore douteuses
des principes certains qui puissent, sous l'action du temps et
par l'effort persévérant des publicistes, devenir une loi internationale acceptée par la conscience de tous les peuples.

Notre étude doit comprendre la définition et les notions
générales de la neutralité, les devoirs et les droits des neutres,
les restrictions apportées à leur commerce avec les conséquences qui en résultent.

1.

DÉFINITION ET NOTIONS GÉNÉRALES.

La neutralité peut être définie : la non-participation im-
partiale à la guerre engagée entre deux ou plusieurs nations.

C'est un état de fait, qui consiste dans l'abstention de tout
acte favorable ou hostile, vis-à-vis de l'un des belligérants.
L'impartialité n'exclut pas la sympathie qui peut se manifes-
ter par des conseils, des bons offices, par l'affirmation des
principes du droit international, par la reconnaissance même,
comme belligérant, d'un parti politique révolté. Mais cette
sympathie, cette *neutralité bienveillante et non hostile*, ne
peut aller jusqu'à consentir un acte qui serait un moyen de
faciliter le but et la fin de la guerre.

Cet état de fait ne comporte, en principe, ni divisions, ni
limites. Il n'y a donc pas à distinguer, comme on le fait souvent, une neutralité *parfaite*, et une neutralité *imparfaite* ou
relative, prévue par un traité antérieur, ou convenue à l'ins-

lant même où la guerre est déclarée. Le traité d'alliance antérieur, restreint ou illimité, ne donne pas de plein droit la qualité d'ennemis aux cosignataires du belligérant; mais dès que l'un d'eux exécute l'une des clauses de l'alliance, et prête un appui même partiel, comme le libre passage des troupes, ou un subside, il perd la qualité et les droits d'un État neutre. L'ennemi peut le considérer comme l'allié de son adversaire.

Lorsqu'une Puissance accorde les mêmes faveurs aux deux belligérants, elle viole encore la neutralité, car une mesure identique et qui a toutes les apparences de l'impartialité, produit des effets différents par la force des choses et la situation respective des États. Qu'on accorde à deux États ennemis le droit de recruter des troupes dans un autre pays, et l'on verra, sous l'influence d'une même sympathie, les habitants de ce pays embrasser uniquement la cause de l'un des belligérants. La neutralité imparfaite constitue donc une véritable participation à la guerre.

Les traités peuvent, toutefois, établir une neutralité *partielle*, relative à certains territoires, ou à certaines choses, dans des conditions déterminées. En vertu des traités de 1815, la Suisse, afin de mieux garantir sa neutralité, a le droit d'occuper le Chablais et le Faucigny, districts de la Savoie, pour les soustraire à l'action d'une guerre entre la France et l'Italie. La neutralisation est assurée au canal de Suez, même dans le cas d'une guerre où l'Empire ottoman serait intéressé.

On peut aussi, par un accord exprès ou tacite, neutraliser une partie du territoire des États belligérants afin de localiser la guerre, et d'amoindrir ses maux. Le théâtre des hostilités peut se borner uniquement aux colonies d'un État, sans atteindre le territoire de la métropole.

Un État peut aussi se déclarer neutre purement et simplement, ou sous la condition que certaines circonstances ne viendront pas léser ses intérêts.

Je rappelle, enfin, que les ambulances et leur personnel sont à l'abri des lois de la guerre.

Mais tous ces cas de neutralité, partielle ou conditionnelle, ne modifient nullement le principe, d'après lequel la coopé-

ration directe ou indirecte à la guerre est la négation même
de la neutralité.

L'indépendance et la liberté des nations donnent à chaque
État le droit de choisir entre le maintien de la paix sur son
territoire et la participation à la guerre. C'est en ce sens
qu'on peut dire que la neutralité est *volontaire* et *naturelle*.

Elle est *nécessaire* et *conventionnelle*, lorsque les traités
la garantissent à certains États, dans l'intérêt de la paix
commune. Il est inutile de revenir sur la neutralité *perpétuelle*, dont j'ai fait l'étude en traitant les restrictions apportées au droit d'indépendance des États. Ces États perpétuellement neutres peuvent, d'ailleurs, comme toutes les autres
Puissances, prendre les armes pour faire respecter leur territoire. La *neutralité armée*, qui consiste dans la mobilisation
des troupes et l'envoi de corps d'observation sur la frontière,
est le meilleur moyen qu'on puisse employer pour empêcher
les belligérants d'attenter aux droits des États limitrophes.

Des alliances, qui se sont manifestées déjà sous le nom de
« *la ligue des neutres*, » peuvent faire sortir chaque État de
son isolement, et fortifier sa neutralité d'une façon plus efficace, par une action commune, au cas où elle viendrait à
être violée par les belligérants. C'est ce que firent, grâce à
la puissante impulsion de la Russie, les États riverains de
la Baltique et plusieurs autres pays, en 1780 et en 1800,
pour protéger leur commerce maritime contre les procédés
vexatoires de l'Angleterre. Les États qui s'unissent ainsi s'engagent à ne plus sortir de la neutralité sans une entente commune (*Première neutralité armée*, 28 février 1780; *seconde
neutralité armée*, 16 décembre 1800).

L'état de fait, dont je viens de montrer le caractère, existe
et se maintient, tant que la Puissance neutre ne l'a pas modifié par un acte hostile.

Il n'est pas nécessaire de déclarer formellement, au début
des hostilités, qu'on entend rester neutre. L'état de guerre
ne se présume pas. Mais, d'après l'usage, les Puissances
affirment, par une *déclaration solennelle*, leur intention de
garder la neutralité. Cette coutume a l'avantage de permettre
aux États d'indiquer nettement leur attitude et de tracer à

leurs sujets les devoirs qu'ils doivent remplir à l'égard des belligérants.

Cette déclaration peut encore être utile pour déterminer les États qui prennent part à la guerre, dans le cas où il existe entre eux un lien juridique, modifiant l'étendue de leur souveraineté extérieure.

L'union purement *personnelle* n'enlève pas à deux États, qui se trouvent sous l'autorité du même souverain, leur individualité; l'un d'eux peut donc garder la neutralité, pendant que l'autre se trouve engagé dans une guerre.

Mais s'il s'agit d'États, entre lesquels existe une union *réelle*, ou qui font partie d'un *État fédéral*, investi du droit de déclarer la guerre, le sort de chacun se trouve intimement lié à celui de la communauté.

Toutefois, dans le cas de *confédération* proprement dite, comme l'ancienne Confédération germanique, l'un des États, peut se trouver seul intéressé dans une guerre, sans que la confédération tout entière ou les autres États soient forcés d'y participer. C'est ainsi qu'en 1859, dans la guerre de l'Autriche contre la France et l'Italie, les États allemands, bien qu'ils fussent alors les confédérés de l'Autriche, ont gardé la neutralité.

Quant à l'État placé sous la *suzeraineté* ou le *protectorat* d'une Puissance, la solution ne peut être absolue et dépend des circonstances et des relations qui existent entre ces deux États. L'Égypte, dont les troupes font partie de l'armée turque, est engagée de plein droit dans les guerres de la Turquie; il en sera différemment de la Bulgarie, à raison de son indépendance militaire vis-à-vis de la Porte. Les pays protégés par la France, sur lesquels elle exerce un droit d'occupation militaire (Tunisie, Annam, Tonkin), seront liés au sort de la Puissance protectrice. Lors de la guerre de Crimée, le tribunal des prises anglais décida que la déclaration de guerre par la Grande-Bretagne n'avait eu aucune influence sur la neutralité des îles Ioniennes qui, cédées en 1863 à la Grèce, se trouvaient alors, en 1854, sous le protectorat de l'Angleterre.

En résumé, l'état de fait constituant la neutralité est strict et absolu, volontaire ou forcé, temporaire ou permanent, tou-

jours présumé; et la déclaration solennelle n'est utile que
pour déterminer exactement la situation de chacun et pour
rappeler les devoirs de la neutralité.

II.

DEVOIRS DES NEUTRES.

L'État, qui veut s'assurer les bienfaits de la neutralité, doit
s'abstenir de tout acte hostile. Mais ce principe général comporte certains développements relatifs aux devoirs des neutres
que je vais envisager sous les aspects suivants: *envoi de
troupes, matériel et munitions de guerre, subsides et emprunts, respect du territoire, sanction de ces obligations imposées aux neutres.*

A. ENVOI DE TROUPES. — L'État neutre ne peut, ni envoyer
des troupes ou des vaisseaux de guerre à l'un des belligérants,
ni permettre à ses sujets de s'enrôler dans les armées ennemies, ou de prendre part à la course maritime, dans les cas
où elle pourrait encore être pratiquée.

La Suisse s'engageait autrefois, par des capitulations militaires, à fournir des troupes à diverses Puissances, la France,
l'Espagne, les États pontificaux. Les régiments suisses, enrô-
lés par les deux adversaire, prenaient part à la guerre, sans
que le gouvernement suisse fût considéré comme belligérant.
Mais cette situation anormale n'existe plus, la Constitution
suisse de 1848 a statué qu'à l'avenir il ne peut plus être conclu
de capitulations militaires avec l'étranger.

Le sujet neutre est d'ailleurs libre individuellement de s'enrôler dans l'armée d'un belligérant; il le fait à ses risques et
périls et s'expose à subir, d'après les lois de son pays, des
peines ou des déchéances. D'après le Code civil français (nouvel art. 17, 4°, loi du 26 juin 1889), la perte de la qualité de
Français est la sanction d'un enrôlement pris à l'étranger sans
autorisation du gouvernement. L'État ne viole pas, dans ce

cas, la neutralité, à moins qu'il ne favorise l'enrôlement ou l'organisation, sur son territoire, de corps de volontaires. L'enrôlement en masse de volontaires russes dans l'armée serbe, en 1876, était une violation de la neutralité, d'autant plus que le czar avait autorisé lui-même les officiers à prendre part à la guerre.

Un État neutre ne peut pas autoriser ses pilotes à servir à bord des vaisseaux ennemis, destinés à des opérations militaires. Il peut seulement, dans le cas où l'un de ces vaisseaux, éprouvé par un sinistre, entre dans un port neutre, permettre l'enrôlement d'un nombre de marins suffisant pour que le vaisseau puisse atteindre un port de son pays.

Mais l'interdiction d'enrôler ou de lever des troupes étrangères, ne peut empêcher les belligérants de rappeler leurs nationaux résidant sur le territoire étranger. Il serait contraire à la loyauté et aux devoirs de l'État neutre de retenir ceux qui veulent rejoindre leurs armées respectives. En 1870, les Allemands qui se trouvaient en Amérique ont pu regagner leur pays à bord des navires anglais.

B. ARMES ET MATÉRIEL DE GUERRE. — Un État neutre ne peut fournir ni armes ni matériel de guerre à l'un des belligérants, sans violer les lois de la neutralité. Mais les particuliers, sujets de l'État neutre, ont toujours le droit de fabriquer et de vendre des armes, des munitions et du matériel de guerre, sans engager la responsabilité de leur gouvernement. Celui-ci peut même tolérer l'exportation de ces objets bien qu'ils constituent la contrebande de guerre, aux risques et périls des particuliers, dont les marchandises pourront être confisquées par l'une des Puissances ennemies. Les lois intérieures de chaque pays peuvent d'ailleurs restreindre la liberté du commerce des sujets neutres avec les belligérants.

En 1870, la Belgique et la Suisse interdirent complètement l'exportation et le transit des armes de guerre, afin d'affirmer plus solennellement leur neutralité. C'était de leur part un acte politique, mais nullement un devoir. Les États-Unis et l'Angleterre ont permis le commerce des armes pour le compte du gouvernement français. La Prusse dut, à ce sujet,

échanger des notes diplomatiques avec l'Angleterre, pour se
plaindre de l'envoi d'armes que ce dernier État tolérait en faveur de la France. Le comte Granville répondit que la Prusse
avait elle-même autorisé, pendant la guerre de Crimée, l'envoi d'armes et de munitions à la Russie par la voie du commerce, et que la conduite de l'Angleterre était, dès lors, justifiée par la pratique antérieure. Il n'y a pas de motifs, en
effet, pour revenir sur cette coutume qui a l'avantage d'interpréter les obligations des sujets neutres en faveur de la liberté.
Et aussi, les grandes fournitures de canons expédiés en Russie et en Turquie, pendant la dernière guerre d'Orient, n'ont
soulevé aucune réclamation.

C. SUBSIDES ET EMPRUNTS. — Les subsides pécuniaires,
fournis par un État, sont contraires aux devoirs de la neutralité; mais les prêts ou dons des particuliers échappent au
contrôle des gouvernements. Il ne faut même plus songer à
interdire aujourd'hui l'émission d'un emprunt au profit de
l'un des belligérants. L'Angleterre n'a pas empêché l'emprunt
Morgan, contracté en 1871 par Gambetta, ni celui de la Confédération de l'Allemagne du Nord, et aucun État neutre n'a
songé à interdire à ses sujets la participation à l'emprunt
oriental russe.

Le commerce des vivres et des choses nécessaires à l'approvisionnement des armées peut avoir lieu sur le territoire neutre,
pourvu que l'État qui l'autorise assure une égale situation
aux deux belligérants, car la faveur, faite à l'un d'eux exclusivement, donnerait à la fourniture de vivres le caractère
d'un subside. L'État neutre ne pourrait pas, d'ailleurs, expé-
dier lui-même un convoi de vivres à une forteresse, ou une
provision de charbon à une flotte de guerre, car en procurant
un moyen de transport à l'un des ennemis, il lui facilite les
opérations de la guerre.

D. OBLIGATION DE FAIRE RESPECTER LE TERRITOIRE NEUTRE. —
Un État, qui veut rester fidèle à ses devoirs de neutralité, ne
doit autoriser sur son territoire aucun acte qui puisse faciliter
les opérations militaires des belligérants, ni *passage de trou-*

pes pour éviter des détours ou surprendre l'ennemi, ni *dépôt d'armes* ou de munitions de guerre, ni rassemblement qui puisse leur permettre de continuer la lutte.

Lorsque des engagements ont lieu près de la frontière, il arrive souvent que des fuyards la franchissent et l'État neutre peut leur accorder asile par humanité, leur fournir des vivres et autres secours; mais il doit les désarmer, et, sans les considérer comme prisonniers, il peut, par prudence et par mesure de police, les *interner*, c'est-à-dire, les éloigner le plus possible du théâtre des hostilités. L'État neutre a droit au remboursement des dépenses qu'il a faites et doit restituer le matériel de guerre enlevé aux réfugiés.

Le passage doit même être interdit, sur le territoire neutre, aux *soldats sans armes* qui traversent ce pays pour rejoindre leur corps. La Suisse, en 1870, défendit aux Badois comme aux Alsaciens sans armes tout passage sur son territoire, même par la ligne directe des chemins de fer; mais elle autorisa le *transport des blessés* des deux armées isolément ou dans des convois spéciaux organisés par les sociétés de secours. La Belgique, au contraire, refusa, sur la demande du gouvernement français, d'accorder à l'Allemagne le passage des blessés, parce que cette concession eût facilité les opérations militaires de cette Puissance, en rendant disponibles tous ses chemins de fer pour le transport des troupes. Toutefois, cette dernière mesure concernant les blessés, est exagérée, d'autant plus que le service qui les concerne est lui-même neutralisé entre belligérants. L'article 55 de la conférence de Bruxelles admet que l'État neutre ne viole pas ses devoirs, en autorisant le transport des *malades* ou *blessés*, à la condition que les voitures qui les amènent ne transportent ni personnel ni matériel de guerre.

Sur mer, les règles que je viens d'indiquer ne sont pas toutes admises avec autant de rigueur. Le passage des navires de guerre dans les eaux territoriales d'un État neutre n'est pas une violation de la neutralité, à moins d'une décision contraire de la part de cet État. Les navires peuvent même, sans craindre d'être désarmés, se réfugier, en cas de poursuite, dans un port neutre, où y recevoir l'hospitalité pour réparer leurs avaries, acheter des vivres, mais non des munitions de guerre. Leur séjour ne peut habituellement dépasser vingt-quatre heures, sauf le cas de tempête ou de réparations considérables.

Cette différence, entre le traitement appliqué aux soldats qui franchissent la frontière, et le navire de guerre qui se réfugie dans les eaux territoriales d'un État neutre, est conforme aux principes. L'État neutre respecte le navire de guerre qui, jouissant de l'exterritorialité, est une portion flottante du territoire de l'État dont il porte le pavillon.

Mais, les prisonniers de guerre, que l'on débarque du navire sur le territoire neutre, sont aussitôt libres, et ont droit à la protection des autorités du pays.

Les *prises maritimes*, capturées en pleine mer ou dans les eaux ennemies, peuvent, en cas de détresse, être amenées dans un port neutre. Mais l'État territorial peut-il en autoriser la vente? Il ne le peut pas tout d'abord, avant la décision du tribunal qui confirme la légalité de la prise; car il favoriserait ainsi la partie belligérante qui ferait l'aliénation. Lorsque l'acquisition de la propriété capturée est devenue définitive au profit du navire capteur, la vente peut en être faite sur le territoire neutre, à moins que des traités ou les lois du pays ne l'interdisent. L'Autriche, en 1854, édictait, comme tous les autres États, la défense pour les belligérants d'amener et de vendre leurs prises dans ses ports, à l'exception de celui de Trieste, où l'achat des prises pouvait être opéré après le jugement prononçant la confiscation. L'État neutre ne peut jamais d'ailleurs tolérer qu'un belligérant établisse chez lui un dépôt notoire de ses prises, et, d'après l'usage général, il n'en reçoit aucune, si ce n'est en cas de détresse[1].

Nous venons de voir que les obligations dérivant de la neutralité ne sont pas méconnues par l'*asile* donné aux navires de guerre. Mais il ne faut pas que le *port neutre* soit em-

[1] A l'occasion de la guerre entre la Russie et la Turquie, la *France* (déclaration du 7 mai 1877), n'admit les prises dans ses ports que pendant un délai de vingt-quatre heures, sauf le cas de relâche forcée. — L'*Angleterre* défend d'une façon absolue l'entrée des prises dans les eaux britanniques (Instructions, du 30 avril 1877, données par Lord Derby au conseil de l'Amirauté).

ployé pour des *opérations militaires*, ou serve de point de départ à des actions hostiles.

Il en résulte qu'un État ne peut autoriser, dans ses eaux territoriales, 1° ni *la construction et l'armement de tout vaisseau destiné à l'un des belligérants*; 2° *ni le renouvellement des munitions ou provisions de guerre*; 3° *ni aucune négligence des personnes placées sous sa juridiction, afin d'éviter, dans ses propres ports et dans ses eaux, la violation des devoirs de la neutralité*[1]. Cette conséquence juridique se trouve formulée dans les *trois règles de Washington*, qui furent données, par le traité du 8 mai 1871, comme direction aux arbitres nommés par l'Angleterre et les États-Unis pour juger le procès de l'*Alabama*. Ces trois règles, bien que n'ayant pas été consacrées par l'adhésion des autres Puissances, peuvent être considérées comme des principes de droit international.

L'*institut de droit international*, en résumant les devoirs de la neutralité dans sa session de la Haye, en 1877, a confirmé les règles admises par le traité de Washington.

E. Sanction des devoirs des neutres. — Ces devoirs que nous venons d'exposer constituent autant de droits pour les belligérants qui peuvent, dans le cas où la neutralité est violée à leur préjudice, demander la réparation par voie diplomatique.

Si c'est l'État neutre qui manque à ses devoirs, le belligérant peut exiger des indemnités et demander satisfaction; il peut, si la violation est d'une gravité extrême, ne plus respecter la neutralité de celui qui la méconnait le premier et même lui déclarer la guerre.

Mais l'État n'est pas responsable de tous les actes commis par les personnes placées sous sa juridiction, à moins qu'il ne soit coupable d'une négligence grossière ou n'ait encouragé la violation de la neutralité. Il doit seulement mettre un terme à l'infraction et la punir, en conformité de ses lois intérieu-

---

[1] Calvo, *Les trois règles de Washington, Rev. dr. int.*, Bruxelles, t. VI, p. 459. — Rolin-Jacquemyns. *Les règles de Washington, Même rev.*, t. VII, p. 72. — Caleb-Cushing, *Le tr. de Washington.*

res. Si l'acte qui porte atteinte à la neutralité est commis en dehors du territoire, notamment dans les relations maritimes (contrebande de guerre, violation de blocus), le belligérant pourvoit lui-même directement au respect des lois de la neutralité.

Le tribunal arbitral de Genève, constitué pour l'affaire de l'*Alabama*, exprimait, dans son jugement, que l'État neutre doit apporter, dans le maintien de la neutralité, des soins proportionnés aux dangers qui menaceraient les belligérants, si les devoirs des neutres étaient négligés.

Cette pensée doit être rejetée, car l'État neutre doit se borner à faire simplement son devoir, sans se faire juge des dangers qui peuvent résulter de son inaccomplissement.

III.

DROIT DES NEUTRES.

La neutralité ne pourrait pas être définie : la continuation de l'état de paix au profit des Puissances non belligérantes. La guerre, en effet, modifie leurs relations pacifiques, et, à certaines époques, les prétentions des États en guerre arrivaient même, par des restrictions excessives, à supprimer les droits des États neutres qui étaient forcés de se liguer pour protéger leur neutralité.

Trois points principaux doivent attirer notre attention : *respect du territoire de l'État neutre; protection due à la personne et aux biens de ses sujets; liberté du commerce des neutres.*

A. RESPECT DU TERRITOIRE NEUTRE. — Les opérations militaires d'un belligérant ne peuvent pas s'effectuer sur le territoire des États neutres, alors même qu'il s'agit de continuer une lutte engagée en pays ennemi ou sur la haute mer. La poursuite du navire ennemi doit s'arrêter à la ligne de respect et toute capture opérée dans les eaux neutres doit être restituée, si l'État, dont la souveraineté a été méconnue, exige la mise en liberté du navire indûment capturé. Lorsque deux vaisseaux ennemis se trouvent dans le même port neutre, ils ne peuvent s'y livrer à aucun acte d'hostilité, et leur départ doit être séparé par un intervalle de vingt-quatre heures, afin d'éviter un engagement immédiat. Celui qui sort le dernier est, en général, escorté par un vaisseau de l'État neutre qui doit empêcher au besoin tout combat dans les eaux territoriales. Ce procédé fut suivi, en 1864, à Cherbourg, où l'*Alabama* et un navire du Nord s'étaient réfugiés.

Le droit d'asile fut souvent refusé aux corsaires par des États qui admettaient les bâtiments de guerre réguliers, parce que les premiers n'offrent pas les mêmes garanties de conduite loyale. De nos jours cependant, les corsaires des États confédérés du Sud ont joui des avantages accordés aux navires de guerre des États du Nord.

L'État neutre peut toujours, d'ailleurs, fermer l'accès de ses ports, sauf le cas de relâche forcée, aux navires des belligérants, lorsqu'il peut craindre qu'ils ne s'établissent dans ses eaux territoriales, pour diriger des opérations contre l'ennemi. En 1870, la Suède proclama la fermeture de ses cinq ports de mer[1].

Nous avons vu que, sur terre, les combattants qui traversent la frontière, sont aussitôt désarmés et éloignés du théâtre de la guerre.

L'État neutre a le droit, dans l'intérêt de sa neutralité, de refuser la pose de câbles télégraphiques sur son territoire, afin de ne pas faciliter ainsi les communications de l'un des belligérants. C'est la décision que dut prendre l'Angleterre, en 1870, en présence d'une demande de cette nature faite par la France.

B. PROTECTION DUE A LA PERSONNE ET AUX BIENS DES SUJETS NEUTRES, SUR LE TERRITOIRE DES BELLIGÉRANTS. — L'État neutre a le droit de protéger ses sujets qui résident sur le territoire

[1] Un grand nombre de *traités* ont consacré l'inviolabilité du territoire maritime neutre, voir sur ce point : Calvo, t. III, § 2351, note 1, p. 477.

de l'un des belligérants, et de conserver, dans ce but, à ses envoyés diplomatiques, la mission qui leur est confiée. Ceux-ci peuvent même, si leur gouvernement les y autorise, pro-téger *les sujets d'un État ennemi* qui résident sur le territoire de l'autre belligérant; ils ont également le droit d'accepter les *archives* que leur confie le représentant de l'une des Puissances belligérantes. Mais les nécessités de la guerre peuvent rendre plus difficiles les communications des ministres publics avec leur gouvernement. L'ennemi qui occupe le territoire doit concilier ses intérêts avec la dignité et les égards dus au corps diplomatique et ne pas lui imposer des condi-tions inacceptables. On comprend donc que les ministres pu-blics enfermés dans Paris, en 1871, refusèrent de se sou-mettre à la condition imposée par M. de Bismarck, et d'après laquelle leurs correspondances avec leur gouvernement de-vaient avoir lieu par *lettres ouvertes.*

Le belligérant, qui doit respecter les personnes inoffensives de l'État ennemi, doit, à plus forte raison, avoir des égards pour les nationaux d'une Puissance neutre.

Il doit empêcher également les dommages causés à leurs propriétés sans être obligé toutefois de les soustraire aux charges de la guerre et aux nécessités de l'occupation. Les préjudices, que l'invasion peut causer même aux sujets neutres, ne donnent jamais à ces derniers le droit de demander à l'occupant des indemnités.

Le droit d'*angarie*, généralement supprimé pendant la paix, subsiste encore en temps de guerre. Ce droit consiste dans la faculté de requérir les navires neutres, qui se trouvent dans les eaux territoriales d'un belligérant pour des opéra-tions que celui-ci veut entreprendre, par exemple, pour des transports maritimes, ou pour des moyens de défense quel-conque. L'angarie a fait l'objet de conventions spéciales entre les États; les uns y ont renoncé; d'autres, comme l'Allemagne, le Portugal et l'Espagne, par des traités qui remontent à 1868 et à 1872, stipulent d'avance qu'elle donnera toujours lieu à une indemnité.

Les autorités militaires prussiennes avaient, en 1870, saisi et fait sombrer, près de Duclair, six barques anglaises pour barrer la Seine aux navires de guerre français qui menaçaient les troupes allemandes. Le prince de Bismarck ne voulut même pas, dans ce cas, reconnaître aux propriétaires lésés le droit de demander une indemnité, et il ne consentit à la leur accorder qu'en ayant égard aux sentiments d'amitié qui le liaient avec l'Angleterre.

L'exercice d'un pareil droit qui va jusqu'à la destruction d'une propriété neutre est vraiment exorbitant, et les principes de la plus stricte justice commandent qu'on ne puisse jamais en user, si ce n'est en cas d'absolue nécessité et moyennant la réparation du préjudice souffert.

C. Liberté du commerce des neutres. — Ce n'est que dans les relations maritimes que le commerce des neutres peut jouer un rôle important. Pour comprendre toute la valeur du principe de liberté que nous avons posé, il faut ne pas oublier que la propriété privée de l'ennemi n'est pas respectée dans les guerres maritimes. Or, les prétentions des belligérants se trouvent souvent en lutte avec les intérêts des neutres et la conciliation de ces droits rivaux donne lieu depuis longtemps, dans la pratique et dans la doctrine, à de grandes et de nombreuses difficultés.

Je n'ai pas l'intention de suivre, à travers les âges, les principes différents qui ont dominé tour à tour, ni de résoudre toutes les questions que cette matière délicate fait surgir. Je veux me borner à mettre en relief les règles principales, en les groupant sous ces trois chefs : *principes généraux relatifs aux opérations de commerce; actes de navigation; transport des marchandises.*

a) *Principes généraux relatifs aux opérations de commerce.* — La liberté du commerce des nations neutres, entre elles et même avec les belligérants, est admise, comme un principe certain, par tous les auteurs et par la pratique des États. Il ne faut pas, en effet, que le désir de causer à l'ennemi le plus grand mal possible vienne entraver complètement le commerce des neutres.

L'achat ou la vente des marchandises, et leur transport

d'une place à une autre, moyennant un loyer appelé le fret, restent donc libres entre les belligérants et les neutres.

Ce droit de vente ne souffre, en principe, aucune limite, quelle que soit la nature des marchandises vendues. Les commerçants neutres, pourvu que l'État n'intervienne pas pour favoriser l'un des belligérants, peuvent vendre, comme nous l'avons vu, même des munitions de guerre, si des traités ou les lois de leur pays ne le leur défendent pas.

Ils peuvent, *d'après la jurisprudence anglo-américaine*, acheter des navires de commerce aux sujets des belligérants, même après la déclaration de guerre, pourvu que le contrat soit fait de bonne foi. Le belligérant qui convoite la prise des navires ennemis peut craindre une vente frauduleuse attribuant à un neutre, par un acte simulé, une propriété temporaire. Mais cette crainte ne peut détruire le principe de liberté et, dans la pratique, les États se bornent à exiger la remise effective du navire à l'acheteur et la preuve incontestable de la bonne foi. La *jurisprudence française,* plus sévère, ne valide que les ventes établies par acte authentique avant la déclaration de guerre.

Les peuples neutres peuvent encore faire les assurances des navires et des cargaisons appartenant aux sujets des belligérants, se livrer aux entreprises de commission qui constituent l'une des branches les plus importantes du commerce moderne.

En un mot, aucune opération de commerce ne doit être, par sa nature, interdite aux neutres. La défense de transporter certains objets, constituant la contrebande de guerre, et la déclaration de blocus, peuvent seules apporter au principe de la liberté des restrictions dont nous ferons plus tard l'étude.

b) Actes de navigation. — La *ligue de la neutralité armée,* établie en 1780 sous l'inspiration de Catherine II de Russie, avait proclamé le principe, que les vaisseaux neutres peuvent *naviguer librement* de port en port sur les côtes des nations en guerre (déclaration de la cour de Russie du 28 février 1780). Il faut maintenir cette règle de droit international, alors même que le *cabotage,* c'est-à-dire le commerce de marchandises *nationales* entre deux ports d'un même pays, serait, en temps de paix, interdit aux navires étrangers. Le belligérant, en effet, a le droit d'autoriser, pendant la durée de la guerre, des navires neutres d'une ou de plusieurs Puissances, à faire ce commerce réservé antérieurement à la marine nationale. Le pavillon neutre sera une protection pour les marchandises transportées, et les belligérants ne peuvent se plaindre des nouveaux débouchés et des sources nouvelles de bénéfices accordés aux neutres, alors que la guerre leur cause d'autre part des préjudices constants.

Ce principe avait autrefois une application plus large, lorsqu'existait l'*intercourse coloniale*, c'est-à-dire le droit réservé à la marine nationale de se livrer exclusivement au commerce et à la navigation entre la métropole et ses colonies. La règle édictée, en 1756, par l'Angleterre, refusait aux neutres le droit de se substituer, pendant la guerre, à la marine de l'un des belligérants, pour profiter d'un commerce dont les neutres étaient précédemment exclus. Mais cette décision, qui était purement arbitraire, appartient aujourd'hui au domaine de l'histoire, car aucun État n'interdit plus le commerce des étrangers avec ses colonies. Je rappelle toutefois qu'une loi du 2 avril 1889 réserve la navigation entre les ports de France et d'Algérie au pavillon français.

c) Transport des marchandises. — Pour saisir nettement les principes du droit international sur ce point, il faut distinguer quatre hypothèses.

PREMIÈRE HYPOTHÈSE. — Des *marchandises ennemies* sont transportées sur des *navires ennemis*. La solution ne peut alors être incertaine; le droit de prise est complet et s'applique aux marchandises comme aux navires.

SECONDE HYPOTHÈSE. — Des *marchandises neutres* sont chargées sur des *navires neutres*. Dans ce cas, qui ne peut offrir également aucune difficulté, la liberté est complète, et les belligérants doivent respecter la propriété neutre.

TROISIÈME HYPOTHÈSE. — Des *marchandises neutres* sont transportées sur des *navires ennemis*. D'après la déclaration de Paris, du 16 avril 1856, ces marchandises appartenant à des nations neutres ne peuvent plus être saisies sous pavillon ennemi (art. 3). Le navire seul est saisissable.

QuaTRIÈME HYPOTHÈSE. — Des *marchandises ennemies* sont transportées sur des *navires neutres*. Dans ce cas, en vertu de la déclaration de Paris, *le pavillon neutre couvre la marchandise ennemie* qui échappe ainsi à la confiscation (art. 2).

Il faut d'ailleurs exclure l'application des trois dernières règles que je viens d'indiquer, dans le cas où les marchandises transportées sont des objets de contrebande de guerre.

Je viens d'exposer la doctrine que les progrès du droit maritime international ont fait triompher; mais ce n'est qu'après de nombreuses variations et des luttes continuelles que ce résultat a pu être atteint.

Le *Consulat de la mer*, dont le principe fut surtout admis par l'*Angleterre*, ne s'attachait qu'à la *nationalité de la marchandise;* il permettait de saisir la marchandise ennemie à bord du navire neutre, mais respectait la marchandise neutre à bord du navire ennemi. Dans ce système, le pavillon ne couvrait pas la marchandise.

La *France* admit tout d'abord des règles plus rigoureuses. Elle confisquait les *marchandises ennemies sur navire neutre*, et les *marchandises neutres sur navire ennemi* (ordonnances de 1538, 1543, 1584 et 1681). Ce principe que l'on exprimait par ces mots *confiscantur ex navibus res, ex rebus naves*, ne fléchissait qu'en faveur de certains pays avec lesquels la France avait consenti des traités contenant des règles spéciales. La convention signée, le 10 mai 1615, avec la ligue hanséatique, portait que le pavillon de la Ligue couvrait la marchandise ennemie, et le même privilège fut plus tard accordé aux Pays-Bas, à l'Espagne et aux États-Unis (Traité du 6 févr. 1778 avec les États-Unis).

Mais, au xviiie siècle, la France répudia sa première doctrine, et ne s'attacha plus qu'à *la nationalité du navire.* C'est par le règlement du 26 juillet 1778, sous Louis XVI, qu'elle adopta, comme mesure générale, ce principe : *navire libre, marchandise libre.* C'était la consécration de la règle, d'après laquelle le pavillon couvre la marchandise, et que *la ligue des neutres* affirmait dans sa déclaration du 26 février 1780. Mais, par une conséquence trop logique et injuste, la France admettait également la maxime inverse : *navire ennemi, mar-*

chandise ennemie, et autorisait ainsi la confiscation de la marchandise neutre sous le pavillon de l'un des belligérants.

Après les guerres de Napoléon et de l'Angleterre pendant lesquelles les efforts tentés jusque-là, pour améliorer la situation des neutres, furent méconnus, on consacra, dans la pratique et les traités, des règles plus équitables qui aboutirent, le 16 avril 1856, à la déclaration de Paris dont j'ai donné les principes, en indiquant chaque hypothèse.

On peut dire que cette déclaration a concilié les deux tendances, qui s'étaient accusées à la fin du siècle dernier, en acceptant la part de justice qu'offrait chacune d'elles.

Le pavillon neutre sauve la marchandise ennemie, c'était la maxime de la *France; la marchandise neutre est respectée sous pavillon ennemi*, c'était la règle du *Consulat de la mer*, acceptée par l'*Angleterre*.

Ces deux principes sont également justes, et devaient présider, sous l'influence des progrès du droit, aux rapports des Puissances maritimes. Ils constituent des règles générales de droit international, que l'on ne refuserait pas d'appliquer même aux États neutres, qui n'ont pas adhéré à la déclaration de Paris. Il faut, pour achever l'œuvre de la déclaration de Paris, consacrer, dans l'avenir, cette troisième règle : *la propriété privée de l'ennemi a droit au respect, quel que soit le pavillon qui la couvre*.

IV.

RESTRICTIONS APPORTÉES AU DROIT DE COMMERCE
DES NEUTRES.

La liberté pour les neutres de faire le commerce, soit entre eux, soit avec les belligérants, doit trouver une limite nécessaire dans la défense qui leur est faite de venir en aide aux États ennemis; car une telle assistance serait la négation même de la neutralité. Une double application de cette idée se rencontre dans la prohibition relative à la *contrebande de guerre*, et dans le respect du *blocus* exercé par un belligérant.

Je vais indiquer, tout d'abord, le principe relatif à ces deux restrictions, et j'étudierai, sous un titre spécial, leurs conséquences et leur sanction.

A. CONTREBANDE DE GUERRE. — On entend, par ces mots, l'ensemble des objets *destinés à un belligérant* et dont le transport est illicite, en temps de guerre, en vertu des lois internationales. Le mot contrebande (*contra bannum*) date de l'époque du moyen âge, où les Papes mettaient au *ban* de la chrétienté ceux qui fournissaient des armes aux infidèles[1].

Mais que faut-il entendre par contrebande de guerre? Les belligérants sont portés à l'étendre, et les neutres enclins à la restreindre. De ce conflit naît une incertitude, que les traités et les usages n'ont pas encore fait disparaître. Voici toutefois quelle est aujourd'hui la pratique consacrée par les États.

a) La contrebande de guerre, *dans un sens absolu*, comprend tous les objets destinés uniquement à la guerre : armes, munitions, embarcations de guerre, matériel et instruments fabriqués pour l'armement des troupes. Le transport de ces objets en temps de guerre a toujours été déclaré illicite (*Traité des Pyrénées*, du 7 novembre 1659, art. 12, entre la France et l'Espagne. Le principe, admis par le traité des Pyrénées, et qui restreint aux *spécialités de guerre* le commerce illicite des neutres, a été consacré de nouveau par le traité d'Utrecht du 11 avril 1713 et par la Ligue de la neutralité armée en 1780[2].

b) On peut encore, *dans un sens relatif*, faire rentrer, parmi les objets de contrebande, des choses dont l'utilité se comprend, en dehors de tout état de guerre, telles que vêtements, chevaux, bois de construction, or et argent, soufre,

[1] Ce mot trouve peut-être son origine dans le terme italien : *contrabbando*, dont l'expression équivalente en latin (*contrabannum*) désigne un commerce prohibé par l'État à ses sujets en temps de paix. Calvo, t. IV, n° 2416, p. 1.

[2] L'alliance de la neutralité armée comprenait, toutefois, parmi les objets de contrebande deux matières premières, le soufre et le salpêtre, ainsi que les selles et les brides.

salpêtre, charbon de terre, navires de commerce, etc... (ordonnance de la marine de 1681).

Tous ces objets ne rentrent pas, d'une façon immédiate,
dans la contrebande de guerre, mais ils en prennent la nature, soit par des traités spéciaux, soit même en vertu d'une
simple déclaration faite au moment de l'ouverture des hostilités, par l'un des belligérants, qui donne, dans ce sens, des
instructions à sa marine militaire [1]. Cette décision devient
obligatoire pour toutes les Puissances neutres à qui elle a été
notifiée. Une telle latitude, reconnue par la pratique des États,
arrive à donner à chaque belligérant une véritable juridiction
sur la haute mer, et à détruire, par un simple acte de sa
volonté, la liberté du commerce des neutres. On a vu l'Angleterre prohiber, pendant les guerres de la Révolution française,
le commerce des grains avec la France. Il faut pourtant admettre que les *vivres et autres moyens de subsistance*, même
destinés à l'armée ennemie, ne peuvent être saisis comme objets de contrebande, bien que la France, en 1885, pendant
son conflit avec la Chine, ait déclaré le *riz* contrebande de
guerre. Mais cette décision peut se justifier amplement, car
le *riz* sert de *solde* aux réguliers chinois, et de *tribut* payé
aux provinces du Nord de la Chine par les provinces méri-
dionales. Ce double caractère explique que le riz puisse être,
en ce qui concerne la Chine, considéré par les belligérants,
comme contrebande de guerre (Instr. ministérielles françaises
du 21 février 1885).

On peut dire, en ce qui concerne les objets de cette seconde catégorie, que *l'opportunité de la mesure* est la règle
des États. La tendance actuelle est bien, sans doute, sauf en
Angleterre, de s'en tenir aux articles de guerre et d'exclure de
la contrebande les objets d'usage double (*ancipitis usus*) : les
métaux, les machines, les houilles, les navires de commerce,
les bois de construction, mais on y a compris souvent les
selles, les brides, le soufre, le salpêtre. Il faudrait pour éviter toute décision arbitraire, qu'un traité international vînt

---

[1] Kleen, *Le droit de la contrebande de guerre, Rev. de dr. int.*, Bruxelles,
1893, t. XXV, p. 7, 124, 239, 389. De Bar, *Observat. sur la contrebande
de guerre, Même revue*, t. XXVI, p. 401.

compléter l'œuvre de la déclaration de Paris, en limitant les choses rentrant dans la contrebande de guerre. Et si l'un des belligérants, en dehors du droit conventionnel, était forcé par les nécessités de la guerre, de prohiber certains objets non prévus, il ne pourrait pas le faire sans indemniser intégralement les propriétaires de la marchandise capturée.

c) On donne le nom de *contrebande par analogie* à certains transports maritimes, par lesquels des neutres se font les auxiliaires des belligérants, en leur prêtant un secours direct. On peut rattacher à cette hypothèse les deux faits suivants :

1° Le transport de dépêches relatives à la guerre et fait sciemment en vue de favoriser l'un des belligérants, comme, par exemple, les ordres adressés par un amiral au commandant d'une station navale. La répression sera, d'ailleurs, dans ce cas, bien difficile à exercer ;

2° Le transport de troupes destinées au service militaire des belligérants (Instruction française du 25 juillet 1870)[1].

Le vaisseau neutre qui se fait ainsi l'auxiliaire d'une Puissance en état de guerre perd le bénéfice de sa neutralité. Il peut être saisi et traité en ennemi. Il faut apprécier, suivant les circonstances, s'il y a vraiment une expédition de troupes. Quelques soldats isolés pris à bord ne peuvent donner au transport un caractère illicite ; des officiers importants peuvent, à l'inverse, tout en étant peu nombreux, constituer un danger plus grave pour l'ennemi que le transport d'un corps de troupes. Nous avons vu déjà que cette interdiction ne peut s'appliquer aux sujets appelés sous les drapeaux de leur patrie, au moment de l'ouverture des hostilités.

Il ne faut pas considérer comme illicite, le *transport d'agents diplomatiques* appartenant à l'un des États belligérants, alors qu'ils se rendent dans un État neutre pour soutenir les intérêts de leur pays. On ne peut donc pas justifier l'arrestation par les États-Unis des deux commissaires envoyés en Europe par les confédérés du Sud, à bord du navire neutre *le Trent*, pendant la guerre de la sécession américaine. Il est impossible de prétendre, dans ce cas, que ces deux agents

---

[1] Bulmerincq, *Rev. de dr. int.*, Bruxelles, t. XI, p. 612.

diplomatiques constituaient eux-mèmes la contrebande de
guerre, à raison des dépèches dont ils étaient porteurs, puisque leur destination était celle d'un port neutre.

d) Il faut mettre, dans une dernière catégorie, les objets
qui, par leur nature, *ne peuvent*, ni de près ni de loin, *être
destinés à la guerre*. Ce sont les choses qui, suivant la pensée
de Grotius, ne peuvent servir *qu'au plaisir de la vie*[1]. On a
vu certains États s'approprier autrefois les cargaisons de cette
nature, en destination de ports ennemis, les retenir par une
sorte de droit de préemption, en désintéressant le navire
capturé. Cette coutume, qui n'avait pour fondement que l'arbitraire et violait l'indépendance du pavillon neutre, a disparu. Elle n'a jamais pu, d'ailleurs, être considérée comme
une règle de droit positif international.

B. Du BLOCUS MARITIME[2]. — La défense de transporter des objets de contrebande restreint le droit de commerce des neutres.
Le blocus a une portée plus large et entraîne l'impossibilité de
tout commerce et de toute communication avec les lieux bloqués.

Les questions, que je vais examiner, se réfèrent au *fondement du droit de blocus, aux conditions nécessaires à son
exercice, aux lieux que l'on peut bloquer, aux effets et à la
cessation du blocus*.

a) Fondement du droit de blocus. — Ce droit repose uniquement sur les *nécessités de la guerre*. L'ennemi, qui veut
contraindre son adversaire à se rendre, *intercepte ses relations
commerciales, empêche, par la force, l'accès et la sortie d'une
partie de son territoire*. Les neutres doivent subir le contre-
coup de cette mesure dans les limites mêmes des nécessités de
la guerre. Refuser de reconnaître un blocus régulièrement
établi, ce serait un acte d'intervention, incompatible avec la
neutralité.

Tel est l'unique fondement de ce droit. Il ne faut pas lui
donner, comme base, l'exercice d'une souveraineté dérivant

[1] Grotius, *De Jure belli*, liv. III, c. 1, § 5.
[2] Fauchille, *Du blocus maritime*.

d'une occupation militaire des eaux territoriales. L'État qui bloque un port né possède pas la côte, et n'est nullement substitué aux droits de la Puissance riveraine. Celle-ci domine toujours sur la mer aussi loin que portent les canons de ses batteries. Les navires qui maintiennent le blocus croisent, en général, dans la haute mer sur laquelle il ne peut y avoir aucun droit de souveraineté.

· b) *Conditions nécessaires à l'exercice de ce droit.* — 1° *Il faut une déclaration de guerre,* car le *blocus pacifique* doit être, en droit, condamné; une clause spéciale de la convention d'armistice peut prévoir la levée du blocus.

2° Le *blocus doit être décrété* par le chef de l'État, conformément aux lois de chaque pays, ou par un chef d'escadre par voie de délégation, ou même sur son initiative, en cas d'urgence.

3° Le blocus doit être *réel et effectif.* Ce principe fut autrefois reconnu par la Ligue de la neutralité armée du 26 février 1780, qui exigeait, devant les ports bloqués, la présence « de vaisseaux arrêtés *et* suffisamment proches constituant un danger évident d'entrer. » L'Angleterre, qui avait toujours pratiqué le blocus *fictif* ou *sur papier,* refusa tout d'abord d'admettre ce principe. Elle consentit plus tard à le reconnaître; mais dans un traité qu'elle concluait, le 17 juin 1801, avec la Russie, elle substituait fort habilement, aux termes de la déclaration de 1780, les expressions suivantes : « Vaisseaux arrêtés *ou* suffisamment proches, » se réservant ainsi le droit d'entraver le commerce des neutres par la mise en croisière de quelques navires qu'elle pouvait elle-même juger *suffisamment proches.*

Mais la déclaration de Paris, du 16 avril 1856, vint fixer, sur ce point, en des termes d'ailleurs peu précis, les principes du droit international, en décidant que « les blocus, pour être obligatoires, doivent être effectifs, c'est-à-dire maintenus par une *force suffisante,* pour interdire réellement l'accès du littoral de l'ennemi. » Le nombre des navires, nécessaires pour rendre le blocus effectif, ne peut être déterminé à l'avance, il doit varier suivant les circonstances et l'étendue des côtes que l'on veut bloquer. Pendant la guerre de sécession, les États-Unis mirent en état de blocus le littoral des pays confédérés du Sud avec 400 navires qui stationnèrent le long de la côte d'une façon permanente.

Mais on peut dire que le blocus est *effectif* dans le cas même où des navires, en petit nombre, ont pu forcer le blocus à la faveur de la nuit ou de circonstances favorables; et il n'aurait pas ce caractère par cela seul qu'un croiseur isolé s'est accidentellement emparé d'un navire neutre. Il faut, en un mot, qu'en essayant de forcer les croisières, on puisse courir un danger réel et évident.

Cette première condition a donc mis fin au blocus *fictif*, blocus *sur papier* ou *de cabinet*, qui existait à la suite d'une simple déclaration et par l'établissement d'une croisière avec un petit nombre de navires, ayant le droit de saisir, sur la haute mer, tous les bâtiments qui avaient fait le commerce avec les lieux déclarés en état de blocus. Ce *blocus fictif* entraînait en effet deux résultats : 1° un *droit de prévention* permettant de saisir tout navire soupçonné de se rendre dans un port déclaré en état de blocus; 2° un *droit de suite* d'après lequel on saisit ceux qui en viennent.

L'Angleterre surtout abusa de cette mesure qui attentait si gravement à la liberté des nations neutres. En 1756, elle déclare, par une simple ordonnance, le blocus de tous les ports français; le 16 mai 1806, elle bloque de la même manière les côtes françaises depuis Brest jusqu'a l'Elbe. Napoléon y répond par le décret de Berlin, de la même année (21 novembre 1806), qui met en état de blocus les îles Britanniques, déclare de bonne prise toute propriété anglaise, exclut des ports tout vaisseau ayant touché l'Angleterre, et déclare prisonnier de guerre tout sujet anglais résidant dans les pays occupés par la France. La Grande-Bretagne réplique en ordonnant le blocus de tous les ports de France et des colonies françaises. C'est alors que Napoléon lance le décret de Milan du 17 septembre 1807, prononçant la confiscation de tout navire ayant souffert la visite d'un vaisseau anglais, et déclarant le blocus des îles Britanniques sur terre et sur mer. Ce fut le *blocus continental*, dernier mot d'une conception politique, dont le but était de réduire, sous l'effort d'une puissante ligue, l'influence britannique. Il eut pour résultat de priver le continent de tout commerce maritime, sans empêcher l'Angleterre, pendant les sept années de ce blocus, de continuer sa marche progressive.

Ces excès devaient aboutir à la nécessité de réclamer, pour tout blocus, le caractère effectif, et, dans ces dernières années, la déclaration de 1856 a toujours été invoquée, lorsqu'on tentait de revenir au blocus fictif. C'est ainsi, par exemple, que les États-Unis ont déclaré nul et non avenu le blocus décrété par Maximilien en 1866, relativement aux *ports mexicains* de la côte nord, alors qu'il ne disposait pas à cet effet de forces maritimes suffisantes. Le dictateur Balmaceda ne pouvait pas davantage, lors de la guerre civile du Chili, en 1891, fermer, par un blocus maritime, *les ports du territoire chilien* occupés par le parti du congrès qui, possédant en outre tous les grands bâtiments de la flotte chilienne, empêchait ainsi l'adversaire de réaliser un *blocus effectif*.

4° Une autre condition est nécessaire pour protéger efficacement, en cas de blocus, les intérêts des neutres; c'est la *publicité* donnée par voie de *notification* à la résolution prise de bloquer un port.

Il y a trois sortes de *notifications*. La *première* est faite par le commandant des forces navales aux autorités de la place bloquée, ou tout au moins aux consuls des États neutres, en invitant les navires qui sont à l'ancre dans le port de le quitter dans un délai fixé. Cette notification détermine le commencement et l'étendue du blocus; en son absence, les captures, faites à la sortie du port, seraient absolument nulles.

La *seconde* notification, que l'on nomme *générale* ou *diplomatique*, est faite aux gouvernements des États neutres. Elle est obligatoire et ne constitue pas seulement un acte de courtoisie internationale. En notifiant le blocus aux gouvernements neutres, on les met en mesure d'avertir leurs sujets de suspendre les opérations commerciales avec le port bloqué. Et si, en l'absence de notifications générales, les neutres avaient fait des préparatifs inutiles pour se rendre vers des lieux bloqués et subi des pertes de ce chef, ils pourraient réclamer des indemnités à l'État qui a négligé d'accomplir cette formalité.

Mais si cette notification diplomatique est nécessaire, elle ne donne pas à elle seule l'existence juridique à un blocus qui doit toujours être effectif. Les navires neutres peuvent donc, à leurs risques et périls, se diriger vers un port bloqué, pour s'assurer de la réalité du blocus; mais ils doivent s'arrêter sous peine d'encourir les conséquences de la violation du blocus, devant l'ordre qui leur est intimé de ne pas franchir la ligne des croiseurs.

Cet ordre est l'objet d'une *troisième notification spéciale* faite par l'un des commandants des forces navales aux navires qui se dirigent vers la ligne de blocus. Cette déclaration donne au blocus son efficacité juridique et sert à établir la mauvaise foi du bâtiment qui tenterait désormais d'enfreindre les ordres donnés. La notification spéciale est inscrite sur les papiers de bord par l'officier commandant l'un des navires croiseurs (Instr. franç. du 25 juill. 1870).

La nécessité de cette dernière mesure est admise aujourd'hui par les traités et les règlements de toutes les Puissances maritimes. La *doctrine anglaise* seule décide que tout navire est présumé connaître le blocus, dès qu'il a été notifié diplomatiquement.

c) *Lieux susceptibles d'être bloqués.* — Les belligérants *peuvent bloquer* tout le *littoral* ennemi sauf à satisfaire à la condition du blocus effectif, les *ports militaires* et les *ports de commerce.* La prétention de restreindre le blocus aux seules places fortifiées ou villes de guerre ne saurait être admise. Le blocus commercial se lie intimement au blocus militaire, et on ne peut le supprimer sans enlever toute utilité à ce moyen d'affaiblir l'ennemi pour le contraindre à la paix.

Les embouchures des *fleuves* peuvent être également bloquées, à la condition que ces fleuves traversent uniquement le territoire de l'ennemi. Si leurs eaux baignent les rives de pays neutres, la navigation doit rester libre, afin de ne pas entraver, par un blocus, le commerce des autres peuples. Dans l'affaire du *Peterhoff*, en 1866, la Cour suprême des États-Unis reconnut que le blocus des ports, appartenant aux États confédérés du Sud, ne pouvait comprendre l'embouchure du *Rio-Grande* dont une rive appartient au Mexique. La France, en 1870, n'étendit pas le blocus des ports allemands à l'embouchure de l'*Ems*, dont la rive gauche appartient à la Hollande. La Russie, en interceptant la navigation du *Danube*, en 1877, dépassa son droit, puisque ce fleuve appartient à des riverains différents.

Il faut appliquer la même restriction au blocus des *détroits* qui sont le patrimoine commun de toutes les Puissances maritimes. Le traité de San-Stefano, du 3 mars 1878, a reconnu ce principe pour le Bosphore et les Dardanelles, et nous savons que la liberté du canal de Suez, d'après une convention récente, doit être respectée en temps de guerre.

Il serait donc juste d'admettre que les fleuves internationaux, les détroits et les canaux maritimes fussent protégés par une neutralité perpétuelle. Les détroits, donnant accès à une mer intérieure, et dont toutes les rives appartiennent au belligérant, peuvent seuls être bloqués.

Une Puissance peut mettre en état de blocus ses *propres ports*, mais seulement dans le cas où ils sont occupés par l'ennemi, comme le fit la France, en 1871, pour les ports de Rouen, Dieppe et Fécamp.

Je puis signaler ici un procédé exorbitant du droit de blocus, procédé qui consiste à accumuler des pierres à l'embouchure d'un fleuve, pour en défendre l'accès. Ce *blocus de pierre* a été pratiqué par les États-Unis, et, en 1877, par la Russie, pour le canal de la Sulina. Un tel acte ne peut être excusé que par la nécessité absolue.

d) *Effets, limites et cessation du blocus.* — L'interdiction de communiquer, par voie de mer, avec le port bloqué est la conséquence naturelle du blocus, et nous étudierons plus loin la *sanction* qui rend cette mesure efficace. Le belligérant est d'ailleurs libre de modifier, suivant ses intérêts, l'étendue et la rigueur du blocus.

Dans tous les cas, on n'interdit jamais l'accès du port bloqué à des navires surpris en mer par une tempête, ou qu'un cas de *force majeure* oblige à venir y chercher un *refuge*. On autorise habituellement les États neutres à envoyer des navires de guerre dans les eaux bloquées pour la protection de leurs nationaux. Les *vapeurs postaux* peuvent également, si les nécessités de la guerre ne s'y opposent pas, obtenir l'entrée du port bloqué ; mais le belligérant a le droit d'exiger que le service de la correspondance soit fait par des bâtiments militaires spéciaux, qui ne puissent pas transporter en même temps des marchandises.

Le blocus cesse d'exister, lorsqu'il n'est plus effectif. Si les navires qui le maintenaient sont momentanément dispersés par une tempête ou autres accidents de mer, le blocus n'est pas levé, en ce sens qu'il soit nécessaire, pour le reprendre, d'une nouvelle notification aux Puissances neutres; mais le navire, qui en profite pour entrer dans le port, ne viole pas les devoirs de la neutralité, car, en fait, le blocus n'était plus effectif.

Mais si l'interruption provient d'un acte volontaire, ou a pour cause le besoin de ravitailler les navires ou de réparer les avaries, ou si les croiseurs ont été chassés par les forces ennemies, le blocus est alors levé, et perd son effet, dans l'avenir, à l'égard des neutres.

Le belligérant peut notifier aux États neutres la fin du blocus; mais il ne faut pas admettre que la notification soit indispensable pour rendre aux navires la liberté de faire le commerce avec les ports précédemment bloqués. Dès que l'escadre abandonne la station ou devient insuffisante, le blocus cesse d'exister.

V.

SANCTION DES RESTRICTIONS APPORTÉES AU DROIT DE COMMERCE DES NEUTRES.

Les belligérants doivent avoir les moyens de garantir leurs droits vis-à-vis des États neutres, et d'empêcher l'usage de la contrebande de guerre et la violation du blocus. Le *droit de visite* et les *prises maritimes*, qui nous restent à étudier, sont la sanction des limites imposées par le droit international au commerce des neutres.

A. Droit de visite. — On rencontre déjà des règles relatives à l'exercice de ce droit dans le *Consulat de la mer*, mais c'est surtout le traité des Pyrénées, conclu entre la France et l'Espagne, le 7 novembre 1659, qui constitue sur ce point le document le plus important.

Le droit de visite, inadmissible en temps de paix, à moins de conventions spéciales, est indispensable, pendant la guerre, pour sanctionner les droits des belligérants. Il importe donc d'en définir le but, les conditions d'exercice et les limites.

a) But du droit de visite. — La visite a pour but de reconnaître, par l'inspection des papiers de bord :

1° La nationalité qui indique si le navire est neutre ou ennemi et si le belligérant a le droit de le capturer;

2° La direction du navire qu'il est utile de connaître, afin de savoir s'il est à destination d'un port bloqué, pour le surveiller dans le cas où il tenterait de forcer la ligne de blocus;

3° La nature des marchandises transportées; car lorsque le navire se dirige vers un port ennemi, le belligérant peut craindre que le bâtiment ne contienne de la contrebande de guerre. Il peut vouloir s'assurer, en même temps, que le bâtiment ne contient pas d'autres secours illicites destinés à son ennemi;

4° La qualité de ceux qui se trouvent à bord, afin de s'assurer si le navire ne transporte pas des personnes ennemies.

La *visite simple* ou *enquête sur le pavillon*, n'a pas d'autre but, en principe, que l'examen des papiers de bord : acte de nationalité, rôle d'équipage, passeport, journal du bord, etc... Si tous ces documents ne donnent lieu à aucune difficulté, le navire doit continuer librement son voyage.

La *visite* avec *perquisitions* dans l'intérieur du navire ne peut être ordonnée que si des motifs sérieux font suspecter la véracité de ces documents, et elle doit se faire avec loyauté et modération. C'est la jurisprudence française qui, sous l'inspiration de Portalis, a la première condamné l'emploi de toutes mesures minutieuses et vexatoires. Le belligérant est, d'ailleurs, responsable envers l'État neutre des actes de violence ou de rigueur commis pendant la visite ou la perquisition.

b) Conditions d'exercice du droit de visite. — Ce droit ne peut être exercé que par les commandants des forces navales, ou par les navires armés en course et commissionnés par un État qui n'a pas adhéré à la déclaration de Paris, et à la condition de justifier de leurs lettres de marque[1].

La visite peut avoir lieu sur la haute mer et dans les eaux territoriales des deux belligérants, mais non dans les eaux neutres ni même dans celles des Puissances alliées, sans le consentement exprès ou tacite de ces dernières.

Quant aux règles à suivre pour l'exercice du droit de visite, il faut s'en tenir aux usages établis par le traité des Pyrénées et consacrés par la tradition. Le belligérant manifeste l'intention de procéder à la visite, en hissant son pavillon et en tirant un coup de canon à poudre. Le navire doit obéir au *coup de semonce*, s'arrêter et attendre la visite, sinon un second coup à boulet lui indique qu'on emploiera la force, s'il ne veut pas se soumettre à la visite. Le croiseur envoie au navire visité une embarcation commandée par un officier qui monte à bord seul ou accompagné d'un ou de deux hommes de son équipage.

c) Limites apportées au droit de visite. — Les *vaisseaux de guerre* ne sont pas soumis au droit de visite. Lorsqu'ils se rencontrent, celui qui le premier veut savoir à quelle nation l'autre appartient, hisse son pavillon et tire un coup de canon appelé *coup d'assurance*. L'officier qui le commande donne ainsi sa parole d'honneur que la nationalité du pavillon est bien celle de son navire. En répondant par une manœuvre identique, le navire interrogé affirme la sincérité des couleurs qu'il arbore.

Cette immunité dont jouissent les vaisseaux de guerre peut s'étendre aux navires de commerce, lorsque ceux-ci sont escortés par des bâtiments de la marine militaire.

On appelle *convois maritimes*, les navires marchands qui profitent d'une escorte de cette nature. L'usage en est très ancien et avait pour but au moyen âge de préserver le navire

[1] Hautefeuille, *Des droits...*, III, p. 52. — Ortolan, *Règles*, II, p. 240, n'exige pas la production des lettres de marque pour l'exercice du droit de visite. Dans la guerre de sécession, les États-Unis ont suivi le système contraire qui est conforme à la pratique anglaise.

de commerce des actes de piraterie. Mais ce fut au xviiᵉ siècle qu'ils devinrent fréquents, dans le but d'éviter les vexations résultant de la visite.

La *première neutralité armée*, du 26 février 1780, ne parlait pas de la protection due aux *navires convoyés;* mais la *seconde neutralité armée* dont la convention fut signée par les Puissances riveraines de la Baltique, le 16 décembre 1800, en consacra les principes, et reproduisit les stipulations admises déjà par le Danemark et la Suède dans leur traité de neutralité du 27 mars 1794.

L'Angleterre a toujours protesté contre la faveur accordée aux convois maritimes et, dans une convention, conclue avec la Russie, le 17 juin 1801, elle faisait admettre une transaction, en vertu de laquelle la visite des navires convoyés, interdite aux corsaires, était permise aux bâtiments de guerre des belligérants.

La Russie annule cette convention, le 16 octobre 1807, au moment de déclarer la guerre à la Grande-Bretagne, et revient aux principes de la neutralité armée. Toutes les conventions, depuis cette époque, ont consacré l'immunité des convois maritimes.

Il faut donc admettre que la parole d'honneur du commandant de l'escorte, affirmant la sincérité du pavillon et la légitimité du trafic, suffit pour éviter la visite aux navires de commerce faisant partie de son convoi.

Toutefois, il ne faudrait pas faire profiter de cette exemption les navires qui sont venus s'ajouter au convoi, de leur propre volonté, et sans y avoir été admis expressément, ni ceux qui ont été séparés de l'escorte par un accident de mer, pendant le cours du voyage. Les croiseurs des belligérants ont toujours le droit de sauvegarder leurs intérêts contre la fraude, et s'ils jugent une visite absolument nécessaire, ils peuvent inviter le navire de guerre qui accompagne le convoi à se faire représenter à la visite.

On ne soumet pas également à la visite les navires de commerce qui séjournent dans les mers lointaines, et dont l'éloignement du théâtre de la guerre écarte tout soupçon relatif à une violation de la neutralité.

B. Des prises maritimes. — Rappel du principe relatif
au droit de capture de la propriété ennemie. — Saisie exceptionnelle de la propriété neutre[1]. — Le droit de visite,
dont nous venons de parler, précède la capture du navire ou
des marchandises, qui nous apparaît comme la *sanction* la
plus rigoureuse des droits que les lois internationales accordent aux belligérants.

Il faut se garder, d'ailleurs, de restreindre à cette seule
idée la théorie des prises maritimes, et il importe d'en rappeler l'étendue.

En principe, et d'après le droit existant, *tous les bâtiments
ennemis* sont passibles de capture, à partir de la déclaration
de guerre, sauf pendant le délai de faveur qu'on leur accorde
d'habitude pour avoir le temps de regagner leur pays. Les
navires neutres, au contraire, sont, en règle générale, libres
de naviguer pendant l'état de guerre; leur pavillon couvre
même aujourd'hui et protège les marchandises ennemies. Ils
ne peuvent être capturés que s'ils se rendent coupables de
certains actes ou de certains faits qui impliquent une sorte
de complicité avec l'ennemi, et leur font perdre leur caractère pacifique. Le belligérant qui les saisit exerce à leur égard
son droit de défense; il ne punit pas les armateurs ou les
capitaines, car il n'a pas de juridiction sur la haute mer et
sur la personne des neutres; mais les lois de la guerre lui
permettent de veiller à ce que les opérations militaires, destinées à contraindre l'ennemi à la paix, ne soient pas rendues
inutiles.

En résumé, *le droit de capture est la règle pour les navires ennemis;* il n'est que l'*exception pour les navires neutres*
et sanctionne alors les faits dont ils se rendent coupables, et
les limites apportées à leur commerce dans l'intérêt des belligérants.

Dans les deux cas, d'ailleurs, la capture n'a tout d'abord
qu'une nature provisoire et précaire, qui ne se transforme en

---

[1] Pistoye et Duverdy, *Tr. des prises marit.* — Lebeau, *Nouv. Code des
prises.* — D'Abreu, *Tr. des prises marit.*, G. F. de Martens, *Essai sur les
armateurs, les prises et les reprises.* — Pierantoni, *Rapport sur les prises maritimes d'après l'école et la législation italienne.*

droit définitif, que par le jugement des tribunaux chargés de prononcer sur sa validité. Il y a, pour ainsi dire, dans l'exercice de ce droit, deux phases distinctes : la *saisie* du navire après la visite, et la *confiscation* prononcée par le tribunal compétent et qui donne au capteur la propriété du navire ou des marchandises. Notre étude se référera donc à ces trois ordres d'idées : *saisie*, *jugement de confiscation*, *tribunal compétent*.

I. SAISIE DU NAVIRE. — La saisie, qui est la conséquence de la visite, est un acte provisoire et purement conservatoire, qui consiste dans la prise de possession du navire présumé coupable. Elle n'influe en rien sur le jugement de prise qui doit avoir pour mission d'en apprécier la légalité.

a) Cas dans lesquels la saisie est légitime. — On peut procéder à la capture des navires de commerce dans les cas suivants :

1° Lorsque le capitaine *ne peut pas*, à l'aide de ses papiers de bord, *établir la nationalité de son navire*. Le belligérant peut hésiter à lui reconnaître la qualité de neutre, si ces papiers n'existent pas, sont incomplets, ou paraissent simulés;

2° S'il résulte des visites et des perquisitions que le navire arrêté transporte des objets de *contrebande dans un port ennemi*. Dans le cas où ces objets composent une partie minime de la cargaison, le capitaine peut échapper à la saisie du navire, en les remettant au croiseur qui lui en donne un reçu et lui permet de continuer librement son voyage. Le but du belligérant est alors atteint, puisqu'il empêche que ces marchandises ne profitent à l'ennemi. Les règlements de certains pays et des traités ont même parfois permis de laisser toujours le navire libre, lorsque le capitaine remet la contrebande de guerre.

La saisie pour contrebande de guerre est permise, lorsque le navire est pris en *flagrant délit*; elle serait illégale, après qu'il a rendu à destination les marchandises transportées, et a commencé son *voyage de retour* [1]. Le juge anglais, lord

---

[1] Voir pour l'affaire du vapeur allemand *Luxor*, saisi indûment, en 1879, pendant la guerre entre le Pérou et le Chili, les judicieuses observations

Stowell (sir William Scott) et les jurisprudences anglaise et américaine admettent une doctrine plus sévère et proclament que le délit et ses suites pénales embrassent l'achèvement complet du voyage, l'aller et le retour.

C'est la *destination ennemie* qui rend illégal le commerce de contrebande de guerre. Mais il ne faut pas que la fraude puisse empêcher la sanction des droits des belligérants. La saisie serait donc justifiée, si le navire, dirigé en apparence vers un port neutre, devait y opérer un transbordement de marchandises prohibées, destinées à l'ennemi : on applique, dans ce cas, la *théorie de la continuité du voyage*, d'après laquelle le transport ne cesse pas d'être continué et dirigé vers l'ennemi, malgré les transbordements opérés dans les ports neutres, au cours du voyage.

Un navire hanovrien, la *Wrow-Howina*, chargé de salpêtre, fut, en 1855, expédié d'Amérique pour Lisbonne et Hambourg, ports neutres; mais la contrebande de guerre était réellement destinée à la Russie, alors en guerre avec la Turquie et les Puissances alliées. La saisie était, dans ce cas, légale, et le jugement du tribunal des prises de France dut la confirmer, le 26 mai 1855.

Mais, en présence d'une destination ostensiblement neutre, le capteur doit prouver la *mauvaise foi*. Les juges américains (Cour de district de New-York) méconnurent cette règle, lors de la guerre de sécession, en 1863, dans l'affaire du *Springbock* qui était dirigé vers un port neutre. Ils présumèrent l'intention frauduleuse, alors que toutes les circonstances démontraient la loyauté du navire capturé[1];

3° La saisie peut encore avoir lieu pour *violation de blocus*, lorsque le navire, auquel on a notifié l'état du port, essaie par force ou par stratagème, d'entrer ou de sortir, en traversant la ligne de blocus. Il faut, pour que la saisie puisse être légitime, que le navire soit surpris en flagrant délit, ou, qu'après être sorti du port, il soit rencontré par un croiseur au

de M. Arntz à l'occasion d'une consultation de M. Pradier-Fodéré, *Rev. de dr. int.*, Bruxelles, t. XI, p. 655.
[1] Travers-Twiss, *La théorie de la continuité du voyage appliquée à la contrebande de guerre*, 1877.

27*

cours de son voyage. Mais s'il a terminé son voyage ou aborde dans un port neutre, il ne peut plus être légalement capturé.

Le simple fait, qu'un navire de commerce se dirige vers un port bloqué, ne peut nullement justifier la saisie. Il faut surtout rejeter les doctrines anglaise et américaine, d'après lesquelles on a le droit de capturer un navire qui entreprend un voyage à destination d'un port neutre, sous prétexte que la destination réelle et définitive est un port bloqué. La *théorie de la continuité du voyage* se comprend pour intercepter la contrebande de guerre, à charge de prouver la mauvaise foi; mais non pour la violation d'un blocus qui exige au moins un commencement d'exécution, comme base de la culpabilité. Appliquer, dans ce cas, le principe de la continuité du voyage, c'est commettre une injustice contre laquelle on ne saurait trop protester. C'est à propos du *Springbock* que les Américains (Cour suprème des États-Unis) ont émis une doctrine aussi arbitraire, qui arriverait, par la vertu d'une simple présomption, à supprimer le commerce des neutres, aussitôt qu'après une déclaration de guerre un blocus est déclaré. Tout port neutre deviendrait un port *bloqué par interprétation*, sur le simple *soupçon* qu'un chargement, après son débarquement dans ce port, pourrait être transporté sur un navire vers un autre port effectivement bloqué[1].

4° La capture peut encore avoir lieu, lorsque le navire neutre prend part aux *hostilités*, ou résiste de vive force à l'ordre qui lui est donné de s'arrêter. Mais s'il ne fait que prendre la fuite, sans combattre, le croiseur, qui peut sans doute le poursuivre, n'en opère pas nécessairement la saisie; car les soupçons, que sa fuite avait pu faire naître, peuvent disparaître après l'inspection des papiers de bord.

Tout secours efficace prêté à l'ennemi, comme un transport de troupes, peut servir de cause à la saisie, puisque le navire renonce, dans ce cas, au bénéfice de la neutralité.

---

[1] Travers-Twiss, *Le droit des gens*, t. II, n° 117, p. 215 et suiv. Voir dans cet auteur, la *consultation* rédigée par une commission de l'*Institut de droit international*, sur l'affaire du *Springbock* (avril 1882), p. 219, édit. franç., t. II. — Louis Gessner, *L'affaire du Springbock*, *Rev. de dr. int.*, Bruxelles, 1875, p. 241.

b) Formalités de la saisie et conséquences. — Le belligérant est responsable de la saisie qu'il opère, et il devra réparer tous les dommages causés par sa faute, si plus tard la sentence du tribunal annule la capture. Le croiseur doit donc prendre soin des objets capturés, faire dresser l'inventaire du navire et de la cargaison, mettre les papiers sous les scellés, ordonner la fermeture des écoutilles, et ne rien déplacer hors de la présence du capitaine, dont le navire est capturé, et qui devra signer l'acte constatant le déplacement.

On dresse ensuite un procès-verbal de saisie signé par les deux parties et indiquant l'état du navire et des marchandises, la latitude et la longitude où la saisie est opérée, et les causes qui l'ont fait naître.

Le croiseur peut, à défaut de lois contraires, relâcher le navire saisi, moyennant une *rançon*, dont le prix sera payé lorsque la sentence du tribunal aura légitimé la capture. L'arrêté du 2 prairial an XI, dans son article 39, défend à tous capitaines de *rançonner* les navires *neutres* et n'autorise la rançon des navires *ennemis* que sous certaines conditions. Le conseil des prises a toutefois décidé, par un arrêt du 3 ventôse an X, qu'un navire a toujours le droit, même sans autorisation préalable, d'exiger une rançon, lorsqu'après avoir fait une prise ennemie, il ne peut l'*amariner* sans compromettre le succès de la mission qui lui est confiée (Instr. franç. du 25 juill. 1870).

Cet usage de la rançon est aujourd'hui peu pratiqué ; l'Acte anglais de 1864 (*Prize Act*) en réserve cependant encore le principe, bien qu'il défende aux nationaux anglais de racheter leurs navires capturés par l'ennemi. Le navire rançonné ne doit pas dévier de sa destination ; sinon, il s'exposerait à être capturé de nouveau.

Le belligérant, qui opère la capture, n'est pas en principe autorisé à couler à fond ou à *détruire le navire saisi* ; car il n'en est pas encore propriétaire, et ne peut, avant le jugement de prises, exercer aucun acte de maître. Cependant, les nécessités de la guerre peuvent le contraindre à cette mesure, dans certains cas exceptionnels, où il ne pourrait garder sa prise, à raison du mauvais état du navire capturé, ou de l'approche d'une force ennemie supérieure. Mais il ne faut pas étendre arbitrairement les cas où le capteur peut détruire le navire saisi.

Un règlement, rédigé en forme de projet par l'*Institut de droit international*, a, dans son article 50, indiqué plusieurs cas où ce droit existerait pour le croiseur et, dans son article 51, il demande que l'on dresse un procès-verbal de la destruction indiquant les motifs qui l'ont amenée.

Le croiseur qui détruit le navire capturé fait passer sur son vaisseau l'équipage étranger et les marchandises qu'il peut recevoir. Le belligérant peut faire prisonniers de guerre les soldats ennemis qu'il trouve sur le navire saisi; mais les hommes de l'équipage ne peuvent pas être retenus, à moins qu'il ne soit nécessaire de les entendre comme témoins dans l'instance relative à la légalité de la prise.

c) De la reprise. — La saisie, qui donne la possession au capteur, est la première condition requise pour que celui-ci puisse arriver à la propriété de la chose capturée. Mais jusqu'au jour du jugement, cette possession ne repose que sur la force, et peut disparaître par une force contraire.

Lorsque la prise est enlevée au capteur après la saisie et avant la confiscation prononcée par sentence, il se produit une *reprise*, c'est-à-dire le rétablissement de l'état antérieur. Le propriétaire, dont le navire était capturé, recouvre son bien; la saisie se trouve purement et simplement annulée.

Le recapteur n'a donc aucun droit sur la chose qu'il délivre, et ne peut exiger qu'une récompense, un droit de *recousse* pour ses peines et ses sacrifices. Le montant de ce droit varie suivant les législations et s'élève parfois au tiers de la valeur qu'avait la chose reprise.

Je viens d'indiquer la solution qui me paraît le plus conforme aux principes rationnels, et que la plupart des États sanctionnent, lorsqu'il s'agit de *navires* appartenant à leurs *nationaux*. Toutefois, certains jurisconsultes et certaines législations n'admettent plus le droit de reprise, s'il s'est écoulé 24 heures depuis que la capture a été faite, ou si le navire a été conduit en lieu de sûreté (*intra præsidia*, ch. 245, Consulat de la mer). Cette règle est même généralement admise, lorsqu'il s'agit de navires *neutres* qui deviennent ainsi propriété ennemie, après ce laps de temps; et le belligérant qui les reprend ensuite, les acquiert en vertu d'un droit nouveau de prise.

Une possession de 24 heures par le belligérant enlève donc à l'ancien propriétaire tout droit sur sa chose, bien que celle-ci ne soit pas encore devenue la propriété du capteur par le seul fait de la saisie et avant le jugement de confiscation. Il y a là deux idées contradictoires et illogiques. La raison exige que l'ancien propriétaire neutre ou ennemi conserve son droit après la saisie, et jusqu'à la sentence d'adjudication au profit du capteur. *En France*, l'arrêté du 2 prairial an XI décide que les biens repris par un vaisseau de l'État (seul cas possible depuis l'abolition de la course), sont restitués aux premiers propriétaires, sauf une retenue égale au dizième ou au trentième de leur valeur, suivant que la reprise a eu lieu après ou avant un délai de 24 heures depuis le moment de la capture.

II. Confiscation des prises. — Le jugement qui doit statuer sur la prise peut seul, en confirmant la saisie, donner au belligérant la propriété de la chose capturée. Mais il faut voir les formalités de l'instance et les différentes décisions qui peuvent intervenir.

a) Instruction préliminaire et instance. — Dès que le croiseur arrive au mouillage avec sa prise, l'autorité judiciaire ou administrative du lieu fait une *instruction sommaire*, dont les résultats écrits sont adressés au tribunal qui doit statuer sur la capture. Elle reçoit du capteur les documents qu'il possède : procès-verbal, inventaire, papiers de bord; elle charge un délégué spécial d'aller à bord de la prise pour lever les scellés, faire l'inventaire du navire et de la cargaison, et voir s'il y a lieu de vendre la marchandise susceptible de détérioration.

Après l'accomplissement de ces formalités, le *tribunal des prises* est alors saisi de l'affaire; il complète l'instruction première par tous les moyens de procédure que les lois de son pays mettent à sa disposition : enquête, interrogatoire, mémoires des parties. C'est le *neutre saisi qui doit prouver l'il-légalité de la prise* et, pour empêcher la confiscation, il peut démontrer, au moins en ce qui concerne la *nationalité du pro-priétaire du navire* et, par suite du navire lui-même, que les *papiers de bord* qui ont en apparence justifié la saisie *ne sont pas des preuves suffisantes* pour la consacrer définitivement ; les *papiers de bord* sont les *seuls* moyens de preuve admise pour la *propriété des biens capturés.*

Un cas particulier et important qui s'est présenté en 1871 nous en fournit un exemple. Une société protestante des missions de Bâle (Suisse) était propriétaire d'un navire, *la Palme,* chargé d'entretenir des relations avec les missionnaires de l'Afrique occidentale. Mais comme la Suisse interdit à ses armateurs d'arborer le pavillon fédéral, la société bâloise avait obtenu de naviguer sous pavillon allemand, à la condition qu'un *prête-nom allemand* serait désigné sur les *papiers de bord* comme *propriétaire* du navire. Lors de la déclaration de guerre entre la France et l'Allemagne, le navire se trouvait en mer ; il fut capturé dans la Manche et conduit à Dunkerque. Le conseil des prises de Bordeaux déclara la prise bonne et régulière. Mais, sur l'appel, le Conseil d'État décida qu'il n'y avait pas lieu, dans ce cas, de tenir compte des papiers de bord, et que les propriétaires Suisses, forcés de naviguer sous pavillon étranger, pouvaient prouver leur propriété par d'autres moyens. La saisie était, en apparence régulière ; mais la confiscation ne fut pas prononcée, parce que dans l'instance, « *la Palme* » put prouver, autrement que par ses papiers de bord, qu'elle était de *nationalité neutre.*

Il résulte de là que, même sous pavillon ennemi, le navire neutre n'est pas saisissable, lorsqu'il parvient à prouver sa nationalité ; et l'on doit poser, comme règle générale, que le capitaine, dont le navire est capturé, peut, devant le tribunal des prises, détruire, par tous les moyens de droit, les apparences qui devaient tout d'abord justifier la saisie.

b) Jugement du tribunal des prises. — Les tribunaux peuvent valider la saisie ou en prononcer la mainlevée. Mais, dans ces deux cas, la solution peut se présenter sous différents aspects.

Confiscation du navire et de la cargaison. — La *capture*
doit être déclarée régulière pour le *navire* et pour les *marchandises*, dans les trois cas suivants :

1º Lorsqu'ils appartiennent *tous les deux à l'ennemi;*

2º Lorsqu'un *navire neutre* résiste de vive force à la visite
des croiseurs, ou *viole la neutralité*, en prêtant à l'ennemi un
secours volontaire impliquant une participation active aux
hostilités. Il faut assimiler à cette hypothèse celle où des alliés
et des nationaux auraient été saisis en flagrant délit de trahison.

Ces deux premiers cas nous montrent que la propriété
ennemie peut seule, en principe, être déclarée de bonne prise
et que la propriété neutre est, au contraire, inviolable, sauf
dans des circonstances exceptionnelles où l'on peut considérer
le navire neutre comme *dénationalisé*.

Que décider alors dans le cas où le bâtiment, battant *pavillon ennemi*, appartient en *copropriété* à des sujets de l'État
ennemi et à des sujets d'un État *neutre?* Il semble que, d'après les principes rationnels, les neutres devraient revendiquer, sur le prix du navire adjugé au capteur, une part proportionnelle à leur droit de copropriété. Mais la Cour de
l'amirauté anglaise décide que relativement à l'exercice du
droit de guerre, le navire, battant pavillon ennemi, est *indivisible*, et que le capteur n'est pas obligé d'indemniser le
copropriétaire neutre. En France, le conseil des prises rendit
une décision semblable en 1870, en refusant à un créancier
hypothécaire anglais le droit de réclamer le montant de sa
créance sur le prix d'un navire prussien *le Turner* saisi par
les croiseurs français.

En cas de capture d'un navire en partie ennemi, les droits
de copropriété ou d'hypothèque appartenant à des neutres
sont donc perdus sans compensation, d'après les règles du
droit positif international qui sont ici condamnées par les vrais
principes de la justice et du droit commun. Il faut aussi ne
pas oublier, comme je l'ai dit plus haut que, d'après la *jurisprudence anglo-américaine*, le principe de la *divisibilité*
est, au contraire, admis, lorsqu'un navire, portant un *pavillon
neutre*, appartient pour partie à des propriétaires ennemis;
la confiscation est alors admise par cette partie (Voir p. 434).

3° *En cas de violation d'un blocus*, le navire et les marchandises doivent être également adjugés au capteur. Cette règle ne souffre aucune difficulté, lorsque le navire et le chargement appartiennent aux mêmes personnes. Mais que doit-on décider dans le cas où le bâtiment et sa cargaison appartiennent à deux personnes différentes? On présume, en général, que le propriétaire des marchandises connaissait la destination du navire, car le capitaine ne compromet son vaisseau qu'en vue des marchandises qui lui sont confiées. Il faudrait donc que le propriétaire, pour sauver le chargement de la confiscation, pût prouver qu'il ignorait la destination du navire. Aucune peine ne peut être, d'ailleurs, infligée à l'équipage.

Confiscation du navire seul. — *Le navire seul* est déclaré de bonne prise, sans la cargaison qu'il transporte, dans le cas où le navire, étant la propriété de l'ennemi, est chargé de marchandises appartenant à des sujets d'un État neutre. Ce principe a été consacré par la déclaration de Paris qui répudiait définitivement la règle : navire ennemi, marchandise ennemie.

Confiscation de la cargaison. — Les *marchandises* sont *seules* confisquées, en principe, lorsqu'elles constituent des objets de *contrebande de guerre* destinés à l'ennemi. Le navire neutre et les autres marchandises licites échappent à la confiscation ; et cette règle ne fléchit pas même dans le cas où le navire neutre transporte des marchandises ennemies, d'après ce principe qu'il ne faut pas oublier : le pavillon couvre la marchandise (V. pages 459, 460).

Toutefois la doctrine, qui restreint la confiscation aux objets de contrebande de guerre, en épargnant le navire, n'est admise par le droit positif de quelques États qu'avec certaines modifications.

En France, d'après les instructions communiquées à la marine, en 1854 et en 1870, « le bâtiment et toutes les marchandises peuvent être confisqués, quand la contrebande de guerre forme les *trois quarts* de la cargaison. »

Suivant une autre doctrine, le navire est déclaré de bonne prise, lorsque les armateurs connaissent le caractère illicite de la cargaison.

Mais toutes ces solutions sont contraires au but de la confiscation relative à la contrebande de guerre. Le belligérant doit empêcher l'ennemi d'augmenter ses forces; il lui suffit donc, pour atteindre ce résultat, de saisir le bâtiment pour l'empêcher de continuer son voyage jusqu'au port ennemi. Mais la confiscation ne peut ensuite porter que sur les objets de contrebande, dont le transport seul est illicite. Déclarer de bonne prise le navire et les autres marchandises, c'est infliger aux neutres une pénalité excessive qui ne répond pas aux nécessités de la guerre.

d) Effet de la confiscation. — Dans les trois cas que nous venons de voir, la saisie se trouve validée et la confiscation transforme la possession du belligérant en un droit de propriété. En règle générale, c'est l'État qui seul est censé capturer les navires, puisque ce droit est une conséquence de la guerre. Mais l'usage général est de répartir tout ou partie de la prise entre ceux qui ont effectivement coopéré à la capture. L'étendue des récompenses dues au capteur est déterminée par les lois des divers pays. Toutefois, les navires de guerre et les objets de contrebande sont en général attribués à l'État.

En France, l'arrêté du 2 prairial an XI, sur la course, s'occupait de la liquidation et du *partage des prises* faites par les *corsaires*; il a perdu toute sa raison d'être depuis la déclaration de Paris de 1856.

L'arrêté du 9 ventôse an XI était relatif au partage des prises faites par la *marine de l'État*. D'après cet arrêté, les vaisseaux de guerre capturés appartiennent, en totalité, aux états-majors et équipages des bâtiments preneurs. Ceux-ci n'ont droit qu'aux deux tiers du profit net de la prise, à l'égard des navires de commerce et de leur cargaison, et l'autre tiers est prélevé au profit de la caisse des invalides de la marine. Des articles spéciaux déterminent les parts de prises auxquelles chacun a droit suivant son grade. L'État jouit, dans un intérêt public, d'un *droit de préemption* sur les navires et sur les choses qui peuvent servir à l'usage de la guerre, à la charge de payer aux capteurs une indemnité considérable.

Le Conseil d'État vient d'adopter, au mois de juin 1890, un règlement d'administration publique, ayant pour objet de reviser l'arrêté consulaire du 9 ventôse an XI, en ce qui concerne les bases d'appréciation, servant au calcul des parts revenant aux officiers et aux équipages des bâtiments capteurs.

Cette revision était rendue nécessaire par la transformation survenue dans la construction des navires de guerre, dont la puissance offensive ne réside plus dans le nombre, mais dans le calibre et la portée de leurs bouches à feu. Elle consiste à substituer comme élément de calcul, le tonneau de déplacement à la pièce de canon, en majorant cet élément d'après une progression qui varie suivant la nature des vaisseaux.

Le règlement fond en une masse unique le produit net des prises, et modifie, dans un sens démocratique, les proportions affectées aux divers combattants, en abaissant surtout, d'une manière sensible, le nombre de parts revenant aux états-majors généraux.

En prévision du cas où les troupes de terre auraient coopéré aux opérations et aux captures maritimes, les parts de prises sont réparties entre les deux armes suivant les parités de grades et des assimilations de fonctions réglées dans un tableau annexe. Le principe de cette disposition se trouvait déjà dans l'article 14 de l'arrêté de l'an XI.

Quant aux employés des arsenaux maritimes se trouvant sur les navires capteurs, leur quote-part est réglée d'après leur assimilation avec les marins au point de vue de la retraite; si leur pension est inférieure à celle du matelot, ils n'ont droit qu'à une demi-part.

Le *jugement qui prononce la confiscation crée des droits nouveaux au profit du capteur.* Si le navire qui lui a été attribué est plus tard capturé par l'ennemi, il n'y a pas une reprise proprement dite, faisant revivre les droits du propriétaire antérieur, mais il y a une *prise nouvelle* dont profite le nouveau capteur, si le jugement vient la confirmer.

Mainlevée de la saisie. — La prise peut être déclarée irrégulière. Le navire saisi est alors mis en liberté, et les marchandises capturées sont restituées à leur propriétaire. Le capteur, convaincu d'avoir arrêté un bâtiment sans motifs, doit payer les frais du procès, et indemniser le propriétaire du navire et de la cargaison. Mais les tribunaux de prises qui, comme nous allons le voir, appartiennent à l'État du navire capteur, ont une tendance naturelle à ménager le croiseur saisissant. Il arrive d'ailleurs souvent que l'arrestation d'un navire suspect est pleinement justifiée, alors même que la faute commise n'arrive pas à faire prononcer contre lui la confiscation. L'acquittement de ce navire n'entraîne pas pour cela la responsabilité du capteur qui ne devra supporter ni les frais de la procédure ni les dommages-intérêts. En Angleterre, la *théorie de la probable cause* arrive à toujours exonérer le capteur de toute responsabilité; on admet que la validité de de la saisie était vraisemblable.

Toutes les captures opérées après la conclusion de la paix doivent être restituées à leurs propriétaires. On convient même souvent que les navires, saisis pendant la durée des hostilités et sur lesquels il n'y a pas encore eu de jugement à l'époque où se signe le traité de paix, doivent être remis en liberté. A défaut d'une clause semblable, les procès déjà pendants et relatifs à des prises, faites antérieurement à la paix, ne sont pas interrompus, et peuvent donner lieu à un jugement de condamnation.

III. TRIBUNAL COMPÉTENT. — En vertu de la règle que nous venons de poser, les fonctions des tribunaux de prises commencent et finissent avec la guerre. Ils ont donc un caractère spécial qu'il importe de préciser, en étudiant les *règles de compétence, les motifs qui justifient la pratique internationale sous ce rapport, et l'appréciation qu'on peut en faire.*

a) *Règles de compétence.* — *Principe.* — Dans tous les pays et suivant une coutume constante, le *tribunal compétent,* pour statuer sur la validité de la prise, est celui de la *nation du navire capteur.* Cette règle est admise pour les navires *neutres* comme pour les navires *ennemis.*

En général, le croiseur doit conduire sa capture dans un port de son pays; mais si, par suite d'accidents de mer, il est forcé de la mettre en sûreté dans un port neutre, les règles de compétence ne sont pas modifiées. La Puissance neutre qui accorde un asile au belligérant et à sa prise ne peut pas, pour ce motif, avoir le droit de se prononcer sur la confiscation du bâtiment capturé, alors même que celui-ci appartiendrait à l'un de ses nationaux.

Cette règle subit une exception dans les deux cas suivants :

1° Lorsque la capture a été faite dans les eaux territoriales d'un État neutre ;

2° Lorsqu'elle a été opérée par des navires de guerre armés en pays neutre. Cette Puissance peut alors, pour faire respecter ses droits souverains et sa neutralité, statuer sur la validité de la saisie et faire droit aux réclamations du propriétaire, en ordonnant la restitution de la chose indûment capturée.

En dehors de ces circonstances exceptionnelles, l'État neutre ne possède aucune espèce de juridiction régulière sur les prises et ne peut même pas permettre à un belligérant d'instituer sur un territoire neutre, au profit de ses consuls ou de ses agents diplomatiques, une juridiction de cette nature.

Les belligérants constituent donc, dans leur propre pays, sous le nom de *cours d'amirauté* ou de *conseil des prises*, des tribunaux spéciaux qu'ils organisent suivant leurs intérêts et leurs traditions.

France, tribunal compétent. — *En France*, l'ordonnance de 1400 donnait le droit de juger les prises à l'*amiral* ou à son lieutenant. Deux siècles plus tard, cette compétence fut attribuée à un *conseil des prises*, dont la décision était portée, en appel, au conseil du roi. Au début de chaque guerre, le souverain nommait les membres du tribunal des prises et un procureur général qui se réunissaient sous la présidence du chef de l'amirauté.

En 1793, la Convention attribua le droit de prononcer, sur les prises maritimes, d'abord aux *tribunaux de commerce*, et plus tard au *conseil exécutif* provisoire auquel se substitua bientôt le comité de salut public.

Sous le Directoire, cette juridiction passa aux tribunaux de commerce, et en appel aux tribunaux de département; l'*autorité judiciaire* était donc entièrement substituée à l'autorité administrative; ce fut une mesure désastreuse, dit Merlin, parce que les tribunaux ne tenaient aucun compte des traités et des rapports de la France avec les Puissances étrangères.

Un arrêté des consuls, du 6 germinal an VIII, instituait un *conseil des prises*, dont le siège était à Paris, et qui était composé de huit membres sous la présidence d'un conseiller d'État.

A partir de 1815 jusqu'en 1854, les procès relatifs aux prises maritimes furent portés devant le *Conseil d'État*, dont le comité du contentieux préparait les délibérations, en rédigeant des avis sous formes d'ordonnances.

A l'occasion des guerres de Crimée, en 1854, et d'Italie, en 1859, des décrets organisèrent un *conseil des prises* composé, sous la présidence d'un conseiller d'État, de six membres, dont deux doivent être pris parmi les maîtres des requêtes du Conseil d'État, et en outre d'un commissaire du gouvernement qui donne ses conclusions sur chaque affaire : un secrétaire greffier lui était adjoint (Décrets du 18 juillet 1854 et du 3 mai 1859). Le décret du 28 novembre 1861 a fait de cette organisation une institution permanente.

Un conseil semblable fut institué en 1870, à Tours, puis à Bordeaux, près de la délégation du gouvernement provisoire (Décret du 27 octobre 1870).

Les *appels* du conseil des prises sont déférés à l'*assemblée générale du Conseil d'État.*

Validité et liquidation. — Le *conseil des prises* est compétent pour statuer sur la validité ou l'invalidité de la capture en recherchant si les formalités prescrites ont été ou non observées; mais c'est le *ministre de la marine* qui statue sur la *liquidation* des parts. C'est donc ce dernier qui doit, à ce titre, apprécier dans quelle mesure les irrégularités commises par les officiers de la marine dans l'exercice de leurs fonctions les rendent passibles des déchéances et pénalités prévues par les règlements. La question de savoir si un officier ou un matelot sera ou non privé de sa part est une question de liquidation (Arrêt du Conseil d'État (mai 1893) annulant une décision du conseil des prises du 8 février 1892, affaire de la canonnière *la Massue*).

Pays étrangers. — En *Angleterre*, un mandat spécial investit la *cour d'amirauté* de la compétence en matière de prises, pendant la durée des hostilités; les appels sont portés devant une *commission judiciaire* composée des jurisconsultes les plus éminents de la Grande-Bretagne.

La *Hollande* et la *Suède* ont également des tribunaux de prises; le *Danemark* possède un tribunal spécial, siégeant à Copenhague, et dont les jugements sont déférés en appel à la cour suprême d'amirauté.

En *Allemagne*, une juridiction temporaire est de même organisée au début de chaque guerre. Le tribunal des prises se compose d'un président, de six conseillers et d'un procureur général; ses appels sont portés devant un conseil supérieur.

Les *États-Unis* défèrent les questions maritimes à leurs tribunaux ordinaires; les cours de district sont donc compétentes pour juger les prises maritimes, et les appels sont portés devant la cour suprême de l'Union américaine.

En *Espagne*, le ministre de la marine exerce en première instance une juridiction qui appartient, en appel, au conseil suprême de guerre et de marine.

Force due aux jugements des tribunaux de prises. — L'organisation des conseils des prises peut varier suivant les pays et les législations; mais leur caractère principal est partout identique, et les effets de leurs sentences s'imposent avec la même autorité. Le capteur doit le premier reconnaître les décisions de ce tribunal, puisque c'est celui de son pays, et les neutres s'y soumettent en vertu des nécessités de la guerre. Cependant l'État qui institue le conseil des prises est responsable envers les Puissances neutres des violations du *droit international* commises par ce conseil. Celui-ci est sans doute forcé d'appliquer la *loi de son pays*; mais si cette loi violait les *droits des neutres*, *tels que le droit positif ou l'usage international les consacrent*, c'est l'État duquel relève ce conseil qui encourrait une responsabilité dont les neutres pourraient lui demander compte. Malgré le jugement rendu, la Puissance belligérante pourrait se voir contrainte de restituer la prise ou de payer des indemnités. Le conflit peut se régler par voie d'arbitrage, à l'aide de commissions internationales de revision, afin d'éviter le recours aux solutions violentes.

b) *Motifs et appréciation de la pratique actuelle.* — On

n'a pas, en général, contesté à un belligérant le droit de juger la capture faite sur l'ennemi; mais tous les auteurs sont unanimes pour admettre que *ces tribunaux de prises sont, au point de vue de leurs relations avec les neutres*, une anomalie dans la jurisprudence moderne.

Cet usage est cependant adopté par toutes les Puissances et justifié, malgré son caractère anormal, par beaucoup de publicistes. Le droit de faire des prises découle des nécessités de la guerre; le belligérant doit seul, sous peine d'abdiquer sa souveraineté, se prononcer sur la manière dont il exerce le droit de guerre. Il donne des instructions à la marine nationale et c'est à lui d'apprécier la validité des actes accomplis dans son intérêt. Il y a plus encore : l'armateur ou le capitaine d'un État neutre, en violant les droits du belligérant, se sépare de son gouvernement qui, pour être fidèle à ses devoirs de neutralité, ne peut plus le couvrir de sa protection. Il fait un acte hostile et se place, en vertu même des lois de la guerre, sous la juridiction des belligérants.

Tels sont les principaux motifs que l'on peut donner pour défendre la pratique actuelle. Mais les abus inévitables, inhérents à une juridiction chargée de décider, d'après sa propre loi, une question de droit international, ont soulevé d'énergiques protestations et donné lieu à des projets de réforme.

Déjà Frédéric le Grand voulait refuser à l'Angleterre le droit de juridiction sur les navires neutres, et le réserver aux tribunaux du pays auquel appartenait le navire capturé. Cette solution n'offre pas plus de garanties d'impartialité que la première. Les tribunaux des neutres seraient trop disposés à ne considérer que leur seul intérêt en jugeant sur les devoirs de la neutralité.

La pratique actuellement en vigueur nous met donc en présence d'un tribunal des prises dont l'autorité relève d'un belligérant, et qui prononce un jugement sur des étrangers dans une cause où il est à la fois juge et partie. Et dans la plupart des pays, ces conseils n'offrent même pas la garantie des formes judiciaires et les questions de prises se traitent comme des affaires d'administration.

Pour écarter tout soupçon de partialité, il faut, dit-on, une

juridiction internationale qui, placée au-dessus des intérêts
d'un seul belligérant, aurait mission d'appliquer les principes
communs du droit international. Un tribunal de cette nature
offrirait certainement une garantie d'impartialité plus complète que les conseils actuels.

Mais n'y a-t-il pas un progrès dont la réalisation s'impose
avant toute autre innovation? Il faut, par une convention
internationale, fixer les principes généraux du droit de prise,
résoudre les questions douteuses, poser des règles certaines
au sujet de la contrebande de guerre, du blocus, de la visite,
de la saisie et des formalités de la procédure. Il faut substituer, en un mot, aux lois variées et arbitraires de chaque État,
un droit uniforme et commun à toutes les nations.

La tâche du conseil des prises serait alors bien simplifiée;
la loi de chaque pays ne pourrait plus être en lutte avec les
lois internationales dont les neutres auraient le droit de réclamer partout la juste application. Les belligérants pourraient
alors conserver, sauf à leur donner la garantie des formes
judiciaires, leurs tribunaux actuels, au moins en première
instance, afin d'éviter les lenteurs et les difficultés qu'appor-
terait un seul tribunal international, appelé à juger des prises
qui peuvent se multiplier dans des guerres de longue durée
et que l'on peut conduire dans des ports lointains situés à
toutes les extrémités du monde.

Ce n'est que dans le cas où le neutre intéressé n'accepterait
pas la sentence rendue par le tribunal du belligérant, qu'il
pourrait en appeler à une *commission arbitrale*, dont les juges appartiendraient aux nations ennemies et aux États neutres, dans une proportion fixée par un traité.

L'*Institut de droit international* s'est occupé de cette grande
question et a formulé, dans sa session de 1882, *un projet de
règlement des prises maritimes*. On peut lire avec profit, dans
la *Revue de droit international*, une étude intéressante de
M. Bulmerincq sur les innovations que cette théorie comporte[1].

[1] Bulmerincq, *Le droit des prises maritimes, le droit existant;* dans la
Rev. de dr. int., Bruxelles, t. X, p. 185, 384, 585; *Théorie des prises maritimes*, dans la *Rev. de dr. int*, t. XI, p. 152, 321; *Les droits nationaux*

Les efforts des publicistes, sur ce point, seraient bien prêts d'aboutir, si le respect de toute propriété privée était garanti dans la guerre maritime dont le but unique devrait être, pour les États, d'assurer leur suprématie par la lutte de leurs forces militaires, sans opprimer la liberté commerciale des nations.

et un *projet de règlement international des prises maritimes*, dans la *Rev. de dr. int.*, t. XI, p. 561; t. XII, p. 187; t. XIII, p. 447; t. XIV, p. 114. — Ajoutez : L. Gessner, *Les grandes Puissances et la réforme du droit international maritime*, dans la *Rev. de dr. int.* t. X, p. 490; *Des tribunaux de prises et de leur réforme*, t. XIII, p. 260. — Bluntschli, *Droit de butin en général et spécialement du droit de prises maritimes*, dans la *Rev. de dr. int.*, t. IX, p. 508; t. X, p. 60.

FIN.

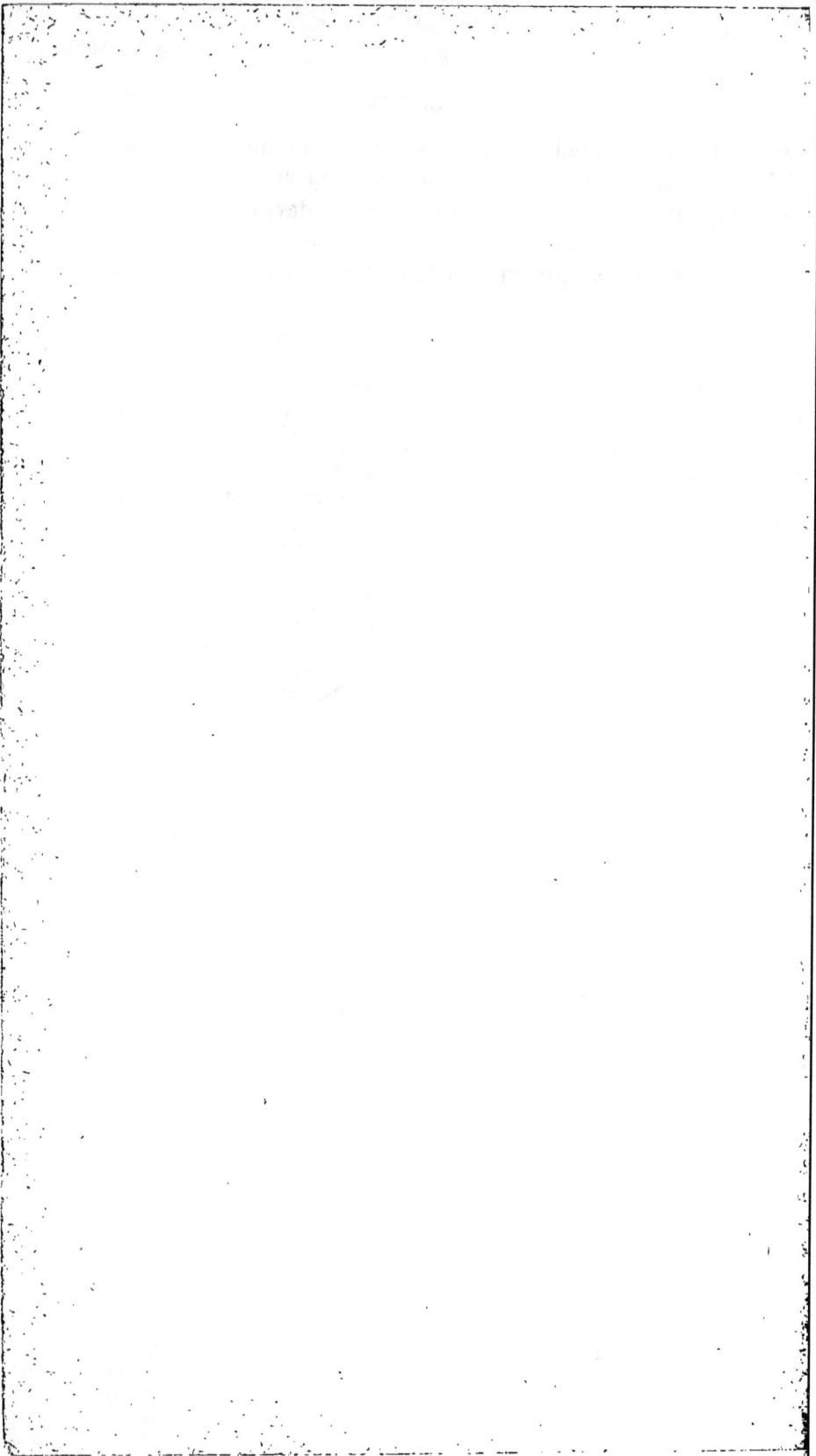

TABLE ALPHABÉTIQUE.

Les chiffres renvoient aux pages.

I

entité (plaques d'), 399.

es. Dépendances du territoire terrestre d'un État, 141.

nmeubles dans le territoire occupé par l'ennemi, 412, 413.

nmigration, 86.

nmunités. Principe général, 132; immunité de juridiction des États, 93, des navires de guerre, 206, des souverains, 225, des agents diplomatiques, 246-260, des consuls, 285-288; immunités du Souverain-Pontife, 348.

npôts. Exemption des impôts au profit des ministres publics, 259; impôts perçus par l'occupant en temps de guerre, 410.

ndemnités de guerre, 421.

ndépendance. Droit d'indépendance des États, 88-96; indépendance des agents diplomatiques, 250.

ndissolubilité du territoire, 179, 314, 421.

ndivision (V. Souveraineté indivise).

ngérence (V. Intervention).

nstructions données aux agents diplomatiques, 238, 242, 244.

nstructions données, en 1863, aux armées des États-Unis, 384; par le ministère français en 1870, 381, 464, 484; en 1885; 463.

ntelligences doubles dans le but de tromper l'ennemi, 389.

ntercourse, 212, 459.

nternonce, 251.

nterrègne, 423.

ntervention, 110; définition, 111-115; intervention diplomatique, armée, 114; cas où elle est, en principe, prohibée, 115-122; cas dans lesquels

il n'y a pas véritable intervention dans les affaires intérieures d'un État, 122-127.

Inviolabilité des souverains étrangers, 223; des agents diplomatiques, 247; des consuls, 285-287; des archives consulaires, 279, 287; du Souverain-Pontife, 348.

Ioniennes (îles), 47, 131, 447.

Isthmes, 148.

J

Jugements. Effets de l'annexion relatifs aux jugements, 74-79; effets des jugements rendus à l'étranger, 90; conventions relatives à l'exécution des jugements rendus à l'étranger, 332; formule exécutoire en cas d'occupation militaire, 406.

Juridiction, en pleine mer, pour délit de pêche, 189; à l'égard des pirates, 192, 193; dans le cas de traite des nègres, 195; dans les eaux territoriales, à bord des navires, 206, 209; à terre pour délits commis par des gens de l'équipage, 206, 209; sur les souverains, 223; les agents diplomatiques, 251, les consuls, 285; juridiction d'un souverain à l'étranger, 225; juridiction d'un ministre public sur les personnes de sa suite, 259; juridiction consulaire, 279-285; traités de juridiction, 317; juridiction en cas d'occupation militaire, 405.

Jurisprudence des États. Son influence sur la formation du droit international, 6.

K

Kameroun, 169.

Kiel (canal de), 150.

King's ou Queen's Chambers, 151.

Q

R

FIN DE LA TABLE ALPHABÉTIQUE.

TABLE DES MATIÈRES.

——◆◆◆——

LIVRE I.

LES PERSONNES DU DROIT INTERNATIONAL. — LES ÉTATS.

LIVRE III.

LES RAPPORTS INTERNATIONAUX DANS L'ÉTAT DE PAIX.

LIVRE IV.

LE CONFLIT DES ÉTATS OU LITIGES INTERNATIONAUX.

FIN DE LA TABLE DES MATIÈRES.

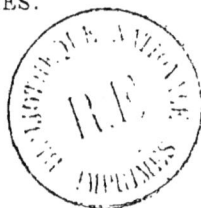

BAR-LE-DUC. — IMPRIMERIE CONTANT-LAGUERRE.

BAR-LE-DUC. — IMPRIMERIE CONTANT-LAGUERRE.

www.ingramcontent.com/pod-product-compliance
Lightning Source LLC
Chambersburg PA
CBHW060905220326

41599CB00020B/2848